APRENDIZES
E MESTRES

P893a Pozo, Juan Ignacio
     Aprendizes e mestres: a nova cultura da aprendizagem / Juan Ignacio Pozo; trad. Ernani Rosa. — Porto Alegre : Artmed, 2002.

     ISBN 978-85-7307-804-6

     1. Educação – Aprendizagem – Alunos – Professores. I. Título.

     CDU 371.21

Catalogação na publicação: Mônica Ballejo Canto – CRB 10/1023

APRENDIZES E MESTRES
A nova cultura da aprendizagem

Juan Ignacio Pozo
Instituto de Psicologia
Universidade Autônoma de Madri

Tradução:
Ernani Rosa

Consultoria, supervisão e revisão técnica desta edição:
Eduardo Mortimer
*Professor da Faculdade de Educação da UFMG.
Doutor em Educação pela USP.*

Reimpressão 2008

2002

Obra originalmente publicada sob o título
Aprendices y maestros: la nueva cultura del aprendizaje

© Alianza Editorial, S.A., 1999

Capa
Mário Röhnelt

Preparação do original
Maria Lúcia Barbará

Leitura final
Patrícia Fernandes Gomes

Supervisão editorial
Mônica Ballejo Canto

Projeto gráfico
Editoração eletrônica
Armazém Digital – RCMV

Reservados todos os direitos de publicação, em língua portuguesa, à
ARTMED® EDITORA S.A.
Av. Jerônimo de Ornelas, 670 - Santana
90040-340 Porto Alegre RS
Fone (51) 3027-7000 Fax (51) 3027-7070

É proibida a duplicação ou reprodução deste volume, no todo ou em parte,
sob quaisquer formas ou por quaisquer meios (eletrônico, mecânico, gravação,
fotocópia, distribuição na Web e outros), sem permissão expressa da Editora.

SÃO PAULO
Av. Angélica, 1091 - Higienópolis
01227-100 São Paulo SP
Fone (11) 3665-1100 Fax (11) 3667-1333

SAC 0800 703-3444

IMPRESSO NO BRASIL
PRINTED IN BRAZIL
Impresso sob demanda na Meta Brasil a pedido de Grupo A Educação.

Às minhas duas insaciáveis aprendizes em tempo integral, Beatriz e Ada, com quem todo dia descubro a emoção de aprender sobre um pequeno universo em expansão, e a Puy, nossa mestra em tempo ainda mais completo, que todo dia estende diante nós três, como um tapete mágico, uma nova zona de desenvolvimento. E muitas outras coisas.

Agradecimentos

Ao escrever um livro, vive-se com intensidade uma experiência de aprendizagem que se parece bastante com o processo descrito neste livro: uma lenta acumulação de fatos, reflexões, intercâmbios e saberes vai se desenrolando, vai ganhando forma e acaba por produzir uma brusca metamorfose, uma reorganização repentina, que o autor tende a achar autônoma, quase alheia à sua vontade, porque os parágrafos se transformam em capítulos, os capítulos em seções, e as seções por sua vez querem se transformar em capítulos, enquanto as notas de pé de página, receosas de sua condição, querem viajar para o texto diante do olhar inquieto do autor, que pensava ter muito claro o que queria dizer desde o começo. O lento fluir do texto acaba por reestruturar a idéia inicial, a acumulação acaba por conduzir a uma nova disposição de idéias.

Nesse processo pode se detectar, portanto, uma dupla influência. Por um lado, há um longo tempo, tantas e tantas experiências acumuladas, seminários, conferências, cursos e atividades compartilhadas com professores de física e química do Secundário*, mas também de história ou de tecnologia, quando não de inglês ou de filosofia; e igualmente professores universitários, preocupados, coisa rara, com o ensino e a aprendizagem, ou treinadores esportivos, formadores de formadores, agitadores e administradores culturais, enfim, professores de tantas e tantas matérias que, com suas dúvidas e com sua dose de realidade, foram enriquecendo e complicando minha própria concepção de aprendizagem e contribuindo para urdir a trama deste livro. Também meus alunos da faculdade, aprendizes de psicologia da aprendizagem, me ajudaram lenta e constantemente a compreender os segredos da aprendizagem. De forma igualmente lenta, mas tenaz, a experiência acumulada em diversos projetos de investigação relacionados com a aprendizagem humana me proporcionou idéias de que se nutre abundantemente este livro. Dentre esses projetos, a cooperação sempre entusiasta de Miguel Ángel

---

*N. de R. O Ensino Secundário espanhol equivale ao Ensino Médio brasileiro (ver tabela de equivalência na p. 14)

Gómez Crespo me ajudou a entender melhor por que é tão difícil a aprendizagem da ciência, proporcionando a base para alguns exemplos e reflexões que se apresentam mais adiante e que são, em parte, fruto desse trabalho conjunto. O conteúdo de outros projetos sobre estratégias de aprendizagem ou sobre conhecimento especializado também se reflete nas preocupações reunidas neste livro. Estes projetos foram apoiados pelo CIDE e pela DGICYT, cujo financiamento do Projeto PB94-0188, dirigido pelo autor, atualmente em andamento, facilitou grandemente a redação deste livro.

Além desses apoios nos "velhos tempos", contei com pessoas que me ajudaram no tempo mais imediato da redação e, principalmente, na conclusão deste livro. Florentino Blanco, Margarita Diges, Juan Antonio Huertas, Eduardo Martí, María del Puy Pérez Echeverría, Yolanda Postigo, Alberto Rosa e Nora Scheuer emprestaram-me sua consciência e seus conhecimentos, lendo atentamente diversas partes do livro e sugerindo idéias, novas aproximações, novas leituras que, enfim, reconstruíram em parte a versão original, embora já se saiba que o autor, como todo aprendiz, é recalcitrante à mudança, daí que talvez não tenha sido capaz de integrar algumas dessas sugestões no texto, por causa desse medo de que este sofra uma nova restruturação e se transforme em algo que nunca acaba. Yolanda Postigo me emprestou, além disso, sua *graphicacy*, que além de uma alfabetização gráfica inicial vai se transformando em perícia. E Puy me emprestou tempo, muito tempo, para escrever o livro, que na opinião de Nabokov é o bem mais íntimo e precioso, já que, ao contrário do espaço, é algo que não existe fora da gente, uma vibração que vive só em nós, a substância de que está feita nossa memória. É deste outro tempo emprestado que estão impregnadas as páginas deste livro.

Sumário

Agradecimentos vii

Introdução: as dificuldades da aprendizagem ou por que aprender
e ensinar às vezes é tão difícil 15

PRIMEIRA PARTE
Um marco teórico para a nova cultura da aprendizagem

Capítulo 1 A nova cultura da aprendizagem 23

Da aprendizagem da cultura à cultura da aprendizagem 23
Uma breve história cultural da aprendizagem 26
Para uma nova cultura da aprendizagem: a construção do conhecimento 30
    A sociedade da aprendizagem 30
    A sociedade da informação 34
    A sociedade do conhecimento (descentrado) 37

Capítulo 2 As teorias da aprendizagem: da associação à construção 41

Recuperando a "agenda grega" 41
O racionalismo ou a irrelevância da aprendizagem 42
O empirismo: as teorias da aprendizagem por associação 44
O construtivismo: as teorias da aprendizagem por reestruturação 48
O enfoque teórico deste livro: associar e construir, duas formas
complementares de aprender 51

Capítulo 3 | As características de uma boa aprendizagem 55

Aprender e ensinar: dois verbos que nem sempre se conjugam juntos 55
- Aprendizagem sem ensino 56
- Ensino sem aprendizagem 57

A aprendizagem como categoria natural: as características que definem uma boa aprendizagem 58
- A aprendizagem deve produzir mudanças duradouras 60
- Deve-se poder utilizar o que se aprende em outras situações 63
- A prática deve adequar-se ao que se tem de aprender 65

Capítulo 4 | O sistema da aprendizagem 67

Os componentes da aprendizagem: resultados, processos e condições 67
Os resultados da aprendizagem 69
- Aprendizagem de fatos e comportamentos 71
- Aprendizagem social 73
- Aprendizagem verbal e conceitual 75
- Aprendizagem de procedimentos 77
- A interação entre os diferentes resultados da aprendizagem 79

Os processos de aprendizagem 81
- Alinhando a "salada teórica" da aprendizagem: do comportamentalismo à psicologia cognitiva 81
- Os diferentes níveis de análise da aprendizagem 82
- A mente humana como sistema de aprendizagem 86

As condições da aprendizagem 89
- Os efeitos da prática 90
- A aprendizagem como atividade social 91

SEGUNDA PARTE
Os processos de aprendizagem

Capítulo 5 | A estrutura do sistema cognitivo 97

A representação do conhecimento: os sistemas de memória 97
A memória de trabalho 101
- Um sistema de capacidade limitada 102
- Um sistema de duração limitada 104

A memória permanente 105
    Esquecer para aprender 106
    A organização da memória 108
A conexão entre os dois sistemas de memória através
da aprendizagem 110

Capítulo 6   A psicologia cognitiva da aprendizagem 113

A integração de associação e construção num sistema complexo 113
Aprendizagem associativa 115
    A aquisição de regularidades 115
    A condensação da informação 117
    A automatização do conhecimento 119
    A utilidade limitada da condensação e da automatização 123
Aprendizagem construtiva 124
    As exigências cognitivas da aprendizagem construtiva 126
    Os processos de construção do conhecimento 130
Fomentando a construção... através também da associação 134

Capítulo 7   Outros processos auxiliares da aprendizagem 137

A integração de diversos processos na aprendizagem 137
A motivação ou por que queremos aprender 138
    Os motivos da aprendizagem: extrínsecos e intrínsecos 139
    O efeito da expectativa: a atribuição de sucessos e fracassos
    na aprendizagem 142
    Dando motivos para aprender 144
A atenção ou onde focalizamos a aprendizagem 146
    O controle dos recursos atencionais limitados 147
    A atenção como processo seletivo 148
    A atenção contínua 150
    Prestando atenção à aprendizagem 150
A recuperação e a transferência ou onde está o que aprendemos 151
    Reconhecer e evocar: duas formas de recuperar o aprendido 152
    Do contexto de aprendizagem ao contexto de recuperação 153
    Transferência através da organização e da aprendizagem construtiva 154
    Buscando as aprendizagens perdidas 156
A consciência ou como dirigir a própria aprendizagem 156
    Três formas de tomar consciência da aprendizagem 157
    O controle da própria aprendizagem 159

A reflexão consciente: além dos modelos implícitos sobre
a aprendizagem 161
Quando os professores emprestam consciência aos alunos 164
Aprendendo a consciência 165

TERCEIRA PARTE
Os resultados da aprendizagem

Capítulo 8 — Aprendizagem de fatos e comportamentos 169

Aprendizagem de fatos: o condicionamento clássico 170
    Do condicionamento clássico à aprendizagem de relações no ambiente 171
    Aprendendo a nos emocionar 173
    A mudança das emoções aprendidas: técnicas para desaprendê-las 174

Aprendizagem de comportamentos: o conhecimento operante 175
    Os programas de reforço 177
    Aprendendo o controle e controlando o aluno 178
    O desamparo adquirido: recuperando o controle sobre a aprendizagem 179

Aprendizagem de teorias implícitas: a estrutura correlacional do mundo 181
    Os processos de aquisição das teorias implícitas 182
    A ativação contextual das teorias implícitas 185
    A mudança das teorias implícitas: a explicitação do conhecimento 187

Capítulo 9 — Aprendizagem social 191

Aprendizagem de habilidades sociais 192
    Aprendizagem por modelagem 193
    O treinamento em habilidades sociais 194

Aprendizagem de atitudes 195
    Processos de aquisição de atitudes 196
    A mudança de atitudes: da persuasão ao conflito 197

Aprendizagem de representações sociais 199
    A assimilação das representações sociais 200
    A mudança das representações sociais 202

Capítulo 10 — Aprendizagem verbal e conceitual 205

A aquisição de informação 205
    A aprendizagem por repetição 207
    Ajudando a adquirir informação para além da repetição 208

Aprendizagem e compreensão de conceitos 210

A aprendizagem significativa 211
Quando os alunos não compreendem o que aprendem 215

A mudança conceitual ou a reestruturação do aprendido 217

Quando a reestruturação se torna necessária 218
Incentivando a mudança conceitual: do conflito ao contraste de modelos 221

Capítulo 11 | Aprendizagem de procedimentos 227

A aquisição de técnicas 227

Do "saber dizer" ao "saber fazer" 228
Treinamento técnico 230
Quando a técnica não basta: compreendendo o que se faz 234

Aprendizagem de estratégias 235

Para além da técnica: utilizando os procedimentos como estratégias 235
Os componentes do conhecimento estratégico 236
Fases da aquisição de estratégias: de jogador a treinador 238

Aprendizagem de estratégias de aprendizagem 240

Tipos de estratégias de aprendizagem 241
Aprendendo a aprender: mestres estratégicos para aprendizes estratégicos 244

QUARTA PARTE

As condições da aprendizagem

Capítulo 12 | A organização da prática 249

O aluno diante da tarefa: efeitos da prática 249

Efeito da quantidade de prática e sua distribuição 250
Tipo de prática: dos exercícios aos problemas 252

A organização social da aprendizagem: aprender em interação 256

A cooperação entre os aprendizes 257
As múltiplas profissões do mestre: cinco personagens em busca de autor 260
A construção mútua de aprendizes e mestres 264

Capítulo 13 | Os dez mandamentos da aprendizagem 267

O fracasso da aprendizagem: um pecado muito pouco original 267
Estes dez mandamentos 268
... Se encerram em dois 272

Referências bibliográficas 275
Índice onomástico 289
Índice temático 293

Sistema espanhol de educação

Fonte: adaptação de Maria da Graça Horn e Nalú Farenzena.

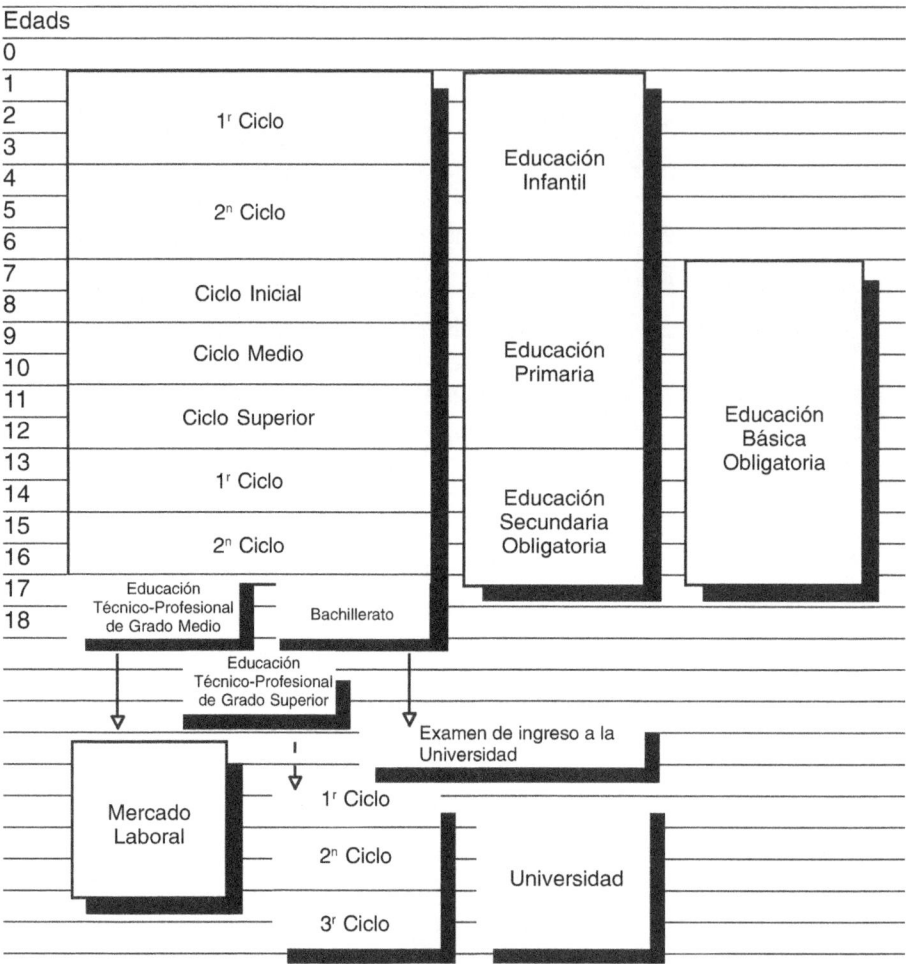

Comparativo entre os sistemas brasileiro e espanhol de educação

- Educação Infantil: tanto no Sistema Educacional Brasileiro como no Espanhol, compreende a educação das crianças de 0 a 6 anos de idade.
- Ensino Fundamental/Educação Primária: o Ensino Fundamental (Brasil) compreende 8 anos (± 7 aos 14); a Educação Primária (Espanha), 6 anos (± 7 aos 12).
- Ensino Médio/Educação Secundária Obrigatória: o Ensino Médio (Brasil) compreende no mínimo 3 anos (± dos 15 aos 17 anos); a Educação Secundária Obrigatória (Espanha), 4 anos (± dos 13 aos 16 anos). Obs.: a Educação Básica Obrigatória, na Espanha, compreende a Educação Primária e a Secundária Obrigatória.
- A Educação Técnico-Profissional e o *Bachillerato* são modalidades de ensino de nível médio, posteriores à Educação Secundária Obrigatória (Espanha). Compreendem 2 anos.
- No Brasil, o ensino Superior compreende a graduação e a pós-graduação, em instituições universitárias ou não. Na Espanha, os cursos de graduação e pós-graduação desenvolvem-se em instituições universitárias.
- A Educação Técnico-Profissional de grau superior (Espanha) corresponde à Educação Profissional Tecnológica no Brasil.

INTRODUÇÃO

As Dificuldades da Aprendizagem ou por que Aprender e Ensinar às Vezes É tão Difícil

> *Tenho o coração pesado*
> *de tantas coisas que conheço,*
> *é como se carregasse pedras*
> *desmesuradas num saco,*
> *ou a chuva tivesse caído,*
> *sem descanso, em minha memória.*
> ....
> ....
> *Assim, pois, do que lembro*
> *e do que tenho memória,*
> *do que sei e do que soube,*
> *do que perdi no caminho*
> *entre tantas coisas perdidas,*
> *dos mortos que não me ouviram*
> *e que talvez quisessem me ver,*
> *melhor que não me perguntem nada:*
> *toquem aqui, sobre o casaco,*
> *e verão como me palpita*
> *um saco de pedras obscuras.*
>
> PABLO NERUDA, "Não me perguntem", *Estravagario*.

Quem nunca ficou preso nas redes de um programa de computador suficientemente inteligente para elaborar gráficos estilizados com nossos dados, mas não para nos entender quando lhe pedimos, por favor, que nos imprima esses mesmos gráficos de forma horizontal em vez de vertical? Claro que o problema não é do programa, é nosso, por não termos aprendido a lidar adequadamente com ele (embora tenhamos estado duas horas tentando decifrar suas instruções). Quem nunca esqueceu, com o cartão na mão e olhando suplicante a caixa eletrônica, esse número mágico que ontem mesmo lembrávamos? Novamente, o problema não é da caixa, é culpa da sua memória, ou se prefere, de não ter aprendido bem o afortunado numerozinho. Que aluno nunca tropeçou com uma fórmula, equação ou teoria enigmática, que supostamente deveria aprender — é certo que segunda-feira vão lhe perguntar por ela — mas cujo sentido não chega sequer a vislumbrar? Novamente não se atribui o problema à fórmula ou à teoria mas às próprias carências do aluno (provavelmente não estudou ou talvez não esteja "motivado"). Ou quem não se pegou balbuciando lamentavelmente para perguntar, *please*, a um transeunte, onde fica a entrada mais próxima do metrô, num idioma que deveria dominar (para isso esteve estudando sete anos), mas que se engasga de modo irremediável? Sem dúvida, nem o transeunte nem o idioma em questão são responsáveis pela nossa incapacidade para os idiomas, é nossa aprendizagem que volta a falhar.

Todos nós passamos por cenários como esses, mais vezes inclusive do que gostaríamos de admitir. É verdade, nossa aprendizagem falha. Todos temos dificuldades para adquirir *habilidades* que gostaríamos de dominar (o programa do computador, mas também consertar uma torneira, controlar o trabalho de um grupo que está sob nossa responsabilidade, ou a extrair as idéias principais de um texto), para recordar uma *informação* que deveríamos saber (o número-chave, o endereço do restaurante em que estão nos esperando ou o aniversário da sogra) ou para *compreender* essa mesma informação (a fórmula, mas também a inflação, que encarece a hipoteca; a relação entre nossos hábitos alimentícios e nossa saúde, que nos enche de privações; ou as razões pelas quais nossos ingratos alunos não aprendem a utilizar por si mesmos o que lhes ensinamos, o que nos tira do sério). Também temos dificuldades para controlar e mudar nossas *emoções* (por que me dá um nó no estômago quando vou perguntar pela entrada do metrô para esta amável senhora?) e nossos *hábitos de conduta e atitudes* (embora não queiramos gritar com o garoto, gritamos, sim, quando ele nos joga a colher cheia de purê; embora saibamos que temos de estudar todo dia, deixamos tudo para a última semana).

Cada uma dessas situações difere em aspectos essenciais. Realmente, como se verá mais adiante, respondem a uma diversidade de contextos e conteúdos da aprendizagem que devem ser analisados de forma diferente. Tais situações, porém, têm algo em comum: refletem a dificuldade de aprender muitas das coisas de que necessitamos em nossa vida diária, tanto em situações escolares como em outras mais informais. De um tempo para cá, essas dificuldades estão se tornando se não mais freqüentes ao menos mais visíveis. Talvez a aprendizagem sempre tenha sido uma tarefa difícil, mas hoje temos uma maior consciência dos fracassos da aprendizagem e da necessidade de superá-los. É cada vez mais abundante a oferta de atividades para aprender a aprender (desde cursos de técnicas de estudo a guias para a "auto-aprendizagem"), refletindo um crescimento da demanda, já que muitos alunos, ou melhor, muitos *aprendizes*, estão conscientes de que não aprendem como deveriam. Também aumenta a consciência por parte dos que ensinam, os *mestres*, de que seus esforços não obtêm o sucesso desejado.

Há, inclusive, uma crença bastante comum entre as pessoas — vinculadas ao mundo da instrução, principalmente escolar —, segundo a qual os alunos aprendem e sabem cada vez menos. Embora essa idéia dificilmente possa ser demonstrada empiricamente (que dados contrastamos com quais?), e com certeza seja totalmente duvidosa, corresponde, no entanto, a uma representação social arraigada sobre o que poderíamos chamar de deterioração da aprendizagem. Já não é só o que se costuma entender por "fracasso escolar"; é, além disso, a consciência de que muitos processos de instrução e formação, nos quais se investe considerável tempo, esforço e dinheiro, mal alcançam seus objetivos. Ou, como alguém disse, não sem certa ironia, o mais preocupante do fracasso escolar não são os alunos reprovados, mas os que passam e não aprendem quase nada.

Como exemplo dessa preocupação social, um documento recente da Comissão Européia serve para elaborar uma notícia jornalística com um título chamativo: "50% dos alunos da União Européia são incapazes de falar outro idioma"[1] com o agravante de que "a ampliação do tempo de estudo obrigatório não melhorou a aprendizagem". Sem dúvida, está acontecendo o mesmo em muitas outras áreas, tanto escolares (quanta matemática ou ciência sabem esses mesmos alunos? Menos do que querem seus professores e naturalmente muito menos do que deveriam, conforme os estudos realizados em âmbito internacional, por exemplo, pela International Association for the Evaluation of Educational Achievement, IEA, 1991, 1992) como não-escolares (a maioria de nós mal utiliza os prodígios técnicos a nosso alcance, limitando-nos a cinco ou seis operações básicas, porque não conseguimos aprender eficazmente seu uso a partir do manual de instruções ou por causa da formação que recebemos).

Por que falham de maneira tão freqüente e notória os processos de aprendizagem e de instrução? O mais fácil é atribuir a responsabilidade aos agentes diretos dessa aprendizagem: aprendizes e mestres.[*] Será que não querem aprender ou não se esforçam o suficiente? Ou não sabem ou não querem ensinar? Mas, sem dúvida, o problema é mais complexo. Como diz Norman (1988), de modo convincente, talvez muitas das dificuldades que todos padecemos na interação com os objetos e tecnologias que nos rodeiam se devam não a falhas em nosso funcionamento psicológico, mas ao fato de que esses mesmos objetos e tecnologias projetados para nós, paradoxalmente, não foram pensados para nós, seres limitados em recursos e capacidades, mas para algumas supostas mentes oniscientes e onipotentes. Talvez aconteça a mesma coisa com os cenários de aprendizagem. Não é simplesmente que aprendamos pouco, nem que se ensine mal. É que os cenários de aprendizagem e instrução muitas vezes não foram pensados levando em conta as características dos aprendizes e de seus mestres. Um melhor conhecimento do funcionamento da aprendizagem como processo psicológico pode nos ajudar a compreender melhor, e talvez a superar algumas dessas dificuldades, adaptando as atividades de instrução aos recursos, capacidades e disposições, sempre limitados, tanto de quem aprende como de quem tem de ensinar, quer dizer, ajudar os outros a aprender.

Este será o objeto básico do livro, apresentar algumas das novas idéias e contribuições da moderna psicologia da aprendizagem, que adota uma perspectiva cognitiva. Essas idéias podem ajudar os *mestres* a estruturar melhor e mais

---

[*] N. de R.T. O autor utiliza-se, durante toda a obra, das palavras "aprendizes e mestres" em vez de "professores e alunos". Esse uso é deliberado, uma vez que o autor tem a intenção de lidar, no livro, com todos os contextos em que se ensina e se aprende, e não apenas aqueles ligados à escola e à instrução formal. Na tradução brasileira mantivemos os "aprendizes e mestres" no título e em contextos em que o autor expõe suas teses principais (Introdução, Capítulos 1, 12 e 13) e naqueles claramente ligados a situações não-formais de ensino e aprendizagem (Capítulo 11). Nos outros contextos optou-se por traduzir "aprendices y maestros" por "alunos e professores".

eficazmente as situações de aprendizagem, mas também podem fazer com que os *aprendizes* conheçam melhor em que consiste a tarefa de aprender, de forma que tenham um maior controle sobre seus próprios processos de aprendizagem e possam planejar melhor suas atividades ou seu estudo. Frente aos clássicos livros de "receitas culinárias" para a auto-aprendizagem ou a aplicação de técnicas de estudo (sublinham-se com cuidado as idéias principais, reservando-as à parte do restante, que pode ser congelado para o caso de um dia querermos aproveitar as sobras; mergulham-se essas idéias principais num esquema previamente aquecido, acrescentam-se alguns exemplos com uma pitada de graça e se servem os conhecimentos, muito quentes, no mesmo recipiente em que foram elaborados), aqui apostamos principalmente em incrementar a reflexão e a consciência sobre as próprias dificuldades de aprendizagem (e de ensino) com o fim de superá-las. Embora sejam sugeridas algumas vias de intervenção, não se trata de proporcionar soluções congeladas e pré-cozidas, prontas para o consumo em três minutos, mas de aprofundar à luz dessas sugestões a busca das próprias soluções.

Para isso, o livro está estruturado em quatro partes. A Primeira Parte é dedicada a desenvolver um marco teórico para, a partir dele, interpretar os problemas que coloca o que chamarei de "a nova cultura da aprendizagem". No Capítulo 1, são analisadas as novas demandas de aprendizagem que nossa sociedade propõe a aprendizes e a mestres, que exigem não apenas aprender mais do que nunca mas, principalmente, de uma forma diferente da tradicional aprendizagem reprodutiva, ou "memorística". O Capítulo 2 revisa os principais enfoques teóricos no estudo da aprendizagem, tanto na filosofia como na psicologia, centrando-se nos dois mais relevantes para o desenvolvimento dessa nova cultura da aprendizagem, o associacionismo e o construtivismo. Após destacar as características essenciais de uma aprendizagem eficaz (Capítulo 3), apresenta-se, de modo detalhado, o sistema da aprendizagem humana, que se constitui em um esquema de análise e intervenção para as situações de aprendizagem (Capítulo 4), que deveria servir não só para compreender melhor qualquer problema de aprendizagem que se coloque como também para entender o conteúdo dos capítulos restantes, que constituem um desenvolvimento desse sistema. De fato, o quarto Capítulo constitui o núcleo argumentativo do livro, logo, se o leitor estiver interessado em algumas partes do livro, sugiro-lhe que passe sempre pela encruzilhada de caminhos desse sistema, que diferencia entre processos de aprendizagem (Segunda Parte do livro), resultados da aprendizagem (Terceira Parte) e condições da aprendizagem (Quarta Parte).

A Segunda Parte consta de três capítulos que apresentam um modelo do sistema cognitivo humano, baseado nos recentes desenvolvimentos da psicologia cognitiva da aprendizagem (Capítulo 5), uma descrição detalhada dos principais processos que intervêm na aprendizagem (Capítulo 6), assim como de outros processos cognitivos auxiliares da aprendizagem (Capítulo 7) e da forma como uns e outros podem se tornar mais efetivos. A partir daí, a Terceira Parte, a mais extensa do livro, analisa cada um dos principais resultados que as pessoas adquirem mediante esses processos de aprendizagem, tentando identificar os principais problemas que se coloca à sua aprendizagem e sugerindo formas de enfrentá-los. O Capítulo 8 apresenta a aprendizagem de fatos, condutas e teorias implícitas; o Capítulo 9, a aprendizagem de habilidades sociais, atitudes e representações sociais e o Capítulo 10, a aquisição de informação verbal, a compreensão de conceitos e a mudança conceitual. Finalmente, esta Terceira Parte se encerra com o Capítulo 11, dedicado à aquisição de procedimentos, diferenciando técnicas, estratégias e, dentre elas, procedimentos de controle da própria aprendizagem, isto é, estratégias de aprendizagem.

O livro chega ao fim com uma Quarta Parte dedicada a estabelecer as condições de uma aprendizagem eficaz, quer dizer, como os alunos, mas principalmente os professores, podem organizar uma prática eficiente para alcançar essas aprendizagens. O Capítulo 12 desenvolve os princípios básicos que devem reger tal prática, tanto do ponto de vista da quantidade de prática ou de sua qualidade, como da organização social da aprendizagem, considerando tanto as interações entre os alunos como os diferentes papéis que os mestres têm de desempenhar para ajudar os aprendizes a melhorar seu rendimento. Por último, como um resumo, apresenta-se um decálogo de recomendações, os dez mandamentos da aprendizagem, que aprendizes e mestres deveriam seguir se desejam evitar o pecado e a eterna condenação de se aborrecer e de fracassar ao tentar aprender o que outros aprendem (no Capítulo 13, não precisa ser supersticioso). É que, como se verá ao longo do livro, na aprendizagem não há pecado original: todos os pecados de aprendizagem se parecem (são produto de um desajuste entre resultados, processos e condições da aprendizagem) embora suas soluções difiram. Acontece aqui o contrário da frase com que Tolstoi abre sua *Ana Karenina*, segundo a qual "todas as famílias felizes se parecem e as infelizes o são cada uma à sua maneira". No nosso caso, todas as aprendizagens infelizes se parecem e as felizes o são cada uma à sua maneira.

PRIMEIRA PARTE

Um Marco Teórico para a Nova Cultura da Aprendizagem

1

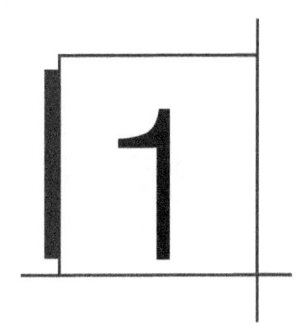

A Nova Cultura da Aprendizagem

> Enfim, ele se envolveu tanto na leitura, que passava os dias e as noites lendo; e assim, por dormir pouco e ler muito, lhe secou o cérebro de tal maneira que veio a perder o juízo. Sua fantasia se encheu de tudo aquilo que lia nos livros, tanto de encantamentos como de duelos, batalhas, desafios, feridas, galanteios, amores, tormentas e disparates impossíveis; e se assentou de tal modo na imaginação que todas aquelas invenções sonhadas eram verdadeiras, que para ele não havia outra história mais certa no mundo.
>
> MIGUEL DE CERVANTES, *Dom Quixote de la Mancha*

> Uma coisa lamento: não saber o que vai acontecer. Abandonar o mundo em pleno movimento, como no meio de um folhetim. Eu acho que esta curiosidade pelo que ocorra depois da morte não existia antigamente, ou existia menos, num mundo que mal mudava. Uma confissão: apesar do meu ódio pela informação, gostaria de poder me levantar de entre os mortos a cada dez anos, ir até uma banca e comprar vários jornais. Não pediria mais nada.
>
> LUIS BUÑUEL, *Meu último suspiro*

> Entre os que investigam a natureza e os que imitam os que a investigaram, há a mesma diferença que entre um objeto e sua projeção num espelho.
>
> DMITIRI MEREZHKOVSKI, *O romance de Leonardo: o gênio da Renascença*

DA APRENDIZAGEM DA CULTURA À CULTURA DA APRENDIZAGEM

Se queremos compreender, seja como aprendizes, como mestres ou como ambas coisas ao mesmo tempo, as dificuldades relativas às atividades de aprendizagem devemos começar por situar essas atividades no contexto social em que são geradas. Talvez essa aparente "deterioração da aprendizagem" que mencionei na introdução esteja muito ligada à cada vez mais exigente demanda de novos conhecimentos, saberes e habilidades que propõe a seus cidadãos uma sociedade com ritmos de mudança muito acelerados, que exige continuamente novas aprendizagens e que, ao dispor de múltiplos saberes alternativos em qualquer domínio, requer dos alunos, e dos professores, uma integração e relativização de conhecimentos que vai além da mais simples e tradicional reprodução dos mesmos.

Para compreender melhor a relevância social da aprendizagem, e portanto a importância de seus fracassos, podemos comparar a aprendizagem humana com a de outras espécies. Como assinala Baddeley (1990), as distintas espécies que habitam nosso planeta dispõem de dois mecanismos complementares para resolver o peremptório problema de se adaptar a seu meio. Um é a *programação genética*, que inclui pacotes especializados de respostas frente a estímulos e ambientes determinados. Trata-se de um mecanismo muito eficaz, já que permite desencadear pautas comportamentais muito complexas, quase sem experiência prévia e com um alto valor de sobrevivência (por exemplo, reconhecimento e fuga diante de predadores, rituais de acasalamento, etc.), mas que gera respostas muito rígidas, incapazes de se adaptar a condições novas. Esse mecanismo é básico em espécies "inferiores", como os insetos ou em geral os invertebrados, embora também esteja presente em outras espécies superiores. O outro mecanismo adaptativo é a *aprendizagem*, quer dizer, a possibilidade de modificar ou modelar as pautas de comportamento* diante das mudanças que se produzem no ambiente. É mais flexível e portanto mais eficaz a longo prazo, daí que é mais característico das espécies superiores, que devem enfrentar ambientes mais complexos e cambiantes (Riba, 1993). É essencial que a seleção natural tenha proporcionado aos primatas superiores um período de imaturidade mais prolongado (Bruner, 1972) ao qual, na espécie humana, se acrescenta a invenção cultural da infância e da adolescência (Deval, 1994a) como períodos em que, primeiro por meio do brinquedo e depois da instrução explícita, acumula-se, sem excessivos riscos nem responsabilidades, a prática necessária para consolidar essas aprendizagens mediante os quais as crianças se transformam em pessoas (Bruner, 1972).

Entre todas as espécies, sem dúvida a humana é a que dispõe não só de uma imaturidade mais prolongada e de um apoio cultural mais intenso, como também de capacidades de aprendizagem mais desenvolvidas e flexíveis, algumas compartilhadas com outras espécies e outras especificamente humanas, a ponto de que ainda não puderam ser copiadas nem emuladas por nenhum outro sistema, nem orgânico nem mecânico. Realmente, um dos processos da psicologia humana mais difíceis de simular nos sistemas de inteligência artificial é a capacidade de aprendizagem, já que aprender é uma propriedade adaptativa inerente aos organismos, não aos sistemas mecânicos (Pozo, 1989).

Podemos dizer, sem dúvida, que a capacidade de aprendizagem, junto com a linguagem, mas também com o humor, a ironia, a mentira e algumas outras virtudes que adornam nossa conduta, constituem o núcleo básico do acervo humano, é isso que nos diferencia de outras espécies. Essas capacidades cognitivas são imprescindíveis para que possamos nos adaptar razoavelmente a nosso ambiente imediato, que é a cultura de nossa sociedade. Sem a linguagem, a ironia ou a atribuição de intenções não poderíamos nos entender com as pessoas que nos rodeiam. Sem essas capacidades de aprendizagem não poderíamos

---

*N. de R.T. Optei por traduzir as palavras "condutas", "condutuais" e "condutismo" por "comportamento", "comportamentais" e "comportamentalismo". Essas palavras são traduções dos termos ingleses *behavior*, *behaviorist* e *behaviorism*, sendo mais comum, na literatura em português, encontrar as traduções "comportamento", "comportamental" e o anglicismo "behaviorismo", que preferi não usar.

adquirir cultura e fazer parte de nossa sociedade. A função fundamental da aprendizagem humana é interiorizar ou incorporar a cultura, para assim fazer parte dela. Fazemo-nos pessoas à medida que personalizamos a cultura. Mais: somos especialmente projetados para aprender com a maior eficácia possível em nossos primeiros encontros com essa cultura, reduzindo ao mínimo o tempo de adaptação ou de sua personalização, que mesmo assim é muito longo. As crianças são aprendizes vorazes. Vendo minha filha Ada, de três meses, aprender a usar seus sorrisos e lágrimas para satisfazer seus pequenos desejos, embora, na verdade, não entendamos grande coisa, ou esforçando-se para começar a pegar coisas e levá-las a seu primeiro laboratório cognitivo, a boca, não tenho dúvida nenhuma sobre a natureza, quase perfeita, de nosso sistema de aprendizagem. Segundo Flavell (1985), a melhor maneira de compreender e lembrar o funcionamento cognitivo de um bebê é se pôr no lugar de "arquiteto da evolução" e pensar em como planejar um sistema de aquisição de conhecimentos o mais eficiente possível: isso é uma criança, um ser nascido para aprender. Se não, como explicar que as crianças em seus seis primeiros anos de vida aprendam nada menos que uma média de *uma palavra por hora* (Mehler e Dupoux, 1990)? Quanta saudade nos causa agora, que tentamos aprender inglês, russo ou programação de computadores, aquela facilidade de aprendizagem que sem dúvida tínhamos em pequenos!

Agora, nossos processos de aprendizagem, a forma como aprendemos, não são produto apenas de uma preparação genética especialmente eficaz, mas também, num círculo agradavelmente vicioso, de nossa capacidade de aprendizagem. Graças à aprendizagem incorporamos a cultura, que por sua vez traz incorporadas novas formas de aprendizagem. Seguindo a máxima de Vygotsky (1978), segundo a qual todas as funções psicológicas superiores são geradas na cultura, nossa aprendizagem responde não só a um desenho genético, mas principalmente a um desenho cultural. Cada sociedade, cada cultura gera suas próprias formas de aprendizagem, sua cultura da aprendizagem. Desse modo, a aprendizagem da cultura acaba por levar a uma determinada cultura da aprendizagem. As atividades de aprendizagem devem ser entendidas no contexto das demandas sociais que as geram. Além de, em diferentes culturas se aprenderem coisas diferentes, as formas ou processos de aprendizagem culturalmente relevantes também variam. A relação entre o aprendiz e os materiais de aprendizagem está mediada por certas funções ou processos de aprendizagem, que se derivam da organização social dessas atividades e das metas impostas pelos instrutores ou professores.

Se voltarmos aos cenários concretos de aprendizagem mencionados na introdução, mas usando um *zoom* para observá-los de mais longe, como um ponto na paisagem, como um momento no tempo, veremos que a suposta deterioração da aprendizagem em nossa sociedade é mais aparente do que real. Quantas pessoas dominavam um segundo idioma há quinze ou vinte anos? Quantas sabiam utilizar um processador de texto ou programar um vídeo? Quantas compreendiam essas mesmas fórmulas, $f = m \cdot a$, em que tantos alunos continuam tropeçando? Algumas aprendizagens estão simplesmente onde estavam. Antes, quando éramos jovens e desinformados, nos faziam estudar coisas como o imperativo categórico ou o princípio de conservação da energia, que a maioria nunca chegou a entender realmente. Agora acontece a mesma coisa. Em troca, outras demandas de aprendizagem relativamente novas suplantaram velhos conteúdos que antes eram rigorosamente necessários e que agora parecem obsoletos e condenados ao esquecimento cultural. Onde estão os reis godos, o *signo dato*, ou o aoristo que faziam parte, junto com a cor rançosa das carteiras ou o sabor úmido do alcaçuz, da paisagem cultural de minha infância? Mas isso não acontece apenas na escola, acontece também na vida cotidiana. Como mudaram os brinquedos de nossa infância! Quem joga hoje a tava ou roda um pião? Quem sabe fiar na roca, manter um forno à lenha ou mesmo utilizar uma máquina de escrever que não seja eletrônica? A tecnologia mandou para o desvão das lembranças muitos hábitos e rotinas que faziam parte da paisagem cultural de nossos antepassados ou, inclusive, de um passado muito recente. Quanta saudade nos causam esses costumes quase apagados pelo tempo, cujo exercício, no entanto, nos seria tão tedioso como desnecessário.

E não é só que o que ontem devia ser aprendido, hoje já não o seja, que o que ontem era culturalmente relevante, hoje o seja menos (conforme a pessoa, claro, porque há quem ache que o latim continua sendo o alicerce da nossa cultura). Não só muda culturalmente *o que se aprende* (os resultados da aprendizagem, segundo o esquema que proporemos no Capítulo 4) como também *a forma como se aprende* (os processos de aprendizagem). Como acontece em tantos setores da vida (na arte, no xadrez, no futebol e na política, entre outros), forma e conteúdo são na aprendizagem dois espelhos, um em frente ao outro, que para não provocar perplexidade ou desassossego no observador devem refletir as duas faces de uma mesma imagem. Se o que temos de aprender evolui, e ninguém duvida de que evolui e cada vez mais rapidamente, a forma como tem de se aprender e ensinar também deveria evoluir — e isso talvez não seja de costume se aceitar com a mesma facilidade, daí que o espelho reflita uma imagem estranha, fantasmagórica, um tanto deteriorada, da aprendizagem. Uma breve viagem, quase um excursão, pela evolução das formas culturais da aprendizagem nos ajudará a compreender melhor a necessidade de criar uma nova cultura da aprendizagem que atenda às demandas de formação e educação da sociedade atual, tão diferentes em muitos aspectos de épocas passadas. É preciso conhecer essas novas demandas não só (ou inclusive nem tanto) para entendê-las quando seja preciso, como também — por que não? — para nos situarmos criticamente em relação a elas. Não se trata de adaptar nossas formas de aprender e ensinar a esta sociedade que mais nos exige do que nos pede — às vezes com muito maus modos — como também de modificar essas exigências em função de nossas próprias crenças, de nossa própria reflexão sobre a aprendizagem, em vez de nos limitarmos, como autômatos, isso sim, ilustrados, a seguir inutilmente os hábitos e rotinas de aprendizagem que um dia aprendemos. Não se trata de transformar essa nova cultura num novo pacote de rotinas recicladas, como quem atualiza um programa de processamento de textos e passa do WP 5.1 para o WP 6.0, mas de repensar o que, como se verá principalmente no Capítulo 8, fazemos já todos os dias de um modo implícito, sem o incômodo e a dor, mas também o prazer, de pensá-lo. Uma forma mais sutil, enriquecida, de interiorizar a cultura, neste caso a cultura da aprendizagem, é repensá-la em vez de repeti-la, desmontá-la peça por peça para depois construí-la, algo mais fácil de conseguir desde a distância da história.

UMA BREVE HISTÓRIA CULTURAL DA APRENDIZAGEM

Temos de supor que a história da aprendizagem como atividade humana remonta à própria origem de nossa espécie. No entanto, a aprendizagem como atividade socialmente organizada é mais recente. Se concordamos com Samuel Kramer

(1956) em seu fascinante livro sobre a civilização suméria, os primeiros vestígios desse tipo de atividade ocorreram há 5.000 anos, em torno de 3.000 a.C. O surgimento das primeiras culturas urbanas, após os assentamentos neolíticos no delta do Tigre e do Eufrates (próximo do atual Iraque), gera novas formas de organização social que requerem um registro detalhado. Nasce, assim, o primeiro sistema de escrita conhecido, que serve inicialmente para expressar em tabuinhas de cera as contas e transações agrícolas, a forma de vida daquela sociedade, mas que se estende depois a muitos outros usos sociais. Com a escrita nasce também a necessidade de formar escribas. Criam-se as "casas das tabuinhas", as primeiras escolas de que há registro escrito, quer dizer, as primeiras escolas da história. Que concepção ou modelo de aprendizagem punha-se em prática naqueles primeiros centros de aprendizagem formal? Pelo que algumas dessas mesmas tabuinhas nos informam, tratava-se do que hoje chamaríamos uma aprendizagem memorística ou repetitiva. Os professores "classificavam as palavras de seu idioma em grupos de vocábulos e de expressões relacionadas entre si pelo sentido; depois faziam os alunos aprendê-las de memória, copiá-las e recopiá-las, até que fossem capazes de reproduzi-las com facilidade" (Kramer, 1956, p. 42 da trad. esp.). Os aprendizes dedicavam vários anos ao domínio desse código, sob uma severa disciplina. A função da aprendizagem era meramente reprodutiva, tratava-se que os aprendizes fossem o eco de um produto cultural extremamente relevante e dispendioso, que permitiria, com o passar do tempo, um avanço considerável na organização social.

A escrita começou a ser, desde então, "a memória da humanidade" (Jean, 1989) e passou a constituir o objetivo fundamental da aprendizagem formal. Mas quando sua instrução se estende para fora do reduzido grupo de aprendizes de escribas, como parte substancial da formação cultural, o ensino da leitura e da escrita não serve senão como acesso à nova informação que deve ser memorizada. Assim, na Atenas de Péricles, o ensino da gramática seguia os mesmos modelos de instrução da Suméria, a julgar por este texto de Platão: "Quando as crianças sabiam ler o professor fazia com que recitassem, sentadas nos tamboretes, os versos dos grandes poetas e as obrigava a aprendê-los de memória" (cit. em Flacelière, 1959, p. 121 da trad. esp.). Realmente, os grandes poemas épicos, como a *Ilíada* ou a *Odisséia*, se perpetuaram através dessa aprendizagem mal chamada de "memorística", por tradição oral. A escrita não servia ainda para libertar a memória, possivelmente pelas limitações tecnológicas em sua produção e conservação. Assim, seguia predominando uma tradição oral que, segundo assinalou Ong (1979) — por seu caráter agregativo mais que analítico, situacional e imediato mais que abstrato, conservador do passado e dos seus mitos mais que gerador de novos saberes — se opõe à estruturação do mundo que mais tarde a escrita impôs.

Realmente, em sua aurora, que durou séculos se não milênios, a escrita, em vez de libertar a humanidade da escravidão da memória do imediato, serviu para sobrecarregá-la ainda mais, já que o caráter dispendioso, em boa medida inacessível e perecível da informação escrita, obrigava a aprendê-la literalmente, com o fim de que fosse uma memória viva. Assim, se fazia necessário gerar sistemas que aumentassem a eficácia da memória literal, da aprendizagem reprodutiva. É na Grécia antiga que nasce a arte da mnemônica (Baddeley, 1976; Boorstin, 1983; Lieury, 1981; Sebastián, 1994). Alguns dos truques mnemônicos mais usuais são atribuídos a Simônides de Ceos, que viveu no século V a.C. Técnicas como a dos lugares (associar cada elemento de informação a um lugar conhecido, por exemplo, a um quarto da casa, para facilitar sua recuperação) ou a formação de imagens mentais (formar uma imagem com dois ou mais elementos de informação) seguem sendo utilizadas hoje em dia para memorizar material sem significado, que deve ser repetido literalmente (Lieury, 1981; Pozo, 1990a).

Na Grécia e na Roma clássicas, além desse modelo de aprendizagem, estão presentes outros contextos de formação que se baseiam em culturas de aprendizagens diferentes. Além da educação elementar, dedicada ao ensino da leitura e da escrita, mas também da música e da ginástica, em Atenas, e da eloqüência, em Roma, existiam escolas de educação superior, incipientes universidades cuja função era formar elites pensantes e cujos modelos de aprendizagem diferiam da simples revisão e repetição. Na Academia de Platão se recorria ao método socrático, baseado nos diálogos e dirigido mais à persuasão do que à mera repetição do aprendido. Tratava-se, no entanto, de "comunidades de aprendizagem", utilizando uma terminologia de crescente uso na atualidade (Brown e Campione, 1994; Lacasa, 1994), reduzidas e fechadas em si mesmas, de culto quase religioso, dirigidas à busca de uma verdade absoluta. Outra comunidade de aprendizagem bem diferente era constituída, naquele tempo, pelos grêmios e ofícios. A formação de artesãos seguia um processo de aprendizagem lento, cuja função primordial era que o mestre passasse ao aprendiz as técnicas que ele mesmo tinha aprendido. A tarefa principal do aprendiz era imitar ou fazer a réplica do modelo que o mestre lhe proporcionava. No entanto, nem tudo era aprendizagem mecânica, reflexo puro do já sabido. A fronteira entre o artesão e o artista era muito difusa e com freqüência era preciso criar novas soluções (Flacelière, 1959). Em todo caso, já nesse tempo os cenários da aprendizagem artesanal diferiam consideravelmente em suas condições práticas dos contextos de aprendizagem que hoje chamaríamos de escolar. Essas diferenças persistem hoje, fazendo desses cenários de aprendizagem artesanal um modelo muito instrutivo e sugestivo para outros âmbitos de formação ou comunidades de aprendizagem (por exemplo, Lave e Wenger, 1991; Resnick, 1989b).

Durante os quase dez séculos que transcorrem desde a queda do Império Romano até o Renascimento, mal se observam mudanças na cultura da aprendizagem. A Idade Média é, também nesse âmbito, uma época obscura. A apropriação de todas as formas do saber por parte da Igreja faz com que a aprendizagem da leitura e da escrita reduza ainda mais seu foco, limitando-se àquelas obras legitimadas pela autoridade eclesiástica. Há um único conhecimento verdadeiro que deve ser aprendido e esse é o conhecimento religioso ou aprovado pela Igreja. O exercício da memorização e o uso de regras mnemônicas passam a ser habilidades concebidas como virtudes a ser cultivadas. Diz-se que São Tomás de Aquino, que viveu no século XIII, tinha uma memória reprodutiva prodigiosa, sendo capaz, entre outras coisas, de memorizar tudo o que seus professores lhe ensinaram na escola (Boorstin, 1983). Suponho que, em honra a tão louvável façanha e como modelo a emular, continua sendo na Espanha o patrono dos estudantes.

As mudanças mais notáveis na cultura da aprendizagem se devem a uma nova revolução na tecnologia da escrita. A invenção da imprensa, ligada à cultura do Renascimento, permitirá não só uma maior divulgação e generalização do conhecimento como também um acesso e conservação mais fáceis do mesmo, libertando a memória da pesada carga de conservar todo esse conhecimento. Agora, a escrita passa a ser a Memória da Humanidade. Inicia-se assim um progressivo, mas inexorável, declive na relevância social da memória repetitiva (Boorstin, 1983). Os tratados sobre mnemônica, que tinham sido freqüentes na Idade Média, vão perdendo prestígio. No século XVII, Descartes chegará a considerar um absurdo a

Arte da memória, de Schenckel, mais um dos tratados sobre mnemônica (parece que era uma indústria quase tão florescente naquela época como os métodos para ensinar a pensar e estudar em nossos dias), porque só serve para recordar listas de palavras sem relação entre si, e dessa forma jamais se chegará a aprender o novo saber proporcionado pelas ciências (Lieury, 1981). É que a imprensa veio, além disso, pela mão do Renascimento, e está na origem, não por casualidade, da ciência moderna. A alfabetização crescente da população permitiu ir diferenciando entre o que se diz nos textos, o que se escreve, e o que o leitor entende, o que agrega em sua interpretação, distinção sem a qual a ciência moderna não teria sido possível (Salomon, 1992), e ainda estaríamos fazendo apologias aos clássicos. À medida que se difunde, o conhecimento se descentraliza, perde sua fonte de autoridade. A relação entre cultura impressa e secularização do conhecimento é muito estreita e tem poderosas conseqüências para a cultura da aprendizagem. Realmente, as culturas, que por imperativo religioso relegaram a letra impressa, se mantêm mais ancoradas numa cultura da aprendizagem repetitiva. Esse é o caso da cultura islâmica: "O mundo islâmico continua sendo um anacrônico império das artes da memória, relíquia e lembrete do poder que esta tinha em todos os lugares antes da descoberta da imprensa. Como recitar passagens do Corão é o primeiro dever sagrado, uma criança muçulmana deve lembrar, em teoria, todo o Corão" (Boorstin, 1983, p. 520 da trad. esp.).

Sem pretender analisar nem sequer superficialmente as conseqüências sociais, culturais e tecnológicas que teve a *impressão* do conhecimento, e a alfabetização progressiva da população gerada por ela (Ong, 1979; Salomon, 1992; ou Teberosky, 1994, analisam alguns destes efeitos), há um processo fundamental de secularização do conhecimento, com profunda influência na cultura da aprendizagem, que começa com o Renascimento e vai ganhando um maior ímpeto à medida que progride o conhecimento científico até nossos dias. É o que Mauro Ceruti chama a progressiva *descentração do conhecimento*. Em suas palavras, "o desenvolvimento da ciência moderna pode ser lido como um contínuo processo de descentração do papel e do lugar do ser humano no cosmos... Esse processo de descentração da imagem do cosmos está acompanhado por e se agrupa com um processo análogo de descentração de nossos modos de pensar sobre o cosmos" (Ceruti, 1991, p. 49 da trad. esp.). A descentração começa com Copérnico, que nos faz perder o centro do universo; continua com Darwin, que nos fez perder o centro de nosso planeta, ao nos transformar numa espécie ou ramo a mais da árvore genealógica da matéria orgânica — em certo sentido a forma mais sofisticada de organização da matéria, mas apenas uma forma a mais — e se completa com Einstein, que nos faz perder nossas coordenadas espaço-temporais mais queridos e nos situa no vértice do caos e da antimatéria, dos buracos negros e de todos esses mistérios que a cada dia nos tornam menores.

Além disso, como diz Ceruti, o processo se completa com uma descentração ou relativização progressiva de nossos modos de pensar, que do Renascimento até hoje não só se multiplicam, como também se dividem. Perdemos esse centro que constituía a certeza de possuir um saber verdadeiro e, especialmente com a ciência probabilística do século XX, devemos aprender a conviver com saberes relativos, parciais, fragmentos de conhecimento, que substituem as verdades absolutas de antigamente e que requerem uma contínua reconstrução ou integração. Esse processo não só afeta poderosamente os modos de fazer conhecimento como também os modos de se apropriar dele. Como veremos a seguir, na nova cultura da aprendizagem já não se trata tanto de adquirir conhecimentos verdadeiros absolutos, já dados, que restam poucos, quanto de relativizar e integrar esses saberes divididos. Já que ninguém pode nos oferecer um conhecimento verdadeiro, socialmente relevante, que devamos repetir cegamente como aprendizes, teremos de aprender a construir nossas próprias verdades relativas que nos permitam tomar parte ativa na vida social e cultural.

PARA UMA NOVA CULTURA DA APRENDIZAGEM: A CONSTRUÇÃO DO CONHECIMENTO

A crise da concepção tradicional da aprendizagem, baseada na apropriação e reprodução "memorística" dos conhecimentos e hábitos cultuais, deve-se não tanto ao impulso da pesquisa científica e das novas teorias psicológicas (já que, como se verá no próximo capítulo, alguns dos fundamentos teóricos da nova cultura da aprendizagem distam muito de ser novos ou recentes) como à conjunção de diversas mudanças sociais, tecnológicas e culturais, a partir das quais esta imagem tradicional da aprendizagem sofre uma deterioração progressiva, devido ao desajuste crescente entre o que a sociedade pretende que seus cidadãos aprendam e os processos que põem em marcha para consegui-lo. A nova cultura da aprendizagem, própria das modernas sociedades industriais — nas quais não devemos esquecer que ainda convivem, ou melhor, malvivem, outras subculturas desfavorecidas que mal têm acesso às novas formas de aprendizagem —, se define por uma educação generalizada e uma formação permanente e massiva, por uma saturação informativa produzida pelos novos sistemas de produção, comunicação e conservação da informação, e por um conhecimento descentralizado e diversificado. Essa sociedade da aprendizagem continuada, da explosão informativa e do conhecimento relativo gera algumas demandas de aprendizagem que não podem ser comparadas com as de outras épocas passadas, tanto em qualidade como em quantidade. Sem uma nova mediação instrucional, que por sua vez gere novas formas de enfocar a aprendizagem, as demandas sociais ultrapassarão em muito as capacidades e os recursos da maior parte dos aprendizes, produzindo um efeito paradoxal de deterioração da aprendizagem. Parece que cada vez aprendemos menos porque cada vez nos exigem que aprendamos mais coisas, e mais complexas. Em nossa cultura da aprendizagem, a distância entre o que deveríamos aprender e o que finalmente conseguimos aprender é cada vez maior. Essa falha, mais do que lapso da aprendizagem, adquire contornos precisos se esboçamos algumas das características que definem a atual cultura da aprendizagem, em comparação com épocas passadas.

A sociedade da aprendizagem

Em primeiro lugar, a escola como instituição social alcança um novo desenvolvimento como conseqüência da Revolução Industrial, da mecanização do trabalho e da concentração urbana da população durante o século XIX, consolidando-se no presente século com a generalização da escolaridade obrigatória e gratuita nas sociedades industriais, o que produz, sem dúvida, mudanças notáveis nas próprias demandas de aprendizagem geradas pelos contextos educativos (Cole, 1991; Lacasa, 1994). Assim, na escola generalizada se ensina a ler e a escrever não como um meio para ter acesso a outros saberes, mas como um fim em si mesmo (Tolchinsky, 1994).

Como mostra a Figura 1.1, o período de formação foi se prolongando cada vez mais. A essa imaturidade prolongada própria dos primatas superiores (Bruner, 1972), as novas formas culturais acrescentam períodos de formação cada vez mais extensos e intensos. Na Espanha, se está realizando atualmente uma Reforma Educativa que estende a educação obrigatória, antes até 14 para os 16 anos, como em outros países europeus e gera novos ciclos formativos, como a Educação Secundária Obrigatória (12-16 anos), com demandas de aprendizagem próprias. A extensão da base do sistema educativo faz com que este alcance camadas de população cada vez mais distanciadas dessas supostas necessidades formativas que não compartilham a cultura da aprendizagem escolar, o que incrementa a aparência de deterioração da aprendizagem entre os professores. É certo que o incremento quantitativo do sistema educativo faz com que cada vez haja mais alunos que não aprendem, mas também deve haver cada vez mais os alunos que aprendem, embora estes sejam menos notados nas salas de aula.

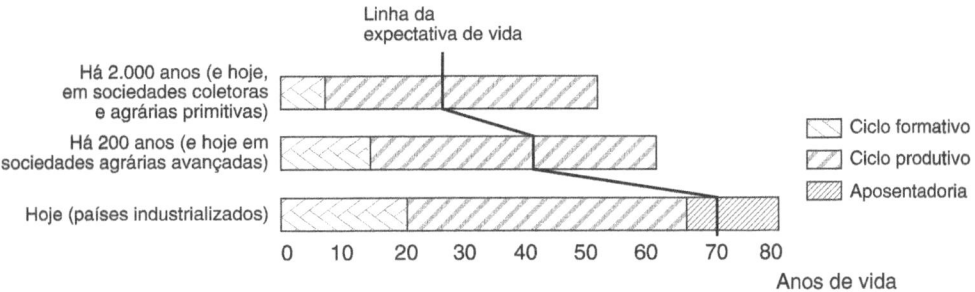

FIGURA 1.1 Três momentos "do ciclo vital" da Humanidade, segundo Álvarez e Del Río (1990b), mostrando o considerável crescimento do período de formação e, com ele, das demandas de aprendizagem específicas, nas sociedades industrializadas.

Além de se prolongar a educação obrigatória, está se estendendo todo o ciclo formativo, alcançando não só as instituições educativas (atraso da Formação Profissional, *masters*, pós-graduação, e outros títulos adicionais para a formação universitária, etc.) como toda a vida social e cultural. A necessidade de uma formação permanente e de uma reciclagem profissional alcança quase todos os âmbitos profissionais como nunca aconteceu em outros tempos, como conseqüência em boa parte de um mercado de trabalho mais cambiante, flexível e inclusive imprevisível, junto a um acelerado ritmo de mudança tecnológica, que nos obriga a estar aprendendo sempre coisas novas, ao que, em geral, somos muito reticentes.

Como se o que foi dito anteriormente fosse pouco, a aprendizagem continua além dos âmbitos educativos, não só "ao longo" de nossa vida, devido à demanda de uma aprendizagem contínua no exercício profissional, como também "ao largo" de nossos dias, já que as atividades formativas alcançam — poderíamos dizer que paralelamente às necessidades educativas e de formação profissional — quase todos os âmbitos da vida social. Uns mais, outros menos, após saírem de suas salas de aula ou de seu trabalho, se dedicam a adquirir outros conhecimentos culturalmente relevantes ou supostamente úteis para a própria projeção pessoal, como são os idiomas, a informática ou as técnicas de estudo. Além disso, nossa interação cotidiana com a tecnologia nos obriga a adquirir continuamente novos conhecimentos e habilidades: aprender a dirigir, a usar o microondas, a usar o controle remoto da televisão, do vídeo, do ar-condicionado, da secretária-eletrônica, do portão da garagem, etc., dando lugar às mais embaraçosas situações, algumas delas descritas, em tom divertido e instrutivo, por Norman (1988). Como se tudo isso não fosse suficiente para aturdir nossa capacidade de aprendizagem, essa nova instituição social das chamadas sociedades complexas, o ócio, é também uma indústria florescente para a aprendizagem. Quando acabamos de aprender tudo o que destacamos anteriormente, sentimos um irrefreável impulso de aprender a jogar tênis, a dançar tango, a conservar e reparar móveis antigos, a cuidar de efêmeros e sempre moribundos bonsais, a praticar arco e flecha, a provar vinhos ou a assistir a conferências místicas e esotéricas que nos desvelem as sinuosas duplicidades de nossa alma. Sem dúvida, não são tantas as pessoas que dedicam seu ócio a aprender de forma ativa e deliberada, como o catálogo anterior poderia fazer crer. Mas também é certo que possivelmente nunca na história da humanidade tenha havido tantas pessoas dedicadas ao mesmo tempo a adquirir, por prazer, conhecimentos tão inúteis e extravagantes. É que nunca houve tantas pessoas ociosas. Mas é que inclusive as que, mais comodamente, se submetem, de forma passiva e inconsciente, a essa avalanche de informação que a televisão despeja, acabam por aprender outros muitos conhecimentos, na maioria das vezes desnecessários e inclusive não-desejados, associando inevitavelmente certas notas musicais com uma marca de sabão, cantarolando um estribilho absurdo ou aprendendo as sempre engenhosas normas do concurso em vigor, sem as quais nunca entenderia por que esse casal de aspecto humilde e um tanto triste acaba de se atirar vestido na piscina num ambiente de felicidade coletiva.

Enfim, podemos dizer que em nossa cultura a necessidade de aprender se estendeu a quase todos os rincões da atividade social. É a aprendizagem que não cessa. Não é demasiado atrevido afirmar que jamais houve uma época em que tantas pessoas aprendessem tantas coisas distintas ao mesmo tempo, e também tantas pessoas dedicadas a fazer com que outras pessoas aprendam. Estamos na *sociedade da aprendizagem*. Todos somos, em maior ou menor grau, alunos e professores. A demanda de aprendizagens contínuas e massivas é um dos traços que define a cultura da aprendizagem de sociedades como a nossa. Realmente, a riqueza de um país ou de uma nação já não é medida em termos dos recursos naturais de que dispõe. Já não é o ouro nem o cobre, nem mesmo o urânio ou o petróleo, o que determina a riqueza de uma nação. É sua capacidade de aprendizagem, seus recursos humanos. Num recente informe do Banco Mundial[1], foi introduzido como novo critério de riqueza o "capital humano", medido em termos de educação e formação. Inclusive se quantifica essa contribuição ao bem-estar econômico e social: segundo esse informe, o capital humano proporciona, não apenas no presente como também no futuro, dois terços da prosperidade de uma nação.

Essa demanda crescente de formação produz condições nem sempre favoráveis ao êxito dessas aprendizagens. Assim, por exemplo, a necessidade de uma aprendizagem contínua tende a saturar nossas capacidades de aprendizagem. Segundo Norman (1988), um critério básico para o projeto eficaz de aparelhos e instrumentos novos é o de reduzir ao mínimo a necessidade de aprender do usuário. Esses magníficos relógios digitais, que mediante engenhosas combinações de três minúsculas teclas nos permitem acesso a duas ou três dezenas de funções (desde temperatura ambiente até a hora em Montevidéu) são fascinantes, mas habitualmente inúteis, já que nunca conseguimos aprender mais do que três ou quatros funções. Os aparelhos cada vez têm mais teclas e funções e nós menos vontade e tempo para aprender a usá-las. É que a aprendizagem sempre requer prática e esforço. A necessidade de uma aprendizagem contínua nos obriga a um ritmo acelerado, quase neurótico, em que não há prática suficiente, com o que apenas consolidamos o aprendido e o esquecemos com facilidade. Queremos aprender inglês, mas mal lhe dedicamos duas horas por semana, de modo que não temos vocabulário suficiente nem assimilamos bem as estruturas gramaticais, daí que na lição seguinte, que pressupõe que dominamos tudo isso de trás para a frente, nos perdemos novamente. Os professores se queixam de que nunca têm tempo de esgotar seus programas e na realidade esgotam seus alunos, que vêem passar os temas diante de suas mentes aturdidas como quem vê passar um trem na plataforma de uma estação vazia. Somos levados a correr quando mal sabemos andar.

Outra característica das sociedades da aprendizagem é a multiplicação dos contextos de aprendizagem e suas metas. Não é só que tenhamos de aprender muitas coisas, temos de aprender muitas coisas *diferentes*. A diversidade de necessidades de aprendizagem é dificilmente compatível com a idéia simplificadora de que uma única teoria ou modelo de aprendizagem pode dar conta de todas essas situações. Como veremos no próximo capítulo, não são poucas as teorias psicológicas que mantêm uma concepção reducionista, segundo a qual uns poucos princípios podem explicar todas as aprendizagens humanas. Assim, por exemplo, os teóricos do comportamentalismo mantinham, de modo explícito ou implícito, que tudo se aprende do mesmo modo e que todos aprendemos do mesmo modo, de forma que as leis do condicionamento (ilustradas no Capítulo 7) serviriam para explicar tanto a aversão diante das baratas como a compreensão do segundo princípio da termodinâmica. Realmente são muitas as teorias que tentam reduzir toda a aprendizagem a uns poucos princípios (como pode se ver em Pozo, 1989). No entanto, a sociedade da aprendizagem parece requerer antes uma concepção múltipla, complexa e integradora, segundo a qual nós, seres humanos, disporíamos de diversos sistemas de aprendizagem, produto da filogênese, mas também da cultura, que deveríamos usar de modo discriminativo em função das demandas dos diferentes contextos de aprendizagem com que nos defrontamos cotidianamente, ou, caso se prefira, adequando-nos às distintas comunidades de aprendizagem a que pertencemos ao mesmo tempo. Essa concepção complexa e integradora da aprendizagem é a que tentarei defender neste livro (justificada no último ponto do Capítulo 2).

Não só os teóricos devem assumir a diversidade e complexidade da aprendizagem. O relevante culturalmente é que essa concepção alcance as formas em que alunos e professores enfrentam os problemas de aprendizagem. Não é casual que a necessidade de "aprender a aprender" (ou de ensinar a aprender) seja outra das características que definem nossa cultura da aprendizagem (Nisbet e Schucksmith, 1987; Pozo e Postigo, 1993). Já que temos que aprender muitas coisas distintas, com fins diferentes e em condições cambiantes, é necessário que saibamos adotar estratégias diferentes para cada uma delas. Se as situações de aprendizagem fossem monótonas, sempre iguais a si mesmas, bastariam certas rotinas para alcançar o êxito. Como Charlot em *Tempos modernos*, estaríamos sempre apertando a mesma porca com a mesma chave inglesa. Possivelmente foi assim em tempos nem tão modernos, durante muitos séculos, em que a cultura da aprendizagem era mais homogênea. Mas em nossos tempos pós-modernos, nós, alunos e professores, necessitamos adquirir muitas ferramentas diferentes para enfrentarmos tarefas bem diversas. A aprendizagem já não deveria ser uma atividade mecânica. De um simples exercício rotineiro passou a ser cada vez mais um verdadeiro problema, diante do qual é preciso tomar decisões e elaborar estratégias (Pérez Echeverría e Pozo, 1994). Daí que se considere necessário que os aprendizes disponham não apenas de recursos alternativos, como também da capacidade estratégica de saber quando e como devem utilizá-los. As estratégias de aprendizagem devem ser um dos conteúdos fundamentais da educação básica nas sociedades presentes e futuras. Para que seja mais fácil aprender coisas distintas, é preciso aprender a aprendê-las (dessa aprendizagem se ocupa o Capítulo 11). Certas estratégias de aprendizagem mais gerais nos permitirão controlar ou ao menos selecionar a avalanche de informação que nos cai em cima.

A sociedade da informação

A demanda de uma aprendizagem constante e diversa é conseqüência também do fluxo de informação constante e diverso ao qual estamos submetidos. As mudanças radicais na cultura da aprendizagem estão ligadas historicamente ao desenvolvimento de novas tecnologias na conservação e na difusão da informação. As tabuinhas de cera significaram sem dúvida uma revolução cultural na aprendizagem da sociedade suméria. Usando a terminologia de Vygotsky (1978), ou em geral do enfoque sociocultural (Wertsch, Del Río e Álvarez, 1995), as tabuinhas eram instrumentos de mediação entre a informação e a memória humana, permitindo libertar esta, pela primeira vez, da escravidão de ser o único depósito conhecido de informação. Dada a escassa confiabilidade na memória humana como registro literal (ou notarial) da informação (Baddeley, 1990; ou de maneira mais agradável, Baddeley, 1982; também aqui, no Capítulo 5), isso supôs sem dúvida um avanço muito relevante — não só para a aprendizagem como também para a organização das atividades sociais (poderia haver transações comerciais complexas, por exemplo, com empréstimos ou pagamentos a prazo, sem um registro, confiando-as unicamente à memória dos contratantes?). Estas mudanças, todavia, tiveram provavelmente uma influência muito limitada sobre as demandas sociais de aprendizagem, não somente porque seu uso se restringiu às elites administrativas, mas principalmente pelas limitações tecnológicas no armazenamento, conservação e difusão da informação, que faziam da escrita uma tarefa muito mais dispendiosa que a memorização dessa mesma informação.

Embora essa tecnologia, assim como sua distribuição social, tenha melhorado com o passar do tempo, teria de se esperar até a invenção da imprensa para encontrar uma segunda revolução cultural na aprendizagem. A impressão dos livros era muito menos laboriosa e dispendiosa do que a cópia de um manuscrito, sua conservação e difusão mais fácil, porque se tratava de um suporte mais acessível para uma maior quantidade de pessoas. A Igreja perdeu o monopólio do conhecimento, que, dessa forma, se diversificou e democratizou. Inicia-se a era da descentralização dos saberes. Como conseqüência, a memória repetitiva, a aprendizagem reprodutiva perde o prestígio entre as elites intelectuais. A ciência não pode ser memorizada, tem de ser compreendida. É a era da razão mais do que da memória (Boorstin, 1983). Na segunda metade deste século, e muito especialmente nestas últimas décadas, estamos assistindo a uma terceira revolução nos suportes da informação, que está abrindo passagem para uma nova cultura da aprendizagem. As novas tecnologias de armazenamento, distribuição e difusão da informação permitem um acesso quase instantâneo a grandes bancos de dados, os quais contêm não apenas informação escrita como também informação audiovisual, mais imediata e fácil de processar. Em comparação com outras culturas do passado, em nossa sociedade não é preciso buscar ativamente a informação, desejar aprender algo, para encontrá-la. É, antes, a informação que nos busca, através da mediação imposta pelos canais de comunicação social. Basta que liguemos despreocupadamente a televisão ou o rádio para encontrar informação não-procurada, e talvez indesejada, sobre os efeitos cancerígenos do tabaco, as radiações solares, as telas dos computadores ou a moda *grunge*, sobre a qual, querendo ou não, você acaba por aprender alguma coisa, ainda que seja apenas não tornar a ligar a televisão nesse horário. Inclusive em muitos âmbitos o sistema de educação formal perdeu a primazia na transmissão de informação. Cada vez são menos as "primazias" informativas e ainda menos as "exclusivas" que se reservam para a escola. Sem querer, ou ao menos sem muito esforço, as crianças já foram informadas pelos meios de comunicação social da aparição do próximo cometa, do buraco na camada de ozônio, dos ritos de acasalamento das aves pernaltas, e inclusive, mergulhados na cálida escuridão de um cinema, puderam ver com seus próprios olhos Cleópatra seduzindo Marco Antônio ou assistir também à queda do Império Romano. Obviamente, essa informação que as crianças — e os adultos — captam é fragmentária, confusa e muitas vezes enganosa. Como os programas escolares continuam funcionando, em grande medida, como se a sociedade da informação não existisse, os alunos têm poucas oportunidades de organizar e dar sentido a esses saberes informais, relacionando-os com o conhecimento escolar, que ainda por cima costuma ser bastante menos atrativo.

Estamos de fato na sociedade da informação. Segundo a feliz expressão de Pylyshyn (1984), nós seres humanos somos autênticos *informívoros*, necessitamos de informação para sobreviver, como necessitamos de alimento, calor ou contato social. Nas ciências da comunicação considera-se que informação é tudo aquilo que reduz a incerteza de um sistema. Nesse sentido, todos nós nos alimentamos de informação que nos permite não apenas prever como também controlar os acontecimentos de nosso meio. Previsão e controle são duas das funções fundamentais da aprendizagem, inclusive nos organismos mais simples (Dickinson, 1980). Na vida social, a informação é ainda mais essencial porque os fenômenos que nos rodeiam são complexos e cambiantes e, portanto, ainda mais incertos do que os que afetam a outros seres vivos. A incerteza é ainda maior na sociedade atual, como conseqüência da descentração do conhecimento, tema em que nos aprofundaremos mais adiante, mas também dos vertiginosos ritmos de mudança em todos os setores da vida. Um traço característico de nossa cultura da aprendizagem é que, em vez de ter de buscar ativamente a informação com que alimentar nossa ânsia de previsão e controle, estamos sendo abarrotados, superalimentados de informação, na maioria das vezes em formato *fast food*. Nem o próprio São Tomás de Aquino conseguiria armazenar em sua prodigiosa memória a milésima parte da informação a que nos vemos expostos diariamente. A aprendizagem repetitiva é ineficaz e insuficiente. Sofremos uma certa obesidade informativa, conseqüência de uma dieta pouco equilibrada, daí que temos de nos submeter o quanto antes a um tratamento capaz de proporcionar novos processos e estratégias de aprendizagem que ajustem a dieta informativa a nossas verdadeiras necessidades de aprendizagem.

Além disso, o excesso de informação produz um certo aturdimento no aprendiz. Em seu livro sobre *A velha Rússia de Gorbachov*, o jornalista Ismael Bayón (1985) conta que quando era correspondente em Moscou, no começo dos anos oitenta, costumava exibir para seus colegas russos vídeos de programas da televisão espanhola, geralmente de conteúdo político. Naquele tempo de mudança política no que então era a URSS, os jornalistas se impressionavam mais com os *spots* de publicidade que apareciam entre os programas do que com os próprios programas em si: vinte segundos continham um aluvião informativo condensado, de imagens, texto e música, que os aturdia tanto como os atraía. Nós já estamos habituados a esses formatos ultra-informativos. Mas não a outras novidades da sociedade da informação que ainda nos aturdem e de cuja aprendizagem temos receio. É fácil detectar uma mudança de geração em nossas atitudes diante das mudanças culturais produzidas pelas novas tecnologias da informação. Minha filha Beatriz, com um ano, já brincava com as teclas do computador, fascinada pelas mudanças que produzia nas figurinhas que via na tela. Com dois anos, já sabe que essas figurinhas "dizem" coisas, números e palavras, assim fala para a tela enquanto digita. O computador é um elemento tão natural em seu ambiente como o foram para nós o rádio ou a televisão (tecnologias a que estamos habituados, mas nem por isso menos fantásticas e misteriosas: como posso estar vendo alguém que está a milhares de quilômetros de distância? Nem Leonardo da Vinci teria imaginado tamanho prodígio). Enquanto nós tivemos de ir incorporando penosamente cada um desses elementos em nossa cultura, à medida que nos eram impostos, não sem uma certa sensação de perda de identidade (quantos professores não estão lamentando já uma suposta desaparição ou menosprezo da letra impressa diante do impulso da cultura da imagem), os novos aprendizes os incorporam com toda a naturalidade desde tenra idade em sua cultura da aprendizagem.

Os meios de comunicação social também oferecem muito "ruído", suposta informação que na realidade não reduz nenhuma incerteza, já que não incrementa nossa capacidade de previsão nem nosso controle sobre os acontecimentos, seja porque se refere a fatos muito remotos sobre os quais não temos nenhum interesse nem capacidade de controle; seja porque a apresentação fragmentada, pouco coerente, ou inclusive contraditória, de distintas informações, ao invés de reduzir nossa incerteza, a incrementa. Em nossa cultura, a informação flui de modo muito mais dinâmico, mas também menos organizado. As infovias permitem manejar com extrema facilidade muito mais informação do que até agora era possível nos suportes impressos tradicionais, mas ao mesmo tempo carecem da organização e da ordem que tinham esses suportes tradicionais. Embora precisamente agora se esteja tentando impor, na internet não há nenhuma autoridade, nem nenhuma organização acima de cada uma das unidades ou redes que a compõem. São sistemas de conhecimento justapostos, mas não organizados. Como se verá no Capítulo 6, e também no 10, referente à aprendizagem verbal, uma informação desorganizada costuma levar a formas de aprendizagem repetitiva, sem a compreensão da mesma.

As modernas tecnologias da informação são muito acessíveis e flexíveis. Podemos nos conectar (esta é a palavra agora) com muita facilidade e navegar prazerosamente na rede, mas dessa "vagabundagem" extrairemos pouca aprendizagem se não formos capazes de organizar nossa rota. Enquanto que a aprendizagem da cultura impressa costuma ser uma viagem organizada por quem produz o conhecimento (afinal de contas, inclusive *O Jogo da Amarelinha*, de Julio Cortázar, tem itinerários recomendados), na sociedade da informação é o *consumidor* quem deve organizar ou dar significado à sua viagem. É a cultura do *zapping* informativo, uma cultura feita de retalhos de conhecimento, uma *collage* que é necessário recompor para obter um significado. Para isso, necessitam-se não só de estratégias para buscar, selecionar e reelaborar a informação que mencionava antes, como também de conhecimentos com os quais relacionar e dar significado a essa informação. Hoje, podemos acessar instantaneamente, desde nossa casa, a informação sobre a evolução da cotação de diversas moedas em diferentes mercados internacionais. Mas isso significa que o dólar vai continuar baixando? Devemos vender esses dólares que temos guardados desde nossa última viagem? Talvez essa mesma informação contenha uma previsão, mas devemos confiar nessa previsão se, como é habitual, ela é discordante da proporcionada por outras fontes de informação? A fragmentação da informação está muito unida à descentração do conhecimento, que constitui um dos traços mais definitivos da cultura da aprendizagem atual.

A sociedade do conhecimento (descentrado)

Como vimos anteriormente, a invenção da imprensa tornou possível a difusão e o intercâmbio do conhecimento para além dos sólidos muros dos monastérios em que, durante a Idade Média, se copiavam (quer dizer, se reproduziam ou repetiam) os manuscritos que constituíam o saber estabelecido e autorizado. A perda progressiva de controle da Igreja sobre o conhecimento (durante séculos ainda permaneceu o selo de *nihil obstat* e o *Índice* de livros condenados ao fogo eterno), unida ao impulso que o Renascimento significou para o saber científico, promoveu uma progressiva descentração do conhecimento, traduzida não só numa perda do lugar da humanidade no universo (de centro da criação passamos a ocupar um de seus mais obscuros e empoeirados cantos), mas principalmente por uma perda paralela da certeza em nosso conhecimento sobre esse mesmo universo. Frente a um saber absoluto, controlado rigorosamente por uma autoridade central, as modernas sociedades industriais não reduzem seus mecanismos de controle, mas os multiplicam. No entanto, essa multiplicação de controles implica também uma diversificação dos mesmos, de forma que essa nova autoridade distribuída é mais incerta e vulnerável.

Para começar, o século XX nos trouxe uma ciência mais incerta, atraída pelo caos como uma mariposa pela luz, com verdades mais difusas e perecíveis. As ciências, inclusive as mais exatas, se encheram, também elas, de incertezas. Essa relativização do saber científico foi acompanhada por um novo olhar sobre a própria natureza desse conhecimento, mais de acordo com os tempos incertos que correm. Durante muito tempo dominou uma concepção realista do conhecimento, que nos dizia que conhecer é descobrir a natureza real do mundo, porque existe uma realidade aí fora, esperando ser conhecida, que é independente de quem a conheça ou de como o faça. Em *A Dádiva*, Vladimir Nabokov ironiza sobre a fé realista de Lenin, por acreditar que "se a alizarina existia no carvão sem que soubéssemos, as coisas devem existir independentemente de nosso conhecimento". Dessa perspectiva realista, a aprendizagem devia se direcionar para a aquisição desse saber objetivo, imperecível, fiel reflexo da realidade que representa.

Mas a *realidade*, que durante tantos séculos constituiu o continente perdido da Ciência, a cujo descobrimento deviam se dedicar todos os esforços, em busca de um saber absoluto, resultou ser, na cultura contemporânea, uma quimera, uma invenção ingênua em que necessitávamos acreditar, ou, se se prefere, uma *construção* intelectual. "É impossível que o que chamamos saber possa ser uma imagem ou uma representação de uma 'realidade' não tocada pela experiência", nos lembra Von Glasersfeld (1991, p. 25 da trad. esp.). Não se pode conhecer nada diretamente, apenas através dos olhos do observador. Poucos cientistas apoiariam hoje a radical afirmação de Skinner (1950), o maior guru do comportamentalismo, quando defendia a conveniência de fazer uma ciência sem teorias. Realmente, quando Galileu recorre a um recente invento da época, o telescópio, para tentar demonstrar empiricamente suas teorias sobre o universo, seus críticos (o saber estabelecido pela autoridade da Igreja) o acusam, não sem razão, de que do mesmo modo que se inventa o telescópio pode se inventar os astros que são vistos *através* dele. O olhar de Galileu não é direto, suas observações requerem a crença nos modelos que as sustentam, o que com o tempo seria um sério argumento a favor das teorias de Galileu mais do que de suas observações em si.

Da mesma maneira que a arte abandonou em boa parte a pretensão figurativa de representar o mundo tal como é (embora o mundo nunca tenha sido assim, a representação em perspectiva que observamos, por exemplo, na "Escola de Atenas" de Rafael, ou em "As meninas" de Velázquez, é uma descoberta do Renascimento), de ser um espelho da realidade, nosso conhecimento também nunca poderá ser o reflexo do mundo. "Não vemos as coisas tal como são, mas como somos nós", dizia o psicólogo alemão Koffka. Conhecer não é refletir a realidade, é elaborar modelos que se pareçam o mais possível ao que sabemos dessa realidade. Todo conhecimento é uma aproximação incerta (no próximo capítulo, se desenvolve mais profundamente a concepção construtivista da aprendizagem).

O abandono do realismo como forma cultural de conhecimento é característico da filosofia da ciência atual, em que, em geral, assume-se que o conhecimento é uma construção, que todo fato está tingido de teoria, e que, portanto, a ciência avança elaborando teorias mais que recolhendo dados (Lakatos, 1978). A ciência não é uma coleção de fatos, é um sistema de teorias. Daí que nos programas escolares tenha havido uma mudança progressiva do ensino de dados e fatos para o ensino dos sistemas conceituais que os integram. Assim, onde antes se estudava uma história narrativa, baseada em litanias de reis e batalhas, coalhada de anedotas morais, com o Cid e Viriato na vanguarda, agora se apresentam elaborados modelos e interpretações sobre a sociedade feudo-vassálica; onde antes recitávamos serpenteantes afluentes do Duero e do Ebro ou remotas capitais da África, que com a descolonização já mudaram todas de nome para frustração de nossa memória, agora os alunos devem estudar os fatores que afetam a economia produtiva ou a evolução demográfica desses mesmos países. Onde antes havia fatos e dados, porque essa era então a cultura dominante (como demonstravam certos concursos televisivos em que os participantes deviam exibir sua erudição memorística) agora há teorias, sistemas e interpretações (e os concursos, certamente, são mais procedimentais: agora só é preciso saber fazer extravagâncias ou o ridículo, diretamente). No Capítulo 10, se verá que a compreensão dessas teorias se baseia em processos de aprendizagem mais complexos do que a simples reprodução de dados, daí que deveriam ser acompanhadas de mudanças nas estratégias de ensino, o que nem sempre aconteceu.

Um processo paralelo ao produzido no âmbito do saber científico foi acontecendo também na literatura e em outras formas de produção artística. O século XX nos trouxe uma ruptura com as formas canônicas da narração, baseadas em outra descentração: a do narrador onisciente e onipresente. Autores como Proust, Joyce, Nabokov ou, recentemente entre nós, Javier Marías, nos fazem ver o mundo não como algo real, independente do narrador, que já existia, no tempo e no espaço, antes que abríssemos o livro, mas como uma verdadeira construção, produto de um olhar enviesado, parcial, quando não de múltiplas perspectivas entrecruzadas. O narrador é parte do narrado. E, embora saibamos do caráter fictício da narração, o mundo imaginário dos romances é, como repete Umberto Eco, menos perecível em nossa memória do que a própria realidade em si. É de fato uma *realidade virtual* em que muitas vezes se vive de modo mais prazeroso e intenso do que nos próprios confins do mundo real. A literatura, e com ela a pintura, a escultura ou o cinema, não trata de refletir o mundo, mas de inventá-lo ou construí-lo.

Também as mudanças na organização social do conhecimento favoreceram a descentração do mesmo. A democratização do saber, embora tenha levado à sua apropriação por parte de algumas elites especializadas, uma espécie de partidos políticos do conhecimento, sem dúvida promoveu o surgimento de pontos de vista distintos, em contínuo contraste. Não só não há realidades absolutas na ciência, nem na arte, como também não há na vida social. Do controle absoluto exercido por uma autoridade central, as modernas sociedades da informação, em vez de gerar um Grande Irmão, multiplicaram e diversificaram seus mecanismos de controle sobre o conhecimento, de forma que essa informação, dependendo de sua fonte ou origem, com freqüência é contraditória, quando não impossível de reconciliar. Basta contrastar a informação de diferentes jornais sobre o mesmo fato (uma mesma realidade), seja o futuro imediato da Bolsa, a lei sobre imigração ou se o pênalti apitado pelo juiz foi justo ou não, para encontrar tantas realidades como pontos de vista. Além do mais, logo que se conheçam as afinidades ideológicas e futebolísticas de cada jornal se poderá prever com notável grau de sucesso sua posição diante do próximo debate político ou da próxima expulsão no jogo (esse entretenimento é bastante instrutivo quando a gente se encontra num país ou numa cultura estranhos; em casa está mais para a chatice), mostrando que cada jornal constrói sua própria realidade social, e tenta fazer com que os leitores dela participem.

A perda da certeza, a descentração do conhecimento, alcança quase todos os setores de nossa cultura. São muitos os personagens em busca de um autor, muitos os conhecimentos dispersos em busca de um aluno que os interprete. Nessas condições, a tentação para muitos alunos e professores é optar por um personagem e transformá-lo em autor, adotar um ponto de vista sectário, como se de fato fosse o único, reduzir a incerteza a uma certeza sem fundamento. Claxton (1991) o diz com muita ironia quando afirma que a firmeza e grandiloqüência com que alguém apresenta um conhecimento (sejam as propriedades dos gases inertes ou as extraordinárias vantagens de um novo aspirador de pó) são inversamente proporcionais à segurança que tem no que está dizendo. Ninguém duvida do que não entende. Quando, após uma prolixa explicação sobre a modularidade e o encapsulamento informativo dos sistemas cognitivos, o professor pergunta retoricamente: alguma dúvida? e ninguém levanta a mão para perguntar, podem acontecer duas coisas: ou todo mundo entendeu tudo ou ninguém entendeu nada. E quase sempre ninguém entendeu nada.

As características dessa nova cultura da aprendizagem fazem com que as formas tradicionais da aprendizagem repetitiva sejam ainda mais limitadas que nunca. Em nossa cultura, a aprendizagem deveria estar direcionada não tanto para reproduzir ou repetir saberes que sabemos parcialmente, sem mesmo pô-los em dúvida, como para interpretar sua parcialidade, para compreender e dar sentido a esse conhecimento, duvidando dele. A cultura da aprendizagem direcionada para reproduzir saberes previamente estabelecidos deve dar passagem a uma cultura da compreensão, da análise crítica, da reflexão sobre o que fazemos e acreditamos e não só do consumo, mediado e acelerado pela tecnologia, de crenças e modos de fazer fabricados fora de nós. Requer-se um esforço para dar sentido ou integrar alguns desses saberes parciais que inevitavelmente nos formam, de modo que, ao repensá-los, possamos reconstruí-los, dar-lhes uma nova forma ou estrutura. Embora, sem dúvida, existiriam outras alternativas de um ponto de vista filosófico em que inserir o discurso das ciências sociais (Ibañez, 1989), em relação aos propósitos (e talvez também os despropósitos) deste livro, uma forma de estimular essa nova forma de pensar a aprendizagem é partir do *construtivismo* como perspectiva filosófica e psicológica sobre o conhecimento e suas formas de aquisição, entendendo-o, dentro de sua vagueza e às vezes dispersão conceitual, como uma alternativa cultural às formas tradicionais de aprendizagem. Tanto no âmbito educativo (Carretero, 1993; Coll, 1990, 1993; Merrill, 1995; Monereo, 1995), como no das teorias da aprendizagem (Carretero *et. al.*, 1991; Claxton, 1984; Pozo, 1989; Stevenson e Palmer, 1994) ou inclusive entre os teóricos do conhecimento (Giere, 1992; Morin, 1990; Thagard, 1992; Watzlawick e Krieg, 1991), se defende atualmente a concepção construtivista como a forma mais complexa de entender a aprendizagem e a instrução e a melhor forma de promovê-las.

NOTA

1. Lido no *Time*, 146 (14), p. 35, correspondente a 2 de outubro de 1995.

2

As Teorias da Aprendizagem: da Associação à Construção

Naquele Império, a arte da cartografia chegou a tal perfeição que o mapa de uma só província ocupava toda uma cidade, e o mapa do império toda uma província. Com o tempo, esses mapas desmesurados não satisfizeram, e os Colégios de Cartógrafos levantaram um Mapa do Império que tinha o tamanho do Império e coincidia ponto por ponto com ele. Menos dedicadas ao estudo da Cartografia, as próximas gerações entenderam que esse dilatado mapa era inútil e não sem impiedade o entregaram às inclemências do sol e dos invernos. Nos desertos do Oeste perduram despedaçadas as ruínas do mapa, habitadas por animais e por mendigos; em todo o País não há outra relíquia das disciplinas geográficas.

JORGE LUIS BORGES, *Do rigor na ciência*

A presença de uma terra assim, que remete à minha memória mais antiga, a esse âmbito onde a infância assenta seu conhecimento mítico do mundo, das coisas, marca de forma irremediável minha distante e primeira aprendizagem do imaginário. Marca-a, ao menos, com a referência dessa misteriosa dualidade de ser consciente de estar habitando um mundo verdadeiro que, ao mesmo tempo, é fabuloso: um mundo em que tu tens todas as certezas mas cujo prestígio está alicerçado na mentira da ficção e do sonho. Dessa consciência, dessa recatada lucidez, parte minha aprendizagem do imaginário, da própria metáfora que envolve secretamente a palavra que nomeia a terra de minha infância.

LUIS MATEO DÍEZ, *Relato de Babia*

RECUPERANDO A "AGENDA GREGA"

Até agora viemos analisando as mudanças culturais na aprendizagem como conseqüência da evolução das tecnologias da informação e da própria organização social do conhecimento. Paralelamente a essas mudanças veio se produzindo um desenvolvimento de modelos e teorias filosóficas e científicas com o fim de dar conta desses mesmos fenômenos. Embora ambos os caminhos seguissem de modo paralelo, suas perspectivas nem sempre eram coincidentes. De fato, embora as tradições da aprendizagem reprodutiva tenham dominado a cultura da aprendizagem durante muitos séculos, por serem as que melhor respondiam às demandas sociais do momento, houve desde os tempos mais remotos enfoques alternativos, confrontados, sobre a aquisição do conhecimento. E enquanto que agora, um desses enfoques, o chamado construtivismo, goza de uma aceitação mais generalizada em âmbitos científicos, sua influência nos hábitos sociais de aprendizagem é ainda bastante limitada. Por isso, é conveniente examinar agora essas tradições científicas sobre a aprendizagem, centrando-nos naquelas que são mais proveitosas para o desenvolvimento de um modelo integrador da aprendizagem humana (Capítulo 6) e na análise das múltiplas demandas de aprendizagem na sociedade atual (na Terceira Parte do livro).

Já é uma tradição entre os psicólogos da aprendizagem remontar ao que Gardner (1985) chama "a agenda grega". As principais alternativas em relação à origem e à aquisição do conhecimento já tinham sido colocadas na Grécia clássica, daí que as teorias psicológicas da aprendizagem, formuladas durante o século XX, têm seus fundamentos em tradições filosóficas muito assentadas (há uma análise detalhada desse parentesco em Herrmann e Chaffin, 1988; Sebastián, 1994). Para os propósitos deste livro, há três grandes enfoques sobre a origem do conhecimento: racionalismo, empirismo e construtivismo (Richardson, 1988), se bem que só os dois últimos proporcionaram verdadeiras teorias psicológicas da aprendizagem.

O RACIONALISMO OU A IRRELEVÂNCIA DA APRENDIZAGEM

A natureza e a origem do conhecimento é, em psicologia, algo assim como a "mãe de todas as teorias". Qualquer reflexão sobre a natureza humana requer que se adote uma posição sobre o tema. Por isso, não é estranho que boa parte dos filósofos gregos e da Antiguidade nos legaram suas reflexões sobre a origem do conhecimento, se bem que muitas delas chegaram até nós em fragmentos pouco significativos (boa parte deles recolhidos em Sebastián, 1994). A primeira teoria elaborada sobre a aprendizagem de que temos notícia devemos a Platão, que, no século IV a.C. escreveu *A República*, em que expõe o mito da caverna, segundo o qual, acorrentados como estamos a nossos sentidos, só podemos ver as sombras dos objetos projetadas nas paredes da caverna, porque nossas correntes nos impedem de ver diretamente os objetos, ou seja, as Idéias Puras que todos temos internamente desde nosso nascimento e que constituem a origem de todo conhecimento. O conhecimento é sempre a sombra, o reflexo de algumas idéias inatas, que constituem nossa racionalidade humana. Dessa forma, no racionalismo clássico de Platão, a aprendizagem tem uma função muito limitada; na realidade, não aprendemos nada realmente novo, a única coisa que podemos fazer é refletir, usar a razão, para descobrir esses conhecimentos inatos que jazem dentro de nós, sem sabermos. Isso é o que aconselha Sócrates ao escravo Menão em um dos *Diálogos* de Platão: se quer aprender geometria deve levar à sua consciência os princípios racionais em que se sustenta sua alma.

Num sentido literal, o racionalismo platônico nega relevância à aprendizagem. São as Idéias Puras e não nossa experiência que nos proporcionam as categorias fundamentais do conhecimento. No entanto, a idéia de uma aprendizagem baseada na reflexão e na tomada de consciência sobre o próprio conhecimento vai ser retomada desde pressupostos construtivistas, se bem que assumindo a natureza cambiante desse conhecimento, em vez de lhe atribuir um caráter inato e inerte. Em todo caso, as posições racionalistas contemporâneas em psicologia (na Figura 2.1), como as de Chomsky (1980) ou Fodor (1983), vêm insistir na irrelevância da aprendizagem como processo psicológico. Fodor é o mais radical quando afirma categórico que "não só não existe nenhuma teoria da aprendizagem, como que, num certo sentido, nem poderia existir nenhuma" (Fodor, 1979, p. 188 da trad. esp.). Em que sentido? No de gerar conhecimentos realmente novos, já que todo saber novo está pré-formado, em estado embrionário num saber precedente.

O argumento de Fodor, que não podemos resumir aqui por sua complexidade (há uma crítica a tal argumento em Pozo, 1989), se vê refutado por nossa experiência, que nos diz que continuamente surgem conhecimentos novos. O próprio Piaget (1979), um dos pais do construtivismo em psicologia, considerava a evolução do conhecimento científico ao longo da história como uma refutação do paradoxo de Fodor, segundo o qual só aprendemos o que já sabemos. Se surgem novos modelos e teorias a partir das anteriores, por que não vai acontecer a mesma coisa na aprendizagem pessoal? Embora os estudos recentes com recém-nascidos estejam supondo um ressurgimento das posições racionalistas, e mais concretamente pré-formistas, segundo as quais nossa conduta desenvolve em boa parte um programa genético, de forma que os bebês nascem já sabendo (Mehler e Dupoux, 1990; também Carey e Gelman, 1991), é difícil aceitar a posição de Fodor. Não só nossa experiência pessoal, que no fim das contas poderia ser enganosa, acorrentados como estamos lá no fundo da caverna, como um bom número de investigações psicológicas mostra o potencial de aprendizagem da espécie humana, capaz de gerar e adquirir muitos conhecimentos e habilidades novas, que dificilmente poderiam estar programadas em nossos genes (a informática?, o futebol?, o surrealismo?, o macramê?). E boa parte dessas investigações procede de um enfoque que, não por casualidade, situa a aprendizagem no centro de suas formulações teóricas. É a tradição empirista.

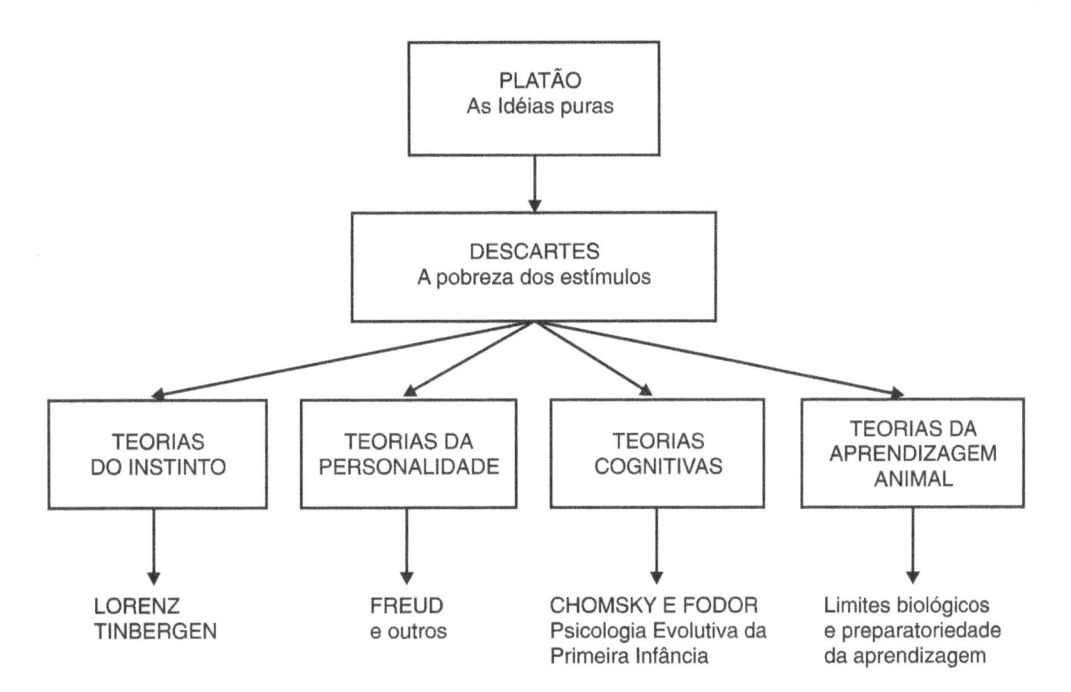

FIGURA 2.1 A "família" racionalista em filosofia e psicologia.

O EMPIRISMO: AS TEORIAS DA APRENDIZAGEM POR ASSOCIAÇÃO

No extremo do pêndulo oposto ao racionalismo situa-se o empirismo. E curiosamente é Aristóteles, aluno destacado da Academia de Platão, que inicia a tradição empirista. Aristóteles gostava de observar a natureza e, inclusive, de fazer experiências com ela. Observando e classificando os seres vivos ou dissecando animais, adquiria conhecimentos que não tinha anteriormente sobre botânica ou anatomia. Para ele, a origem do conhecimento estava na experiência sensorial, que nos permite formar idéias a partir da associação entre as imagens proporcionadas pelos sentidos. Ao contrário de Platão, Aristóteles achava que ao nascermos somos uma *tabula rasa*, uma tabuinha de cera, como aquela que usavam os sumérios, ainda por imprimir. É nossa experiência que vai criando impressões sobre a tabuinha, impressões que, ao se unirem, acabam dando lugar às idéias, que constituem o verdadeiro conhecimento. Quais são os processos mediante os quais adquirimos conhecimentos a partir dessas sensações primordiais? Aprendemos mediante *as leis da associação*, que segundo Aristóteles eram a contigüidade (o que acontece junto tende a produzir uma marca comum na tabuinha), a similitude (o semelhante tende a se associar) e o contraste (o diferente também se associa).

As leis ou princípios da aprendizagem associativa foram se reformulando e se precisando mais com o tempo, em parte pelos filósofos empiristas britânicos, como Locke ou Hume (séculos XVII-XVIII) e principalmente, no século XX, pelas teorias psicológicas da aprendizagem, em especial o comportamentalismo, mas a concepção da aprendizagem como um processo associativo perdurou até nossos dias (Figura 2.2). Realmente, essa concepção da aprendizagem, retomada, como dizemos, pela psicologia científica, se baseia na chamada "teoria da cópia" (Leahy e Harris, 1985), segundo a qual o conhecimento aprendido não é senão uma cópia da estrutura real do mundo, a marca que as sensações deixam nessa tabuinha de cera inicialmente imaculada. Em termos mais recentes, diríamos que é uma aprendizagem baseada na extração de regularidades no meio ambiente, aprendendo que coisas tendem a acontecer juntas e que conseqüências costumam seguir as nossas condutas. Realmente, a teoria da aprendizagem que predominou em psicologia durante muitas décadas, o comportamentalismo, pode ser entendida como um *associacionismo comportamental*, no qual o que se associam são estímulos e respostas, sendo os mecanismos associativos, segundo os autores, a contigüidade, a repetição, a contingência, etc. Embora o comportamentalismo esteja muito longe de ser uma teoria unitária e se encontre agora em franca recessão, não só no estudo da aprendizagem humana como também na aprendizagem animal (Aguado, 1990; Tarpy, 1985), âmbitos em que perdeu o lugar em boa parte para a psicologia cognitiva, continua sendo um modelo muito relevante para a compreensão da aprendizagem humana. Não em vão, foi a tentativa mais sistemática e pertinaz de elaborar uma teoria psicológica da aprendizagem. Realmente, a rejeição do comportamentalismo entre os pesquisadores se deve mais ao adjetivo "comportamental" do que ao substantivo "associacionismo", já que os modelos imperantes em psicologia cognitiva continuam sendo, em boa parte, modelos associativos, se levamos em conta que o processamento de informação como enfoque psicológico é também um modelo associacionista da aprendizagem (Pozo, 1989), como demonstram os recentes desenvolvimentos conexionistas recolhidos na Figura 2.2 (aos quais me referirei rapidamente nos Capítulos 4 e 5; podem ser encontrados em detalhe em Rumelhart, McClelland e grupo PDP, 1986).

```
                    ┌─────────────────┐
                    │   ARISTÓTELES   │
                    └────────┬────────┘
                             │
                             ▼
    ┌──────────────────────┐        ┌──────────────┐    Contigüidade
    │ EMPIRISMO BRITÂNICO: │───────▶│   LEIS DA    │    Semelhança
    │   Hume, Locke, etc.  │        │  ASSOCIAÇÃO  │    Ocorrência freqüente
    └──────────┬───────────┘        └──────────────┘
               │
               ▼
    ┌──────────────────────┐────────────────────────────────────┐
    │      THORNDIKE,      │                                    │
    │    PAVLOV, etc.      │                                    │
    └──────────┬───────────┘                                    │
               │                                                │
               ▼                                                ▼
┌────────────────────┐   ┌────────────────────┐   ┌────────────────────┐
│ COMPORTAMENTALISMO:│   │   PROCESSAMENTO    │   │    CONEXIONISMO    │
│   Associacionismo  │──▶│   DE INFORMAÇÃO:   │──▶│    Processamento   │
│    comportamental  │   │   Associacionismo  │   │     distribuído    │
│                    │   │      cognitivo     │   │     em paralelo    │
└────────────────────┘   └────────────────────┘   └────────────────────┘
```

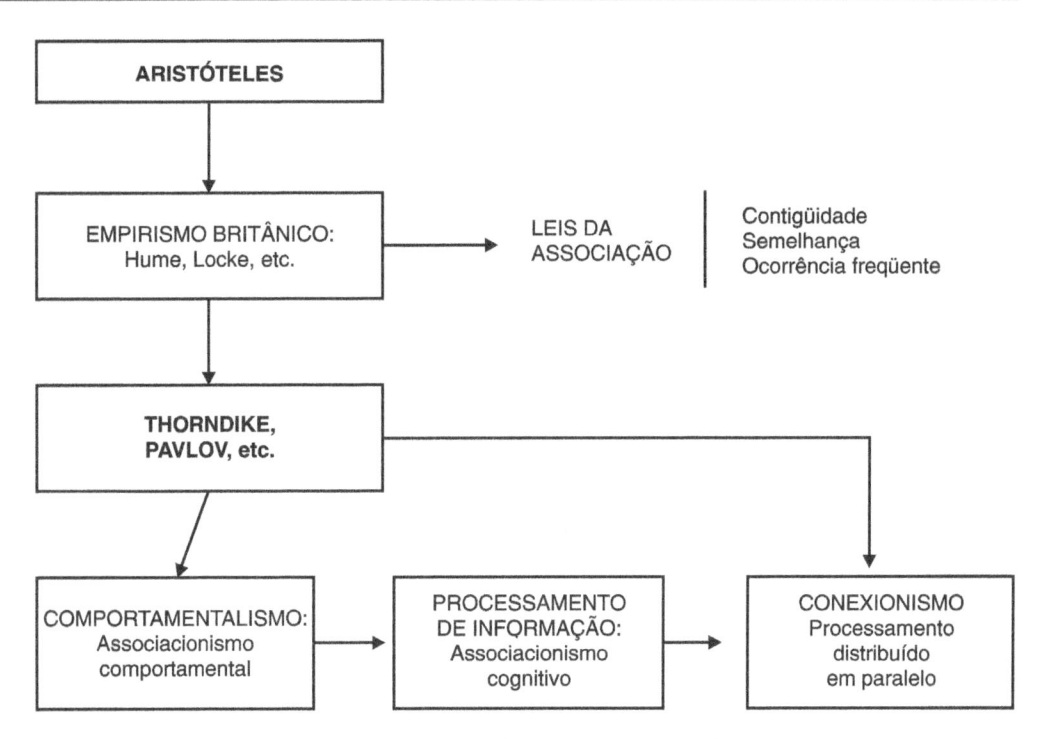

FIGURA 2.2 Principais aproximações à aprendizagem desde uma concepção empirista.

Embora os diversos modelos comportamentalistas difiram entre si em aspectos muito importantes, há dois princípios básicos que constituem o núcleo não só de todos os modelos comportamentalistas como, em geral, das teorias da aprendizagem por associação (Pozo, 1989; também Bolles, 1975; Roitblat, 1987). O princípio de *correspondência* aceita que tudo o que fazemos e conhecemos é um fiel reflexo da estrutura do ambiente, e corresponde fielmente à realidade. Aprender, de acordo com a teoria da cópia, é reproduzir a estrutura do mundo. Portanto, a instrução se baseará em apresentar da melhor maneira possível a realidade, para que seja copiada ou reproduzida pelo aprendiz. Segundo a tecnologia do ensino proposta por Skinner (1968), uma boa gradação de objetivos e tarefas, apoiada em certas técnicas de aprendizagem específicas e acompanhada de um programa de reforços, levará a uma aprendizagem eficaz — falemos de aprender a andar de bicicleta, a falar em público ou a diferenciar a energia cinética da energia potencial. Os processos de aprendizagem são universais, são os mesmos em todas as tarefas, em todas as pessoas e inclusive em todas as espécies. Isso é o que afirma o princípio de *equipotencialidade*. Embora nem sempre se apliquem igualmente a todas as tarefas (por exemplo, a aprendizagem por imitação de um modelo será útil em condutas simples, como aprender a usar uma cafeteira, mas não em outras complexas, como fazer uma *paella*, que necessitarão de uma progressiva aproximação à conduta meta, por um processo de amoldamento), os processos da aprendizagem são sempre os mesmos. De acordo com os ideais do positivismo lógico, compartilhados pelo comportamentalismo, toda a aprendizagem, animal e humana, podia se reduzir a umas poucas leis objetivas e universais.

No entanto, nem os animais nem as pessoas se empenharam muito para dar razão aos comportamentalistas. Ratos, cachorros, porcos, pombos e outras sofridas espécies insistiram teimosamente em mostrar suas diferenças não só no que aprendem, que são bastante óbvias, como também na forma como aprendem. Por exemplo, numa curiosa experiência, Breland e Breland (1961), um casal de alunos de Skinner que decidiu aproveitar o aprendido com ele para criar uma escola de adestramento de animais (porcos, frangos, etc.) em tarefas circences (ninguém, nem mesmo os porcos, se livra da expansão da cultura da aprendizagem), contam como alguns desses animais se negavam redondamente a se submeter às leis da aprendizagem associativa e, por mais que os reforçassem, moldassem, castigassem ou inclusive obrigassem, não conseguiam aprender comportamentos tão adaptativos como colocar uma moeda num cofrinho ou encestar uma bola num baú. Além do mais, os estudos etológicos, baseados na análise da conduta animal em seu ambiente natural, limitaram a relevância de muitas investigações de aprendizagem animal feitas em laboratório.

Se porcos, pombos, gatos e cabras diferem entre si na aprendizagem, embora tenham também processos comuns, maiores são as diferenças com a aprendizagem humana. Como tentei argumentar no Capítulo 1, os processos da aprendizagem humana não são apenas produto da evolução da espécie, mas também da cultura. Realmente, há processos da aprendizagem humana compartilhados com outras espécies, como os estudados pelos comportamentalistas. Mas há também outros processos, mais recentes, na filogênese ou na cultura, que nos diferenciam claramente dos outros animais, que são os que nos permitem adquirir essas condutas tipicamente humanas que constituem precisamente nosso acervo cultural (linguagem simbólica, desejos e intenções, humor e ironia, criação artística e científica, etc.). Esses processos são os que o enfoque construtivista da aprendizagem estuda, ao qual me referirei a seguir. Como não poderia deixar de ser, a complexidade de nosso mundo social e cultural só pode ser adquirida mediante um sistema de aprendizagem completo, dotado de diversos processos de aprendizagem úteis para metas e fins distintos.

Se a idéia de que toda a aprendizagem podia ser explicada por umas mesmas leis se viu ultrapassada pelos fatos, e principalmente pelo surgimento de teorias construtivistas, que se mostram mais adequadas para enfrentar esses fatos, o mesmo sucede com o princípio de correspondência, segundo o qual a aprendizagem nos proporciona uma cópia da realidade. A idéia de que nosso conhecimento é sempre um reflexo da realidade já não é sustentável. Peguemos um exemplo simples. Tente o leitor fazer a tarefa proposta na Figura 2.3, que ilustra uma situação que muitos de nós vimos *realmente* em mais de uma situação, brincando com um pião (uma dessas aprendizagens quase extintas em nossa cultura) ou vendo um lançador de martelo num campeonato de atletismo. O que é que *realmente* acontece? Que a bola sai disparada com uma trajetória retilínea e tangente ao ponto de ruptura (resposta *d*). O que é que nós aprendemos (e possivelmente *vemos*)? A maior parte das pessoas dá a resposta *a* ou *b*, refletindo não o que "realmente" acontece, mas um modelo ou teoria implícita sobre o movimento dos objetos muito arraigado em nossa mente, que elaboramos a partir de nossa experiência com os objetos, baseado na indiferenciação entre força e movimento (Pozo, 1987). Esse modelo intuitivo ou teoria implícita é uma verdadeira construção intelectual. Não podemos tê-lo tirado da realidade, porque, de fato, os objetos não se movem assim nessa situação. Realmente, pode ser que inclusive não sejamos conscientes de nunca termos nos fixado numa situação como esta. Talvez um racionalista diria que na realidade esse modelo constitui nosso conhecimento inato e imutável sobre o movimento dos objetos. Mas o certo é que tampouco é assim: a física newtoniana e os que conseguiram aprendê-la propõem uma explicação coerente com o movimento *real* desse objeto e, portanto, contraria essa intuição, que em conseqüência pode ser modificada. Devemos aceitar, portanto, que se trata de um modelo construído ou elaborado a partir de nossa experiência, mas não tirado diretamente dela. É o que dizem as teorias construtivistas da aprendizagem.

Imagine que alguém tem uma bola de metal presa na ponta de uma corda e a está girando muito depressa por cima de sua cabeça. No desenho, se vê a bola de cima. A circunferência indica o caminho seguido pela bola, e as flechas, a direção em que se move. A linha do centro é a corda que prende a bola. Suponhamos que a corda se rompe quando a bola está no ponto indicado no desenho. Desenhe o caminho que seguirá a bola.

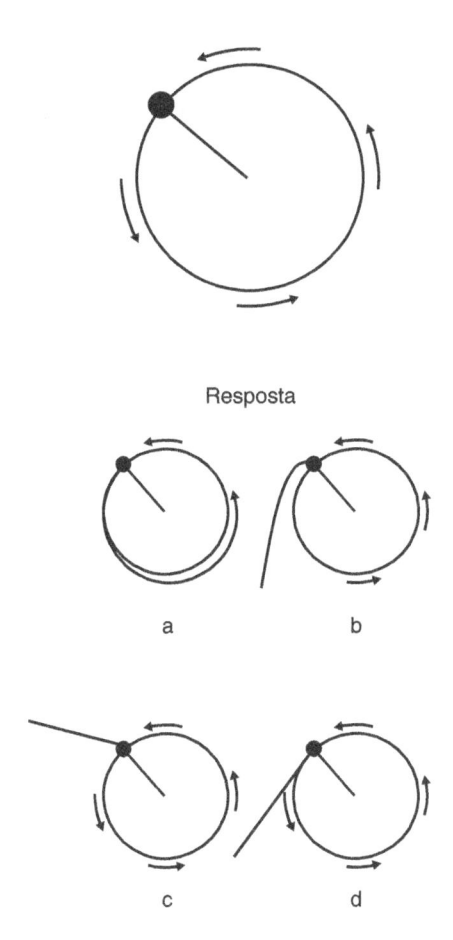

FIGURA 2.3 O leitor pode tentar resolver esta simples tarefa — que os alunos de ciência estudam no começo da Educação Secundária, com 13-14 anos — sobre o movimento inerte de um objeto (a partir de McCloskey, 1983). A tarefa é mais instrutiva se for resolvida antes da análise das possíveis opções de resposta.

O CONSTRUTIVISMO: AS TEORIAS DA APRENDIZAGEM POR REESTRUTURAÇÃO

Se para o racionalismo nosso conhecimento é só o reflexo de estruturas inatas, e aprender é atualizar o que desde sempre, sem sabê-lo, sabemos; para o empirismo nosso conhecimento é só o reflexo da estrutura do ambiente, e aprender é reproduzir a informação que recebemos. Em troca, para o construtivismo o conhecimento é sempre uma interação entre a nova informação que nos é apresentada e o que já sabíamos, e aprender é construir modelos para interpretar a informação que recebemos. Costumam se procurar as origens filosóficas do construtivismo na teoria do conhecimento elaborada por Kant no século XVIII, e mais especialmente em seus conceitos *a priori*, que constituiriam categorias (tempo, espaço, causalidade, etc.) que impomos à realidade em vez de extraí-las dela. A Figura 2.4 apresenta algumas das teorias psicológicas vinculadas à tradição construtivista. No entanto, nesse caso o parentesco é mais debatido que nas tradições anteriores (Sebastián, 1994; Toulmin, 1972). O próprio Piaget (1979) se considera a si mesmo um neokantiano, mas "dinâmico", matizando a idéia kantiana de que essas categorias *a priori* sejam prévias a qualquer ato de conhecimento. Em sua imensa obra, Piaget (1970; ou as excelentes sínteses de Delval, 1994a; García Madruga, 1991; ou Martí, 1991) tentou demonstrar, com bastante sucesso certamente, que também essas categorias são construídas.

Se é uma herança da teoria do conhecimento de Kant a tentativa de situar a aprendizagem numa posição intermediária às duas tradições anteriores, tal como de modo explícito propõe Piaget (1970), precursor e ainda hoje máximo expoente desse enfoque em psicologia (seguindo Tolchinsky, 1994, poderíamos dizer que Piaget é o Picasso do construtivismo psicológico). A partir dessa perspectiva teórica, a estrutura psicológica não estaria já determinada como uma herança racional do ser humano e, portanto, a aprendizagem não seria só um sistema de "fixação de crenças", na expressão de Fodor (1979). Ao contrário, assume-se o papel essencial da aprendizagem, como produto da experiência, na natureza humana. Nesse ponto o construtivismo se aproxima das posições empiristas, já que se aprende com a experiência, mas se distancia radicalmente delas ao defender que essa

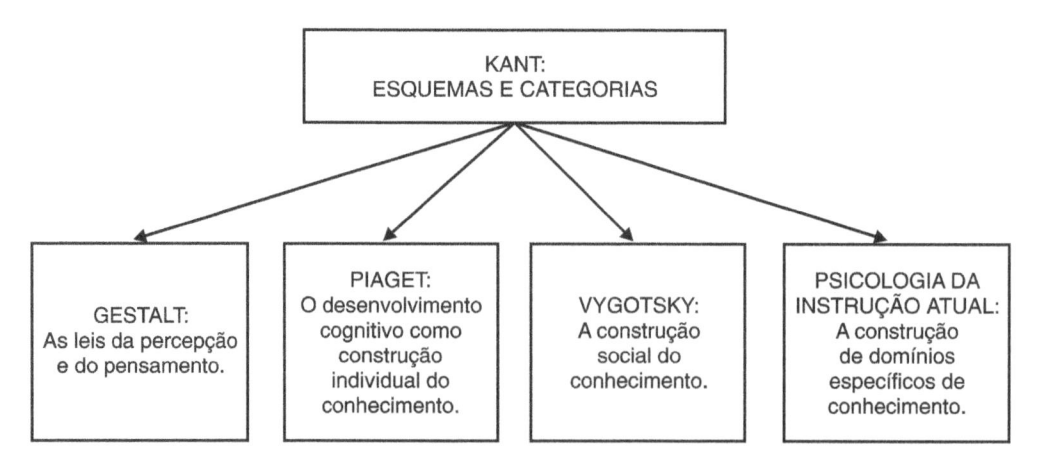

FIGURA 2.4 Principais contribuições para a concepção construtiva de aprendizagem.

aprendizagem é sempre uma construção e não uma mera réplica da realidade. Segundo a feliz metáfora de Borges, que abre este capítulo, nosso conhecimento é como o mapa que elaboramos para nos mover pelo território da realidade. Nunca podemos adquirir um mapa que seja exatamente igual ao território que tenta representar. Sempre será exatamente isso, uma representação, um modelo do território, mas não uma cópia do mesmo. É um tanto incômodo mover-se por Manhattan com um mapa de Manhattan que seja exatamente igual a Manhattan. Nossas representações são modelos que tentam reconstruir a estrutura da realidade, mas nunca a refletem. De tal forma que nunca há mapas verdadeiros, não há nenhum conhecimento absoluto. Tudo depende de nossas metas. Se queremos bater perna pelo Greenwich Village, nos será de pouca utilidade o mapa do metrô, mas isso não significa que esteja errado. Outro tanto acontece com nossas representações: sua utilidade depende do grau em que nos permitam nos mover pelo território, não pelo grau em que o refletem ou se pareçam com ele. Para isso, sem dúvida, devem recolher alguns aspectos essenciais desse território da forma mais adequada possível. Nem todas as representações são igualmente válidas, algumas se ajustam mais que outras ao território que representam, embora nunca coincidam com ele (Von Glaserfeld, 1991). Ou, nas palavras do próprio Borges, oportunamente recolhidas por Claxton (1984), "é arriscado pensar que uma coordenação de palavras (não são outra coisa as filosofias) possa se parecer muito com o universo. Também é arriscado pensar que dessas coordenações ilustres, alguma — mesmo de modo infinitesimal — não se pareça um pouco mais do que outras".

Agora, essa idéia central do construtivismo como teoria do conhecimento deve dar lugar a uma teoria psicológica da aprendizagem. Do contrário, fica-se num lugar comum, numa brilhante metáfora sem conteúdo psicológico. Realmente, em certos ambientes educativos, o construtivismo está começando a ser um *slogan* ou uma grife. Como os adolescentes se orgulham de suas calças de brim de marca, os professores, e principalmente os pesquisadores, exibem sua etiqueta construtivista (como diz Liliana Tolchinsky, 1994, ultimamente quase todas as teorias em psicologia parecem ter aberto sucursais construtivistas). Começa a ser urgente, agora que quase todos somos construtivistas, esclarecer o que entendemos por construtivismo (Merril, 1991; Monereo, 1995).

Nesse momento nos interessa distinguir dois processos de construção de conhecimento diferentes, porque implicam teorias da aprendizagem distintas. Num primeiro sentido, que costuma ser o mais difundido nesses ambientes educativos, entende-se que há construção de conhecimento quando o que se aprende se deve não só à nova informação apresentada, como também aos conhecimentos prévios dos alunos. Os materiais de aprendizagem (por exemplo, a teoria newtoniana do movimento) são assimilados aos conhecimentos prévios dos alunos (por exemplo, essa teoria implícita à qual aludimos anteriormente), levando a uma deformação da teoria de Newton. É o que poderíamos chamar de *construção estática* de conhecimento, muito próxima ao que Piaget (1970) chamava de assimilação. Assimila-se a nova informação às estruturas de conhecimento já existentes. O conteúdo deste livro será assimilado de forma distinta conforme os interesses, as motivações e os conhecimentos prévios de quem o leia. Professores e alunos deveriam aprender coisas distintas sobre ele. O que aprendemos depende em boa parte do que já sabíamos. Portanto, duas pessoas confrontadas com a mesma realidade, podem não ver a mesma coisa. Essa afirmação, mesmo sendo muito importante, não permite gerar uma verdadeira teoria da aprendizagem construtivista. Dá-nos uma foto estática, mas não nos diz como mudam esses conhecimentos anteriores como conseqüência dessa tentativa de assimilar nova informação. Realmente, a versão estática do construtivismo é perfeitamente compatível não só com o racionalismo (vemos o mundo em função de nossos conhecimentos inatos, prévios a qualquer experiência) como também com as teorias da aprendizagem por associação (já o dizia Skinner, 1974, p. 79 da trad. esp.: "as pessoas vêem coisas diferentes quando foram expostas a diferentes contingências de reforço"). Nesse sentido estático, todos os organismos, e inclusive os sistemas mecânicos (por exemplo, um programa informático), constroem conhecimentos, com a condição de ter um sistema de memória onde armazenar seus programas (genéticos ou informáticos) e suas experiências anteriores.

Assim, não é a existência de conhecimentos prévios influindo na aprendizagem o que define um modelo construtivista. É a própria natureza dos processos mediante os quais esses conhecimentos prévios mudam, a acomodação das estruturas de conhecimento à nova informação, em termos piagetianos. É a *construção dinâmica* do conhecimento, os processos mediante os quais o conhecimento muda. As teorias construtivistas da aprendizagem assumem que este consiste basicamente numa restruturação dos conhecimentos anteriores, mais que na substituição de alguns conhecimentos por outros. Não é que mudemos de mapa, é que reorganizamos certos elementos que fazem parte dele para tentar nos mover numa parte nova do território.

	Associacionismo	Construtivismo
Unidade de análise	Elementos	Estruturas
Sujeito	Reprodutivo	Produtivo
	Estático	Dinâmico
Origem da mudança	Externa	Interna
Natureza da mudança	Quantitativa	Qualitativa
Aprendizagem por	Associação	Reestruturação

FIGURA 2.5 Principais diferenças entre conceber a aprendizagem como um processo associativo ou construtivo (adaptado de Pozo, 1989).

Ao contrário das posições racionalistas, há verdadeira aprendizagem, verdadeira mudança. Mas, diferente das posições associacionistas, não se trata de uma mudança apenas quantitativa (na probabilidade de resposta), mas qualitativa (no significado dessa resposta); não se trata apenas de reproduzir respostas já preparadas, mas também de gerar novas soluções; não é uma mudança originada no mundo externo, mas na própria necessidade interna de reestruturar nossos conhecimentos, ou de corrigir seus desequilíbrios (Piaget, 1975); não mudam os elementos isolados (estímulos e respostas), mas as estruturas de que fazem parte (teorias e modelos); enfim, não é uma mudança mecânica, e sim que requer um envolvimento ativo, baseado na reflexão e na tomada de consciência, por parte do aprendiz. A Figura 2.5 resume alguns desses contrastes, que serão melhor apreciados na Terceira Parte do livro quando se analisar a relevância de ambos os enfoques em sua aplicação a problemas concretos de aprendizagem. No entanto, o formato da Figura 2.5, assim como a ênfase que estamos dando à diferenciação desses enfoques, podem levar a que se percebam como mutuamente excludentes. Por isso, é preciso matizar o enfoque teórico adotado neste livro, baseado na integração de ambos os sistemas de aprendizagem, o associativo e o construtivo.

O ENFOQUE TEÓRICO DESTE LIVRO: ASSOCIAR E CONSTRUIR, DUAS FORMAS COMPLEMENTARES DE APRENDER

Os enfoques comentados proporcionaram diferentes teorias de aprendizagem. Também apareceram numerosas alternativas teóricas, inclusive dentro de um mesmo enfoque. Os confrontos entre essas diversas teorias têm sido constantes. Durante muitos séculos se tratou de um combate contínuo entre racionalismo e empirismo, mas na psicologia atual as variantes são muito mais abundantes. Desde as polêmicas entre o comportamentalismo e a *Gestalt* sobre o papel da prática e da criação de novas respostas, ou a controvérsia empirista sobre os efeitos dessa mesma prática no desenvolvimento cognitivo piagetiano, para chegar à mais recente oposição entre Piaget e Vygotsky (ou, digamos melhor, entre seus herdeiros intelectuais), ou ao vivo debate sobre a função da consciência na psicologia cognitiva da aprendizagem, cada vez são mais os concorrentes e as alternativas teóricas, em que, deliberadamente, não vou entrar aqui (o leitor pode encontrá-las em Pozo, 1989).

Boa parte dessas batalhas faz parte de um inútil combate entre enfoques decididos a não se entender, já que falam de coisas distintas e manejam bases de dados diferentes (Carretero, 1985). Esse inútil combate se deve, em boa medida, à inveterada tendência reducionista que contamina grande parte da psicologia (e talvez da ciência em geral), um resíduo a mais do positivismo lógico e de sua inútil busca de uma ciência baseada em algumas leis universais, numa redução de todo o saber a alguns princípios únicos e gerais. O comportamentalismo, fiel expoente dessa crença, tentou reduzir toda a aprendizagem humana a associações. O mais coerente dos comportamentalistas, e um de seus principais teóricos, Burrhus F. Skinner, tentou, ao longo e ao largo de sua obra, explicar mediante os princípios da aprendizagem associativa desde as emoções ou a personalidade, até o pensamento, a linguagem, ou inclusive a religião ou o funcionamento econômico. Para Skinner (1953), todas as categorias da vida social, toda a cultura, são aprendidas por processos associativos de condicionamento (no Capítulo 7 se verá alguns exemplos deles). Outros comportamentalistas foram menos ambiciosos — ou menos coerentes — e suas tentativas reducionistas foram consequentemente mais limitadas. Mas, como já se disse anteriormente, o comportamentalismo como teoria psicológica assume que todo comportamento humano é aprendido e que toda a aprendizagem é associativa. Outros desenvolvimentos mais recentes da aprendizagem associativa, baseados no processamento da informação, seja em sua versão clássica (Anderson, 1983) ou no novo conexionismo (Rumelhart, McClelland e grupo PDP, 1986), assumem também esse mesmo princípio reducionista. Não se trata de demonstrar que nós, seres humanos, funcionamos em certo nível como um sistema mecânico de processamento de informação, já que isso está hoje fora de questão. Trata-se de demonstrar que *só* somos isso, que o sistema cognitivo é só um sistema de cômputo, uma máquina de associar.

Entre os teóricos construtivistas observa-se uma tendência similar, embora talvez não tão extrema nem explícita. Pretende-se reduzir toda a aprendizagem humana à construção. Para Piaget (1970), a aprendizagem associativa não desemprenha função alguma na mudança das estruturas cognitivas, que se deve aos processos construtivos de assimilação e acomodação. Não é que negue a existência de outras formas de aprendizagem inferior. Unicamente nega sua relevância teórica. É a mudança de estruturas que explica os fenômenos associativos e não o contrário (a mesma coisa certamente fazia o comportamentalismo: Skinner não negava a existência da consciência, unicamente sua influência no comportamento; chamava-se e chama-se reducionismo metodológico). Pode-se pensar que, se todo conhecimento é uma construção, toda a aprendizagem será necessariamente construtivista. Essa confusão entre o plano epistemológico (a natureza do conhecimento) e o plano psicológico (os processos de aprendizagem) se deve à indiferenciação entre construção estática e dinâmica, às quais me referia anteriormente. É certo que todo conhecimento é representação e, portanto, construção, mas também que essas representações podem ser adquiridas por processos de aprendizagem associativa, quer dizer, tentando estabelecer uma cópia o mais exata possível do material de aprendizagem. Quando aprendo um número de telefone, estou criando ou construindo, sem dúvida, algum tipo de representação interna que não é uma mera cópia do número de telefone, como o computador não armazenaria esse mesmo número em cifras senão decodificado ou traduzido para sua própria linguagem. No entanto, o objetivo desse ato de aprendizagem é copiar, reproduzir literalmente o número exato, não um que se parece um pouco, mas o *mesmo* número. Minhas operações construtivas conduzem a uma réplica exata do estímulo apresentado. Se quero falar por telefone, os resultados de minha aprendizagem devem refletir a "realidade". O mapa e o território devem coincidir, não só se adequar. Há construção estática, mas não dinâmica.

Contra essas análises, há dois argumentos que gregos e troianos costumam apresentar para defender suas respectivas posições reducionistas. Um argumenta que seria pouco econômico, em termos psicológicos, o funcionamento simultâneo de vários sistemas de aprendizagem alternativos. Não só seria muito dispendioso como geraria uma redundância que acabaria certamente induzindo a cometer erros. Esse argumento é válido se aceitamos que esses dois sistemas cumprem uma mesma função, mas não se assumimos que foram projetados para fins diferentes, que podem se completar entre si. Frente a algumas necessidades de aprendizagem tão complexas e dinâmicas como as apresentadas no Capítulo 1, é mais adaptativo dispor de múltiplos sistemas, que possam ser utilizados de modo alternativo ou complementar, embora isso coloque o problema real da coordenação ou integração entre esses sistemas. Possivelmente os benefícios dessa flexibilidade superem os custos. Realmente, nós seres vivos, diferentemente dos sistemas mecânicos, estamos organizados com uma redundância de componentes, de forma que a confiabilidade do sistema é sempre superior à das partes que o compõem (Atlan, 1979).

Um segundo argumento, ligado ao anterior, sustenta que, se temos um único sistema cognitivo, nossa aprendizagem deve ser também um sistema único. Esse argumento também é usado para defender a inteligência geral ou a personalidade. É a mesma coisa que, por dispor de um só corpo, termos um só sistema para realizar cada função orgânica; no entanto, temos dois rins e dois pulmões e duas mãos; e dois hemisférios cerebrais. Uma função pode ser realizada por mais de um sistema e mediante mais de um processo, estando cada sistema ou processo coordenado de modo mais ou menos feliz com outros sistemas, num estado de equilíbrio dinâmico. Essa concepção sistêmica do organismo humano pode ser transferida também para nossas funções psicológicas, concebendo a aprendizagem como um sistema complexo composto por distintos subsistemas em estado de equilíbrio dinâmico. Realmente, há muitos dados a favor não só de um sistema cognitivo composto por módulos e subsistemas especializados (por exemplo, Fodor, 1983; Rivière, 1987) como também de um substrato neurológico composto também por módulos cerebrais especializados (Gazzaniga, 1985).

Além de todos esses argumentos teóricos, dispomos de dados abundantes que apóiam a eficácia explicativa tanto da aprendizagem associativa como construtiva em âmbitos concretos, mas também sua insuficiência em outros. Às vezes, onde as técnicas de aprendizagem associativa se mostram eficazes, a aprendizagem construtiva não oferece soluções claras, ou vice-versa. Se uma criança faz xixi na cama ou sua mãe quer abandonar o cada vez mais pernicioso comportamento de fumar, os modelos de modificação de comportamento, baseados em técnicas de aprendizagem associativa, certamente lhes oferecerão soluções mais eficazes do que uma proposição construtivista. Em troca, se a criança quer aprender a jogar xadrez ou sua mãe a planejar o trabalho, seria mais recomendável que adotassem um enfoque construtivista. Talvez o leitor esteja pensando "então se trata disso, os comportamentos simples são aprendidos simplesmente e os complexos de forma complexa". Não exatamente. Embora seja certo que a aprendizagem associativa é mais antiga filogeneticamente e, portanto, está especializada na aquisição de comportamentos mais elementares, não se trata de separar de modo excludente ambos os tipos de aprendizagem em domínios que lhes sejam próprios, mas de integrá-los em todos os domínios. Realmente, na maior parte das situações de aprendizagem ambos os processos atuam de forma complementar. Embora jogar xadrez necessite de um notável esforço construtivo, este se vê muito facilitado se memorizamos séries completas de movimentos, normalmente as aberturas. Igualmente, embora deixar de fumar seja principalmente uma tarefa de aprendizagem associativa, pode ajudar que compreendamos os efeitos do tabaco sobre nossa saúde ou o conhecimento e controle que tenhamos de nós mesmos, aspectos ligados à aprendizagem construtiva.

Embora em diferentes situações, dependendo das demandas de aprendizagem concretas que se coloquem, predomine um ou outro tipo de aprendizagem, é provável que em toda situação de aprendizagem complexa — como são a maioria das que preocupam alunos e professores — ocorram tanto processos associativos como de reestruturação cognitiva. Na Terceira Parte deste livro serão analisados com mais detalhes os processos e as técnicas da aprendizagem associativa e construtiva em alguns desses cenários (aprendizagem comportamental, social, verbal ou procedimental), diferenciando entre os diversos conteúdos ou resultados que se adquirem em cada um deles. Tentarei mostrar não apenas as condições específicas de aplicação de ambos os tipos de aprendizagem como principalmente sua natureza complementar. A aprendizagem associativa facilita a construção, e vice-versa. Estamos frente a um bom exemplo de sistema complexo, tal como o define Morin (1990; García, 1995, fez uma síntese muito clara das idéias de Morin, em que me apóio), dotado de uma organização hierárquica que integra diversos processos. Tal como Morin sustenta em relação à natureza da mudança nos sistemas complexos, a aprendizagem humana dispõe de dois tipos de processos: processos cíclicos, reversíveis, acumulativos, baseados na repetição e ligados à manutenção da estabilidade (aprendizagem por associação) e processos evolutivos, irreversíveis, que produzem uma reorganização e um incremento da complexidade (aprendizagem por reestruturação).

Ambos os tipos de processos estão integrados hierarquicamente, constituindo de fato níveis alternativos de análise de uma mesma atividade de aprendizagem. Sem a acumulação de informação não poderia haver reestruturação, que por sua vez tornará possível a aquisição de nova informação. Realmente, a formação de pessoas especializadas em domínios concretos, seja programar um computador, exercer direito de família ou montar estantes modulares, costuma implicar, em maior ou menor grau, ambas as formas de aprendizagem. Em termos gerais, quanto mais abertas ou variáveis sejam as condições em que se devam aplicar os conhecimentos e as habilidades adquiridos, mais relevante será a aprendizagem construtiva. Ou, ao contrário, quanto mais repetitivas ou rotineiras forem essas condições, mais eficaz se mostrará uma aprendizagem associativa ou reprodutiva. Será mais útil aprender repetindo quando houver de atuar de modo repetitivo (por exemplo, utilizar uma caixa eletrônica sempre para a mesma coisa, como tirar dinheiro), e será melhor criar novas estruturas quando for necessário adaptar essas estruturas a condições cambiantes (como o assessor fiscal que elabora engenhosas artimanhas para atender às sempre cambiantes necessidades de seus clientes). Mais adiante, no Capítulo 6, exporei as diferenças entre esses sistemas de aprendizagem e as formas como se relacionam em âmbitos de aprendizagem e instrução concretos. Antes, porém, é preciso analisar as características que definem uma aprendizagem eficaz (Capítulo 3), assim como os elementos que compõem toda situação de aprendizagem (Capítulo 4) e que todos, alunos e professores, devemos levar em conta se quisermos melhorar a aprendizagem e a instrução.

3

As Características de uma Boa Aprendizagem

Fui à escola de matemática, em que o professor ensinava a seus alunos conforme um método dificilmente imaginável para nós na Europa. A proposição e a demonstração eram escritas com toda a clareza numa delgada hóstia com uma tinta feita de um corante cefálico. O estudante tinha de engoli-la com o estômago vazio e nos três dias seguintes não provar nada que não fosse pão e água. Quando a hóstia era digerida, o corante subia ao cérebro levando consigo a proposição. O resultado não teve nenhum sucesso até agora, em parte por algum erro na posologia ou na composição, e em parte por causa da perversidade dos garotos, para quem são tão nauseabundas essas bolachinhas que geralmente escapam de fininho e as expulsam para cima, antes que possam fazer efeito. Tampouco pude persuadi-los a guardarem a longa abstinência que a receita exige.

JONATHAN SWIFT, *As viagens de Gulliver*

Lembro também das aulas de Filosofia, em que o professor nos explicava, com um meio sorriso compassivo, a doutrina do pobre Kant, por exemplo, que tinha se enganado tão lamentavelmente em seus raciocínios metafísicos. Nós tomávamos notas apressadas. Na aula seguinte, o professor chamava um dos alunos e lhe dizia "Mantegão! Refute-me Kant!". Se o Mantegão tivesse aprendido bem a lição, a refutação durava menos de dois minutos.

LUIS BUÑUEL, *Meu último suspiro*

APRENDER E ENSINAR: DOIS VERBOS QUE NEM SEMPRE SE CONJUGAM JUNTOS

O objetivo último deste livro é o de contribuir para melhorar a eficácia da aprendizagem fazendo com que alunos e professores se conscientizem das dificuldades que enfrentam e dos caminhos que existem para superá-las. Embora o fim último seja tornar mais eficaz a aprendizagem, isso só será possível através de uma melhora no ensino. Aprender e ensinar são dois verbos que tendem a ser conjugados juntos, embora nem sempre seja assim. Mesmo que a extensão de uma nova cultura da aprendizagem necessite de uma intervenção instrucional decidida, a aprendizagem sem ensino é uma atividade usual em nossas vidas e, o que é pior, também o é o ensino sem aprendizagem.

Aprendizagem sem ensino

Dada a importância adaptativa da aprendizagem humana, não só para a sobrevivência física como para a sobrevivência do "eu" (Claxton, 1984), de nossa capacidade de previsão e controle do ambiente, não é estranho que os processos de aprendizagem estejam ativos em todo momento, desde o próprio momento do nascimento, sem necessidade de uma intervenção social programada, como é o ensino. Se entendemos que ensinar é projetar atividades sociais com o fim deliberado de que alguém aprenda algo (e mais em frente temos de definir o que entendemos por aprender), temos de admitir que possivelmente a maior parte de nossas aprendizagens cotidianas são produzidas sem ensino e inclusive sem consciência de estar aprendendo. O bebê que aprende a associar o rosto de sua mãe com os momentos mais prazerosos, a dar um sorriso porque consegue mais sorrisos, a chorar quando quer que o peguem no colo, ou, mais adiante, a compreender e se comunicar com os demais mediante esse sistema tão complexo que é a linguagem, não está sendo submetido a nenhuma situação deliberada de ensino, nem mesmo está se propondo a aprender. Podemos considerar que é uma *aprendizagem implícita* ou incidental, que não requer um propósito deliberado de aprender nem uma consciência do que se está aprendendo, de forma que produz conhecimentos implícitos, que a criança ou a mãe utilizarão em diversos contextos sem ser conscientes disso e inclusive sem poder se conscientizar de que os estão usando. É um tipo de aprendizagem filogeneticamente muito antigo, profundamente enraizado em nosso sistema cognitivo (Holyoak e Spellman, 1993; Reber, 1993), baseado em processos associativos compartilhados com outras espécies, mas que, aos humanos, possivelmente graças a certa predisposição biológica unida a alguns mecanismos de aprendizagem mais complexos, permite a aquisição de sistemas de conhecimento tão sofisticados como a linguagem.

Através da detecção e organização das regularidades que observamos em nosso ambiente, a aprendizagem implícita nos proporciona também autênticas *teorias implícitas* nos mais diversos domínios (na natureza, na economia, nas relações interpessoais, na tecnologia, na saúde e na doença, etc.), que embora sejam muito difíceis de verbalizar, dado seu caráter implícito, influem poderosamente na forma em que interagimos e aprendemos em cada um desses domínios (como se verá nos Capítulos 8 e 9, ou mais detalhadamente em Pozo *et al.*, 1991, 1992; Rodrigo, Rodríguez e Marrero, 1993; Tirosh, 1994). Seguindo o exemplo apresentado anteriormente, nossas idéias intuitivas sobre o movimento dos objetos constituem uma verdadeira "teoria implícita" sobre o movimento, que dificilmente podemos expressar com palavras e da qual não somos conscientes, mas que nos proporciona os conhecimentos necessários para prever e controlar, com bastante sucesso por certo, o movimento dos objetos (Pozo, 1987). Desde o berço, os bebês estão elaborando esse tipo de teoria baseada numa aprendizagem implícita, na detecção de regularidades em seu ambiente guiada por certas predisposições genéticas (Mehler e Dupoux, 1990). Minha filha Beatriz, com uns seis meses, surpreendia-se vivamente quando uma figurinha colorida aderia, mediante um ímã, nas grades metálicas de seu berço. Sua "teoria da gravidade" previa que a figurinha devia cair se não era posta *sobre* um suporte (Karmiloff-Smith, 1992). Os bebês aprendem muito rápido a controlar eles mesmos o movimento dos objetos, a manipulá-los e a descobrir com surpresa que nem sempre se comportam de acordo com suas previsões, o que é o início de uma cuidadosa exploração de todas suas propriedades que enriquece sua "física intuitiva". Antes inclusive conseguiam controlar, de modo indireto, mediante sua "teoria psicológica", todo um mundo de sorrisos e lágrimas que conseguem produzir, por intercessão de seus esforçados pais, as mudanças desejadas no mundo. Também nós, adultos, organizamos o mundo mediante teorias implícitas, adquiridas por este meio. Por exemplo, todo ensino se baseia numa concepção da aprendizagem, na maioria das vezes implícita, adquirida de modo incidental, quando o que agora é professor se viu imerso, como aluno, numa determinada cultura da aprendizagem. Toda mudança nas formas de ensinar, como as que exigem as novas fronteiras da aprendizagem, requer uma tomada de consciência e uma mudança dessas teorias implícitas sobre a aprendizagem por parte dos professores (Claxton, 1990). Como dizem que acontece aos povos com sua história, que estão condenados a repeti-la se a desconhecem, nos acontece a mesma coisa com nossas teorias implícitas: enquanto não tomarmos consciência delas estaremos condenados a ver o mundo através delas (se tem paciência, o leitor reencontrará essas teorias implícitas no Capítulo 8).

Além da aprendizagem implícita, que constitui uma parte importante do que aprendemos todo dia, sem ser conscientes disso, existem outras formas de *aprendizagem explícita*, produto de uma atividade deliberada e consciente, que costuma se originar em atividades socialmente organizadas, que de modo genérico podemos denominar ensino. Assim aprendemos a andar de bicicleta, a escrever, a jogar futebol, a utilizar um processador de textos ou a aprender uma segunda língua. Muitas dessas atividades se realizam em contextos de instrução mais formal (por exemplo, a escola) enquanto que outras se adquirem em outros contextos em que não há a presença física de um professor, mas sim uma aprendizagem mediada por alguma instrução (o manual para programar o vídeo, as fitas cassetes para aprender russo ou alemão, o livro de receitas culinárias, etc.). São todas situações em que alguém, o professor, se propôs que outra pessoa, o aluno, adquira, mediante a realização de certas atividades programadas, um novo conhecimento ou habilidade. Além disso, nessas situações quem aprende costuma fazê-lo também de forma consciente e deliberada. A aprendizagem explícita requer habitualmente mais esforço do que a implícita (Stevenson e Palmer, 1994), mas obtém resultados que não podem ser conseguidos sem uma aprendizagem deliberada e sem alguém que, de forma mais ou menos direta, guie essa aprendizagem. Embora, por sorte, haja muitas coisas passíveis de se aprender sem ensino, em nossa cultura da aprendizagem cada vez há mais das que não podem ser aprendidas sem ajuda instrucional. E, inclusive, muitas vezes não se adquirem nem mesmo com essa ajuda. Essas são as que proporcionam as dificuldades de aprendizagem que costumam preocupar alunos e professores e que são objeto deste livro.

Ensino sem aprendizagem

A existência de um ensino sem aprendizagem vem avaliada pela triste experiência cotidiana de alunos e professores, que sem dúvida compartilharam muitas horas de incompreensão mútua. Todos os professores sentiram na carne, no começo com inquietação, depois com angústia e finalmente com uma certa resignação, a situação de ensinar coisas que seus alunos não aprendem. E esses mesmos alunos viveram também com irritação, paciência e apatia a situação inversa de ver como alguém lhes ensinava coisas que eles não estavam com disposição de aprender. Embora os fatores que ampliam ou reduzem esta falha sejam muito diversos e afetem os mais diversos setores da vida social (por exemplo, a organização das instituições de aprendizagem como a escola, a demanda dos mercados de trabalho, as desigualdades sociais, etc.), todos eles acabam tendo um reflexo na própria organização social da aprendizagem. Ou, dito com toda a clareza, embora os fatores que determinam a eficácia de uma certa forma de ensino para obter determinadas aprendizagens sejam, muitas vezes, alheios às próprias atividades da aprendizagem, sempre restará uma fresta, uma pequena via para adequar melhor os processos de aprendizagem e ensino, sempre se podem aproximar um pouco mais as duas margens da aprendizagem se adequarmos as atividades de ensino às formas de aprendizagem dos alunos e às condições reais em que vão realizá-las.

Não se trata apenas de que os professores levem em conta como os alunos fazem seu trabalho na hora de planejar as atividades de instrução. Além disso, trata-se também de gerar uma nova cultura da aprendizagem a partir de novas formas de instrução. Trata-se de que os professores organizem e planejem suas atividades levando em conta não só como seus alunos aprendem, mas principalmente como querem que seus alunos aprendam. Para isso, é preciso compreender em que consiste uma boa aprendizagem, conhecer as dificuldades que enfrentam os alunos para ajudá-los a superá-las. Em teoria, todos deveríamos conhecer essas dificuldades, já que todos fomos soldados antes de sargento, alunos antes de professores (e também alunos ao mesmo tempo que professores porque, lembre-se, estamos na sociedade da aprendizagem). No entanto, como acabamos de ver, uma boa porção do que aprendemos, quando aprendemos, faz parte de nossas teorias implícitas, uma espécie de *iceberg* do conhecimento, oculto sob nosso comportamento, do qual mal conseguimos vislumbrar alguns traços difusos. Bom será que desfaçamos um pouco a névoa e tomemos maior consciência do que consiste a aprendizagem quando funciona de modo conjunto com o ensino.

A APRENDIZAGEM COMO CATEGORIA NATURAL: AS CARACTERÍSTICAS QUE DEFINEM UMA BOA APRENDIZAGEM

Nos capítulos precedentes, tracei a evolução da aprendizagem, tanto do ponto de vista de sua função cultural como das teorias filosóficas e científicas que tentaram dar conta dela. Vimos como aprender pode significar ou requerer coisas distintas conforme as demandas culturais que o motivem e o enfoque teórico que adotamos. Por isso, qualquer conceito integrador da aprendizagem deve extrair o que há de comum entre essas diversas situações e modelos teóricos. Devemos ter uma idéia básica do que entendemos por aprendizagem como substantivo para depois ir incorporando-lhe todos os sobrenomes necessários para atender ao amplo leque de situações e necessidades de aprendizagem.

Outra dificuldade é que o próprio conceito de aprendizagem, como não podia deixar de ser, participa dessa incerteza ou indeterminação do conhecimento, que, no Capítulo 1, assinalava como um dos traços que definem nossa cultura. Como ocorre com muitos outros conceitos, fazem parte do acervo cotidiano ou da produção científica, o conceito de aprendizagem é mais uma *categoria natural* do que um conceito bem definido. A maior parte de nós estaria disposta a admitir que nossos conceitos estão bem definidos, já que nos proporcionam uma lista de características ou atributos que nos permitem decidir, com certeza, se um dado objeto pertence ou não a uma categoria. Por exemplo, se tomamos o conceito "cão" ou "mesa", ou inclusive "cólica renal" ou "depressão", no caso do conhecimento científico, se esses conceitos estão bem adquiridos, poderemos determinar sem ambigüidade, a partir da lista de características necessárias e suficientes, se um objeto que nos é apresentado é um cão ou não, ou se alguém padece de cólica renal. Os conceitos bem definidos nos permitem dividir o mundo em duas categorias dicotômicas e excludentes de objetos: os que pertencem à categoria e os que não, os cães e os não-cães. O mundo se divide em duas zonas de cor: tons brancos e negros. No entanto, as investigações psicológicas sobre a categorização humana mostram que a maior parte de nossos conceitos são antes "categorias naturais" (Rosch e Lloyd, 1978), constituídos por estruturas probabilísticas, cujos limites com outras categorias afins são indistintos. Em vez de nos proporcionar um conhecimento certo e disjuntivo (cães e não-cães), nos proporciona categorizações prováveis, baseadas nos traços mais característicos do conceito, como acontece aos irmãos Smith da Figura 3.1, segundo Armstrong, Gleitman e Gleitman (1983). Todos eles têm uma estranha semelhança familiar, mas não há nenhum traço comum a todos eles que os identifiquem como irmãos Smith, embora sem dúvida alguns deles tenham mais atributos da família do que outros. Ou seja, nem todos os cães seriam, para nós, igualmente cães, a classificação não é tudo ou nada, os tons de cor admitem muitos cinzas e matizes intermediários. Haveria exemplares mais representativos da categoria, bons e maus exemplos de cão. Embora todos os cães se pareçam, não há nenhum traço comum a todos eles que possa se considerar como uma condição necessária e suficiente. Mas os bons exemplos, os protótipos de cães têm traços mais prováveis ou freqüentes entre os cães.

FIGURA 3.1 Os irmãos Smith, segundo Armstrong, Gleitman e Gleitman (1983).

O mesmo acontece com o conceito de aprendizagem. Trata-se, antes, de uma categoria natural, cujas fronteiras com outros conceitos afins (por exemplo, desenvolvimento, ensino, memória, etc.) estão um tanto esfumadas, quando não se movem claramente, e em que não é possível encontrar características que, de modo necessário e suficiente, definam toda situação de aprendizagem. Evitarei, portanto, uma definição geral da aprendizagem, com o propósito de diferenciar as situações que implicam aprendizagem das que não a requerem, já que possivelmente em toda atividade ou comportamento humano se está produzindo aprendizagem em maior ou menor dose. O que nos interessa realmente é identificar as características prototípicas da boa aprendizagem, o que acontece nas atividades humanas mais características do que denominamos aprendizagem, já que essas características serão os que devemos melhorar se quisermos, como alunos ou como professores, alcançar melhores aprendizagens.

Das muitas definições de aprendizagem, tanto na cultura popular como na produção científica (que recolhe, por exemplo, Romero, 1995), podemos tirar três características prototípicas do bom aprender, que implicaria (a) *uma mudança duradoura* (b) e *transferível para novas situações* (c) *como conseqüência direta da prática realizada*. Vejamos o que significa cada um desses elementos para conseguir melhores aprendizagens.

A aprendizagem deve produzir mudanças duradouras

Uma idéia comum a todas as teorias da aprendizagem humana, sejam associativas ou construtivas, é que aprender implica mudar os conhecimentos e os comportamentos anteriores. Ainda que o associacionismo parta da metáfora da tábula rasa, a própria concepção empirista supõe que a experiência proporcionará, desde muito cedo, comportamentos sobre os quais se assentarão as novas aprendizagens. Realmente, com o fim de eliminar a influência dessas aprendizagens anteriores, inevitáveis em contextos naturais, os comportamentalistas realizaram a maior parte de seus experimentos no laboratório, com animais que tinham sido privados de estímulos e comportamentos, evitando assim que a experiência interferisse no estudo das leis básicas que estavam tentando desentranhar. Para as teorias construtivistas, a idéia de partir das aprendizagens anteriores é ainda mais central, já que a aprendizagem é concebida precisamente como uma reestruturação dos conhecimentos e comportamentos presentes no aprendiz.

Boa parte das dificuldades da aprendizagem que serão analisadas nos próximos capítulos provém precisamente dessa necessidade de mudar o que já se sabe ou se faz. Aprender implica sempre, de alguma forma, desaprender. Muitas vezes o difícil não é adquirir um comportamento ou um hábito, mas deixar de fazê-lo. As pessoas não necessitam de ajuda para aprender a fumar, nem para ter medo de voar ou de falar em público. Necessitam de ajuda para superar esse medo ou esse hábito, que pode ser proporcionada mediante técnicas de *modificação* de comportamento (diremos alguma coisa sobre elas no Capítulo 8). Igualmente, a aprendizagem de conceitos complexos (por exemplo, a mecânica newtoniana ou a teoria estocástica da probabilidade) costuma tropeçar com a dificuldade de que os alunos dispõem de conhecimentos prévios (teorias implícitas sobre o movimento ou sobre a probabilidade), que são incompatíveis com esses novos conceitos que lhes são apresentados. O problema não é tanto que aprendam as leis de Newton, mas como que reestruturam seus conhecimentos para poder assimilá-las, o que requer planejar a instrução para conseguir uma *mudança* conceitual nos alunos (Pozo, 1994). Com muita freqüência, os esforços deliberados para adquirir ou ensinar conhecimentos explícitos tropeçam nos obstáculos colocados por conhecimentos implícitos aprendidos anteriormente de modo incidental e sem que o aluno seja sequer consciente deles. Isso obriga a reconstruir esses conhecimentos implícitos, refletindo sobre eles, porque só assim poderemos mudá-los, seja em nossas relações com os demais e com nós mesmos (Ellis, 1962, 1964; Mahoney e Freeman, 1985), na aquisição de conceitos (Pozo, 1994) ou no desenvolvimento de novas habilidades e estratégias (Monereo, 1993; Monereo et al., 1994).

Se toda aprendizagem implica mudança, nem todas as mudanças são da mesma natureza nem da mesma intensidade ou duração. Há formas diferentes de desaprender. Em sua teoria sobre os sistemas complexos (entre os quais sem dúvida está a mente humana), Morin (1980; também García, 1995) distingue entre as mudanças que consistem num deslocamento ou *substituição*, de natureza acumulativa e reversível, e as mudanças baseadas na *reorganização* ou autocomplicação do sistema, de natureza evolutiva e irreversível. No caso da aprendizagem, o primeiro tipo de mudança, ligada a uma aprendizagem associativa, produziria a substituição de um comportamento ou conhecimento por outro (por exemplo, para evitar as respostas de ansiedade no avião, praticar exercícios de relaxamento; substituir uma má pronúncia fonética das inumeráveis e deslizantes consoantes do russo por outra mais correta). É uma mudança bastante pontual, local, de caráter reversível (não é difícil que volte o medo se o avião atravessa uma zona de turbulência ou retroceder à mais fácil pronúncia original quando a frase se complica) e de duração limitada à manutenção da prática (se deixamos de praticar o russo ou de voar de avião, facilmente as aprendizagens iniciais ressurgirão com o tempo).

As mudanças baseadas na reorganização dos comportamentos ou do conhecimento, vinculadas à aprendizagem construtiva, têm características diferentes. Seu efeito não é substituir, mas integrar esse comportamento ou idéia numa nova estrutura de conhecimento. Assim, a mecânica intuitiva pode ser reinterpretada a partir da teoria newtoniana e se integrar nela, mas não o contrário (Pozo, 1994). Igualmente, algumas terapias de reestruturação cognitiva propõem não o abandono das idéias irracionais que perturbam o comportamento (por exemplo, as pessoas não se importam muito comigo), mas sua reinterpretação ou integração num sistema mais amplo (eu me importo o suficiente com os demais?, etc.) (Ellis, 1962). Tais mudanças são mais gerais que locais (não pretendem afetar a um só contexto concreto, acabar, por exemplo, com a ansiedade frente às reuniões de trabalho, reestruturando meu próprio "eu" e minha forma de enfrentá-las, e não só acabando com o medo de falar durante tais reuniões), de natureza evolutiva ou irreversível (uma vez produzidas essas mudanças na compreensão da Mecânica, dificilmente se volta atrás) e, portanto, mais duradouras ou estáveis no tempo (dado que são mais inerentes e consubstanciais a minha forma de entender o mundo e comportar-me, estarei continuamente ativando essas estruturas de conhecimento e comportamento, o que facilitará sua recuperação, conforme se verá no Capítulo 7).

Vemos, portanto, que, embora toda aprendizagem seja mudança, nem todos os tipos de mudança produzem aprendizagens da mesma qualidade. Devemos, no entanto, levar em conta que, como se assinalou no capítulo anterior, essa distinção entre duas formas de aprender nitidamente separadas, associar e construir, deve se aceitar como recurso explicativo, mas assumindo ao mesmo tempo que são duas formas de aprender estreitamente ligadas. No entanto, em muitos domínios de aprendizagem (como os que se apresentam na Segunda Parte do livro) pode se observar o predomínio de um tipo de aprendizagem sobre o outro. Em geral, a aprendizagem construtiva tende a produzir resultados mais estáveis ou duradouros, e, portanto, segundo os critérios estabelecidos, melhores aprendizagens. A outra face da moeda é que, se é assim, a reestruturação será um processo menos freqüente que a associação. Como as estruturas obtidas de aprendizagens anteriores são mais estáveis e duradouras, serão mais difíceis de mudar. A substituição pontual de alguns conhecimentos por outros será, no entanto, mais fácil, requerendo, como veremos a seguir, uma prática menos exigente. As vantagens da aprendizagem construtiva (mudanças mais estáveis e duradouras) se transformam em desvantagens (mudanças mais difíceis de conseguir), com o que a opção por uma ou outra dependerá não tanto de considerações teóricas, como as que estamos fazendo, como das demandas concretas de cada situação de aprendizagem e das condições em que se possa realizar.

A natureza dinâmica dos processos de aprendizagem tem outras implicações para o planejamento de situações de instrução mais eficazes. Uma dessas implicações tem a ver com a importância da ordem temporal nas atividades de aprendizagem. Tanto a construção de conhecimentos como a mera associação de estímulos e respostas são muito afetadas pela seqüência em que se realizam as atividades de aprendizagem, já que as aprendizagens anteriores vão sempre condicionar as que vêm a seguir. Em diversas situações de aprendizagem associativa de comportamentos comprovou-se que a mesma prática produz resultados distintos quando se inverte a ordem dos ensaios (possivelmente se nossa primeira viagem de avião é muito turbulenta, nos provocará mais medo de voar do que se nos acontece no sétimo ou oitavo vôo). Também na aprendizagem de matérias complexas se reconhece a importância da organização temporal das atividades. Fala-se hoje em dia da "seqüenciação" de conteúdos (Coll e Rochera, 1990) ou da forma mais adequada de programar essas atividades para que, com a mesma quantidade de prática, se produza uma mudança maior.

Um último aspecto que devemos considerar em relação à noção de mudança na aprendizagem está relacionado com a avaliação ou verificação das aprendizagens produzidas. Toda situação de instrução deve incluir algum sistema que permita avaliar o grau em que se alcançaram os objetivos ou demandas fixados. A avaliação, que não só o professor deveria realizar como também o aluno, pode ser mais formal (por exemplo, mediante um exame) ou informal (através da observação cotidiana, da medição de rendimentos em tarefas habituais, etc.), dependendo do contexto instrucional em que se produza. Quanto mais formal é o contexto, mais formal costuma ser a avaliação. Assim, na educação não é freqüente encontrar sistemas de avaliação alternativos ao exame, o que é muito comum em outras situações de instrução. Na realidade, esses sistemas de avaliação formal costumam ter pouco a ver com a medição da aprendizagem. Vimos que a aprendizagem implica uma mudança que se produz no tempo. No entanto, muitas vezes se examina os alunos só ao final do processo, daí que dificilmente pode se medir a mudança, sem conhecer o ponto de partida. Os verdadeiros sistemas de avaliação da aprendizagem deveriam implicar um controle contínuo das mudanças que se produzem, ou, ao menos, alguma medida das diferenças entre o ponto de partida do aluno (seus conhecimentos anteriores) e o ponto de chegada após a instrução (seus novos conhecimentos). Os sistemas baseados unicamente na chamada "avaliação final" têm mais a ver com a função seletiva dos sistemas educativos do que com sua função formativa. No entanto, a expansão ao longo e ao largo da sociedade da aprendizagem, e com ela da educação formal, a que me referi no Capítulo 1, leva inevitavelmente a uma deterioração de sua função seletiva e ganha maior importância seu valor formativo, quer dizer, sua capacidade de gerar aprendizagem. E isso requer avaliar não só o grau em que se produziram mudanças e a natureza das mesmas, como também sua generalidade ou possível transferência do aprendido para novas situações.

Deve-se poder utilizar o que se aprende em outras situações

Com freqüência pensamos ter aprendido alguma coisa, seja nos comunicarmos minimamente num idioma estrangeiro, manejar um banco de dados ou compreender a natureza corpuscular da matéria e, no entanto, quando nos defrontamos com uma situação que aparentemente requer a utilização desses conhecimentos que aprendemos, nossa língua se trava, perdemos um arquivo ou ficamos perplexos quando nos perguntam por que uma camisa seca mais rápido ao sol do que na sombra. Sem dúvida aprendemos alguma coisa, mas não conseguimos utilizar nossos conhecimentos numa situação nova. Não conseguimos *transferir* ou generalizar nossas aprendizagens. É uma das dificuldades mais habituais com que se defrontam alunos e professores. Uns, os alunos, se lamentam de receber muitos conhecimentos que depois não sabem empregar, muita teoria que depois não sabem aplicar; e outros, os professores, se queixam da mesma coisa, mas ao contrário, que seus alunos não sabem utilizar os conhecimentos que lhes são ensinados.

A transferência é uma das características centrais da boa aprendizagem e, portanto, um de seus problemas mais habituais. Sem capacidade de ser transferido para novos contextos, o aprendido é muito pouco eficaz. A função adaptativa da aprendizagem está na possibilidade de poder se defrontar com situações novas, assimilando-as ao já conhecido. Ao contrário do que muitos alunos e professores pensam, a transferência não é um processo automático que se produz de modo inevitável sempre que aprendemos alguma coisa (no Capítulo 7 se verá por que é assim). As pessoas tendem a pensar que à aprendizagem se aplica aquilo de "feito um cesto, feito um cento", que se alguém aprende a praticar um esporte, depois será mais fácil praticar qualquer outro, que se aprendemos uma segunda língua, a terceira nos será mais fácil ainda. No entanto, isso só é certo em determinadas condições de aprendizagem (detalhadas no Capítulo 7). Por isso, quando nos deparamos com um problema de transferência, costumamos nos perguntar, com certa perplexidade, por que não usamos os conhecimentos que temos, como naquela piada do genial Perich em que um homem dizia a outro "o que não entendo é que se *yes* quer dizer sim, por que não o diz". Se sabemos, por que não fazemos? Uma vez adquirido um conhecimento, uma habilidade e inclusive uma emoção, costumam se ativar ou se recuperar de modo bastante discriminativo, em situações similares àquela em que foram aprendidos. Quanto mais nova é uma situação (ou menor sua semelhança com situações de aprendizagens anteriores), mais difícil será dispor de conhecimentos transferíveis. E, ao mesmo tempo, quanto mais cambiantes forem os contextos de uso do conhecimento, mais necessária será a transferência. Na complexa sociedade da aprendizagem, necessitamos de habilidades e conhecimentos transferíveis para novos contextos, já que não podemos prever as novas demandas que o mercado de trabalho e a sociedade da informação vão colocar num futuro próximo para os aprendizes. Nossa cultura da aprendizagem não só é muito exigente pela quantidade de aprendizagens distintas que nos exige, como porque, além disso, devem ser boas aprendizagens, transferíveis para situações cada vez mais diversas e imprevisíveis.

Nem todas as formas de aprendizagem facilitam igualmente a transferência. Em geral, quanto mais rotineira for uma aprendizagem, mais rotineiramente se usará depois o aprendido. Se nos limitamos a repetir mecanicamente uma seqüência de ações (como usar um programa informático para uma só função: preencher impressos do IRPF com o afortunado programa PADRE) ou a recitar uma litania (como as propriedades da matéria segundo a teoria corpuscular), depois será muito difícil para nós recuperar o aprendido em qualquer situação que se distancie minimamente da situação de aprendizagem e nos exija transferir o aprendido (para uso de outra planilha de cálculo ou para o problema da camisa que seca). A aprendizagem associativa, por seu caráter repetitivo, produz uma generalização mais limitada, em geral, do que a aprendizagem construtiva, que permite dar significado ao aprendido. Wertheimer (1945), um psicólogo da *Gestalt*, diferenciava entre pensamento ou aprendizagem *reprodutiva*, baseado na aplicação rotineira de aprendizagens anteriores (por exemplo, talvez o leitor ainda lembre o chamado binômio de Newton, aquela ladainha segundo a qual "A mais B ao quadrado é igual a A ao quadrado mais B ao quadrado mais dois A por B") e o pensamento ou aprendizagem *produtivo*, que, em poucas palavras, implica compreender o aprendido, através da construção de uma estrutura (uma *gestalt*) que integre todos os elementos da situação, como a que se apresenta na Figura 3.2 que, ao contrário do que acontece com a aprendizagem reprodutiva, permite enfrentar novas tarefas [por exemplo, qual será o resultado de $(a+b+c)^2$ ou de $(a+b)^3$].

Em outros termos, pode-se dizer que, se os alunos treinam apenas para fazer exercícios (tarefas fechadas ou rotineiras para as quais já aprenderam uma solução específica), dificilmente aprenderão a resolver problemas (tarefas mais abertas para as quais é preciso buscar vias de solução). Fazer exercícios por processos repetitivos é uma condição necessária, mas não suficiente, para se conseguir resolver problemas que requerem, além disso, processos de reestruturação (Pérez Echeverría e Pozo, 1994, também o Capítulo 12 deste livro). Apenas treinando a

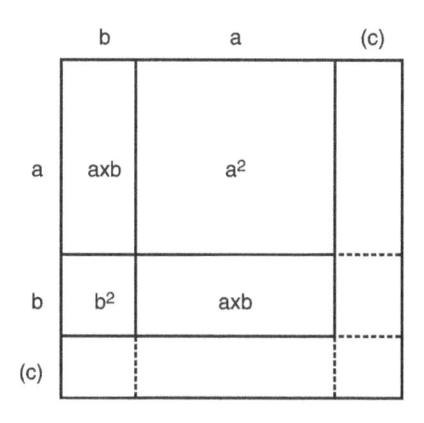

FIGURA 3.2 Representação geométrica do quadrado de uma soma $(a+b)^2$, que facilita a compreensão do binômio de Newton, em vez da simples repetição de uma fórmula, com o que sua aplicação ou generalização para novas tarefas, $(a+b+c)^2$ torna-se mais fácil (a partir de Wertheimer, 1945).

solução de problemas se aprende a resolver problemas. A aprendizagem também pode ser concebida como um problema à espera de solução. Realmente, para muitos alunos e professores, *é* um problema. Sua solução necessitará de um treinamento ou uma prática adequada para esse fim. Porque uma boa aprendizagem requer uma prática bem organizada.

A prática deve adequar-se ao que se tem de aprender

A aprendizagem é sempre produto da prática. Nisso se diferencia de outros tipos de mudança do conhecimento humano que têm sua origem mais em processos maturativos ou de desenvolvimento, em que a prática ou a experiência desempenham um papel secundário. Embora a fronteira entre desenvolvimento e aprendizagem seja menos nítida do que às vezes se supõe (a língua materna se aprende ou se desenvolve?, o apego dos bebês à mãe se aprende ou se desenvolve?), a diferença entre ambos os processos não reside tanto na quantidade de prática necessária, como na influência desta nas mudanças que se produzem. Realmente, se admitimos que a linguagem (ou seja, a capacidade de se comunicar e representar o mundo mediante um sistema simbólico) se desenvolve, não é porque não requeira prática (realmente, são necessárias muitas horas de exercício para adquirir a linguagem) mas porque o resultado final não depende demasiado da forma que adote essa prática (as capacidades lingüísticas são mais universais do que as práticas em que se apóiam). Pelo contrário, um comportamento sem dúvida aprendido, como pode ser a fobia à comida chinesa ou o gosto pela ópera, ou vice-versa, pode se adquirir após um só ensaio se este é especialmente intenso, principalmente quando se trata de uma fobia. É o tipo de prática, e não a quantidade de prática, o que identifica a aprendizagem. O que costumamos chamar desenvolvimento costuma se basear em situações de prática incidental, ou, se se prefere, costuma consistir numa aprendizagem implícita, com um grau muito elevado de organização interna. Seriam inequivocamente aprendizagem as situações em que deliberadamente alguém se propõe a mudar seu conhecimento ou o dos demais, através de algumas atividades, de uma prática que deve determinar de modo explícito o que se muda ou adquire. E, no meio, teríamos uma ampla gama de situações que poderiam compartilhar características de ambos os tipos de mudança (aprende-se ou desenvolve-se a capacidade de andar?, e a inteligência espacial?, e a memória musical?).

Vemos que as situações mais claras de aprendizagem são as que implicam uma aprendizagem explícita, as que supõem que alguém, seja um professor ou o próprio aluno, organiza ou planifica atividades com o propósito deliberado de aprender. São também as situações que nos interessam aqui. Nelas, tampouco, é a quantidade de prática a variável determinante. Embora, em geral, uma maior prática produza mais aprendizagem, nem sempre é assim, como se verá no Capítulo 12. O mais importante, ao organizar uma prática, é adequá-la aos objetivos da aprendizagem. Nem todas as atividades de aprendizagem são igualmente eficazes para se conseguir qualquer tipo de aprendizagem. Em geral, uma vez mais, a prática repetitiva (a reiteração continuada de uma mesma atividade de aprendizagem) produz aprendizagens mais pobres ou limitadas que uma prática reflexiva (a realização de diversas atividades com o fim de promover a reflexão sobre o que se está aprendendo). Por exemplo, na formação de especialistas, Glaser

(1992, p. 74) considera que uma prática reflexiva, baseada em princípios teóricos e não numa mera repetição,

> permite compreender o que se está fazendo, se recuperar com rapidez e elegância os erros e aproveitar as oportunidades para obter soluções e descobertas mais harmoniosas e preciosas. Ser especialista se transforma assim em algo mais do que pura eficiência, e os conhecimentos, à medida que são adquiridos, se transformam num motivo para aprender da experiência e interrogá-la, de forma que acabam por se reorganizar abrindo o caminho para novas idéias e ações.

No entanto, uma prática reflexiva costuma ser mais lenta e mais exigente para o aluno que a instrução direta em certas técnicas ou conhecimentos, pelo que requer melhores condições de prática. Além disso, nem sempre é necessário que o aluno compreenda o que está fazendo, embora costume ajudar. Dirigir um carro, programar um vídeo, aprender a evitar castigos desnecessários, como, por exemplo, multas de trânsito, ou inclusive evitar hábitos nocivos e perigosos, como fumar ou utilizar *sprays* com clorofluorcarbonetos (quem, pelo amor de Deus, entende o que é isso?) estão mais próximos de uma aprendizagem associativa ou repetitiva do que da reflexão, da compreensão e da busca de novos conhecimentos. Às vezes, quando as condições de aplicação do conhecimento são repetitivas, sempre iguais a si mesmas, basta ser eficiente, o que não é pouco. Em muitas outras ocasiões, quando for previsível que essas condições possam mudar (por exemplo, se temos de dirigir um carro com câmbio automático ou na neve) convém compreender por que fazemos o que fazemos. E isso demandará outro tipo de prática diferente.

Por isso, embora as características de uma boa aprendizagem, como uma *mudança duradoura e generalizável*, estejam mais vinculadas à construção do conhecimento através da via reflexiva que propõe Glaser (1992), a organização das atividades de aprendizagem deve estar subordinada ao tipo de aprendizagem que se pretende alcançar, e este por sua vez deve responder às demandas ou necessidades de aprendizagem que se propõem para o aluno. Não há recursos didáticos bons ou maus, mas adequados ou inadequados aos fins perseguidos e aos processos de aprendizagem mediante os quais podem se obter esses fins. A instrução deve se basear num equilíbrio entre o que se tem de aprender, a forma como se aprende e as atividades práticas planejadas para promover essa aprendizagem. Ou seja, a aprendizagem é um sistema complexo composto por três subsistemas que interagem entre si: os resultados da aprendizagem (o que se aprende), os processos (como se aprende) e as condições práticas (em que se aprende). Esses são os três componentes básicos a partir dos quais pode se analisar qualquer situação de aprendizagem, segundo o esquema que se apresenta a seguir.

4

O Sistema da Aprendizagem

> Nenhum de nós compreendia o segredo noturno dos quadros-negros,
> nem por que a esfera armilar se exaltava apenas quando a olhávamos.
> Só sabíamos que uma circunferência pode não ser redonda
> e que um eclipse da lua engana as flores
> e adianta o relógio dos pássaros.
>
> Nenhum de nós compreendia nada:
> nem por que nossos dedos eram de nanquim
> e a tarde fechava compassos para, pela manhã, abrir livros.
> Só sabíamos que uma reta, se quer, pode ser curva ou interrompida
> e que os planetas são meninos que ignoram a aritmética.
>
> RAFAEL ALBERTI, "Os anjos colegiais", *Sobre os anjos*

OS COMPONENTES DA APRENDIZAGEM: RESULTADOS, PROCESSOS E CONDIÇÕES

Toda situação de aprendizagem, implícita ou explícita, espontânea ou induzida através da instrução, pode ser analisada a partir de três componentes básicos, que, sintetizando a posição de diversos autores (por exemplo, R. Gagné, 1985; Reigeluth, 1983; ou inclusive Rescorla, 1980; ou entre nós, Pozo, 1990b; Romero, 1995), podemos definir como:

1) os *resultados* da aprendizagem, também chamados conteúdos, que consistiriam no que se aprende, ou seja, a partir das características anteriores o que muda como conseqüência da aprendizagem (por exemplo, as propriedades que definem um triângulo isósceles ou as emoções associadas ao cheiro da grama recém-aparada);
2) os *processos* da aprendizagem, ou como se produzem essas mudanças, mediante que mecanismos cognitivos; se refeririam à atividade mental da pessoa que está aprendendo que torna possível essas mudanças (a atenção às características relevantes dos triângulos e a diferenciação conceitual, ou me-

ramente perceptiva, entre eles, ou a associação entre esse cheiro e certas experiências vividas em sua presença);
3) as *condições* da aprendizagem, ou o tipo de prática que ocorre para pôr em marcha esses processos de aprendizagem (por exemplo, o ensino deliberado das propriedades dos triângulos mediante uma exposição teórica seguida da realização de exercícios ou problemas, ou a ocorrência repetida de uma resposta, como a leitura arrebatada de *O terceiro livro das ondas* de Neruda, na presença de um determinado estímulo, como o cheiro da grama recém-aparada).

Seja explícita, como no caso do triângulo isósceles, ou implícita, como a associação de um cheiro com os poemas de Neruda, a aprendizagem sempre implica resultados, processos e condições (Figura 4.1). Agora, cada um desses componentes é por sua vez, muito variado, há distintos tipos de resultados, de processos e de condições. Frente à idéia de uma aprendizagem monótona, baseada sempre nos mesmos processos e dirigida sempre para os mesmos resultados, a aprendizagem admite múltiplas variantes. Aprendemos a definir um triângulo isósceles ou a nos emocionar diante de um cheiro ou sabor, mas também a tocar violão ou a desvendar os mistérios da teoria da relatividade, a recitar sonetos de Góngora ou a utilizar o correio eletrônico. A paleta de cores da aprendizagem humana é infinitamente variada e matizada e está, além disso, continuamente se ampliando.

Por isso, cabe pensar que os processos ou mecanismos mediante os quais se alcançam essas aprendizagens também devem ser variados. Não seria adaptativo dispor de um único mecanismo, um único *órgão*, para realizar tantas *funções* de aprendizagens distintas. Realmente, não é conveniente realizar as mesmas atividades mentais para aprender um número de telefone e para compreender a diferença entre calor e temperatura em física ou entre sociedade neolítica e feudal em história. Não se aprende da mesma maneira a escrever num computador e a programá-lo. Não é a mesma coisa aprender a dirigir um carro e a consertá-lo. Em função do resultado da aprendizagem buscado, os processos ativados devem ser diferentes. Apesar dessas diferenças, têm uma característica comum: tratam-se

ANÁLISE			INTERVENÇÃO
	O QUE	aprendemos ou queremos que alguém aprenda	RESULTADOS OU CONTEÚDOS
	COMO	aprende-se esse ou esses resultados desejados	PROCESSOS
	QUANDO QUANTO ONDE COM QUEM etc.	deve se organizar a prática para ativar esses processos, que requisitos deve reunir essa prática	CONDIÇÕES

FIGURA 4.1 Esquema da aprendizagem proposto neste livro, recolhendo seus principais componentes, assim como as vias de análise e intervenção nos problemas de aprendizagem.

de processos psicológicos internos ao *aprendiz* e, portanto, somente observáveis a partir de suas conseqüências.

Quem aprende é o aluno; o que o professor pode fazer é facilitar mais ou menos sua aprendizagem. Como? Criando determinadas condições favoráveis para que se ponham em marcha os processos de aprendizagem adequados. A instrução ou ensino se traduziria precisamente em criar certas condições ótimas para certos tipos de aprendizagens. Conforme o resultado buscado é preciso ativar determinados processos, o que requer umas condições concretas e não outras. As condições que podem servir para aprender a utilizar o controle remoto do vídeo serão totalmente ineficazes para aprender a projetá-lo. O tratamento que serve para abandonar o hábito de fumar ou de fazer xixi na cama será inútil para abandonar nossa teoria intuitiva sobre o movimento, para aprender a fazer o bacalhau ao *pil-pil** ou inclusive para acabar com nosso medo de voar. Essas condições teriam que ver diretamente com o uso de recursos didáticos ou de instrução e, em termos mais gerais, com o planejamento de estratégias de intervenção para fomentar a aprendizagem.

Portanto, se a análise das situações de aprendizagem deve ser iniciada nos resultados e processos para concluir-se no planejamento de algumas condições ótimas ou mais adequadas para a aprendizagem (seguindo a flecha descendente na Figura 4.1), os professores só podem intervir nas condições em que se produz a aprendizagem, e mediante essa intervenção atuar diretamente sobre os processos mentais do aluno em busca dos resultados desejados (flecha ascendente). Por sua vez, embora os alunos possam chegar a adquirir um certo controle sobre seus processos de aprendizagem (como se verá no Capítulo 11), o funcionamento destes e seu próprio controle estarão sempre sujeitos às condições práticas em que se realizam as atividades de aprendizagem.

Enfim, distintas combinações desses três componentes proporcionarão diferentes situações de aprendizagem e, com elas, diferentes problemas de aprendizagem. Nem os problemas nem as soluções são sempre os mesmos. O constante é a presença desses três fatores e a necessidade de um equilíbrio entre eles se visamos a uma boa aprendizagem. Alunos e professores podem melhorar as situações de aprendizagem fazendo com que resultados, processos e condições se ajustem entre si. Para isso, é necessário propor critérios para classificar as diversas variantes que cada um desses componentes adota, organizá-los conceitualmente antes de ilustrar nos próximos capítulos como esses componentes se entrelaçam, em formas sutis, mas previsíveis, em diversas situações de aprendizagem.

OS RESULTADOS DA APRENDIZAGEM

O comportamento humano apresenta riqueza e variedade quase ilimitadas. Às vezes, dá trabalho compreender que é a mesma humanidade que compõe, executa e escuta ensimesmada um *Divertimento* de Mozart e que é capaz de inventar também os mais cruéis sistemas de tortura e alienação. Uma mesma pessoa, ao longo de um simples dia, executa uma considerável variedade de ações,

---

*N. de T. Ensopado típico do País Vasco, que se faz de badejo, azeite, pimenta malagueta e alho, em panela de barro. Serve-se fervendo (*pil-pil* é onomatopéia de água fervendo).

desde as mais simples, como pentear-se ou preparar o café, às mais sofisticadas, como tomar decisões sobre investimentos na bolsa, elaborar estratégias para enfrentar uma complicada reunião de trabalho ou explicar a uns desalentados adolescentes as insubstituíveis contribuições de Lavoisier ou Dalton para nossa compreensão do mundo. Todos esses comportamentos e muitos outros que, sem perceber, realizamos ao longo de um dia são, em sua maior parte, resultados da aprendizagem. Um simples exercício mental, como tentar identificar comportamentos humanos que não sejam aprendidos, nos mostra que, com a exceção de algumas ações um tanto triviais (espirrar talvez?, afastar o rosto de uma bola que se aproxima?), quase todos os comportamentos humanos complexos são produto, em maior ou menor medida, da aprendizagem.

A variedade de comportamentos aprendidos é quase tão abundante como a de formas que a matéria, viva e inerte, adota na natureza. Como os zoólogos ou os botânicos, os psicólogos da aprendizagem necessitam classificar essa grande variedade em umas poucas categorias, não tanto pelo desejo de encaixar cada comportamento em seu lugar apropriado, como pela necessidade de organizar conceitualmente um domínio que, do contrário, se transformaria numa selva ingovernável. Assim como o artista goza da natureza única e momentânea das coisas (os detalhes, os divinos detalhes!, com que nos deleita Nabokov), o cientista deve buscar o que há de comum ou categórico nas coisas únicas, deve submeter a diversidade a uma ordem conceitual. Nascem assim as taxinomias da aprendizagem, classificações dos diversos tipos de resultados ou comportamentos adquiridos, um recurso imprescindível, não tanto pelo afã do colecionador de espetar cada borboleta ou colocar cada resultado em seu compartimento correspondente, mas pela necessidade de pôr um pouco de ordem no emaranhado mundo da aprendizagem (Kyllonen e Shute, 1989).

A psicologia da memória contribuiu com várias distinções relevantes, como a distinção, já mencionada, entre conhecimento explícito e implícito (Reber, 1993; Schacter, 1989; Tirosh, 1994), ou entre conhecimento declarativo (o que dizemos) e o procedimental (o que fazemos), mantida por Anderson (1983), ou entre memória semântica (nossa rede de conceitos) e episódica (fatos, lugares e tempos) de Tulving (1972). Mas a riqueza da aprendizagem humana não pode ser comprimida numa dicotomia. Robert Gagné (1985) propôs uma taxinomia baseada em cinco tipos de resultados da aprendizagem ou "capacidades": habilidades intelectuais (na realidade, conceitos e regras), estratégias cognitivas (que regulariam o próprio funcionamento intelectual), informação verbal (fatos e dados), habilidades motoras e atitudes (inclinações que influem em nossa conduta). Embora a classificação de Gagné tenha sido muito influente e seja bastante exaustiva, corre o risco de tratar de modo diferente comportamentos que, do ponto de vista da aprendizagem, são bastante próximos (por exemplo, habilidades cognitivas e motoras), ao mesmo tempo em que trata da mesma forma comportamentos diferentes (por exemplo, situa numa mesma categoria as normas sociais e as emocionais).

A taxinomia de Gagné, ao contrário das criadas pelos teóricos da memória, tem uma finalidade instrucional, foi feita para facilitar o panejamento de situações de aprendizagem e, nesse sentido, é mais útil para nossos fins (Pozo, 1990b). Realmente, nos contextos educativos essas classificações são muito necessárias. Recentemente, na Espanha, no contexto das Reformas Educativas de todos os níveis (exceto, que casualidade!, o ensino universitário, que como sempre parece milagrosamente alheio aos problemas que afligem a aprendizagem) foi proposto classificar os conteúdos escolares em três grandes grupos:

a) conceitos e fatos;
b) procedimentos; e
c) atitudes, normas e valores (MEC, 1989).

Essa classificação propõe um tratamento escolar diferenciado, ainda que integrado dos diversos tipos de conteúdos (Coll, 1986), sugerindo aos professores diferentes vias de aproximação a conteúdos verbais, procedimentais e atitudinais, baseadas em atividades de aprendizagem e avaliação específicas (Coll, Pozo, Sarabia e Valls, 1992). No entanto, para os propósitos deste livro, essa taxinomia é insuficiente, já que se ocupa só das aprendizagens escolares, explícitas, e não considera outras formas de aprendizagem (emoções, hábitos sociais, etc.), que são produto de uma aprendizagem implícita em nossa vida cotidiana. Além disso, essas três grandes categorias englobam resultados que diferem por sua vez entre si em aspectos importantes (por exemplo, a categoria *procedimentos* abarca tanto habilidades motoras como estratégias cognitivas), daí que se torna necessário estabelecer subdivisões nessas categorias gerais.

A partir dessas considerações, podemos organizar os resultados da aprendizagem numa classificação que reúna os principais acertos das propostas anteriores, mas adequados aos propósitos deste livro. Fique claro que a proposta que fazemos não é necessariamente melhor nem pior do que as outras (embora, naturalmente, esperamos que seja melhor). Voltando à metáfora do mapa e do território de Borges, sagazmente retomada por Claxton (1984), simplesmente se trata do mapa mais adequado para nos aproximarmos do território que nos propomos explorar desde o nível de análise que nos propomos adotar. Outros territórios, ou inclusive outras formas de explorar esse mesmo território, podem requerer mapas diferentes.

Para nossa viagem, proponho uma classificação baseada em quatro resultados principais da aprendizagem (comportamentais, sociais, verbais e procedimentais), que, num segundo nível hierárquico, se subdividem, por sua vez, em outras três categorias cada um, dando lugar a um total de doze resultados ou produtos distintos da aprendizagem humana, que pretendem abarcar a maior parte dos comportamentos e dos conhecimentos relevantes que adquirimos em nossa cultura. Uma breve descrição de cada tipo de resultado, acompanhada de alguns exemplos, servirá para tornar mais nítidas as fronteiras entre as categorias propostas, ainda que estas sejam tenazmente difusas em muitos contextos reais. Na Terceira Parte do livro, os processos e condições mais adequadas para a aprendizagem de cada um desses resultados serão analisados mais detalhadamente.

Aprendizagem de fatos e comportamentos

Em nossas interações cotidianas com os objetos e as pessoas que nos rodeiam, costumamos observar certas pautas relativamente estáveis de fatos e comportamentos, das quais extraímos certas regularidades. De forma implícita, aprendemos com as co-variações entre fatos, entre nosso comportamento e outros fatos, e entre nosso comportamento e o dos demais. Ainda que nosso comportamento não chegue nunca a ser um reflexo exato das relações que, supostamente, ocorrem no ambiente, trata-se de uma aprendizagem implícita, baseada em processos associativos, que consistem no estabelecimento de conexões entre fatos e comportamentos que tendem a acontecer juntos. No entanto, essas situações podem diferir também em aspectos importantes, sendo possível estabelecer três grupos principais, analisados em detalhe no Capítulo 8:

a) Aprendizagem de *fatos* ou aquisição de informação sobre as relações entre acontecimentos (ou conjuntos de estímulos) que ocorrem no ambiente. Um vento impetuoso e repentino, acompanhado de um característico cheiro de ar úmido, nos informa da iminência de um temporal. Um gesto raivoso, acompanhado de um grito violento, avisa a criança de outro tipo de temporal: seu pai vai castigá-la se não recolher logo todos os discos que espalhou pelo chão. Esse tipo de aprendizagem nos permite estabelecer seqüências de previsão com alto valor de sobrevivência, ao antecipar possíveis perigos ou — por que não? — prazeres potenciais. Mas também provoca em nós outras reações, de natureza também implícita, como são as *emoções*. Quando uma situação ambiental, ou um acontecimento, nos produz atração ou aversão, prazer ou medo, interesse ou apatia, adquirimos emoções intensas associadas a essa situação ou acontecimento, de forma que este tende a nos evocar inevitavelmente aquela emoção. É uma aprendizagem muitas vezes prazerosa (o sorriso satisfeito do bebê ao ouvir a voz de sua mãe, associada a tantos prazeres), com freqüência com uma pitada de melancolia (todas as lembranças e nostalgias que Proust associa ao sabor das madalenas, ou esse velho carrinho de latão, quebrado e descascado, do qual nunca nos desprendemos porque nos lembra, como nenhum outro objeto, o agridoce sabor de nossa infância), mas às vezes acaba por ser incômodo ou desagradável (esse medo de subir de elevador quando moro no décimo andar, essa excitação diante das cenas violentas). Em alguns casos, tanto por interferir na vida normal das pessoas, como no caso do elevador e de outras fobias, tanto por estar na base de condutas anti-sociais, como comportamentos violentos, essas emoções adquiridas constituem um problema de aprendizagem que requer uma intervenção ou modificação explícita.

b) Aprendizagem de *comportamentos* ou aquisição de respostas eficientes para modificar essas condições ambientais, conseguindo evitar as mais desagradáveis e provocar as que nos sejam mais satisfatórias. O comportamento humano costuma ser muito eficiente para modificar os fatos ou moderar sua influência sobre nós. Não podemos impedir o temporal, mas sim nos proteger da chuva com um guarda-chuva. Mediante algumas denguices de última hora, unidas a uma recolhida apressada dos discos, a criança pode evitar o castigo. Além de prever os fatos, muitas vezes podemos controlá-los mediante nossos comportamentos observando as mudanças que produzem no ambiente e em nós mesmos. Mas nem sempre podemos exercer o controle adequado (por mais que me esforce em mostrar-me simpático e desenvolto essa garota não me dá bola) ou às vezes temos hábitos de conduta que geram conseqüências indesejadas para nós mesmos ou para os demais, mas que uma vez adquiridos já não conseguimos mudar ou reaprender. Muitas pessoas fumam mais do que gostariam, estudam menos do que deveriam, jogam bingo mais do que o conveniente, falam em público pior do que o devido ou têm estratégias de cortejo que levam inexoravelmente ao fracasso. Em todas essas situações, a *modificação de comportamentos aprendidos* constitui um problema de aprendizagem que volta a requerer uma intervenção explícita.

c) Aprendizagem de *teorias implícitas* sobre as relações entre os objetos e entre as pessoas. O conjunto de regularidades e peculiaridades que observamos no comportamento dos objetos (caem e se movem de diferentes formas, uns flutuam e outros não, alguns resistem ao fogo e outros não, etc.) e das pessoas (sorriem quando lhes sorrimos, mas nem sempre, às vezes não dizem a verdade, pedem mais do que dão, etc.) nos proporcionam certas "teorias", de natureza implícita, sobre como está organizado o mundo e o que podemos esperar dele. Embora tais teorias se sustentem num conhecimento episódico, situacional, baseado em boa medida numa aprendizagem associativa, se organizam em forma de estruturas implícitas de conhecimento, que permitem estabelecer generalizações que vão além do concreto e imediato, constituindo autênticas construções mentais. Permitem-nos, por exemplo, formar categorias naturais e conceitos implícitos sobre a natureza e a organização do mundo. Apesar de seu alto valor de previsão e, inclusive, de organização, algumas de nossas teorias implícitas são às vezes insuficientes ou inadequadas, seja porque interferem na aprendizagem de conhecimentos explícitos (por exemplo, nossa física implícita ou intuitiva pode atrapalhar a aprendizagem da física) ou porque deixam de ser adaptativas (por exemplo, a teoria implícita de um professor sobre a motivação escolar, por mais que se baseie em suas experiências passadas, pode ser muito pouco útil quando tem de enfrentar alunos como os que compõem o grupo de "Carne 2" em *Wilt*, a divertida sátira de Tom Sharpe). Às vezes necessita-se de uma *mudança das teorias implícitas*, que exigirá processos de tomada de consciência ou explicitação dessas teorias implícitas que facilitem sua restruturação e integração em outras estruturas de conhecimento explícito (a física newtoniana para reestruturar nossos modelos sobre o movimento ou a Teoria da Atribuição como marco interpretativo da motivação).

Aprendizagem social

Um âmbito de nossa aprendizagem que tem características específicas é a aquisição de pautas de comportamento e de conhecimentos relativos às relações sociais. Embora, sem dúvida, se sobreponha a outras categorias de aprendizagem — a aquisição e a mudança de atitudes, valores, normas, etc. —, tem características distintivas. Não são adquiridos apenas como um produto de nossa interação com outros objetos ou pessoas, mas sim adquiridos como conseqüência de pertencermos a certos grupos sociais. As atitudes xenófobas vão além de uma reação de ansiedade e desprezo diante de pessoas que têm certa aparência física. Adquirem-se e se mantêm dentro de um processo de identificação com nossos grupos sociais de referência e, portanto, só poderão mudar levando em conta esse contexto. A maior parte de nossa aprendizagem social tem também um caráter implícito, e em grande parte associativo, mas a modificação de nossos hábitos e crenças sociais vai requerer, às vezes, um processo de reflexão sobre os conflitos produzidos pela própria conduta social, que nos aproxima dos processos de reestruturação, como se verá no Capítulo 9. Dentre os tipos de aprendizagem social, podemos distinguir:

a) A aprendizagem de *habilidades sociais*, formas de comportamento próprias da cultura, que adquirimos de modo implícito em nossa interação cotidiana com outras pessoas. Desde a aprendizagem do sorriso como chave mágica que abre quase todas as portas para os bebês até as mais sofisticadas e maquiavélicas formas de cortesia — e hipocrisia — social, ou todo o rígido ritual do protocolo social, adquirimos muitas habilidades sociais, muitas pautas de interação ou cortejo social. Em nossas sociedades, o protocolo e a rigidez das normas de conduta social são apenas um pálido reflexo do que foram em outras culturas e momentos (não faz muito, havia fórmulas de tratamento para quase tudo, *Ilmo. Sr., Deus guarde Vsa. muitos anos*, etc., que já caíram em desuso, proporcionando-nos mais liberdade, mas também mais incerteza quando devemos nos dirigir formalmente a alguém). Continuamos, ainda, adquirindo muitas habilidades sociais, das quais, por implícitas e comuns a todos nós, apenas nos damos conta quando mudamos de cultura ou contexto social, em que, sem querer, podemos nos comportar de forma grosseira ou demasiadamente íntima para esses novos códigos culturais. Nesses e em outros casos, principalmente na socialização de crianças e adolescentes, às vezes se necessita de uma instrução explícita em certas habilidades sociais. Assim, nessa sociedade em que todo mundo nos acossa, testemunhas de Jeová, o chato que vende enciclopédia a domicílio, ou vendedores de qualquer coisa que batem em nossa porta disfarçados de pesquisadores e investigadores sociais, proliferaram os cursos de treinamento em "assertividade", que nos ajudam a dizer não, obrigado. Ou, diante do desemprego crônico, proliferam os cursos de "procura de emprego" que ensinam a vender a si mesmo frente a possíveis empregadores. O *treinamento de habilidades sociais* costuma se apoiar em processos de *modelagem*, de emulação de certos modelos oferecidos pelo instrutor, assim como num treinamento supervisionado.

b) Aquisição de *atitudes*, ou tendência para se comportar de uma determinada forma em certas situações ou na presença de certas pessoas. Há atitudes xenófobas, mas também sexistas, autoritárias ou tolerantes; há pessoas que gostam de futebol ou de dramalhões venezuelanos; aprendizes com uma atitude ativa, participativa, e outros mais passivos em sua forma de enfrentar a aprendizagem. Todas essas formas de se comportar respondem não só a diferenças individuais como também à pressão exercida, de modo quase sempre implícito, pelos grupos sociais a que pertencem essas pessoas. Graças a essas atitudes não só definimos nossa posição diante do mundo (somos do Madri ou do Barça, de Camilo J. Cela ou de Javier Marías) como nos identificamos com o grupo social do qual fazemos parte. As atitudes nos proporcionam uma identidade social, que é muito necessária para nos definir e nos identificar com nós mesmos (trate o leitor de se definir a si mesmo e inevitavelmente recorrerá, além de a profissão e estado civil, a suas atitudes). As atitudes são o nosso RG social. No entanto, às vezes essas atitudes podem ser pouco desejáveis socialmente (a xenofobia sem dúvida, como qualquer outra forma de discriminação) ou inadequadas em contextos concretos (alunos passivos dos quais se exige um trabalho de investigação pessoal). Nesses casos de conflito social, precisa-se de uma *mudança de atitudes*, que, como a aquisição, estará determinada socialmente. Os mecanismos de persuasão e de influência social na resolução dos conflitos gerados determinarão a mudança atitudinal produzida.

c) Aquisição de *representações sociais* ou sistemas de conhecimento socialmente compartilhado que servem tanto para organizar a realidade social como para facilitar a comunicação e o intercâmbio de informação dentro dos grupos sociais. As representações sociais são mais elaboradas do que as habilidades sociais ou as atitudes, já que reconstroem a realidade dando-lhe forma através de um modelo. Nossas idéias sobre a doença mental, a ecologia, a função social da escola ou a própria natureza da aprendizagem, adquirimo-las em boa parte como representações sociais, modelos que recebemos reconstruídos ou reelaborados na interação social. Não é, como no caso das teorias implícitas, nossa interação direta com os objetos o que gera essas representações. É o fato de pertencermos a um grupo o que nos induz a certos modelos para representar ou compreender âmbitos concretos da realidade. Os processos de socialização transferem representações sociais que logo são reconstruídas individualmente por cada pessoa. Embora baseadas em alguns elementos da aprendizagem associativa (reprodução de modelos culturais recebidos, de caráter em grande parte implícito), sua aprendizagem requer também processos construtivos, já que essas representações devem ser reinterpretadas e assimiladas individualmente por cada aprendiz. Além disso, quando é preciso mudar essas representações (por exemplo, se alguém quer aprender medicina ou psicologia, deverá transcender a representação social de doença mental, ou se alguém, ingenuamente, quer melhorar a educação, deverá mudar o conceito tradicional de escola), é preciso recorrer novamente a processos de aprendizagem por reestruturação.

Aprendizagem verbal e conceitual

Outro conjunto importante de resultados da aprendizagem é formado pelos conhecimentos verbais. Ainda que tenhamos adquirido muita informação sobre fatos e dados sem pretendê-lo (a publicidade se baseia em boa parte nisso: uma marca de detergente nos é mais familiar e digna de confiança do que outra, embora às vezes não lembremos por quê), a maior parte dessa aprendizagem é explícita (o nome de uma rua ou de um rótulo de conhaque, um número de telefone, a diferença entre empirismo e racionalismo, os efeitos do aumento da dívida pública sobre a inflação). Realmente, a educação formal está dirigida principalmente a transmitir conhecimento verbal, em detrimento de outras aprendizagens muito relevantes, ao menos para a formação dos aprendizes. No entanto, muito do conhecimento verbal que se ensina não é aprendido corretamente, porque durante o seu ensino não se diferencia os distintos tipos de aprendizagem verbal (como se verá no Capítulo 10):

a) Aprendizagem de *informação verbal* ou incorporação de fatos e dados à nossa memória, sem lhe dar necessariamente um significado. Certos dados isolados, arbitrários, só podem ser aprendidos assim: os números de telefone, os nomes de ministros ou de toureiros, a placa do carro, o endereço de nossa agência bancária. São dados sem significado em si mesmos, os quais precisamos repetir literalmente se quisermos evitar situações embaraçosas (chamar alguém por um nome que não é o seu, esquecer o endereço do amigo quando já temos escrito o postal, etc.). No entanto, conhecemos também muitos outros fatos carregados de significado que, para nós, se reduzem à informação factual. Sabemos que são assim, mas não poderíamos dizer por quê. Podemos, com Neruda, escrever os versos mais tristes esta noite e dizer por exemplo que "a noite está estrelada e ao longe tiritam os astros azuis", mas não sabemos por que é assim e não de outra forma (em São Petersburgo, as noites de verão são ensolaradas). Sabemos que certos materiais conduzem a eletricidade (cuidado com a água) e outros não, mas que não nos perguntem por quê; confiamos em que a aspirina nos alivie dores indefinidas, mas não poderíamos dizer como o faz. São fatos que conhecemos mediante uma aprendizagem puramente associativa, por exposição repetida a eles, sem haver pretendido aprendê-los, ou porque fizemos um esforço deliberado em adquiri-los, mas não podemos lhes dar um significado. Não os compreendemos. Interpretar cada um desses fatos necessitará de processos que vão além da simples associação.

b) Aprendizagem e *compreensão de conceitos* que nos permitem atribuir significado aos fatos com que nos deparamos, interpretando-os de acordo com um marco conceitual. Embora a maior parte dos objetos caia no chão, certos balões flutuam *porque* contêm um gás que é mais leve que o ar, o aumento da dívida de um país tende a aumentar a inflação porque faz com que o dinheiro disponível se concentre no financiamento dessa dívida, encarecendo os empréstimos e, com eles, os preços. Não se trata apenas de aprender dois fatos justapostos, um ao lado do outro, mas de compreender por que se relacionam assim e não de outra forma. A compreensão implica traduzir ou assimilar uma informação nova a conhecimentos prévios. A aprendizagem não se baseia em repetir ou reproduzir a informação apresentada como se fosse um fato dado, requer que se ativem estruturas de conhecimentos prévios aos quais se assimile a nova informação. Por sua vez, a assimilação dessa informação nova (os balões flutuam) tende a produzir mudanças nas estruturas de conhecimento (conceito de densidade), gerando conceitos mais específicos por processos de diferenciação (densidade relativa de gases, líquidos e sólidos) ou princípios mais gerais, por processos de generalização (compreender a densidade como um fenômeno de pressão ou relação entre forças). No entanto, às vezes a compreensão ou assimilação de uma nova informação não é possível porque o aprendiz não dispõe de conhecimentos prévios relevantes ou os que ativa não são adequados (por exemplo, tenta compreender a flutuação do balão a partir de um conceito de peso absoluto, porque desconhece a idéia de densidade). Nesse caso, quando não há conhecimentos prévios adequados o que se requer não é a compreensão de um conceito, mas uma verdadeira mudança conceitual.

c) *Mudança conceitual* ou reestruturação dos conhecimentos prévios, que têm origem principalmente nas teorias implícitas e nas representações sociais, com o fim de construir novas estruturas conceituais que permitam integrar esses conhecimentos anteriores com a nova informação apresentada. Quando se apresenta para os alunos (que possuem uma teoria implícita sobre o movimento dos objetos muito bem lubrificada e eficaz em contextos cotidianos), como material de aprendizagem, a mecânica de Newton, que é estruturalmente incompatível com essas noções implícitas, não poderão assimilar uma à outra por processos de compreensão (discriminação e generalização), mas terão de reestruturar em profundidade seus conhecimentos, construindo, por processos de reflexão e tomada de consciência conceitual, uma nova estrutura conceitual, necessariamente mais próxima do conhecimento mais complexo, neste caso, a teoria de Newton, que integra ambas teorias. Essas mudanças conceituais ou reestruturações profundas são necessárias, sobretudo, para a aprendizagem da ciência e dos sistemas complexos de conhecimento, mas se produzem também em outros âmbitos do comportamento e do conhecimento. Também há terapias de reestruturação dirigidas para reconstruir a própria concepção do *eu* e das relações com os demais. Embora a mudança conceitual seja um processo de aprendizagem muito relevante, porque modifica em profundidade o sentido último de muitos outros conhecimentos e comportamentos, por sorte não é um processo de aprendizagem freqüente, já que é muito dispendioso, exigente e às vezes inclusive motivo de ansiedade para o aluno. Por isso, costuma ser o último recurso, a última bala da aprendizagem, quando o resto todo falhou. A mudança conceitual se apóia de fato em muitas outras aprendizagens prévias (dependendo dos domínios sociais, comportamentais, verbais, etc.), sem os quais não só não seria possível, mas nem mesmo necessário do ponto de vista do aluno. Afinal, não podemos cair todos os dias do cavalo a caminho de Damasco. Convém que, quando caiamos, estejamos em condições de reestruturar e mudar muitas coisas, ou seja, de nos levantarmos da queda.

Aprendizagem de procedimentos

Um último grupo de produtos da aprendizagem está relacionado com a aquisição e desenvolvimento de nossas habilidades, destrezas ou estratégias para realizar coisas concretas, um resultado genericamente chamado *procedimento*. Quando utilizamos um banco de dados para construir uma lista de clientes, planejamos uma aula, preparamos um *gin-fizz* ou jogamos pingue-pongue, estamos aplicando conhecimentos procedimentais, um *saber fazer* que podemos diferenciar de outros resultados da aprendizagem, como o conhecimento verbal, que é o que sabemos dizer, ou inclusive os hábitos de conduta. Os procedimentos implicam seqüências de habilidades ou destrezas mais complexas e encadeadas que um simples hábito de conduta. Além disso, tendem a ser aprendidos de modo explícito, se bem que uma execução reiterada dos mesmos possa acabar por torná-los implícitos. Como acontecia nos casos anteriores, na aprendizagem procedimental podem se diferenciar vários resultados distintos, que requerem processos também diferentes (e que serão o conteúdo do Capítulo 11).

a) Aprendizagem de *técnicas* ou seqüências de ações realizadas de modo rotineiro com o fim de alcançar sempre o mesmo objetivo. O jogador de basquete que arremessa um gancho,[*] o cirurgião que costura uma ferida, o infeliz que tenta repetir aquela merluza ao forno que fez tanto sucesso

---

[*] N. de T. Também em português se chama gancho a jogada, por cima ou por baixo, em que o braço do jogador fica curvo ao lançar a bola.

ou simplesmente qualquer um que escreva, à mão ou no computador, dirija, utilize a lavadora ou amarre os sapatos, em todas essas situações estão sendo utilizadas técnicas aprendidas de um modo melhor ou pior. Não são hábitos de conduta simples, aprendidos de modo implícito, por exposição a um modelo ou a um programa de reforço, mas encadeamentos complexos de ações que requerem um certo treinamento explícito, baseado, isso sim, numa aprendizagem associativa, por repetição, que deve concluir numa automatização da cadeia de ações, com o fim de que a execução seja mais rápida e certeira e ao mesmo tempo menos dispendiosa em matéria de recursos cognitivos. As técnicas são muito eficazes quando nos deparamos com *exercícios*, tarefas rotineiras, sempre iguais a si mesmas, mas quando a situação varia em algum elemento importante (a equipe contrária prepara uma defesa específica para dificultar o arremesso de um jogador, nos falta um ingrediente básico para fazer a merluza ou a lavadora estraga), não basta dominar a técnica, é preciso saber também modificá-la em meio à ação para adequá-la às novas condições. Quando o exercício se transforma num problema, as técnicas devem ser acompanhadas de uma aprendizagem de estratégias.

b) Aprendizagem de *estratégias* para planejar, tomar decisões e controlar a aplicação das técnicas para adaptá-las às necessidades específicas de cada tarefa. Não basta que cada jogador da equipe tenha uma boa técnica, é preciso usar estrategicamente os recursos disponíveis. Por mais técnicas concretas que um jogador de xadrez domine (aberturas, finais, etc.) de pouco lhe servirão se não souber usá-las em função do que o rival faz, se não souber aplicá-las dentro de uma estratégia de jogo. Deve dominar técnicas, mas além disso, saber quando, como e de que forma aplicá-las para que sejam mais eficazes. As estratégias se tornam necessárias diante de situações novas ou muito complexas, que constituem um verdadeiro *problema*, uma encruzilhada de opções ou caminhos, alguns dos quais, como nos contos de nossa infância, nos jogam nos braços de um príncipe encantado, mas outros nos defrontam com um bicho papão feroz e maligno, o erro. Obrigam-nos a refletir sobre os erros e a corrigi-los em vez de afiançar nossos acertos, como na aprendizagem de técnicas. As estratégias não são adquiridas por processos associativos, mas por processos de reestruturação da própria prática, produto de uma reflexão e tomada de consciência sobre o que fazemos e como o fazemos. Aprendemos estratégias à medida que tentamos compreender ou conhecer nossas próprias técnicas e suas limitações, e isso requer que tenhamos aprendido a tomar consciência e refletir sobre nossa própria atividade e como torná-la mais efetiva.

c) Aprendizagem de *estratégias de aprendizagem* ou controle sobre nossos próprios processos de aprendizagem, com o fim de utilizá-los de maneira mais discriminativa, adequando a atividade mental às demandas específicas de cada um dos resultados que descrevemos anteriormente. Trata-se de um tipo específico de estratégias, de especial importância para a nova cultura da aprendizagem. Se, além de dispor de processos eficazes, os alunos adquirem um conhecimento estratégico para manejar e regular sua própria atividade de aprendizagem, estarão em melhores condições para enfrentar as múltiplas armadilhas e reviravoltas que, pelo que vemos, se ocultam atrás das situações de aprendizagem mais comuns.

Para isso, os aprendizes devem aprender a controlar e regular seus processos cognitivos, assim como a se habituar a pensar sobre seu próprio conhecimento, quer dizer, a exercitar o metaconhecimento. Esse controle e esse metaconhecimento serão aplicados, naturalmente, à "gestão" de técnicas e recursos de aprendizagem específicos (como as já célebres, tristemente acho, técnicas de estudo) mas também a outros resultados da aprendizagem, implícitos e explícitos. Realmente, observamos como a aquisição e mudança de alguns desses resultados (fossem teorias implícitas, atitudes, representações sociais ou conceitos adquiridos) implicavam processos de reflexão e tomada de consciência sobre o próprio conhecimento, quer dizer, metaconhecimento. Em geral, a transição, exigida cada vez mais pela nossa cultura da aprendizagem, de um aprendiz passivo, disposto a aprender de forma reprodutiva o que lhe é pedido, para um aprendiz ativo e construtivo, orientado para a busca do significado do que faz, diz e pensa, se sustenta numa aprendizagem cada vez mais metacognitiva e controlada. Ou seja, nossa sociedade exige com crescente insistência aprendizes reflexivos e conscientes de sua tarefa, e não simples autômatos que reproduzam mecanicamente conhecimentos elaborados por outros. Tal consciência só será obtida com a instrução. Devem ser os professores que, tornando-se conscientes de sua tarefa, acabem por transferir seus conhecimentos e seu controle para os alunos. Não haverá alunos que reflitam sobre sua prática se os professores não tomarem previamente consciência das dificuldades de sua própria tarefa, como se verá também no Capítulo 7. E essa consciência implica compreender não só a natureza específica de cada resultado da aprendizagem, mas também a forma como tais resultados interagem entre si.

A interação entre os diferentes resultados da aprendizagem

O objeto de qualquer taxinomia é diferenciar, da forma mais clara possível, os distintos elementos que coexistem num sistema. Assim, os entomólogos ou em geral os biólogos tentam estabelecer as distintas famílias e ramos da árvore da natureza. Porém, isso não implica que esqueçam de depois juntar as peças previamente separadas e integrar cada um dos elementos identificados num sistema comum. Assim deve suceder com os resultados da aprendizagem. Sua diferenciação não deve nos impedir de perceber suas contínuas interações e sua dependência mútua. Em primeiro lugar, porque em muitos cenários reais de aprendizagem, especialmente quando se inscrevem em contextos educativos ou instrucionais, se requer dos alunos vários resultados diferentes de forma mais ou menos disfarçada. Não só interessa que os alunos aprendam os fatos e as datas mais relevantes da história, mas que compreendam por que são os mais relevantes e, além disso, consigam dominar alguns dos procedimentos mais usuais para a aprendizagem da história... ao mesmo tempo em que adquirem atitudes de interesse e curiosidade frente às narrações históricas... e de passagem, se for possível também, já que estamos nessa, alguns valores morais mais vigorosos, apoiados na "formação de um espírito nacional" (ou nacionalista, o que tanto faz). A aprendizagem quase nunca é unívoca. O que não impede que se possam analisar de modo separado os diversos resultados que se pretendem alcançar e se planejem de modo específico atividades dirigidas preferencialmente a cada um deles.

A interdependência entre resultados, todavia, é mais profunda, como tentarei demonstrar quando os analisar mais detalhadamente na Terceira Parte do livro. A aquisição de alguns resultados facilita e consolida a aprendizagem de outros. Em vez de competir, muitas vezes os diversos resultados cooperam ou se apóiam mutuamente. Assim, quanto mais informação factual temos num domínio, maior compreensão alcançamos. E vice-versa. Quem compreende o significado global de uma situação, pode recuperar com mais facilidade os elementos que a compõem. As pessoas especializadas num domínio (o xadrez, o direito canônico ou a cozinha mediterrânea) não só conhecem mais fatos desse domínio como, além disso, têm estruturas conceituais mais complexas em que integrá-los (Glaser, 1992). Outro tanto acontece com outros resultados. A Figura 4.2 é um esquema das relações entre os resultados da aprendizagem que temos identificado. Em cada uma das quatro categorias principais, haveria uma dimensão de complexidade crescente nos processos de aprendizagem envolvidos (da esquerda para a direita, na Figura 4.2), de modo que as formas mais elementares se baseariam em processos de aprendizagem fundamentalmente associativa, enquanto que as formas mais complexas iriam requerendo processos de reestruturação das aprendizagens anteriores, correspondentes usualmente aos resultados mais simples situados na parte esquerda da Figura. Embora não haja necessariamente uma conexão casual entre as formas mais simples e complexas de cada resultado da aprendizagem, muitas vezes, como se ilustrará nos capítulos correspondentes, os produtos

	Aprendizagem Associativa ←———————→ Aprendizagem Construtiva		
Comportamentais	Fatos	Comportamentos	Teorias Implícitas
Sociais	Habilidades Sociais	Atitudes	Representações Sociais
Verbais	Informação Verbal	Conceitos	Mudança Conceitual
Procedimentais	Técnicas	Estratégias	Estratégias de Aprendizagem

Implícita ↑ ↓ Explícita

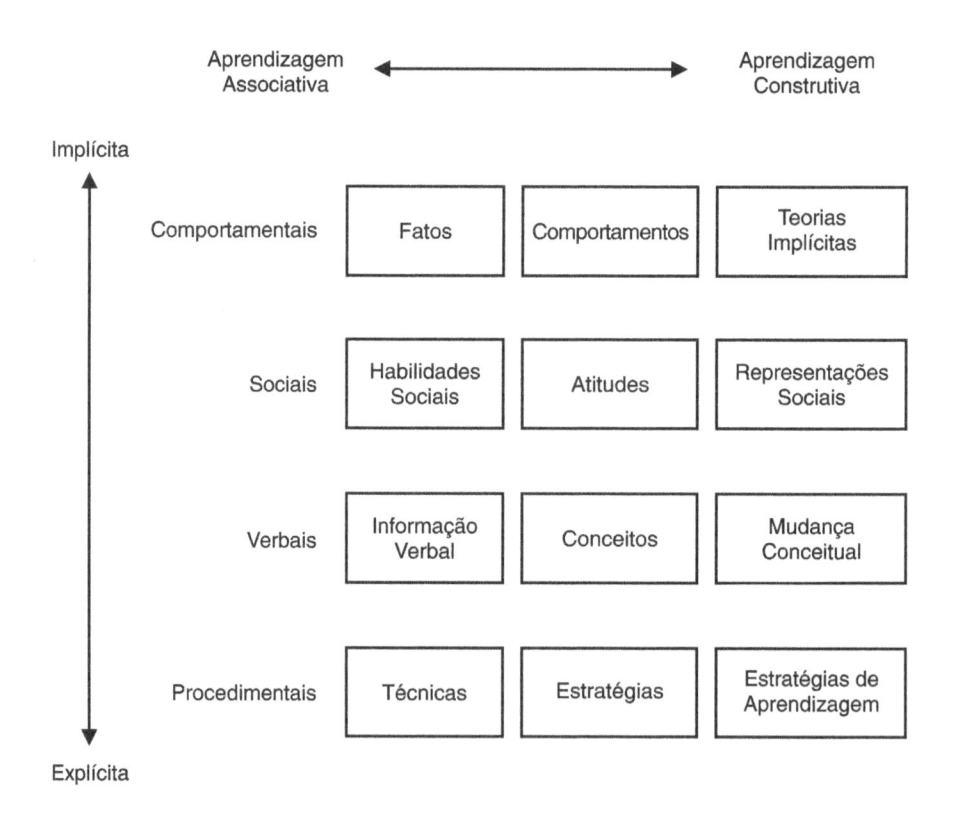

FIGURA 4.2 Todos os resultados ou conteúdos da aprendizagem descritos neste Capítulo e cuja aquisição se analisa detalhadamente na Terceira Parte do livro.

mais complexos são construídos a partir de aprendizagens anteriores mais simples. Por sua vez, as aprendizagens mais complexas reestruturam os resultados adquiridos anteriormente, dando-lhes um novo sentido, mas principalmente mudando sua natureza como conhecimento. Por exemplo, quando as aprendizagens implícitas, situadas na parte superior da Figura, como um hábito ou uma teoria implícita, são objeto de reflexão consciente, passam a ser conhecimentos explícitos, o que não só muda a natureza desse conhecimento como também a forma como é utilizado, tornando possível uma reflexão sobre os mesmos, um metaconhecimento, que, como vemos, será a base em que se apoiará sua ocasional reestruturação, como mostram na Figura 4.2 as flechas verticais.

Em último caso, a distinção entre diversos resultados, apesar dessa interdependência, se sustenta precisamente em outra interação que se produz no marco do esquema proposto: distintos resultados de aprendizagem requerem processos e condições diferentes. A análise desses resultados tão variados deve se basear na compreensão de como funciona a aprendizagem humana (processos) e como pode se fazê-la mais efetiva (condições).

OS PROCESSOS DE APRENDIZAGEM

Se existem muitos mapas distintos para que a gente se mova pela frondosa selva dos resultados da aprendizagem — e o que apresentei é apenas um dos possíveis —, é ainda mais variada a oferta de modelos para interpretar como funciona a mente humana que aprende. Quem se aproxima, incauto, da psicologia pela primeira vez, seja como aprendiz ou como um viajante perdido, se deparará ou, como assinala Richardson (1988), com uma "salada teórica" bastante indigesta, composta de muitos ingredientes diferentes mal alinhados, ou com a falsa certeza de uma teoria parcial, que se apresenta como o único mapa possível da mente humana. Na sociedade do conhecimento descentrado, a que aludi no Capítulo 1, a psicologia, situada na encruzilhada dos caminhos das ciências naturais e das ciências sociais, é uma das ciências mais descentradas, ou, se se prefere, utilizando o jargão técnico, é uma disciplina em que coexistem múltiplos paradigmas.

Alinhando a "salada teórica" da aprendizagem: do comportamentalismo à psicologia cognitiva

Durante muitos anos, a forte corrente reducionista do positivismo lógico (segundo a qual a função da ciência era uniformizar o conhecimento através de leis universais) levou à aceitação do comportamentalismo como única teoria da aprendizagem possível. No entanto, mais de quatro décadas de "glaciação comportamentalista", segundo a expressão de Simon (1972), mal provocaram avanços significativos em nossa compreensão dos processos de aprendizagem, já que o que caracterizava o comportamentalismo ortodoxo era precisamente negar a relevância (a eficácia causal) desses processos intermediários entre as condições (o ambiente que estimula) e os resultados da aprendizagem (as respostas). Para o comportamentalismo, fiel a uma concepção empirista do conhecimento e a uma idéia associativa da aprendizagem (como foram descritas no Capítulo 2), o comportamento de um organismo — fosse um rato, um chimpanzé, um poeta lírico ou um caixeiro-viajante — podia se reduzir sempre às condições (associações de estímulo e resposta) em que havia se gerado esse comportamento. Embora os processos existissem, e de fato a memória, a atenção e a consciência sempre existiram, eram uma conseqüência do comportamento, e não sua causa, daí que não tinham relevância científica (Skinner, 1978).

A própria evolução do comportamentalismo, seu esforço para abarcar áreas cada vez mais remotas e complexas do comportamento humano, junto com o forte impacto produzido nos anos 50 e 60 pelas novas ciências e tecnologias da comunicação, dedicadas à representação e manipulação do conhecimento, abriram passagem para uma crise no comportamentalismo como teoria *total* da aprendizagem, que, se diz, foi substituído pelo novo paradigma cognitivo (tal evolução pode ser lida, entre outros, em Caparrós, 1980; Gardner, 1985, De Vega, 1984, ou num tom mais pessoal, autobiográfico, em Bruner, 1983).

O comportamentalismo perdeu pouco a pouco sua couraça reducionista e sua rejeição ao estudo dos processos, mas conservou sua raiz associacionista, até acabar se diluindo em diversas formas de "associacionismo cognitivo" (Pozo, 1989), como a aprendizagem cognitiva animal (agora resulta que também os ratos e as pombas têm memória e não apenas comportamentos observáveis) ou o processamento humano da informação. A "explosão" cognitiva que se produziu na psicologia, paralela à explosão informativa em nossa sociedade como conseqüência do uso generalizado das tecnologias "cognitivas" da informação, longe de trazer consigo uma teoria unitária, um único mapa, supôs uma multiplicação das alternativas teóricas sobre o funcionamento da mente humana. A psicologia cognitiva, em vez de ser uma teoria compacta, é antes um enfoque, uma forma de se aproximar do comportamento e do conhecimento humanos, através das representações que a mente humana gera e dos processos mediante os quais as transforma ou manipula. Realmente, a partir dessa idéia comum, existem muitas teorias diferentes na psicologia cognitiva (por exemplo, Rivière, 1987) e mais concretamente muitas teorias cognitivas da aprendizagem diferentes (Pozo, 1989). Não vou submeter ao leitor a tarefa um tanto pesada de analisar em detalhe umas e outras. Proponho-me antes proporcionar a esse aprendiz ou viajante perdido uma visão integradora dos processos de aprendizagem e não tanto analisar a compatibilidade entre os diversos ingredientes que compõem a salada teórica da psicologia da aprendizagem.

Os diferentes níveis de análise da aprendizagem

Uma maneira de entender as diversas alternativas teóricas, e de integrá-las num mapa comum, é assumir que no enfoque cognitivo existem diferentes níveis de análise, que podem ser não só diferenciados mas integrados. A mente humana seria um sistema complexo (Morin, 1990; García, 1995) que poderia ser analisado desde diferentes níveis ou planos de complexidade, cada um deles com propriedades emergentes a partir dos anteriores. Concretamente nos desenvolvimentos recentes da psicologia cognitiva e, de modo mais específico, no estudo da aprendizagem, podemos identificar quatro planos distintos:

1) *A conexão entre unidades de informação*. Nossa mente está "instalada" num sistema nervoso com certas qualidades funcionais. Nosso cérebro é composto por redes de neurônios, que se ativariam ou não dependendo da estimu-

lação recebida. A aprendizagem implicaria adquirir novas pautas de ativação conjunta ou *conexão* dessas unidades neuroniais, formando redes. O conhecimento estaria distribuído entre essas múltiplas unidades ativadas simultaneamente ou de modo paralelo, de forma que aprender implicaria modificar a conexão entre essas unidades, ou a organização das redes neurais. Nos modelos conexionistas de Processamento Distribuído e Paralelo (PDP), a aprendizagem é produto de certas leis ou regras qualitativas que mudam a força dessas conexões (Rumelhart, McClelland e grupo PDP, 1986; uma versão mais sintética é a de Rumelhart, 1989; e uma mais compreensível para o leitor médio é a de Bajo e Cañas, 1991, ou García Madruga, 1991).

2) *A aquisição e mudança de representações.* A conexão entre essas unidades de informação gera representações do mundo, que são as que a mente humana manipula e com as quais trabalha para executar suas tarefas. Essas representações seriam, digamos assim, algo parecido com a informação que aparece na tela do computador. Embora o que apareça na tela seja produto de certas operações ou conexões que ocorrem em um nível mais elementar, nesse caso no suporte eletrônico, podemos analisar os processos de mudança estudando diretamente as representações. É um nível de análise distinto. Essas representações se conservariam e organizariam num "armazém" de memória mais ou menos permanente, regido por seus próprios processos, que junto com os próprios mecanismos de aquisição e mudança das representações e outros processos auxiliares, como a motivação, a atenção ou a recuperação do aprendido, constituiriam os processos de aprendizagem. Este nível de análise corresponde à concepção clássica do processamento de informação, que concebe o sistema cognitivo humano como um mecanismo de representação do conhecimento, que consiste numa série de memórias conectadas através de certos processos. Uma apresentação muito completa deste modelo pode ser encontrada em De Vega (1984) ou, mais recentemente, em Posner (1989).

3) *A consciência reflexiva como processo de aprendizagem.* Nossa representação de uma tarefa pode mudar porque se estabelecem novas conexões, em um nível elementar, entre unidades de informação, ou devido a mudanças na organização dinâmica de nossa memória, na motivação ou na atenção, como conseqüência da *mecânica* do sistema cognitivo. Além de constituir um elaborado mecanismo, o sistema cognitivo humano é parte de um organismo, sujeito a sua própria dinâmica de mudança, capaz, entre outras coisas, de ter acesso, por processos de *reflexão consciente*, a suas próprias representações e modificá-las. A mente humana é capaz de autocomplicar-se ou modificar a si mesma, o que não acontece com outros sistemas de conhecimento exclusivamente mecânicos (Mateos, 1995; Pozo, 1989; Rivière, 1991). Esta é a posição das teorias construtivistas da aprendizagem ou teorias da reestruturação (Pozo, 1989). As teorias da aprendizagem, situadas nos níveis de análise anteriores, concebem a mente humana *somente* como um mecanismo muito complexo, em que a consciência é um "epifenômeno" ou uma conseqüência das representações, que fica assim relegada ao desvão em que os comportamentalistas guardavam, esquecidos e cobertos de poeira, todos os processos cognitivos. A partir das posições construtivistas, podemos assumir que a consciência é não apenas um estado mental, mas também um processo efetivo de aprendizagem, daí que, seja como alunos ou professo-

res, deveremos fomentar essa consciência que nos permite modificar o que sabemos e o que fazemos, quer dizer, nos autocomplicarmos (Martí, 1995; Schraw e Moshman, 1995).

4) *A construção social do conhecimento*. Nos três níveis anteriores, a aprendizagem é produto da ativação de diferentes processos que ocorrem *dentro do aprendiz*. Outras teorias, situadas em outro nível de análise, defendem, pelo contrário, que a aprendizagem é algo que se produz *entre pessoas*, como conseqüência da interação dos aprendizes entre si ou dos alunos com os professores (Coll, 1990; Coll et al., 1995). As representações não se armazenariam na mente do aprendiz, mas estariam, nesse caso, distribuídas entre pessoas — não entre unidades mais elementares de informação. O fundamental não seria a rede de neurônios, nem a representação, nem mesmo a consciência dessa representação, mas os formatos da interação social que origina as mudanças observadas em todos esses níveis. Conforme os partidários do enfoque sociocultural da aprendizagem, o conhecimento é adquirido e mudado no marco de comunidades de aprendizagem, que definem não só as metas e o sentido das tarefas como também uma consciência reflexiva das mesmas (Brown e Campione, 1994; Lacasa, 1994; Wertsch, Del Río e Álvarez, 1995).

Em cada um desses níveis de análise se desenvolveram diferentes teorias ou modelos para explicar como nós, seres humanos, aprendemos. Como adverti antes, este não é o lugar adequado para desenvolver essas diferentes teorias nem para debater em qual desses níveis deve se situar uma verdadeira teoria da aprendizagem humana. Aqui, podemos assumir de momento que a mente humana, como qualquer sistema complexo, pode ser descrita e analisada em múltiplos níveis, dependendo da finalidade da análise, sempre e quando esses diferentes níveis se articularem entre si de forma harmoniosa, alimentando-se mutuamente, uma idéia aceita pelos mais diversos autores, se bem que os níveis propostos nem sempre coincidem com os que foram apresentados aqui (E. Gagné, 1985; Mateos, 1995; Schacter, 1989; Sejnowski e Churchland, 1989; Simon e Kaplan, 1989). Como um ecossistema pode ser analisado em múltiplos níveis, desde a interação sistêmica "entre" os organismos que o compõem até a análise das mudanças internas que se produzem "dentro" de cada um desses organismos, seja em um nível mais particular, estudando as pautas de criação ou os comportamentos predatórios, ou inclusive em um nível mais elementar, estudando as mudanças na organização celular ou as variações no código genético (García, 1995), um sistema de aprendizagem admite muitas leituras ou "redescrições representacionais" (Karmiloff-Smith, 1992).

Embora muitos autores talvez não estivessem de acordo com essa articulação de níveis (Rivière, 1991, adverte contra a falta de parcimônia e as trapaças explicativas entre os níveis; Varela, 1988, como muitos outros autores, não observa propriedades emergentes de um nível para outro, daí que todos poderiam finalmente ser reduzidos a um mesmo sistema explicativo: os outros níveis seriam meras descrições desse nível primordial), nesta exposição assumirei que em cada um desses níveis o sistema de aprendizagem mostra propriedades emergentes que não podem ser reduzidas aos níveis anteriores, daí que todos esses níveis são, de uma ou de outra maneira, necessários, para um mapa multidimensional da mente humana (na Figura 4.3). No entanto, embora todos esses mapas representem algum aspecto relevante do território da aprendizagem, não podemos usá-los

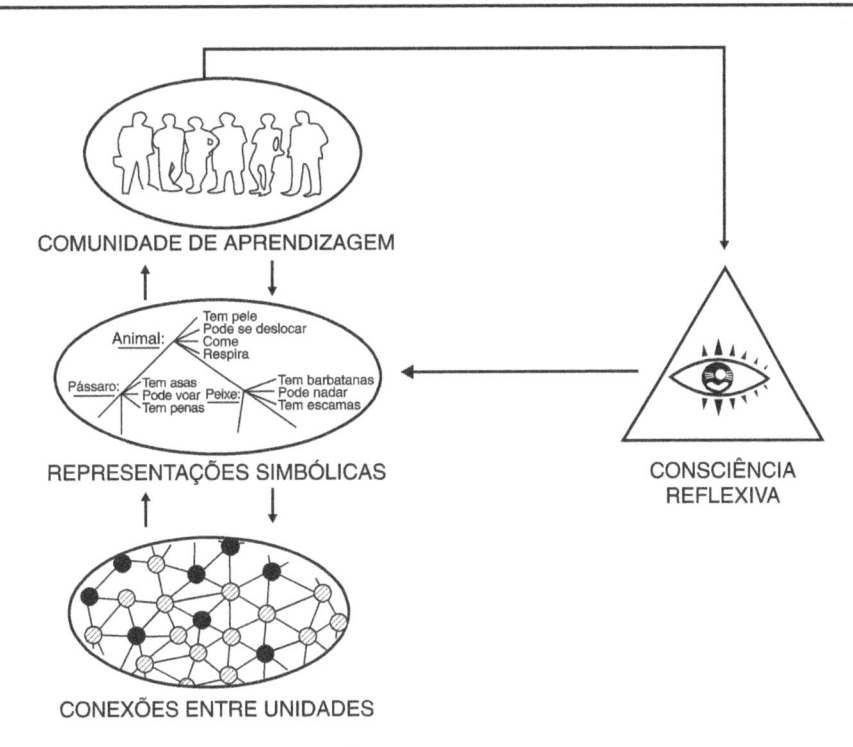

FIGURA 4.3 Níveis de análise cognitiva da aprendizagem.

todos ao mesmo tempo. Temos de escolher aquele ou aqueles que se ajustem mais a nossos propósitos e utilizar os demais como recursos auxiliares, quando quisermos, como complemento ao nosso plano de viagem principal, repousar um momento em algum canto com especial encanto ou desfrutar de uma percepção distinta, assomados ao alto de um campanário ou perdidos nos corredores subterrâneos do metrô.

Assim, tomarei como guia de nossa viagem os processos de aquisição e mudança das representações (segundo nível correspondente ao sistema humano de processamento da informação) junto com a função da consciência reflexiva como processo de aprendizagem (terceiro nível). Para muitos autores, as representações e a consciência delas podem se reduzir a mudanças nas conexões neuronais, correspondentes ao primeiro nível, como a estrutura de uma molécula pode ser reduzida à dos átomos que a compõem (Boden, 1991; Rumelhart, McClelland e grupo PDP, 1986; Varela, 1988). Talvez seja assim num tempo futuro, embora me permitam duvidar. O certo é que, hoje em dia, embora o conexionismo tenha revolucionado o projeto de sistemas artificiais de aprendizagem (inteligência artificial), alcançado domínios básicos da aprendizagem humana, como a formação de categoria, a aquisição de regras gramaticais ou a aprendizagem perceptiva, ainda se acha longe de dar contribuições substanciais em aprendizagens mais complexas e, naturalmente, dificilmente pode servir como guia principal para que alunos e professores compreendam melhor os processos de aprendizagem em contextos reais e consigam torná-los mais efetivos. Embora tenha aplicações em âmbitos que nos interessam (como a aprendizagem de teorias implícitas, no Capítulo 8), o estudo das conexões e das ligações entre os átomos do conhecimento, sendo muito relevante teórica e tecnologicamente, apenas permite vislumbrar soluções para os problemas de aprendizagem que nos preocupam. De fato, é um mapa excessivamente "microscópico" para nos proporcionar, hoje em dia, um guia não só para a aprendizagem humana, como também para outros processos (Simon e Kaplan, 1989). É como pretender fazer turismo em Roma com um mapa da rede de esgoto ou elétrica. Nunca encontraríamos a efervescência da Piazza Navonna, com as retorcidas figuras de Bernini iluminadas pelo reflexo da água nem o oculto encanto da fonte das tartarugas na Piazza Mattei, que, naturalmente, podemos ver porque há redes *subterrâneas* de esgoto e de eletricidade que tornam possível que seu mistério siga fluindo.

Se, para os partidários do enfoque conexionista, o estudo das representações é demasiado global, para aqueles que se situam no quarto nível de análise, o socioconstrutivismo, as representações são demasiadamente poucas. O que é preciso analisar é o processo social mediante o qual se constrói o conhecimento, mais do que os processos internos do sujeito. É preciso estudar o conhecimento "socialmente situado", já que os processos de aprendizagem se entrelaçam de tal modo com os contextos sociais em que se originam que dificilmente podem se desvincular deles (Lacasa, 1994; Lave e Wenger, 1991). Toda representação se constrói na interação social e só pode ser entendida se for analisada como uma construção social (Coll, 1990). Ao contrário do conexionismo, o enfoque sociocultural pode dar, e de fato dá, contribuições muito substantivas ao planejamento de situações instrucionais (Coll *et al.*, 1995; Coll e Mercer, 1994; Fernández Berrocal e Melero, 1995; Wertsch, Del Río e Álvarez, 1995).

No entanto, não são poucos os que duvidam de que dê contribuições específicas, realmente novas, para o estudo dos processos de aprendizagem, quer dizer, para a forma como nós, pessoas, aprendemos, para além de situar esses processos num contexto social (Delval, 1994b; Martí, 1994). A aprendizagem é um processo interno do organismo e, por mais que esteja motivada pela interação social, as representações enfim têm sua "sede" na mente individual (Rodrigo, 1994b) e mudam por processos cognitivos próprios dessa mente. O sistema cognitivo humano tem uma dinâmica própria, baseada em alguns processos de atenção, motivação, memória e esquecimento, que não podem ser reduzidos, ou ampliados, a sua dimensão social. Por mais mediação social que haja, o aprendiz deve exercer determinadas atividades ou processos mentais para mudar seu conhecimento ou adquirir novas habilidades. Os processos de aprendizagem, embora se vejam influídos ou modulados culturalmente, respondem à peculiar dinâmica do sistema cognitivo humano, ocorrem "dentro" do aprendiz (Carretero, 1993). Segundo o esquema proposto, a contribuição substantiva do enfoque sociocultural estaria vinculada mais ao planejamento de condições práticas para a aprendizagem que ao estudo dos processos mediante os quais ocorre. Informa-nos como podemos influir socialmente sobre esses processos e até certo ponto mudá-los mediante a instrução com o objetivo de facilitar o acesso à nova cultura da aprendizagem, mas o ponto de partida deve ser o próprio funcionamento da mente humana como sistema de conhecimento e aprendizagem.

A mente humana como sistema de aprendizagem

Adotada essa posição, escolhido esse mapa, o Capítulo 5 será dedicado a analisar a estrutura básica da mente humana como sistema de processamento de informação e aquisição de conhecimento. Embora as metáforas da mente humana tenham mudado com o próprio desenvolvimento da psicologia cognitiva da aprendizagem (Claxton, 1990), continua sendo útil conceber nosso sistema cognitivo como uma série de memórias interconetadas, similar em alguns aspectos a um computador. Apesar de todas as diferenças entre a mente humana e um computador, existem também algumas analogias (embora seja mais conveniente tratá-la como uma analogia fraca e não forte, segundo a distinção estabelecida por De Vega, 1984). Como o computador em que agora estou escrevendo, a mente humana dispõe de uma memória de trabalho (agora meu computador tem instalado, nessa memória de trabalho, um processador de texto e o documento que estou escrevendo) e de um depósito mais permanente de informação (o disco rígido de meu computador contém muitos outros programas e arquivos). Embora não se conheça os limites da memória humana, existem severas limitações na capacidade da memória de trabalho, que é bastante reduzida, o que restringe muito as possibilidades do funcionamento cognitivo humano (algo semelhante acontece com os computadores: embora a memória RAM, ou de trabalho, dos computares seja infinitamente mais ampla que a das pessoas, também restringe o tipo de programas que podem ser utilizados: o limite não costuma estar na capacidade de Mb do disco rígido, mas na quantidade de informação que pode estar ativa ao mesmo tempo na memória RAM, que, se se vê ultrapassada, faz com que os programas não andem ou funcionem de maneira lenta e difícil).

A aprendizagem humana, para ser eficiente, implicará um aproveitamento ótimo da capacidade limitada da memória de trabalho (Hulme e Mackenzie, 1992). Isso será conseguido mediante um bom funcionamento dos processos de aprendizagem (atenção, automatização, recuperação, etc.) descritos no Capítulo 6. Além de um melhor aproveitamento dos recursos limitados da memória de trabalho mediante o uso de processos adequados, nossa aprendizagem dependerá também da organização dinâmica de nosso depósito permanente de informação. Ao contrário da memória permanente de um computador, um sistema estático que conserva e reproduz com exatidão a informação que se introduziu previamente, se seguimos as rotas de busca adequadas, a memória humana tem um caráter mais dinâmico, ou, se se prefere, produtivo (Baddeley, 1982, 1990; também no Capítulo 5 deste livro). Não conserva tudo o que é introduzido, esquece com facilidade. Mas quando recuperamos alguma coisa desse depósito, não a recuperamos tal como entrou, mas "reconstruída". A memória humana é um sistema construtivo, interativo, não um arquivo ou um museu em que o conhecimento é armazenado e repousa à espera de que alguém um dia o recupere ou venha vê-lo. Assemelha-se mais a um jardim, em que um dia plantamos certas sementes; mas isso não basta, é preciso regá-las e alimentá-las para que cresçam, é preciso mantê-las com cuidados ativos, já que estão expostas a muitas influências externas; realmente, seu próprio crescimento afetará outras plantas e outros organismos. Cada dia que passa, o jardim muda imperceptivelmente, se agregam pequenas mudanças de que não nos damos conta, mas que alguém, que vem nos visitar de tempo em tempo, percebe, sim. Ao contrário dos mecanismos, como o computador, nós, organismos, vivemos no tempo e mudamos com ele. Heráclido de Éfeso dizia: "nada é, tudo flui". Não podemos nos banhar duas vezes no mesmo rio, não só porque as águas já não são as mesmas, como porque nossa memória, nosso conhecimento, também flui.

A forma como flui nossa memória, como sistema construtivo em vez de reprodutivo, vai afetar seriamente nossa forma de aprender. Os processos de *aqui-*

sição — ou aprendizagem propriamente dita — consistem em incorporar novas representações à memória permanente ou mudar as que já temos. A aquisição requer distintos processos mentais, desde a repetição cega ou a assimilação de nova informação a representações já presentes na memória até os processos radicais de reestruturação. Em geral, os processos de aquisição serão mais eficazes quanto maior e mais significativa for a relação que se estabelece entre a nova informação que chega ao sistema e os conhecimentos que já estavam representados na memória. Quanto mais organizado, ou menos isolado, se adquire um resultado da aprendizagem, maior será sua duração e possibilidade de transferência e mais eficaz resultará essa aprendizagem, como se verá no Capítulo 7, contrapondo os processos de aprendizagem associativos e construtivos com o fim de observar, segundo se colocava no final do Capítulo 2, sua necessidade mútua.

A natureza do sistema cognitivo humano faz com que a aprendizagem dependa do bom funcionamento de certos processos que otimizam ou minimizam a eficiência dos processos de aprendizagem em si, incrementando as possibilidades de se conseguir mudanças que durem e se generalizem o mais possível. Dentre esses *processos auxiliares da aprendizagem*, no Capítulo 7 se analisarão, em detalhes, os seguintes:

1) A *motivação*. Visto que a maior parte das aprendizagens, em especial as explícitas, requer uma prática contínua, que por sua vez demanda um esforço, o aluno deve ter algum motivo para se esforçar para aprender inglês, compreender as causas da Revolução Francesa ou diferenciar um ácido de uma base. Do contrário, se não há motivos para aprender, a aprendizagem será bastante improvável. A falta de motivação costuma ser uma das causas primeiras da deterioração da aprendizagem, principalmente em situações de educação formal, por isso é importante conhecer as condições que favorecem o processo de motivação de alunos e professores.

2) A *atenção*. Dada a capacidade limitada de nossa memória de trabalho, é importante distribuir bem os escassos recursos disponíveis e evitar que se esgotem ou se distraiam em outras tarefas alheias ao objetivo da aprendizagem. É preciso selecionar e destacar bem a informação que o aluno deve considerar, mas também é preciso haver gestão ou controle eficaz dos recursos cognitivos disponíveis, conseguindo que certas tarefas deixem de consumir atenção, por processos de automatização, e incrementando a capacidade funcional da memória de trabalho.

3) A *recuperação e a transferência* das representações presentes na memória, como conseqüência das aprendizagens anteriores. Se aprendemos um comportamento novo (a defesa siciliana em xadrez ou a gratinar canelones) e depois não conseguimos recuperá-la no momento adequado, nossa aprendizagem terá sido pouco eficaz. É preciso planejar as situações de aprendizagem tendo em mente como, onde e quando o aluno deve recuperar o que aprendeu, já que a recuperação será mais fácil quanto mais se pareçam ambas as situações. Se a recuperação do aprendido é difícil, os resultados adquiridos serão menos duradouros, já que, em geral, quanto menos se recupera uma aprendizagem menos provável é que se torne a recuperar no futuro. As aprendizagens que não se usam tendem a ser esquecidas mais facilmente. Igualmente, a transferência do aprendido para novas situações aumentará a freqüência com que podemos recuperá-lo, e é um bom antídoto contra o esquecimento. Quando um resultado da aprendizagem (por exem-

plo, o sistema sexagesimal para a medida de ângulos ou a conjugação dos verbos regulares franceses) é adquirido para ser recuperado num só tipo de situação ou contexto (o exame da próxima quarta-feira) o mais provável é que só seja recuperado nesse contexto ou formato. Quando aprendemos a utilizar um mesmo conhecimento ou habilidade em diversas situações, aumentam as probabilidades de transferi-lo para novos contextos. Quanto mais forem mobilizados os resultados de uma aprendizagem, mais fácil será transferi-los. Mas também quanto mais compreendermos o que fazemos, quanto mais consciência tenhamos de nossos conhecimentos, mais provável será que recorramos a eles em novas situações, já que seremos capazes de relacioná-los com muitas outras situações.

4) *A consciência* e o controle dos próprios mecanismos de aprendizagem constituem um processo transversal aos anteriores. A motivação, a atenção, a aquisição, a recuperação ou a transferência podem funcionar no aluno de modo mecânico, implícito, sem controle externo, mas também podem ser administrados ou controlados pelo professor, ao impor certas condições para as situações de aprendizagem, o que sem dúvida incrementará sua eficácia. O ideal é fazer com que seja o próprio aluno quem, de maneira progressiva, acabe exercendo o controle de seus próprios processos, utilizando-os de forma estratégica, mediante uma tomada de consciência dos resultados que espera de sua aprendizagem, dos processos mediante os quais pode alcançá-los e das condições mais adequadas para pôr em marcha esses processos.

O esquema da Figura 4.1, que abria este capítulo, não só resume uma forma de entender a aprendizagem, como deveria ser também um resultado duradouro e transferível da aprendizagem para os que lerem este livro, já que pertence à categoria dos estudados no Capítulo 11, como uma estratégia de organização da informação. Deveria promover a tomada de consciência da aprendizagem. Mas isso dependerá não só da motivação, atenção, etc., desenvolvidas nos alunos e professores que lerem este livro, como muito especialmente das condições impostas pelo próprio livro como material de aprendizagem, da forma como estão organizados seus conteúdos e do tipo de prática que sugere e a forma como se distribui (por exemplo, se o leitor deposita agora o livro sobre a mesa ou o deixa repousar durante um tempo, digamos até amanhã, momento em que repassa suas notas e sublinhados e continua a leitura a partir deste ponto, aprenderá provavelmente mais do que se, por paixão, oxalá, ou por algum outro impulso compulsivo ou obrigação, se sente impelido a lê-lo sem pausa nem trégua).

AS CONDIÇÕES DA APRENDIZAGEM

Uma melhor compreensão dos resultados e processos de aprendizagem apenas aliviará os problemas que sofrem alunos e professores se não modificar as condições em que se produz essa aprendizagem, quer dizer, o tipo de prática que ocorre para aprender. Como ilustrava a Figura 4.1, a análise teórica deve ser feita de cima para baixo, dos resultados para os processos e destes para as condições, mas a intervenção segue a via oposta: realmente, os professores só podem intervir sobre as condições em que os alunos aplicam seus processos, incrementando indiretamente as probabilidades de que estejam motivados, prestem atenção, adquiram, recuperem, etc., mas, feliz ou infelizmente, não podem incidir diretamente nesses mesmos processos (o professor pode incentivar a motivação, a atenção e a recuperação de um conhecimento, mas não pode motivar nem estar atento nem recuperar por eles).

Os efeitos da prática

No esquema apresentado, as condições da aprendizagem se referem às atividades práticas de aprendizagem e instrução. Alguns autores (Ausubel, Novak e Hanesian, 1978; R. Gagné, 1985; Reigeluth, 1983) diferenciam entre condições externas ao aluno (a quantidade e a organização do material de aprendizagem) e condições internas (motivação, conhecimentos prévios, etc.). Em nossa análise, as condições ficam restritas ao componente externo, já que o interno se vincularia aos processos de aprendizagem. As condições são o que podemos manipular e fazer variar, independentemente das características e necessidades do aluno. Idealmente, as condições de aprendizagem devem se subordinar aos processos e resultados, com o objetivo de mobilizá-los mais eficazmente. Em muitas situações de aprendizagem tal relação de dependência não ocorre, daí que inevitavelmente aparecem dificuldades de aprendizagem. Se as condições vão por um lado e os processos por outro, os resultados serão escassos.

Um bom projeto instrucional é aquele que aproxima os diversos componentes da aprendizagem em vez de distanciar uns de outros ou deixar que funcione cada um por sua conta. No entanto, muitas aprendizagens não necessitam nem mesmo um projeto instrucional, acontecem de maneira incidental ou implícita. Umas mínimas condições de aproximação entre dois estímulos (um cachorro latindo e se aproximando ameaçador, um elevador que pára entre dois andares com a gente dentro) podem produzir uma aprendizagem emocional, muito difícil de modificar ou desaprender. Muitas aprendizagens simples são adquiridas com algumas condições mínimas. E inclusive se alcançam algumas aprendizagens complexas (aquisição da linguagem, formação de teorias implícitas e representações sociais) sem uma planificação deliberada de condições de aprendizagem, quer dizer, sem instrução, embora requeiram quantidades massivas de prática que costuma passar desapercebida, ao carecer de uma organização explícita. Inclusive, às vezes, a prática instrucional provoca aprendizagens implícitas, indesejadas ou ao menos não-programadas (muitas atitudes sobre a aprendizagem são adquiridas em contextos escolares de um modo implícito, por exposição a modelos e programas de reforço não-explicitados).

Vemos, portanto, que há todo tipo de combinações nas relações entre condições e resultados da aprendizagem. No Capítulo 3 já disse que existem aprendizagens sem instrução, mas também instrução sem aprendizagem, ao que posso acrescentar que também há situações de instrução que produzem outras aprendizagens distintas das buscadas, as quais, em troca, olhe você por onde olhar, muitas vezes não são aprendidas. Essa variedade se deve a que distintos resultados da aprendizagem, em função dos processos em que se baseiam, exigem condições diferentes. Não há um só tipo de prática eficaz para todas as aprendizagens. Muitos professores, com vontade de melhorar sua prática docente ou instrucional, se lançam na busca de uma "alternativa didática", o Santo Graal da aprendizagem, um método que assegure que seus alunos aprendam o que é devido. Eu não acho que exista tal tesouro oculto. Há, antes, muitos tipos diferentes de prática, cujo êxito dependerá das metas da aprendizagem e dos processos que os alunos possam pôr em marcha.

Entre as variáveis mais importantes que podem se considerar ao estabelecer as condições da aprendizagem, desenvolvidas no Capítulo 12, estariam *a quantidade de prática e sua distribuição temporal*. Quanto mais praticamos algo, mais provável será que o aprendamos. A quantidade de prática é uma variável fundamental de qualquer aprendizagem. Muitos processos de instrução fracassam porque não asseguram ao aluno a prática necessária, especialmente quando está envolvido algum tipo de aprendizagem procedimental, que costuma requerer enormes quantidades de prática para alcançar um nível de perícia (Ericsson e Smith, 1991). A aprendizagem de fatos ou de comportamentos pode, em troca, ser conseguida com alguns poucos ensaios. Dependendo do resultado da aprendizagem, a quantidade de prática necessária irá variar. Em geral os resultados mais complexos requerem mais quantidade prática do que os mais simples (por exemplo, compreender requer mais prática do que repetir uma informação). Além disso, outra variável relevante é como se distribui essa quantidade de prática. Em geral, a prática distribuída, separando mais as sessões de aprendizagem, é mais eficaz do que a prática intensiva, concentrada no tempo (Baddeley, 1990). No entanto, em muitas situações de instrução se favorece a intensidade da prática em detrimento de sua distribuição (alunos estudando compulsivamente antes do exame, professores proporcionando exercícios intensivos de "regra de três" para os alunos antes de passar para outros temas, nos quais não voltarão a exercitar esses conhecimentos).

Porém, a aprendizagem não se vê afetada apenas pela quantidade como, principalmente, pelo *tipo de prática*. Embora se possa estabelecer várias dimensões para analisar a natureza qualitativa da prática, a mais importante, sem dúvida, é o tipo de processos de aprendizagem que ativa. Uma prática *repetitiva* fomenta uma aprendizagem reprodutiva, associativa, enquanto que uma prática *reflexiva*, em que o aluno deve compreender o que está fazendo, fomentará uma aprendizagem mais construtiva ou significativa (Glaser, 1992). No capítulo anterior, já víamos que uma prática baseada em situações abertas, em *problemas* autênticos, que requerem do aluno uma reflexão e uma compreensão que fundamentem suas decisões conduz quase sempre a uma aprendizagem mais fácil de generalizar que uma prática baseada em situações fechadas, em *exercícios* que só implicam aplicar rotineiramente aprendizagens anteriores sem compreender como nem por quê (Pérez Echeverría e Pozo, 1994).

Junto a esses elementos relativos à organização das tarefas práticas de aprendizagem, nas situações de instrução há um componente essencial, o caráter social, cultural de toda atividade de aprendizagem, que costuma implicar uma interação entre os participantes, alunos e professores, que é algo mais que uma variável da prática e que, por seu significado qualitativo, merece um tratamento diferenciado (no segundo item do Capítulo 12).

A aprendizagem como atividade social

A investigação recente mostrou que, quando a organização social da aprendizagem favorece a interação e a *cooperação entre os alunos* para fixar metas conjuntas e buscar em comum meios para alcançá-las, os resultados costumam ser melhores do que quando as tarefas se organizam de modo individual, quando cada aluno encara as tarefas sozinho, competindo, de modo explícito ou implícito, com os outros colegas. Cooperar para aprender costuma melhorar a orientação social dos alunos, além de favorecer a aprendizagem construtiva, a reflexão e a tomada de consciência sobre a própria aprendizagem (Brown e Palincsar, 1989; Coll e Colomina, 1990; Fernández Berrocal e Melero, 1995). Embora haja diversas variáveis que afetam o maior ou menor êxito dessa cooperação, transformar a aprendizagem numa empresa comum, compartilhada, costuma ser mais eficaz porque promove não apenas a generalização de conflitos cognitivos entre os alunos, um requisito necessário para muitas formas de aprendizagem construtiva, como se verá no Capítulo 6, como também o apoio mútuo, a ajuda de uns e outros para avançar (Coll e Colomina, 1990; Lacasa, 1994).

O tipo de interação fomentado entre os alunos pelos professores condiciona também a tarefa que o professor deve desempenhar nas atividades de aprendizagem. A *função profissional dos professores* foi se complicando e multiplicando à medida que se complicava e multiplicava a cultura da aprendizagem (Capítulo 1). Hoje há muitos tipos distintos de professores trabalhando em situações muito diferentes, desde o instrutor de auto-escola ou o monitor de natação ou *gym-jazz*, até Karlos Arquiñano, que instrui deleitando e seduzindo através da tela da televisão, embora os professores mais freqüentes e mais conscientes da complexidade de sua atividade profissional continuem vinculados ao sistema educativo em seus diversos níveis. Além de haver muitos professores exercendo tarefas diferentes, cada vez mais, principalmente nesse sistema educativo com metas cada vez mais globais, todo professor tem de exercer muitas tarefas diferentes, tem de assumir vários personagens, num complicado exercício de multiplicação profissional. Sem ser exaustivo se fala, no Capítulo 12:

a) Do professor *provedor*, que proporciona aos alunos informação, fatos e dados, mas que também dá instruções ou administra prêmios e castigos. É o professor que tem as repostas de que o aluno necessita.
b) Do professor *modelo*, que ilustra modos de comportamento, atitudes ou habilidades motoras, através de seu comportamento, atitudes ou habilidades. É o espelho em que os alunos olham para saber o que têm de fazer. Com muita freqüência, é um papel mais implícito que explícito.
c) Do professor *treinador*, que fixa em detalhe o que os alunos devem fazer, quando, como e quanto, como um médico com seus pacientes. Fixa o tratamento e o aluno deve se limitar a cumpri-lo custe o que custar. É um papel complementar ao de provedor. Pode se prover informação sem treinar em seu uso, mas não o contrário.
d) Do professor *tutor* ou guia, que deixa que os alunos assumam parte da responsabilidade de sua aprendizagem, mas depois que lhes fixou bem as metas e os meios para alcançá-los. O tutor diz o que é preciso fazer e como, mas deixa que os alunos organizem sua própria prática, que ele acompanha e regula. Pergunta aos alunos em vez de lhes dar respostas.
e) O professor *assessor* ou diretor de pesquisa, que deixa que os alunos fixem seus próprios objetivos concretos e planejem sua própria aprendizagem, a partir de um marco geral previamente estabelecido.

Esses diferentes papéis, esses cinco personagens em busca de um professor que os assuma, respondem a necessidades de aprendizagem distintas, em função da idade dos alunos, das metas da instrução e das condições sociais e institucionais em que esta se produza. Como pode se ver, existe um processo gradual de cessão de responsabilidade ou autonomia aos alunos, daí que os últimos papéis serão mais adequados em situações de formação mais aberta (por exemplo, formação de formadores, de diretores ou inclusive formação científica na educação obrigatória), enquanto que os primeiros predominarão em contextos de treinamento muito diretivos, nos quais existam metas muito específicas que devam ser alcançadas (domínio do inglês comercial para representantes de seguros, manejo de um processador de textos, treinamento em técnicas de cálculo probabilístico na educação obrigatória).

Esses múltiplos personagens que se escondem, muitas vezes de forma implícita, dentro de cada professor, para um bom e equilibrado desenvolvimento requerem não só técnicas concretas de intervenção (que serão apresentadas ocasionalmente ao longo dos capítulos que compõem as partes Segunda e Terceira) como alguns princípios que guiem esse magistério, de forma que a multiplicidade de personagens não derive num lance esquizofrênico que confunda, ainda mais, os alunos. Esses princípios para a organização eficaz dessa prática se condensam no Capítulo 13 (e último) nos dez mandamentos da aprendizagem, contra os quais todos nós, alunos e professores, pecamos diariamente e uma de cujas penitências é possivelmente a leitura deste livro, que, como exercício expiatório, propõe agora aprofundar a análise dos processos da aprendizagem humana, já que sem uma compreensão global de como funciona a mente humana é difícil compreender por que às vezes aprender é tão difícil e custoso e outras, em troca, é tão fácil e favorável que aprendemos inclusive o que não queremos aprender.

SEGUNDA PARTE

Os Processos de Aprendizagem

5

A Estrutura do Sistema Cognitivo

É preciso ter começado a perder a memória, mesmo que seja só aos pedaços, para se dar conta de que a memória é o que constitui toda nossa vida. Uma vida sem memória não seria vida, como uma inteligência sem possibilidade de se expressar não seria inteligência. Nossa memória é nossa coerência, nossa razão, nossa ação, nosso sentimento. Sem ela não somos nada... A memória, indispensável e portentosa, é também frágil e vulnerável. Não está ameaçada apenas pelo esquecimento, seu velho inimigo, mas também pelas falsas lembranças que a invadem dia após dia... A memória é invadida continuamente pela imaginação e o sonho e, já que existe a tentação de acreditar na realidade do imaginário, acabamos por fazer uma verdade de nossa mentira. O que, por outro lado, tem uma importância apenas relativa, já que uma é tão vital e pessoal quanto a outra.

LUIS BUÑUEL, Meu último suspiro

Locke, no século XVII, postulou (e reprovou) um idioma impossível em que cada coisa individual, cada pedra, cada pássaro e cada ramo tivesse um nome próprio; Funes projetou uma vez um idioma análogo. Mas o abandonou por lhe parecer demasiado geral, demasiado ambíguo. Realmente, Funes não só lembrava cada folha de cada árvore, de cada mata, como cada uma das vezes que a tinha percebido ou imaginado. Resolveu reduzir cada uma de suas jornadas pretéritas a umas sessenta mil lembranças, que em seguida definiria por cifras. Dissuadiram-no duas considerações: a consciência de que a tarefa era interminável, a consciência de que era inútil. Pensou que na hora da morte ainda não teria acabado de classificar todas as lembranças de sua infância.

JORGE LUIS BORGES, Funes, o memorioso

A REPRESENTAÇÃO DO CONHECIMENTO: OS SISTEMAS DE MEMÓRIA

Durante muitos anos, a psicologia científica supôs que nós, os seres humanos, como o resto dos organismos, éramos espelhos da realidade, da organização dos estímulos e das respostas no ambiente, de tal forma que, para estudar o conhecimento, não era necessário imaginar nenhum tipo de estruturas intermediárias entre esses estímulos e respostas. Na era da longa "glaciação comportamentalista", os princípios de correspondência e equipotencialidade do comportamento, apresentados no Capítulo 2 e com mais detalhes em Pozo (1989), justificavam uma concepção da aprendizagem segundo a qual bastava manipular adequadamente os estímulos ambientais, os prêmios e castigos, para conseguir mudanças correspondentes no comportamento. O sistema cognitivo, a mente humana, se é que existia, era um mero reflexo da estrutura estimular do mundo:

> não necessitamos levar o estímulo ao interior do corpo, ou ver como se transforma em resposta, nem o estímulo nem a resposta nunca estão no corpo num sentido literal. Como uma forma de conhecimento, a informação pode ser tratada mais efetivamente como um repertório comportamental (Skinner, 1974, p. 134 da trad. esp.).

No entanto, o desenvolvimento das novas tecnologias da informação após a Segunda Guerra Mundial introduziu a preocupação e o interesse pelos processos mediante os quais se transmite, codifica e se recebe essa informação. O rádio, a televisão e principalmente o computador requerem estruturas e processos que transformem o sinal informativo recebido em representações inteligíveis. Algo parecido deve acontecer na mente humana. O comportamento não pode ser um reflexo direto dos estímulos, mas da forma como se processam e transformam. Apesar do desdém com que o comportamentalismo recebe o novo enfoque cognitivo (segundo Skinner, 1974, p. 134 da trad. esp.),

> a prática externa de armazenar e em seguida buscar é utilizada metaforicamente para representar o suposto processo mental de armazenamento e recuperação da informação... A teoria da informação, no que se refere ao comportamento do indivíduo, é simplesmente uma versão aperfeiçoada da teoria da cópia,

a que aludimos ao analisar a concepção empirista no Capítulo 2, acaba por se impor a idéia de que são as representações do mundo, e não o mundo si, que determinam o comportamento.

Esse interesse pelas representações e pela forma como os sistemas de conhecimento as adquirem, armazenam e recuperam supôs curiosamente um retorno à cultura da memória, mas num sentido bem diferente do tradicional. No Capítulo 1, víamos como a memória serviu tradicionalmente como arquivo cultural, dando prioridade à lembrança literal, à reprodução exata desse acervo cultural, e como essa função social da memória se degradou pouco a pouco à medida que apareciam novos suportes da informação, mais fiéis e menos perecíveis, em especial a imprensa.

Na nova sociedade da informação e da representação, a memória ressurge como uma forma de reconstruir ou imaginar o mundo mais do que registrá-lo ou reproduzi-lo. Embora ainda haja em nossa cultura da aprendizagem vestígios abundantes daquela concepção tradicional da memória (dizemos de forma improcedente "memorizar" ou "aprender de memória" como sinônimos de falta de compreensão), na psicologia e cada vez mais na cultura, está se impondo uma forma mais construtiva de entender a memória. Como pensa Luis Buñuel, na citação anterior, tomada de suas *memórias*, sem memória não somos nada. Realmente, boa parte da literatura do século XX, desde Proust a Nabokov, de Julio Llamazares a Antonio Muñoz Molina, se apóia na percepção de que não somos mais do que memória, e de que cada vez que tentamos evocá-la a estamos renovando e inventando um pouco. Conhecer é sempre lembrar, mas não o que fomos ou soubemos e sim o que somos e sabemos agora.

Uma convicção similar guiou, nas últimas décadas, a investigação psicológica sobre o sistema cognitivo humano. Se queremos compreender não só como aprendemos, mas também como percebemos o mundo, nos emocionamos ou compreendemos uma frase como essa, devemos aceitar que nós, pessoas, somos dotados de — na realidade consistimos em — vários sistemas de memória interconectados. Ainda que esses sistemas de memória guardem uma certa analogia com o funcionamento de outros sistemas artificiais de conhecimento, como vimos no Capítulo 4, o certo é que a mente humana é o sistema de representação mais completo, complexo e versátil que conhecemos. Ainda que se possa programar um computador capaz de superar-nos em múltiplas tarefas (as máquinas de jogar xadrez já derrotaram a imensa maioria de seus potenciais rivais humanos) é difícil imaginar que algum outro sistema chegue a emular as características essenciais do comportamento e do conhecimento humanos, apresentados na Figura 5.1, e que, segundo Newell, Rosenbloom e Laird (1989), deve explicar qualquer modelo ou "arquitetura" da mente humana que, a estas alturas, queira ser crível. Como se observará, muitos desses traços refletem a diversidade de resultados da aprendizagem humana apresentados no capítulo anterior.

---

1. Comportar-se de modo flexível em função do treinamento.
2. Exibir comportamento adaptativo (racional, orientado para metas).
3. Operar em tempo real.
4. Operar em ambientes ricos, complexos e detalhados:
   a) Perceber uma imensa quantidade de detalhes cambiantes.
   b) Usar grandes quantidades de conhecimentos.
   c) Controlar um sistema motor com muitos graus de liberdade.
5. Usar símbolos e abstrações.
6. Usar linguagens, tanto naturais como artificiais.
7. Aprender com o ambiente e com a experiência.
8. Adquirir capacidades através do desenvolvimento.
9. Viver de modo autônomo em uma comunidade social.
10. Exibir autoconsciência e um significado do *eu*.

FIGURA 5.1 Alguns dos êxitos fundamentais que a aprendizagem humana torna possível, segundo Newell, Rosenbloom e Laird (1989).

A análise da mente humana como sistema de conhecimento e aprendizagem pode ser feita, como abordei em outro ponto do capítulo anterior, em vários níveis de descrição ou explicação diferentes. Haveria um primeiro nível fisiológico em que poderiam se analisar as estruturas cerebrais que sustentam a memória e a aprendizagem (Sejnowski e Churchland, 1989). Todas as mudanças em nosso conhecimento são, no final das contas, processos bioquímicos. Isso, porém, não quer dizer que nosso comportamento seja causado ou determinado em um nível bioquímico (como acontece com as mudanças na memória de meu computador; por exemplo, estas linhas que escrevo são registradas num circuito eletrônico, sem que, por isso, devamos supor que as idéias que expresso tenham uma origem eletrônica). Embora a química possa influir em nossa aprendizagem, e realmente o faz, há um nível cognitivo, em que podemos analisar os processos psicológicos mediante os quais mudam nossas representações. Por sua vez, esse nível cognitivo pode se subdividir em outros níveis de análise diferentes, aos quais já aludi no capítulo anterior. Cada um desses níveis ofereceria um mapa, mais ou menos detalhado, da estrutura cognitiva humana, desde as redes neurais aos sistemas de memória, e desses à consciência e à interação social. Sem desdenhar outras possíveis análises e sem reiterar a justificação apresentada em seu momento, o nível adequado aqui é o da aquisição e recuperação de representações na memória, que costuma ser o nível *standard* (Simon e Kaplan, 1989), a versão clássica de como funciona o sistema cognitivo humano, sem o qual outros níveis de análise são difíceis de entender. Realmente, ainda que, em certos níveis de descrição, o modelo representacional da mente, também chamado simbólico, já que essas representações são construídas por símbolos (Rivière, 1991; Simon e Kaplan, 1989), possa ser insuficiente ou demasiado global, se ajusta bastante bem às coordenadas que definem nosso mundo cotidiano, nosso *mesocosmos*, ao utilizar critérios de organização espacial (por exemplo, depósitos de memórias, distâncias semânticas, etc.) e temporal (memória a curto e longo prazo). Outras arquiteturas alternativas, como o conexionismo ou inclusive o socioconstrutivismo, implicam uma concepção do conhecimento distribuído no espaço e no tempo, mais própria de um gás ou de um fluido, que situa a psicologia mais próxima das idéias dinâmicas de ordem regida pelo caos e incerteza, próprias da ciência moderna (Lorenz, 1993; Rivière, 1991), mas que torna pouco provável que o leitor desprevenido as assimile com facilidade se não se esforçar em realizar uma verdadeira mudança conceitual em suas categorias de análise, seguindo os processos descritos no Capítulo 10. A concepção clássica de processamento de informação pode ser um bom ponto de partida para esse trajeto.

Segundo esta versão clássica, a "arquitetura" básica da mente humana consistiria em dois sistemas de memória interconectados, com características e funções diferentes: uma *memória de trabalho* (durante certo tempo chamada memória de curto prazo, por seu caráter transitório) e uma *memória permanente* (ou memória de longo prazo). Existiria um terceiro sistema de memória mais elementar, de caráter sensorial, cuja função estaria ligada mais à percepção e ao reconhecimento dos estímulos, pelo que não vou me deter nele aqui. O leitor interessado em transcender a limitada exposição que se segue e conhecer com todo luxo de detalhes as técnicas e os modelos teóricos mais relevantes dispõe de excelentes fontes em espanhol, como os livros de De Vega (1984), Ruiz Vargas (1994), Tudela (1985), ou de forma mais resumida e naturalmente mais amena, no livro de Baddeley (1982).

A comparação entre um computador e a mente humana, em que se sustenta boa parte da psicologia cognitiva recente, com todas suas debilidades e limitações (Mateos, 1995; Pozo, 1989; Rivière, 1991; De Vega, 1985) pode nos ajudar a entender facilmente a natureza desses dois sistemas de memória, seus traços principais e os processos mediante os quais estão conectadas. Como um computador pessoal em uso, dispomos de um "espaço de trabalho", com uma determinada capacidade, em que ativamos (ou carregamos) programas para processar ou elaborar informação que pode vir de "fora" do sistema (o teclado) ou do próprio sistema, mediante a recuperação de informação contida num depósito ou sistema de memória mais permanente. A Figura 5.2 ilustra de uma forma um tanto *naïve* este duplo sistema de memória. Vejamos em que consistem tais sistemas para ver depois como podem ser utilizados mais eficazmente.

FIGURA 5.2 Os dois sistemas da memória humana, a bancada ou memória de trabalho (MT), em que se realizam muitas das tarefas e operações intelectuais, e a Memória Permanente (MP), o banco de recursos e conhecimentos armazenados, que podemos recuperar para realizar essas tarefas (E. Gagné, 1985).

A MEMÓRIA DE TRABALHO

Há diversas versões ou teorias (como não, dirá o paciente leitor, cuja tolerância diante da incerteza deve estar já se esgotando) para interpretar o funcionamento da memória de trabalho. Quando se trata de analisar sua influência na aprendizagem, o modelo funcional da *memória de trabalho* (ou *working memory*) de Baddeley (1990) é mais adequado que a clássica concepção da *memória de curto prazo* dentro do sistema de depósitos múltiplos de Atkinson e Shiffrin (1968). Realmente, além de uma estrutura de memória, um depósito em que conservar transitoriamente a informação, a memória de trabalho pode ser considerada também como um processo funcional de distribuição de recursos, muito próximo, se não idêntico, ao que conhecemos por atenção (Baddeley, 1990). Seria a cabine de comando da qual se distribuem os recursos cognitivos, sempre limitados, da mente humana para executar as múltiplas tarefas com que se depara. Ou, se se prefere, segundo a vinheta anterior, nossa mesa de trabalho, na qual devemos dispor todas as ferramentas e materiais necessários para construir nosso conhecimento.

Um sistema de capacidade limitada

O certo é que essa mesa de trabalho é realmente pequena. A quantidade de elementos de informação que podemos manter simultaneamente ativos é muito reduzida, principalmente se a comparamos com a de um computador. Tente o leitor aprender as séries de números que se apresentam na Figura 5.3. No começo, com três ou quatro números, a tarefa é bastante simples, mas quando vamos aumentando a quantidade de números, a tarefa, além de começar a nos chatear, chega a se tornar realmente difícil, já que excede a *amplitude* de nossa memória de trabalho. Um célebre trabalho de George Miller (1956) estabeleceu que essa amplitude, nas pessoas adultas com uma memória normal, ronda os sete elementos independentes de informação. Sabe-se também que essa capacidade aumenta com a idade e o desenvolvimento cognitivo, mas o leitor, a não ser que seja surpreendentemente precoce, não deve ter demasiadas ilusões: aumenta um *item* ou elemento a cada dois anos, até alcançar o teto em torno dos 15-16 anos com esses sete famosos elementos (Pascual-Leone, 1980; Case, 1985). Atualmente, há dúvidas de que possa se estabelecer um limite absoluto para a amplitude da memória de trabalho, já que, como acontece com outras capacidades humanas, como a inteligência, tende a se pensar que essa amplitude não é um valor *urbi et orbe*, mas uma magnitude dependente do contexto e da tarefa, embora, em todo caso, continue sendo uma magnitude realmente muito limitada.

8	1	5						
3	1	8						
1	8	5	2					
8	3	7	1					
9	4	3	2	5				
2	6	3	7	4				
5	2	9	7	1	8			
1	9	5	2	8	7			
4	8	3	7	5	9	2		
5	3	7	8	1	2	6		
4	9	1	3	8	6	5	7	
5	3	1	7	9	2	6	4	
2	9	3	7	1	8	5	4	6
4	7	2	5	3	1	9	6	8
3	8	1	4	9	2	5	8	6	7
2	9	1	8	6	4	3	2	7	5
7	3	1	9	2	6	8	4	5	1	6
3	1	7	2	8	4	9	2	6	1	5

FIGURA 5.3 Tente o leitor aprender essas séries de números, lendo-as cada uma delas número por número e depois, com os olhos fechados, trate de recordar toda a série na ordem correta. Normalmente nossa amplitude de memória se esgota com as séries de seis ou sete cifras. Pode ser até que nossa paciência acabe antes.

Quando uma tarefa requer o manejo simultâneo de mais informação do que a que "cabe" na memória de trabalho, a tarefa se torna lenta e difícil. Se tentamos uma multiplicação como 23 x 14, a dificuldade da tarefa reside não em que se tenha que realizar operações complexas ou recorrer a conhecimentos que nos são estranhos, mas em que ultrapassa nossa memória de trabalho. Um simples papel e um lápis fazem com que a tarefa seja muito fácil, já que proporcionam uma *prótese* cognitiva à nossa limitada memória de trabalho (com uma calculadora é ainda mais simples). Quando uma tarefa de aprendizagem apresenta demasiada informação nova ou independente, nossa memória de trabalho se sobrecarrega, a mesa enche-se e o rendimento cai de modo alarmante, como acontecia na tarefa da Figura 5.3. Se nos presenteam com o típico relógio com mais funções do que teclas, ou temos uma aula de inglês que apresenta muitas palavras novas, cujo significado desconhecemos, que tampouco sabemos pronunciar e que além disso estão inseridas em expressões novas e incompreensíveis, cabe esperar que os resultados da aprendizagem sejam bastante pobres. A situação de aprendizagem será mais eficaz se o professor gradua ou distribui melhor a nova informação, de forma que não sature ou exceda os recursos cognitivos disponíveis dos alunos. Igualmente, os alunos podem obter um melhor resultado de sua aprendizagem se distribuem melhor seus limitados recursos, focalizando a *atenção* naqueles aspectos que resultem mais relevantes e que possam ajudá-los depois a adquirir, mais adiante, outros conhecimentos.

A limitação na capacidade da memória de trabalho é um dos traços mais característicos do sistema cognitivo humano e um dos que mais influi em nossas dificuldades de aprendizagem (Hulme e Mackenzie, 1992). A limitação na amplitude de memória (medida mediante tarefas similares à anteriormente proposta, nas quais, utilizando materiais arbitrários, sem significado, se calcula o número de elementos independentes que lembra uma pessoa, à qual se impede de "aprender" ativamente esse material exigindo-lhe que se realize simultaneamente uma tarefa distrativa) é uma variável de previsão do rendimento em muitas tarefas de aprendizagem, desde a leitura ou a aritmética, à aquisição do vocabulário ou à leitura de mapas geográficos. Realmente, segundo Baddeley (1982, 1990) a memória de trabalho está composta por três subsistemas especializados em funções distintas. Um primeiro sistema, chamado "laço articulatório", serve para processar a informação de natureza essencialmente fonológica, daí que sua interrupção, bloqueio ou sobrecarga durante a realização de tarefas como a leitura ou a aquisição de vocabulário produzirá uma considerável baixa na aprendizagem. Um divertido exemplo disso se apresenta no filme *After hours* de Martin Scorsese, quando o pobre homem está tentando chamar a polícia e cada vez que busca o número no guia e o está repetindo para discá-lo, um engraçadinho a seu lado recita números ao acaso, cujo processamento interfere na repetição fazendo com que se engane repetidamente ao discar, até o desespero. Um segundo subsistema, uma "agenda visoespacial", é especializado em processar informação de natureza espacial, estando envolvido na aprendizagem de mapas geográficos, mas também em tarefas com um alto componente de memória espacial como um projeto gráfico ou o xadrez. Se esse sistema é impedido de funcionar corretamente, mediante uma tarefa distrativa ou por sobrecarga do mesmo, o rendimento dos jogadores de xadrez decai notavelmente (Baddeley, 1990; Holding, 1985). Por último, um terceiro subsistema, o "executivo central", exerce o governo do sistema de memória, já que sua função é administrar e distribuir os recursos cognitivos disponíveis, destinando-os aos outros subsistemas ou à busca de informação relevante na memória permanente. Porque é o sistema responsável pelo controle dos recursos cognitivos, que conhecemos habitualmente como processos de *atenção*, seu bloqueio reduz notavelmente a efetividade da aprendizagem em muitas tarefas, especialmente naquelas que necessitam da compreensão (Baddeley, 1990), só possível, como se verá no próximo capítulo, mediante uma ativação seletiva de conhecimentos armazenados na memória permanente. Além da possível sobrecarga ocasional em tarefas concretas, qualquer dano permanente ou limitação adicional na capacidade da memória de trabalho, devido a uma lesão ou a uma deterioração cerebral, supõe uma baixa significativa na capacidade de aprendizagem em domínios concretos, dependendo da natureza da lesão e do subsistema da memória de trabalho afetado (Baddeleym 1990; Hulme e Mackenzie, 1992).

Por sorte, as relações entre memória de trabalho e aprendizagem não se esgotam nas restrições impostas pela memória de trabalho disponível para a capacidade de aprendizagem. São relações mais funcionais ou dinâmicas, produtos de uma interação, mais do que de uma relação unidirecional. Também a aprendizagem afeta a utilização que se faz da memória de trabalho. Uma das funções da aprendizagem humana é precisamente, como se verá mais adiante, incrementar o "espaço mental" disponível, não aumentando a capacidade estrutural da memória de trabalho (que, salvo o incremento devido ao desenvolvimento cognitivo, não pode se fazer maior: nossa mesa de trabalho não é extensível), mas sua disponibilidade funcional para tarefas concretas (utilizando melhor os escassos recursos disponíveis, organizando melhor a mesa de trabalho, tirando coisas dela, empilhando outras, etc.). A capacidade de aprendizagem é uma solução muito engenhosa que a seleção natural nos proporcionou para superar ou transcender os severos limites que nos impõem nossos exíguos recursos cognitivos. Ainda que outros sistemas cognitivos tenham uma bancada de trabalho infinitamente mais extensa que a nossa (por exemplo, as máquinas que jogam xadrez computam milhares de possibilidades a mais do que um jogador profissional) seu rendimento em tarefas concretas se vê superado ainda pela versatilidade que oferece a capacidade humana de aprendizagem (Kasparov ainda continua defendendo, com unhas e dentes, mas também com sua capacidade de aprendizagem, a "honra" da espécie humana acima da pressão e da força bruta computacional da máquina). Os limites de "espaço" na memória humana são ultrapassados por nossos processos de aprendizagem. Outro tanto acontece com os limites "temporais" da memória de trabalho.

Um sistema de duração limitada

Além de consistir num sistema de recursos (limitados) de processamento, a memória de trabalho tem uma segunda prioridade ou função cognitiva: serve de depósito transitório da informação, daí que também é conhecida como *memória de curto prazo*, para diferenciá-la desse outro sistema de memória permanente, a que nos referiremos daqui a pouco. Essa informação que está sendo processada ativamente num dado momento — a que temos sobre nossa mesa de trabalho — é retida durante alguns segundos. O número de telefone que procuramos na agenda e retemos até que o disquemos, o preço do livro que vamos pagar, o nome do cliente que queremos localizar se mantêm brevemente em nossa memória. Aqui também nossa memória de trabalho difere da de um computador, que mantém fielmente a informação até que o desliguemos, ou que ocorra um "apagão" traiçoeiro, levando embora várias horas de trabalho. A memória humana sofre um "apagão" a cada dez ou vinte segundos, dependendo não só da natureza e quantidade do material de aprendizagem, como do que tenhamos feito nesse meio tempo. Se o leitor teve a amabilidade de tentar a tarefa anterior (da Figura 5.3) e em seguida continuou lendo, certamente agora não lembrará nenhuma série de números, nem a mais breve sequer. Não houve verdadeira aprendizagem, porque os resultados obtidos foram muito efêmeros.

Se quisermos evitar os fulminantes efeitos desse periódico "apagão cognitivo" e aprender realmente, teremos de fazer algo ativamente com o material de aprendizagem quando o processamos. Se o número de telefone que estamos discando está ocupado, podemos reter o número do telefone repetindo-o até que nos atendam. Se queremos conservar a informação que se acha na memória transitória do computador (por exemplo, o documento que agora estou escrevendo) devemos realizar uma operação para "salvar" essa informação e enviá-la, tal qual, para o disco rígido, com a finalidade de poder recuperá-la mais tarde.

Outro tanto acontece com a memória humana, com a diferença de que as "operações" de armazenamento são muito mais complexas, menos lineares, que pressionar três ou quatro teclas. Realmente, o trânsito da informação da memória de trabalho para a memória permanente está mediado por um conjunto de processos de *aquisição* (ou aprendizagem propriamente dita, como se verá no próximo capítulo) que podem ocupar um livro como este, ou inclusive outros mais volumosos. A essência da aprendizagem humana está aí: que seqüência de operações ou processos nosso sistema cognitivo realiza para incorporar uma informação que está sendo processada à nossa bagagem mais ou menos permanente de conhecimentos, hábitos, emoções, etc., e como podemos intervir de modo deliberado ou intencional sobre esses processos para torná-los mais eficientes, de forma que, segundo os critérios estabelecidos no Capítulo 3, o que aprendemos seja mais duradouro e se recupere com mais facilidade e flexibilidade quando nos seja útil. Praticamente tudo o que aprendemos passa por nossa memória de trabalho, mas nem tudo o que passa por nossa memória de trabalho acaba sendo aprendido de modo duradouro e transferível. Requer-se, além disso, que a informação tenha acesso a esse outro sistema de memória mais permanente. A qualidade e quantidade de aprendizagem dependerão não só dos recursos cognitivos que lhe dediquemos em nossa "mesa" de trabalho, mas principalmente da forma, mais ou menos organizada, em que a transportemos para a memória permanente.

A MEMÓRIA PERMANENTE

Ao contrário da memória de trabalho, que se define como um sistema limitado, a memória permanente é concebida como um sistema quase ilimitado em capacidade e duração. Por pouco que paremos para pensar, a quantidade de informação de todo tipo que conservamos em nossa memória é inabarcável. Necessitaríamos de toda uma vida para lembrar o que a vida nos fez aprender até agora. Somos uma imensa memória. Mas nem sempre encontramos nela o que procuramos. Ao contrário desses outros sistemas de conhecimento tão constantes e previsíveis que são os computadores, nós, pessoas, esquecemos com freqüência muito do que aprendemos ou vivemos.

Pode se pensar que sem esquecimento não haveria problemas de aprendizagem. Lembraríamos e evocaríamos tudo fielmente apenas por ter processado. Mas certamente é ao contrário, podemos aprender *porque* esquecemos, porque nossa memória permanente está organizada para cumprir uma função seletiva, que nos permite reconstruir nosso passado e nossas aprendizagens anteriores em função de nossas metas atuais, de forma que não nos percamos numa infinidade de lembranças amontoadas umas sobre as outras, como folhas mortas. Nossa memória não é só um mecanismo, é um sistema dinâmico que revive e reconstrói o que aprendemos até preenchê-lo de sentido. Como pensava tão acertadamente Luis Buñuel, não apenas esquecemos, também lembramos coisas que nunca aconteceram, produto não de nossa imaginação, mas do lento fluir da memória.

Quando recuperamos aprendizagens anteriores, costumamos distorcer a lembrança por diferentes processos (Schacter, 1989): *seleção* (lembrando apenas os aspectos essenciais, esquecendo ou deformando os restantes), *interpretação* (lembramos não o que aconteceu, mas o que acreditamos que aconteceu) e *integração* (essa aprendizagem se combina em nossa memória com outras aprendizagens anteriores e posteriores, distanciando nossa lembrança cada vez mais da situação "real" de aprendizagem). A memória humana, como Buñuel supunha muito bem, não é muito confiável, mas não só na recuperação de corpos complexos de conhecimento (quem diabos se lembra agora de todas as enigmáticas figuras adotadas caprichosamente pelos silogismos, apodíctico, erístico e demais hieróglifos?) como inclusive na lembrança de fatos concretos que vivemos intensamente. Os estudos sobre a lembrança e o depoimento de testemunhas em processos judiciais são bastante ilustrativos e inquietantes, já que mostram abundantes e sistemáticas distorções como as antes descritas (Diges e Alonso-Quecuty, 1993). Quem assistiu a um assalto ou simplesmente a um acidente de trânsito lembra o ocorrido sob a espessa névoa de seus preconceitos, emoções e crenças. Parafraseando Koffka, podemos dizer que não lembramos das coisas como foram, mas como somos nós. A criança que lembramos ter sido nunca existiu. Estamos inventando-a agora a partir de fragmentos dispersos, como Julio Llamazares, quando reconstrói em *Cenas de cinema mudo* sua infância através de um álbum de fotos antigas e vai descobrindo em cada uma delas não apenas o menino que foi como o adulto cheio de nostalgia que é agora:

> De cada fotografia, nos olham sempre os olhos de um fantasma. Às vezes, esse fantasma tem nossos próprios olhos, nosso próprio rosto, inclusive nossos próprios nomes e sobrenomes. Mas, apesar disso, nós dois somos um para o outro dois absolutos desconhecidos.

Outro tanto acontece com nossas lembranças, com o produto vivo e dinâmico de nossas aprendizagens.

Esquecer para aprender

Se a memória humana permanente tem algum limite de capacidade ou na duração do aprendido, não se sabe ainda. Isso não significa que qualquer coisa que aprendamos tenha garantia pela vida toda. Como vimos, esquecemos muito do que aprendemos. Embora muitas vezes seja frustrante (como diabos se chama o remédio que vim pegar?), embaraçoso (mas quem é este indivíduo que me cumprimenta com tanta intimidade?), desastroso (como se calcula a área de um triângulo escaleno?) ou simplesmente estúpido (o que vim fazer na cozinha?), o esquecimento também é um mecanismo adaptativo de nosso sistema cognitivo, que está vinculado ao próprio funcionamento da memória e não com possíveis limites em sua capacidade (Ruiz Vargas, 1994). A memória humana não só serve para representar e recordar o aprendido como também para esquecê-lo quando deixa de ser útil ou eficaz. O esquecimento tem um alto valor adaptativo, já que nos permite, entre outras coisas, escapar do peso esmagador de nossas lembranças ou da inútil carga de tantos e tantos conhecimentos inúteis que algum dia tivemos de aprender. Se nossa memória não fosse também um sistema projetado para o esquecimento, nos aconteceria o que acontece a Funes, o memorioso, esse personagem misterioso como todos os inventados por Borges, condenado a lembrar todos os detalhes de sua vida, o que o impedia, perdido na imediaticidade do concreto, perceber o fluir constante do mundo, seu sentido.

Como nos tangos, há muitas razões para esquecer. As teorias da memória destacam, de modo alternativo ou complementar, duas explicações principais para o esquecimento (Baddeley, 1982, 1990). Segundo um primeiro mecanismo, que podemos traduzir um tanto poeticamente pelo *desvanecimento do rastro*, o tempo simplesmente apaga os rastros de memória, como o vento varre as folhas mortas. Uma metáfora muito antiga (lembre-se a idéia empirista da aprendizagem como uma marca impressa numa tabuinha de cera, relatada no Capítulo 1) nos diz que as experiências vão deixando rastros em nossa memória e que, segundo outro conhecimento ancestral, o tempo cura tudo. Talvez não seja o transcurso do tempo, mas o que ocorre nesse tempo, o que provoca o esquecimento. Essa é a teoria da *interferência*, esquecemos porque novas aprendizagens vêm se depositar sobre as anteriores, apagando e esfumando sua lembrança. Nossa aprendizagem se vê deformada por uma interferência *pró-ativa* (ou para frente) em que toda nova aprendizagem se assimila e somente à força de aprendizagens anteriores. Quando tentamos aprender alemão ou inglês, o que fazemos a partir de nossa língua nativa, os tingimos de um inconfundível e pegajoso sotaque. Mas também há uma interferência *retroativa* (ou para trás): as novas aprendizagens modificam as anteriores, conferindo-lhes novo sentido. Um novo desengano amoroso nos faz recordar, de maneira bem distinta, nosso primeiro desamor.

Embora os dois mecanismos de esquecimento tenham um certo apoio empírico na investigação (Baddeley, 1990), a idéia da memória permanente como um sistema dinâmico, em contínuo fluir, deve nos fazer pensar o esquecimento como um produto da interação entre conhecimentos, mais próxima da teoria da interferência. Toda nova aprendizagem modifica nossa memória ao mesmo tempo em que é modificada por ela, já que, de acordo com as modernas teorias conexionistas da memória distribuída (Rumelhart, McClelland e grupo PDP, 1986), os resultados dessa aprendizagem modificam a probabilidade de ativar ou evocar outros conhecimentos anteriores, ao mesmo tempo em que se vêem modificados por sua conexão com outras unidades ativas de conhecimento. Ao final, como no tango (sem dúvida uma complexa cultura do esquecimento), podemos dizer que nada se esquece, simplesmente não somos capazes de recuperá-lo, até que um dia, um cheiro de grama recém-aparada, o sabor de uma madalena molhada no café, um gesto desenhado levemente por uma mão, acendem a chispa e ativam essa velha aprendizagem que acreditávamos perdida e na realidade se achava inerte, dormindo sobre o fundo cinza de uma rede neuronial. É a rede de conexões subjacente a nossas representações, conectada por sua vez com uma rede de indícios ou estímulos ligados às representações, o que explicaria a probabilidade de recuperar o aprendido. A lembrança — e com ela o esquecimento — é função da organização de nossas representações na memória.

A organização da memória

Nossa memória contém tanta e tão variada informação que, sem um mínimo de organização, seria impossível recuperar alguma coisa do que há nela. Os indícios ou estímulos externos nos servem como "pista" para facilitar a *recuperação* do aprendido, tornando-o mais duradouro. Ainda assim, dada a grande quantidade de resultados de aprendizagem que se armazenam nela, se queremos encontrar ou evocar uma lembrança ou um conhecimento, devemos armazenar essas aprendizagens de uma forma ordenada. A característica mais relevante de nossa memória permanente é sua organização. Boa parte das teorias psicológicas aceita tradicionalmente que nossa memória permanente tem uma organização hierárquica (De Vega, 1984). A Figura 5.4 ilustra uma típica estrutura de rede semântica organizada em vários níveis hierárquicos. Muitas teorias supõem que grande parte de nosso conhecimento sobre o mundo estaria "empacotada" em forma de conceitos, esquemas (ou representações em geral) que se encaixariam, como nessa rede semântica, de forma hierárquica, uns nos outros, em forma de árvores de conhecimento, de maneira tal que, para recuperar um conteúdo da memória, deveríamos nos mover por essas redes laboriosamente tecidas por nossa aprendizagem. O significado de um conceito dependerá de suas relações com o resto dos elementos que compõem essa "rede semântica".

Aprender num domínio de conhecimento implicaria tecer redes mais complexas e melhor organizadas. Os especialistas em um domínio organizam sua memória de forma bem diferente dos iniciantes, ao adquirir certos princípios gerais organizadores do domínio (por exemplo, as leis de Newton ou os princípios que regem o funcionamento da memória humana), situados no nível mais elevado da hierarquia, junto com muitos conhecimentos específicos, em muitos casos de detalhe, que dilatam muito os níveis inferiores da hierarquia, facilitando o reconhecimento de novos casos como situações familiares (Chi, Glaser e Farr, 1988). O jogador especialista em xadrez não só tem muita informação e conhecimento empacotado (sobre aberturas, variantes e finais), mas os tem organizados hierarquicamente sob certos princípios que estruturam e dirigem de modo estratégico seu jogo.

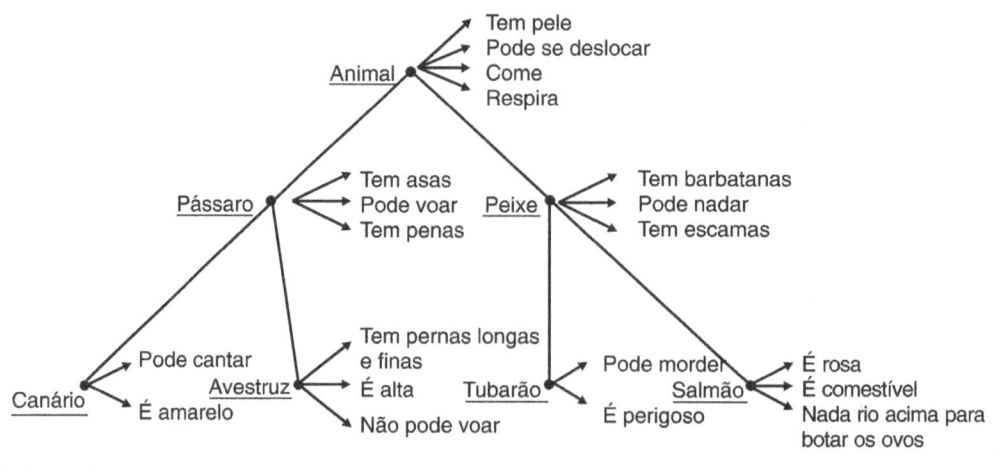

FIGURA 5.4 Exemplo de rede semântica, que organiza hierarquicamente os conhecimentos armazenados na memória permanente sobre algumas espécies animais, segundo Collins e Quillian (1969).

A organização hierárquica de alguns conteúdos da memória humana, aqueles que têm uma natureza conceitual, levou à suposição de que nossa memória está organizada como um dicionário, ou, melhor ainda, como uma biblioteca, como a que ingenuamente representa, umas páginas mais atrás, a Figura 5.2, constituída por um arquivo que organiza tematicamente todos nossos conteúdos de memória a partir de alguns indicadores ou palavras-chave fundamentais que assinalariam a rota de busca mais adequada para localizar cada conhecimento (como o índice temático que há no final deste livro). No entanto, as coisas não são tão simples. Outros resultados da aprendizagem contidos em nossa memória adotam formas de organização bem diferentes, desde a organização no tempo e no espaço das aprendizagens *episódicas* (Tulving, 1983) ou de nossa própria memória pessoal, autobiográfica (Cohen, 1989), cujos "descritores" ou índices de busca possam ser tanto emocionais como temáticos, até as mais sutis formas de organização implícita que as teorias conexionistas da aprendizagem atribuem à memória como um sistema de conhecimento distribuído (Rumelhart, McClelland e grupos PDP, 1986). Conforme estas últimas, são as conexões entre as unidades, mais do que a forma ou estrutura global, que determinam cada estado transitório de organização dentro do sistema. Esse tipo dinâmico de organização, regido pelos princípios que guiam a ativação dessas unidades, se acha mais próximo das caprichosas formas dos sistemas caóticos, ilustradas de modo brilhante por Lorenz (1993), que à organizada simetria de uma rede hierárquica. Talvez não seja muito reconfortante para o leitor pensar que sua memória tem uma organização um tanto caótica ou que a Figura 5.5 representa graficamente as relações entre vários conceitos comuns na memória humana, segundo Rumelhart *et al.* (1986). Porém, às vezes, o caos produz as mais sutis harmonias. Em todo caso, sem necessidade de submergir-se nas ondulantes águas do caos, nem adquirir uns "óculos mágicos" para perceber figuras pluridimensionais, o leitor poderá captar algumas das características dessas formas de organização implícita no Capítulo 8 ao tratar a aprendizagem das teorias implícitas, que respondem, em parte, a uma organização deste tipo (Pozo *et al.*, 1992; Rodrigo, 1993).

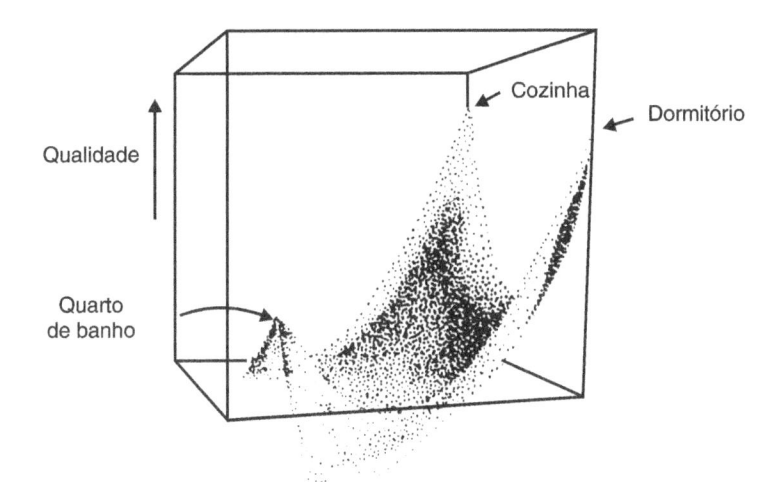

FIGURA 5.5 Paisagem representacional, em três dimensões, da "qualidade de ajuste" de algumas categorias familiares de acordo com o modelo conexionista de Rumelhart, McClelland e grupo P.D.P. (1986). Os conceitos não são representados num plano hierárquico único, estável, como o que reflete a Figura 5.4 anteriormente, mas formam estranhas figuras, que se movem, ondulam caoticamente de um plano para outro.

De qualquer maneira, embora os resultados da aprendizagem adotem em nossa memória as mais variadas formas de organização, parece claro que adquirir o conhecimento de forma organizada, como um sistema explicitamente relacionado, em vez de como unidades de informação justapostas, produz uma aprendizagem mais eficaz e uma recuperação mais freqüente e provável. A informação que aprendemos com um significado, como parte de uma organização de conhecimentos mais ampla, é lembrada melhor do que os dados que adquirimos isoladamente (nos Capítulos 10 e 11 há exemplos de aprendizagens verbais e procedimentais a que se aplica este princípio). Um processo de *aquisição* muito eficaz é relacionar uma nova informação com representações já contidas na memória em vez de adquiri-la como um elemento de informação independente.

A realização de atividades de aprendizagem com uma organização e algumas metas explícitas favorece não só a aprendizagem desses materiais mas principalmente a reorganização das próprias estruturas de memória. Ainda que boa parte de nossas aprendizagens cotidianas esteja organizada de forma implícita, a instrução deve promover a mudança desses conhecimentos prévios de natureza implícita mediante atividades planejadas deliberadamente (das quais me ocuparei na Quarta Parte, dedicada às condições) que ativem os processos adequados. Antes de detalhar, no próximo capítulo, alguns desses processos, é preciso aprofundar mais sobre a conexão entre os dois sistemas de memória descritos, como uma estratégia eficaz para promover a aprendizagem. A memória permanente pode ser um amplificador muito eficaz de nossa reduzida memória de trabalho, mas esta, por sua vez, deve ser o alto-falante através do qual ouvimos a voz de nossa memória, de nossas aprendizagens acumuladas e organizadas.

A CONEXÃO ENTRE OS DOIS SISTEMAS DE MEMÓRIA ATRAVÉS DA APRENDIZAGEM

Talvez seja surpreendente que um sistema de aprendizagem tão sofisticado e potente como o que caracteriza a espécie humana esteja "montado" sobre uma arquitetura aparentemente tão frágil. Tomados separadamente, ambos os sistemas de memória são bastante deficientes. Os recursos da memória de trabalho são tão escassos que mal nos permitem realizar, sem ajuda externa, uma multiplicação de duas cifras ou lembrar, dentro de meio minuto, o número de telefone que nos acabam de dar. E nossa memória permanente, bem, é ilimitada sim, mas está tão abarrotada e muitas vezes tão desordenada como um imenso sótão cheio de objetos empoeirados. Para completar, com freqüência não encontramos o que procuramos e, quando o encontramos, sem nos dar conta, nas trevas desse sótão nublado, levamos um outro objeto.

Não parece um sistema muito eficaz, mas, de fato, constitui um sistema de aquisição e representação de conhecimento extraordinariamente potente. A conjunção ou conexão entre as duas memórias multiplica de tal forma suas possibilidades que nos torna capazes de realizar as mais complexas tarefas e de planejar os mais eficazes sistemas "culturais" de amplificação de nossa memória limitada. Grande parte do êxito de nossa memória se deve, em termos vygotskianos, aos "mediadores" culturais (papel e lápis, quando não calculadora para multiplicar, tecnologias de registro e armazenamento da informação, etc.), que liberam boa parte de nossos recursos e nos evitam a imensa tarefa de manter um registro fiel do mundo em nossa cabeça. Na nova cultura da aprendizagem esboçada no Capítulo 1, grande parte de nosso conhecimento está no mundo (Norman, 1988) e nós o recuperamos através dos indícios adequados. As novas tecnologias liberam nossa memória das tarefas mais escravas e rotineiras, permitindo que dediquemos nossos limitados recursos a mais nobres empenhos, como diz Norman (1988, p. 238 da trad. esp.):

> Em geral, eu celebro qualquer avanço tecnológico que reduza minha necessidade de trabalho mental mas continue me oferecendo o controle e o prazer da tarefa. Assim posso exercer meus esforços mentais no fundamental da tarefa, no que devo lembrar, no objetivo da aritmética ou da música. Quero utilizar minha capacidade mental para as coisas importantes, e não para as minúcias mecânicas.

As novas tecnologias da informação, em vez de nos escravizar e nos submeter a suas ocas rotinas, como supunham alguns negros presságios e ainda acredita muita gente, multiplicam nossas possibilidades cognitivas e nos permitem o acesso a uma nova cultura da aprendizagem. Essas novas tecnologias não poderiam ser usadas e menos ainda planejadas se a mente humana não tivesse sido dotada, com a inestimável ajuda da seleção natural, de alguns processos de aprendizagem que permitem mobilizar, ativar, nossos sistemas de memória com uma eficácia realmente extraordinária. Desses processos de aprendizagem, que serão analisados no próximo capítulo, há três mecanismos básicos de conexão entre os sistemas de memória que permitem ampliar, até limites insuspeitos, a potência representacional do sistema, tornando possíveis aprendizagens tão complexas como as que se analisam na Terceira Parte do livro. Trata-se da *condensação de chunks, ou "peças" de informação* a partir de unidades mais elementares, a *automatização* de conhecimentos de forma que sua ativação apenas consuma recursos cognitivos e a atribuição de *significado* à informação mediante sua conexão com conhecimentos já existentes na memória.

Realmente, esses três mecanismos fazem parte de um mesmo processo comum de aquisição, por isso são descritos com mais detalhes no próximo capítulo. Esses três mecanismos têm em comum a utilização dos conhecimentos armazenados na memória permanente para tornar mais eficaz o processamento da informação que chega à memória de trabalho. Ao unir distintos elementos numa mesma "peça" de informação, reduz-se a demanda cognitiva da tarefa, já que a quantidade de informação que se deve atender é menor (lembre-se que a memória de trabalho só pode atender a um número limitado de elementos ou *clientes independentes* que acudam ao mesmo tempo, uma família que vai junta é, para efeito de recursos cognitivos, um só cliente). A automatização, que é também um resultado da aprendizagem repetitiva armazenado em nossa memória permanente, permite executar apenas com consumo atencional tarefas que inicialmente produziam muito gasto, liberando os recursos da memória de trabalho para fazer simultaneamente ou *de modo paralelo* outras tarefas. E, por último, a busca do significado das tarefas, mediante sua conexão com estruturas organizadas da memória permanente, nos permite selecionar e controlar de maneira mais adequada e estratégica a realização das tarefas, mas principalmente nos permite modificar, através de sua ativação na memória de trabalho, essas estruturas de memória, evitando que fiquem obsoletas ou se percam para sempre no esquecido e remoto sótão do conhecimento inerte. Dessa forma, um sistema de armazenamento e representação da informação bastante limitado, comparado aos sistemas artificiais já disponíveis, se transforma na mais perfeita e acabada máquina de aprender que se conhece e provavelmente jamais vai se conhecer. Ainda que, isso sim, continue passando seus apertos na hora de conseguir certos resultados da aprendizagem porque as condições em que se exige ativar cada um desses processos nem sempre são as adequadas. No próximo capítulo, serão analisados mais detalhadamente os processos de aprendizagem mediante os quais nosso sistema cognitivo amplifica e desenvolve suas capacidades para representar o mundo.

6

A Psicologia Cognitiva da Aprendizagem

> Havia aprendido sem esforço o inglês, o francês, o português, o latim. Suspeito, no entanto, que não era capaz de pensar. Pensar é esquecer diferenças, é generalizar, abstrair. No abarrotado mundo de Funes não havia senão detalhes, quase imediatos.
>
> JORGE LUIS BORGES, *Funes, o memorioso*

> Para defender-se havia aprendido de memória verdadeiras frotas de palavras e baterias de respostas. Tinha que estar disposto a dizer e a fazer qualquer coisa que pudesse sobrevir. Se primeiro tinha que entendê-lo, pura chatice. Se as perguntas continuavam sendo para ele uma espécie de sinal, matraqueava sem vacilar o que lhe pediam, como uma caturrita, não havia o que objetar, a resposta passava. Tinha conseguido! Um barco, definido pelos limites do mar, podia ser aprendido.
>
> STEN NADOLNY, *A descoberta da lentidão*

A INTEGRAÇÃO DE ASSOCIAÇÃO E CONSTRUÇÃO NUM SISTEMA COMPLEXO

Acabamos de ver que a aprendizagem desempenha uma função muito importante na boa engrenagem de nossos processos cognitivos, ao facilitar uma amplificação de nossa capacidade funcional de memória de trabalho. Realmente, todos os processos cognitivos, como se verá com mais detalhes no próximo capítulo, constituem um sistema em interação, em que a função dinâmica e adaptativa da aprendizagem torna possível a modificação funcional, se não estrutural, do restante dos processos. Essas funções adaptativas da aprendizagem, que fazem de nosso sistema cognitivo uma *máquina* tão potente, são alcançadas, como vimos no Capítulo 2, através de dois processos complementares: um primeiro sistema de aprendizagem associativo, compartilhado com outras muitas espécies animais e, portanto, filogeneticamente muito antigo, relevante sobretudo para a aprendizagem implícita, e um segundo sistema, que se articula sobre o anterior, de aprendizagem construtiva ou por reestruturação, especificamente humano e, portanto, mais recente filogeneticamente e necessário para as formas mais complexas da aprendizagem explícita.

Essa distinção entre duas formas de aprendizagem, uma mais repetitiva ou mecânica, e outra mais reflexiva ou consciente, está presente em múltiplas posições teóricas (resumidas em Pozo, 1989), desde a distinção entre pensamento reprodutivo e produtivo na *Gestalt* (Wertheimer, 1945) ou a distinção entre processos indutivos e dedutivos na formação de conceitos feita por Vygotsky (1934) à contraposição entre aprendizagem memorística e significativa em Ausubel, Novak e Hanesian (1978) ou os mais recentes desenvolvimentos da psicologia da instrução, que diferenciam as mudanças acumulativas na aprendizagem e nos processos de reorganização do conhecimento (Gagné e Glaser, 1987; Pozo, 1989; Vosniadou e Brewer, 1987; Voss, 1984). A Figura 2.5 (p. 50) contrapunha ambos enfoques da aprendizagem, mas assinalava desde então que devem ser entendidos como subsistemas de um mecanismo comum e complexo, em que os níveis superiores integram aos mais primitivos mas por sua vez se apóiam neles, já que, como já assinalava Pinillos (1975), estes costumam funcionar com menos custo e de modo mais eficiente em condições adversas (por exemplo, escassez de recursos cognitivos, ausência de motivação, ausência de conhecimentos na memória com os quais relacionar o novo material, etc.) ao ser menos vulneráveis e dependentes do próprio controle do aluno.

Dessa forma, ambos os sistemas de aprendizagem devem ser entendidos não só como complementares em boa medida como quanto uma continuação um do outro. Ainda que se possam encontrar diferenças radicais entre a aprendizagem associativa e a construção de conhecimento (como as que a Figura 2.5 mostrava) também pode se achar uma continuidade entre eles. Assim, vimos no Capítulo 2 que uma concepção estática do construtivismo (que consiste em assumir que as novas aprendizagens se apóiam nas anteriores) não só é compatível, mas necessária, para que os mecanismos associativos cumpram sua função adaptativa. Os processos de condensação do conhecimento em *chunks* ou a automatização, baseados numa aprendizagem associativa, implicam recuperar aprendizagens anteriores da memória permanente. O que diferencia essa recuperação da que ocorre numa aprendizagem construtiva é seu caráter meramente instrumental, já que não serve para organizar a nova aprendizagem nem modificar os conhecimentos anteriores. Em troca, numa aprendizagem construtiva se produz uma tentativa de assimilar ou organizar as novas aprendizagens a partir de conhecimentos anteriores, dando lugar a uma reflexão consciente sobre os próprios conteúdos da memória permanente, o que não acontece numa aprendizagem associativa, que se limita a reforçar ou debilitar essas aprendizagens prévias, mas sem modificar seu sentido nem sua organização.

Essas diferenças se refletem nos distintos efeitos que cada tipo de aprendizagem tem sobre os conhecimentos já armazenados, ou seja, em duas formas distintas de conectar os dois sistemas de memória através da aprendizagem. Mediante a aprendizagem associativa, nos limitamos a recuperar conhecimentos da memória permanente para a memória de trabalho e acrescentar novas aprendizagens sem modificar as já existentes, a não ser em sua probabilidade de ativação futura. Em troca, a aprendizagem construtiva se produz *através* das aprendizagens prévias, que mudam, em maior ou menor grau, sua própria organização ou estrutura como conseqüência de ter servido para organizar uma nova aprendizagem. Em todo caso, estas diferenças deverão ficar mais claras nas próximas páginas, em que se desenvolvem essas duas formas de aprender e, principalmente, na Terceira Parte do livro, quando me concentrar nos diversos resultados de aprendizagem devidos a um ou outro tipo de processos, ou como costuma acontecer, na interação de ambos.

APRENDIZAGEM ASSOCIATIVA

Essa forma ancestral de aprender, que nos aparenta intimamente não só com todos os mamíferos, como também com outros vertebrados e inclusive invertebrados, alcança, no entanto, na espécie humana novas possibilidades, já que nossa capacidade computacional é consideravelmente superior à de qualquer outra espécie, o que nos permite estabelecer muito mais relações ou associações entre informações, comportamentos ou fatos. Assim como uma máquina que joga xadrez é capaz de computar milhares, se não milhões, de jogadas mais do que a mente humana *por segundo*, nós podemos computar muito mais relações que o resto dos organismos. Mas ao contrário do que acontece com as máquinas que jogam xadrez, que carecem de "critérios" para dar sentido a essa força bruta (apesar disso ganham 99,99% das vezes das pessoas que as enfrentam), nós podemos governar e controlar melhor nossa capacidade associativa através de processos conscientes ligados à aprendizagem construtiva. Por último, não devemos esquecer que nossa aprendizagem se produz sempre no marco de uma cultura que não só fixa as demandas (como vimos no Capítulo 1) como nos proporciona instrumentos e "próteses" adequadas para incrementar as possibilidades de aprendizagem (ver Capítulo 5). Essas três vantagens, nossa maior capacidade de cômputo, a reorganização através de processos construtivos e a mediação cultural em nossa aprendizagem, fazem com que nossa capacidade associativa obtenha resultados impensáveis em outras espécies, como a detecção de regularidades complexas no ambiente, a condensação da informação em forma de *chunks* ou a automatização dos conhecimentos.

A aquisição de regularidades

Um primeiro processo associativo está formado para *extrair regularidades do ambiente*, estabelecendo seqüências de previsões de fatos e comportamentos que nos permitam viver num mundo mais previsível e controlado. Parece que dispomos de uma sofisticada calculadora implícita que nos permite computar co-variações no ambiente com bastante precisão, detectando não apenas que coisas tendem a acontecer juntas (por exemplo, pressionar um botão do controle remoto e começar a piscar uma luzinha no televisor) mas também que fatos não acontecem juntos (a luzinha também pisca sem que eu toque o botão!). Realmente, a aprendizagem associativa de regularidades se baseia em detectar não apenas co-variações simples (dois fatos que ocorrem juntos), como supunham as primeiras teorias da aprendizagem animal, como a de Pavlov (1927), baseadas na idéia simples da contigüidade, como relações em todo o "espaço de contingências" entre esses dois fatos (Rescorla, 1980; também Aguado, 1989; Dickinson, 1980). Há uma relação de *contingência* entre dois fatos quando a probabilidade de que ocorram juntos é maior do que a de que ocorram de modo separado (nem sempre que a criança chora a mãe a atende, mas a probabilidade de que a atenda é maior quando chora..., assim que aprende a chorar; nem sempre que se formam essas nuvens carregadas chove, mas costuma fazê-lo, assim pegarei o guarda-chuva). Detectar contingências e não só co-variações requer um sofisticado sistema de cômputo, com um alto valor adaptativo, já que nos permite antecipar os fatos mais prováveis a partir de um antecedente e obter certas conseqüências prováveis mediante nosso comportamento. É um mecanismo associativo, implícito, do qual não temos consciência e que não usamos de modo deliberado. Realmente muitos alunos de estatística que detectam com facilidade as regularidades que ocorrem em seu ambiente não chegam nunca a entender a noção de correlação nem o espaço de contingências (Nisbett, 1993; Pérez Echeverría, 1990), já que essa aprendizagem se baseia em processos construtivos e não em simples mecanismos associativos.

Ainda que nossa detecção de contingências, e a de outros animais parentes nossos que compartilham os mesmos mecanismos de aprendizagem, seja bastante precisa, não é exata (Pérez Echeverría, 1990; Nisbett, 1993). Em geral tendemos a supervalorizar os casos positivos (de co-ocorrência) frente aos negativos (ausência de um ou ambos fatos), uma tendência geral no funcionamento intelectual humano (Carretero e García Madruga, 1984; Nisbett, 1993). Além disso, costumamos ler essas contingências em função de nossas expectativas prévias (Pérez Echeverría, 1990), produto de nossas aprendizagens anteriores armazenadas na memória permanente. Por exemplo, se apresentamos a grupos de fumantes e não-fumantes dados sobre a relação entre o tabagismo e as doenças respiratórias, possivelmente descobriremos que a aprendizagem e a lembrança desses dados estão direcionadas pelas expectativas prévias: os fumantes tenderão a minimizar as conseqüências nocivas do tabaco em comparação com os não-fumantes (Pérez Echeverría, 1990). Ainda que nossos mecanismos associativos detectem com bastante precisão as mudanças ambientais, elas são interpretadas *através* de conhecimentos recuperados da memória permanente, quer dizer, mediante mecanismos construtivos. No Capítulo 8 apresentarei alguns exemplos da interação entre associação e construção na aprendizagem de regularidades e de como os resultados dessa aprendizagem distorcem ou desviam a realidade percebida, contrariamente ao princípio de correspondência em que se baseia a aprendizagem associativa (já descrito no Capítulo 2).

Nas situações de aprendizagem não há só seqüências de previsões e de controle entre dois fatos, mas, a cada instante, nos são apresentadas muitas informações sobre as quais temos de aprender (outra vez a avalanche informativa). Apesar das limitações de nossos sistemas de memória, temos a capacidade de cômputo suficiente para, nas palavras de Rosch (1978), detectar a "estrutura correlacional" do mundo além de certas cadeias simples de fatos mediante mecanismos implícitos de aprendizagem associativa (Lewicki, 1986). Aprendemos a relacionar as características que tendem a ocorrer juntas com uma maior probabilidade e de modo mais redundante, elaborando certas "categorias naturais" ou conceitos probabilísticos, como os (quase sempre) barbudos irmãos Smith da Figura 3.1 na p. 59 (sobre esse tema podem ser consultados com mais detalhes Pozo, 1989, ou De Vega, 1984). Nossa categoria de "peixe" se baseia nos traços que, com mais probabilidade, tendem a aparecer juntos, daí a tendência a incluir os delfins. Nossa categoria de "aluno esperto, mas preguiçoso" se baseia também numa configuração ou constatação de características prováveis, que aprendemos, indutivamente, detectando regularidades nos alunos, sem que nunca talvez tenhamos parado para pensar sobre o significado dessas categorias. Ainda que não sejam muito "científicas", tais categorias nos são muito úteis. Essa é a função das "teorias implícitas" (Pozo *et al.*, 1992; Rodrigo, Rodríguez e Marrero, 1993), cuja aprendizagem será analisada no Capítulo 8. As teorias implícitas, ainda que se sustentem em mecanismos de aprendizagem associativa, atuam também mediante processos construtivos, já que nos fazem perceber a realidade *através* delas, de forma que organizam nossa percepção e ação no mundo, distorcendo nossas representações e desviando-nos do princípio de correspondência (lembre o leitor, se já o esqueceu, o simples exercício que fez no Capítulo 2, a partir da Figura 2.3 p. 47, que mostrava que nossa teoria implícita sobre o movimento dos objetos não costuma ser uma cópia da realidade, mas o contrário: os movimentos que percebemos são o reflexo de nossas representações). Os mecanismos que nos permitem detectar essas regularidades complexas no mundo e gerar a partir deles estruturas implícitas de conhecimentos são possíveis, entre outras coisas, pela otimização que fazemos de nossos limitados recursos cognitivos, através de outros processos de aprendizagem associativa, como a condensação da informação, a que nos dirigimos agora, ou a automatização do conhecimento.

A condensação da informação

Como assinalei no capítulo anterior, a capacidade limitada da memória de trabalho — em torno de sete elementos independentes nos adultos normais quando a tarefa impede recorrer a conhecimentos prévios que amplifiquem essa capacidade — restringe a informação que pode ser atendida e, em conseqüência, aprendida. Um mecanismo de aprendizagem associativa para incrementar essa capacidade é *condensar* ou fundir aqueles elementos de informação que tendem a ocorrer juntos em forma de *chunks* (que, em inglês, significa pedaço, fragmento) ou peças de informação, que se recuperam como uma única representação. Para aprender um número de telefone, ou para fazer a tarefa da Figura 5.3, p. 102, em vez de aprender separadamente cada cifra,

$$3-1-5-2-8-1-4$$

podem ser agrupados ou condensados em três partes de informação ou *chunks*,

$$315-28-14,$$

de forma que ainda que o número de cifras que temos que recordar seja o mesmo, a quantidade de informação se reduz a três unidades ou peças, o que facilita a tarefa. O relevante para a capacidade da memória de trabalho não é a quantidade de informação, mas o número de elementos independentes, quer dizer, arbitrários ou justapostos, que devem ser processados (Simon e Kaplan, 1989). Quando vários elementos se condensam em um só, consomem os recursos correspondentes a um elemento (lembre-se, uma família que vai comprar junta é, para nossa memória, um cliente fazendo apenas uma demanda).

O mecanismo mediante o qual se condensa a informação é a repetição ou o *repasse*. Costuma ser um mecanismo de aprendizagem explícito que utilizamos para lembrar listas de dados não-organizados. Caracteriza-se por sua recuperação, como um todo, ter a necessidade de adotar, para ser eficaz, um formato idêntico ao da aprendizagem. Lembramos essas litanias exatamente como as aprendemos. O garçom nos "canta" o cardápio que aprendeu como uma mensagem condensada, mas se lhe pedimos que nos repita algum prato, tem dificuldade para recuperar o fio partindo de outro ponto que não seja o princípio. Ou o aluno que recita, com musiquinha e tudo, um salmo incompreensível e que depois, mistérios da memória e do esquecimento, está condenado a lembrar por toda a sua vida esse hino sem sentido e sempre na mesma ordem (ainda há perto de mim quem recite hinos aprendidos para o remoto e grisalho exame de Admissão*, como "calcopirita, sulfeto de cobre e de ferro, branca, irisada, sistema tetragonal, se funde no carvão, dando SO_2, calor..."). Todos nós, alunos, adquirimos conhecimentos condensados cujo significado na maioria das vezes jamais chegamos a vislumbrar. Às vezes, como no exemplo anterior, podemos elaborar um pouco mais esses materiais, mediante rimas, músicas e outros truques mnemotécnicos, facilitando sua recuperação, mas isso não torna o material mais significativo ou compreensível (como se verá nos Capítulos 10 e 11).

Não só aprendemos a condensar informação verbal. Se apresentamos, para uma pessoa que não assiste a futebol, uma gravação com algumas cenas e depois lhe pedimos que lembre o que viu, terá dificuldades para nos informar de algo que não seja o mais relevante (se foi ou não gol ou por onde entrou a bola no gol). Em troca, uma pessoa acostumada a assistir a partidas de futebol, um bom torcedor, lembrará muito mais informação (com que perna se chutou a bola, de onde vinha o centroavante, quantos zagueiros havia na área). Essa lembrança melhor se deverá, entre outras coisas, ao fato de que o especialista em futebol não vê elementos isolados (jogadores de um time ou outro, a bola), vê "jogadas", configurações de elementos que constituem autênticos *chunks*, ou pacotes de informação condensada, de forma que, com a mesma capacidade de memória, pode atender a muito mais clientes ou elementos. Comprovou-se que a formação desses *chunks* explica o excelente rendimento de especialistas em tarefas próprias de seu domínio quando eles são comparados com pessoas mais novatas no assunto, menos treinadas (Chi, Glaser e Farr, 1988), sejam físicos fazendo equações matemáticas (Larkin, 1985), ou médicos especialistas realizando um diagnóstico preciso a partir de uma radiografia em apenas dois ou três segundos (Lesgold *et al.*, 1988) ou enxadristas recordando posições de xadrez (Chase e Simon, 1973; Holding, 1985).

Por exemplo, no caso destes últimos, um dos mais estudados, os especialistas em xadrez lembram muito mais peças quando se trata de posições habituais no jogo, já que formam configurações com várias peças, reduzindo a demanda cognitiva da tarefa (Figura 6.1, posição 1). Em troca, quando as peças são distribuídas ao acaso sobre o tabuleiro, a lembrança dos jogadores especialistas é muito menor e não se diferencia da que alcançam pessoas não-especializadas nesse jogo (Figura 6.1, posição 2), já que não é possível ativar esses *chunks* ou pacotes de informação aprendida para reconhecer a posição das peças. No rendimento especializado, esses *chunks* não se limitam a condensar a informação, agregando alguns elementos a outros de modo arbitrário, como em nossas litanias e declamações escolares. Além disso, servem para organizar e dar sentido a essa informação, na medida em que a aprendizagem associativa costuma ser acompanhada de

---

*N. de T. Exame de Reválida equivale aqui ao antigo exame de Admissão, necessário para o ingresso no não menos antigo Ginásio.

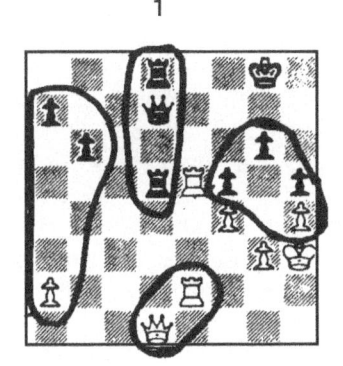

FIGURA 6.1 Na posição 1, correspondente a um problema de xadrez, os especialistas lembram melhor por que agrupam as peças em diferentes *chunks*. Em troca, a posição 2 corresponde a uma distribuição aleatória das peças, em que não é possível formar esses agrupamentos, não havendo diferenças na lembrança entre especialistas e iniciantes em xadrez (adaptado de Chase e Simon, 1973, e Holding, 1985).

uma compreensão dos mecanismos subjacentes a esses agrupamentos, baseada numa aprendizagem construtiva (o enxadrista não apenas reconhece rapidamente uma defesa hindu do rei, também compreende quando, como e contra quem pode utilizá-la; o médico reconhece um enfisema pulmonar, mas também compreende quais são suas causas, suas interações com outras doenças e as formas adequadas de tratá-lo).

Em todo caso, ainda que se acompanhe às vezes de processos construtivos que multiplicam seu efeito, a condensação de informação permite formar, na memória permanente, peças de informação que "disparam-se" na presença dos indícios adequados, recuperando-se de forma conjunta, rápida, precisa e com escasso custo cognitivo. Seguindo a lógica dos modelos conexionistas, podemos dizer que, mediante esse tipo de aprendizagem, associativa, se fazem mais sólidas as conexões entre as unidades ou átomos componentes, de forma que se constituem em moléculas de conhecimento quase indissolúveis ou inquebráveis, liberando sua energia para que possam ser realizadas, simultaneamente, outras tarefas. Realmente, o mecanismo de condensação da informação não só "funde" ou "compila" o conhecimento, também costuma automatizá-lo (Anderson, 1983).

A automatização do conhecimento

Outro processo de aprendizagem associativa que ocorre como conseqüência da prática reiterada de uma seqüência de ações ou conhecimentos, e que muitas vezes cega ou ao menos deixa míope, é a automatização. À medida que se condensam e se recuperam juntas certas representações, numa só peça, habitualmente também vão se automatizando, quer dizer, vão sendo executadas com um consumo cada vez menor de recursos atencionais. Podemos dizer que, com a prática repetida, certas aprendizagens se consolidam, na memória de trabalho, até o ponto de passarem de atividades controladas a rotinas automatizadas, sem controle consciente.

Em psicologia cognitiva, diz-se que há tarefas (ler este livro, consertar a lavadora, avaliar o alcance dos objetivos didáticos propostos) que consomem muitos recursos cognitivos. A partir de Shiffrin e Schneider (1977) afirma-se que essas tarefas requerem processos *controlados*, ou "operações realizadas sob controle voluntário do sujeito, que requerem gasto de recursos atencionais e que o sujeito percebe subjetivamente, podendo dar conta deles" (De Vega, 1984, p. 126). Em troca, outras tarefas (andar, falar, possivelmente dirigir ou preparar café) podem ser realizadas quase sem consumo de energia cognitiva, mediante processos *automáticos*, que consistem em "operações rotineiras sobreaprendidas que se realizam sem controle voluntário do sujeito, pois não utilizam recursos atencionais e em geral o sujeito não é consciente de sua realização" (ibid.). A Figura 6.2 destaca as principais diferenças entre esses dois tipos de processamento. Ainda que possivelmente sempre fique um vestígio de controle, e com ele de consumo de recursos, quanto mais automatizado esteja um comportamento, menos dispendiosa será sua execução ou recuperação (Bajo e Cañas, 1991). No final do capítulo anterior assinalei as vantagens que se derivam para o sistema cognitivo desse processo de automatização. Realmente, nenhuma conduta humana complexa poderia ser executada com eficiência se algum de seus componentes não se achasse automatizado como conseqüência da aprendizagem (desde escrever no computador ou tocar o piano, até jogar tênis ou preparar uma *paella*, ou inclusive produzir e compreender o discurso falado). A automatização de alguns componentes, aqueles que foram sobreaprendidos como conseqüência de sua repetição reiterada, permite dedicar recursos cognitivos ao que há de novo na tarefa (mal poderemos escrever no computador se temos que andar buscando cada letra que queremos digitar, ou difícil será a comunicação num idioma em que temos que "pensar" como construir cada frase, onde vai o verbo e que preposição o acompanha, com o que consumiremos todos os recursos disponíveis e mal poderemos "pensar" no que, enfim, queremos dizer). A partir da Figura 6.2 é fácil compreender os benefícios da automatização do conhecimento.

Processos Controlados	Processos Automáticos
• Consomem atenção	• Mal consomem atenção
• Não são rotinas aprendidas	• São adquiridos por aprendizagem
• São flexíveis e se adaptam a novas situações	• Uma vez adquiridos, modificam-se com dificuldade
• Requerem esforço consciente	• Não exigem esforço consciente
• Perdem eficiência em condições adversas	• Podem ser executados com eficácia em condições adversas
• Produzem interferências em situações de dupla tarefa	• Não interferem na execução de uma segunda tarefa

FIGURA 6.2 Diferenças entre processos controlados e automáticos, segundo Shiffrin e Schneider (1977).

Uma primeira vantagem dos comportamentos automatizados, que requerem processos mais controlados, é sua *rapidez* de execução. O conhecimento automatizado é "disparado", de modo imediato e quase obrigatório, sem controle, na presença dos indícios adequados (como se verá no trecho dedicado ao processo de recuperação, se possível os mesmos indícios que estavam presentes durante a aprendizagem). As pessoas que automatizaram habilidades consomem menos tempo ao executá-las que os aprendizes que realizam essas mesmas tarefas de modo controlado. Isso é válido para os "bons leitores" se os compararmos com os "maus leitores" (Léon, 1991), na resolução de equações matemáticas (Larkin, 1985) ou, como já mencionara antes, no diagnóstico médico (Lesgold *et al.*, 1988). As vantagens derivadas dessa resposta imediata são óbvias em muitas tarefas, ao facilitar tempos de reação mais rápidos. Um motorista, um jogador de basquete ou um pianista sobrevivem ou vivem dessa rapidez na execução. Em outros casos, quando se trata de tarefas mais reflexivas, como fazer um diagnóstico médico ou ler um texto, essas vantagens podem ser menos aparentes, mas também se produzem, já que permitem processar mais informação na mesma quantidade de tempo. No entanto, há ocasiões, em menor número, em que o automatismo nos faz cometer erros fatais. A resposta é disparada ante os indícios habituais sem que nos demos conta de uma leve diferença na situação, o que nos leva a um erro irreparável. Norman (1998, p. 144 da trad. esp.) propõe um divertido exemplo que todos nós que trabalhamos com computadores vivemos alguma vez, ao nos deixar arrastar pelo hábito e responder cegamente às típicas perguntas que o computador sempre nos faz, para nos chatear ou por puro cabeça-durismo, cada vez que lhe pedimos apressados e impacientes que faça algo, que imprima ou apague um documento:

USUÁRIO: *Apaga da memória "minha obra mais importante".*

COMPUTADOR: *Tem certeza de que quer apagar da memória "minha obra mais importante"?*

USUÁRIO: *Sim.*

COMPUTADOR: *Tem certeza?*

USUÁRIO: *Sim, claro.*

COMPUTADOR: *Foi apagada da memória "minha obra mais importante".*

USUÁRIO: *Buceta, merda!*

Por sorte, nem todos nossos comportamentos automatizados acabam por nos deixar tão perplexos e deprimidos. Geralmente costumam ser muito eficazes, já que além de rápidos em sua execução costumam ser muito *precisos*, quer dizer, se executados sempre do mesmo modo, de forma bastante mimética. O espantoso não é que se faça em dois segundos um diagnóstico médico a partir de uma radiografia, mas que esteja correto (eu *também* posso fazer um diagnóstico em dois segundos apenas, puxando um pouco pela imaginação). Os comportamentos automatizados são feitos um tanto às cegas, são como um tapete que se desenrola sempre igual. Não costumam acrescentar nada novo, mas isso, em contextos em que é necessário reproduzir um comportamento nas mesmas condições e diante das mesmas metas é muito útil (outra vez o jogador de basquete fazendo lançamentos livres, o enxadrista praticando a mesma rotina para alcançar sempre as mesmas metas). Os especialistas, que dispõem de rotinas automatizadas, cometem menos erros que os novatos que executam essas mesmas tarefas de modo mais controlado (Chi, Glaser e Farr, 1988; Ericsson e Smith, 1991).

Além do mais, essa maior precisão do processamento automático frente ao controlado se acentua no caso de que, por qualquer motivo, tenha de se recuperar esse conhecimento *em condições mais adversas*. Como sustenta Karmiloff-Smith (1992), os comportamentos automatizados se acham "encapsulados", para utilizar a expressão de Fodor (1983) mas não a sua idéia, constituindo pacotes fechados que, uma vez em marcha, mal se vêem afetadas por fatores externos. A gente se admira de ver Carlos Sainz e outros pilotos de *rallies* derrapando na neve, terra ou água. Na realidade, são comportamentos automatizados, inflexíveis, e fechados em si mesmos. Quando, como nos anúncios de aspirinas, o cansaço, o abatimento ou a enxaqueca nos acossam, mais vale recorrer a comportamentos automatizados, firmemente automatizados, que se executam por si mesmos de modo um tanto autista, e nos deixam a sós com nossos pesares.

Uma última, e muito importante, vantagem dos conhecimentos automatizados, recolhida nas características que acabo de descrever, é que sua eficácia se mantém inclusive em situações de *tarefas múltiplas*. A realização simultânea de dois comportamentos que requerem um processamento controlado produz uma interferência mútua que reduz grandemente a qualidade de cada uma delas, como quando no dial do rádio se superpõem duas emissoras, de forma que acabamos por não escutar nenhuma delas. Dados os limites de nossa memória de trabalho, não podemos realizar duas ou mais tarefas complexas de forma simultânea (fazer uma *paella*, ler este livro, programar o vídeo e brincar com a menina), a não ser que alguma ou algumas delas estejam automatizadas, de forma que liberem recursos para executar essas outras tarefas sem quase interferir nelas. À medida que automatizamos um conhecimento (por exemplo, dirigir ou compreender o inglês falado) somos capazes de usá-lo paralelamente a outras tarefas (ouvir rádio, prestar atenção ao novo supermercado que abriram e pensar na reunião de que acabamos de sair, tudo isso enquanto dirigimos). Quando a tarefa automatizada, por surgir um imprevisto (uma bola que cruza picando a rua, uma vaca que passeia melancólica pela beira da estrada) nos exige recuperar o controle, abandonamos de imediato as outras tarefas subsidiárias, até voltarmos à rotina.

Como disse antes, quase todos os comportamentos ou conhecimentos humanos relevantes (dirigir, escrever, cozinhar ou compreender a origem do universo) requerem uma automatização de alguns de seus componentes porque todos eles, em maior ou menor medida, requerem várias tarefas ao mesmo tempo, cada uma das quais, se fosse executada de modo controlado, esgotaria nossos recursos cognitivos. A capacidade de fazer várias tarefas ao mesmo tempo é um requisito imprescindível para um funcionamento cognitivo eficiente. Quando Gerald Ford era presidente dos Estados Unidos, seu prestígio intelectual era tão elevado que se dizia dele que era incapaz de mascar chiclete e andar ao mesmo tempo sem tropeçar. Tarefas aparentemente não muito complexas como escrever à máquina se apóiam na realização de múltiplas tarefas paralelas, por processos de automatização (Gentner, 1988). Realmente, boa parte da aprendizagem de procedimentos, analisada no Capítulo 11, se *apóia* nesses processos de automatização. Algumas das façanhas cognitivas que mais impressionam a nós, leigos nessas tarefas, como a tradução *simultânea* ou jogar partidas de xadrez *simultâneas* contra 25 adversários ao mesmo tempo, ganhando 24 e fazendo umas tabelas (o meritório não é jogar 25 partidas ao mesmo tempo, eu também posso jogar 25 simultâneas fazendo umas tabelas, mas perdendo as outras 24), se baseiam na automatização de conhecimentos que nós, pobres mortais, só podemos utilizar de maneira muito controlada.

A utilidade limitada da condensação e da automatização

Com o que foi dito até agora, pode parecer que a condensação e a automatização do conhecimento e, de modo mais geral, a aprendizagem associativa, são recursos eficazes e necessários diante de qualquer demanda ou necessidade de aprendizagem. Realmente, durante muito tempo, durante muitos séculos inclusive, se adotarmos uma perspectiva histórica (como no Capítulo 1), a aprendizagem se baseou principalmente em "memorizar" ou repetir cegamente certas informações com o fim de condensá-las e automatizá-las. Ainda hoje, boa parte da aprendizagem escolar e não-escolar continua se baseando, de forma muitas vezes implícita e um tanto descuidada, em processos associativos. Além das razões culturais apontadas, o predomínio da aprendizagem associativa se deve também ao fato de que é mais fácil de ser acionado do que outras formas de aprendizagem mais complexas. Basta que o professor apresente, de modo explícito e detalhado, a informação que os alunos devem "empacotar", e proporcione as instruções e condições adequadas, para que estes repitam sem desânimo a informação até consolidar, condensar e automatizar esses pacotes de informação. Em muitas situações de instrução nem sequer se cumprem essas condições adequadas, que incluiriam evitar que os pacotes de informação sejam demasiado pesados ou grandes, cuidando que o número de elementos ou peças de informação não sature a capacidade de trabalho dos alunos, e um apoio ou orientação durante a aprendizagem para evitar erros que, devido ao encapsulamento ou perda de controle sobre o conhecimento automatizado, logo são mais difíceis de retificar, já que o conhecimento automatizado, como reflete a Figura 6.2, é muito pouco flexível.

Dadas essas condições, a condensação e automatização da informação pode ser eficaz para a aprendizagem de informação verbal literal (no Capítulo 10) ou de técnicas rotineiras (no Capítulo 11). No entanto, mesmo nesses âmbitos a eficácia delas será limitada, se não forem acompanhas de uma aprendizagem construtiva. Em primeiro lugar, é pouco recomendável que a maior parte da atividade intelectual do aluno seja meramente reprodutiva, porque se criam e consolidam hábitos e atitudes para a aprendizagem essencialmente passivos, receptivos, em que o aluno se acostuma a não tomar a iniciativa, a não se interrogar sobre o mundo, a esperar respostas já elaboradas para engoli-las em vez de tentar suas próprias respostas. Esses hábitos, como se comprovará no próximo capítulo, provocam pautas motivacionais e estilos de aprendizagem em que o aluno tende a não assumir a responsabilidade, o controle ou a autonomia da própria aprendizagem, que será sempre subsidiária das instruções do professor. Dessa forma, está se impedindo que esse aluno se envolva de forma ativa em sua aprendizagem e, no final das contas, que aprenda a aprender, uma das metas essenciais de nossa cultura da aprendizagem, escolar e não-escolar, descrita no Capítulo 1.

Além disso, a aquisição desses pacotes fechados de informação tem uma utilidade apenas relativa para futuras aprendizagens. Se na cultura tradicional da aprendizagem aceitava-se que tudo o que era relevante devia ser conservado na memória permanente dos alunos, porque não havia suportes alternativos de acesso fácil e generalizado para essa informação, nesta sociedade da informação deveriam se "empacotar" somente aqueles conhecimentos que serão claramente funcionais para a aquisição de outros conhecimentos, quer dizer, aqueles que se usem com freqüência como um instrumento em situações de dupla ou múltipla tarefa. Quando eu era menino, me obrigaram a "empacotar" todos os elementos da tabela periódica, todas as capitais da África, todos os rios da Espanha com seus inumeráveis e cada vez mais secos afluentes, umas quantas poesias de Bécquer e as intermináveis obras completas de Lope de Vega, além do famoso binômio de Newton, as operações para calcular a raiz quadrada ou para fazer cálculos logaritmos. O que resta daqueles pacotes aprendidos com tanto trabalho? Suponho que andarão perdidos por algum remoto sótão da memória, mas a verdade é que me produzem mais nostalgia que interesse em recuperá-los.

Somente aquela informação que recuperamos com certa freqüência — por nos ser útil ou instrumental (a tabuada de multiplicar, alguns símbolos químicos, mas não todos, certo vocabulário de uma língua estrangeira, certas operações de cálculo de uso corrente, etc.) — merece ser empacotada dessa forma. Do contrário, a recuperação do aprendido, por mais praticado que tivesse sido em algum momento, é muito difícil, já que, como se indica no próximo capítulo, a informação que se aprende de modo cego e rotineiro, embora seja recuperada com muita rapidez e eficácia em contextos similares ao da aprendizagem, mal é ativada em outras situações. É preciso recuperá-la do mesmo modo que foi aprendida. Quando não se compreende o significado desses conhecimentos (o que é a calcopirite daquela balada escolar? O que é o sulfeto de cobre e magnésio?) só são recuperados como um "pacote" fechado, nas mesmas condições de sua aprendizagem, e não servem para ser generalizados para nenhum contexto ou situação novos.

Enfim, como mostram as comparações entre especialistas e novatos referidas anteriormente, a automatização de conhecimentos permite converter tarefas complexas em exercícios rotineiros, realizados com toda facilidade e quase sem consumo de recursos cognitivos (Pozo e Pérez Echeverría, 1995). A recuperação de conhecimentos condensados e empacotados da memória permanente por processos de reconhecimento a partir de indícios adequados (um dos tipos de recuperação tratado no próximo capítulo) transforma as tarefas mais complexas em rotinas sobre-aprendidas. Mas a aprendizagem não pode se reduzir a uma automatização rígida. Os especialistas não são "autômatos" que repetem sempre, de forma cega, o mesmo comportamento. A automatização de conhecimentos serve para liberar recursos cognitivos que podem ser dedicados a outras tarefas mais complexas sobre as quais exercer o controle e para as quais os comportamentos automatizados são meramente instrumentais, nunca um fim em si mesmos. O médico especialista, o jogador de xadrez ou simplesmente o bom torcedor de futebol ou o aficionado à cozinha mediterrânea não só têm conhecimentos condensados e automatizados, produto de uma aprendizagem associativa, como também podem compreender e dar significado ao que fazem, ao ter construído modelos e teorias a partir dos quais interpretam suas aprendizagens.

APRENDIZAGEM CONSTRUTIVA

A principal limitação da aprendizagem associativa é que, repetindo e juntando peças, jamais conseguiremos *compreender* o que estamos fazendo. John Searle (1984, p. 38 da trad. esp.) propõe uma situação que ilustra claramente a impossibilidade de compreender através de processos meramente associativos. É a parábola do "quarto chinês":

> Imaginemos que fechem você num quarto e que nesse quarto há diversas cestas cheias de símbolos chineses. Imaginemos que você, como eu, não entende chinês,

mas que lhe dão um livro de regras em espanhol* para manipular esses símbolos. As regras especificam as manipulações dos símbolos de maneira puramente formal, em termos de sua sintaxe, não de sua semântica. Assim, uma regra poderia dizer: "pegue um signo changyuan-changyuan da cesta número um e ponha-o ao lado de um signo chongyuon-chongyuon da cesta número dois". Suponhamos agora que são introduzidos no quarto alguns outros símbolos chineses e que dão a você regras adicionais para devolver símbolos chineses para fora do quarto. Suponha-se que você não sabe que os símbolos introduzidos no quarto são denominados "perguntas" e os símbolos que você devolve para fora do quarto são denominados "respostas às perguntas". Eis que você está fechado em seu quarto baralhando seus símbolos chineses e devolvendo símbolos chineses em resposta aos símbolos chineses que entram. Sobre a base da situação tal como a descrevi, não há como você possa aprender nada de chinês manipulando esses símbolos.

A parábola de Searle (1984) foi feita para mostrar a impossibilidade de que os sistemas artificiais de conhecimento, meras máquinas de associar ou computar, que carecem de estados mentais e consciência, possam compreender o que fazem, e deu lugar a uma ampla polêmica (Pozo, 1989; Rivière, 1991). No entanto, aqui serve para outro propósito conectado, mostrar que compreender é algo mais que aprender a juntar cada uma das partes que compõem o *puzzle*. A compreensão requer nem tanto juntar ou justapor os elementos de informação como *organizar* esses elementos, relacionando-os em uma estrutura de significado. Tente o leitor aprender o seguinte texto:

> Uma vez que esteve se movendo simplesmente em torno de um sistema de baixa intensidade, por exemplo, como normalmente costuma fazê-lo, pode continuar movendo-se predominantemente até essa baixa. Esta se encherá rapidamente transformando-se em seguida numa alta, sendo que depois disso o que se acumulou sairá para fora, deixando uma baixa profunda para a qual se precipitará pela segunda vez antes de sair de novo. A cadeia exata de acontecimentos será mais complicada devido ao efeito amortecedor onipresente da rotação. Haverá flutuações violentas de intensidade que produzirão por sua vez novas flutuações. A teoria nos diz que o período de uma oscilação (a mudança de uma baixa para uma alta e novamente para uma baixa) será comparável a um dia.

Talvez, se se repetir muitas vezes, possa se conseguir condensar e automatizar semelhante trava-língua (coisa que francamente não recomendo). Mas tal aprendizagem será pouco duradoura e pouco transferível, quer dizer, pouco eficaz, conforme os critérios estabelecidos no Capítulo 3. O que pode ajudar a aprender melhor esse texto é compreender *de que trata*. O que é essa coisa que se move, se acumula e se precipita? E essas intensidades altas e baixas em que consistem? E que rotação é essa que amortece o efeito? Mas que efeito? Por processos de aprendizagem associativa, por repetição, o leitor não chegará jamais, como acontece no quarto chinês, a entender nada. Necessita-se de uma aprendizagem distinta, construtiva, que se baseie em compreender o significado do material e não só em tentar "copiá-lo" literalmente com mais ou menos sorte. Essa aprendizagem construtiva será direcionada à extração do significado do texto, daí que também seja chamada aprendizagem significativa (Ausubel, Novak e Hanesian, 1978; Carretero,

---

*N. de R.T. O espanhol, neste contexto, é a primeira língua do falante.

1993; Coll, 1986; Pozo, 1992). Qual é o significado do texto? De que trata realmente? A chave para lembrar um maior número de idéias do texto é conseguir formar uma idéia geral sobre seu conteúdo. E também não é fácil, já que o texto é bastante abstrato. O leitor só poderá entendê-lo — aumentando sem dúvida sua lembrança dele se alguém, amanhã, lhe perguntasse o que esteve lendo — se é capaz de ativar alguma idéia geral à qual vincular o lido. Essa idéia deverá ser extraída de sua bagagem conceitual de conhecimentos prévios. Essa é a idéia central da aprendizagem construtiva: trata-se de um processo em que o que aprendemos é o produto da informação nova interpretada à luz de, ou a através do que, já sabemos. Não se trata de reproduzir informação, mas de assimilá-la ou integrá-la em nossos conhecimentos anteriores. Somente assim compreendemos e somente assim adquirimos novos significados ou conceitos. De alguma forma, compreender é traduzir algo para as próprias idéias ou palavras. Aprender significados é mudar minhas idéias como conseqüência de sua interação com a nova informação.

Assim, se nestas alturas o leitor ainda não conseguiu dar significado ao texto anterior (adaptado de Lorenz, 1993, p. 99 da trad. esp.), lhe ajudará compreendê-lo e naturalmente recordar seu significado saber que o que se move nesse texto vaporoso é o ar, que o que flutua, sobe e baixa é a pressão do ar, e que o que gira incansavelmente é a Terra, e que enfim o texto trata das altas e baixas pressões que produzem as mudanças e perturbações meteorológicas, fazendo parte de um ciclo climático (caótico, acrescentará Lorenz, 1993, mas isso é outra questão). Sem dúvida, todos vivemos muitas vezes a sensação de ler um texto (seja sobre a origem do universo, as oscilações do valor do dinheiro ou as teorias conexionistas da aprendizagem) ou inclusive algumas instruções (para programar o vídeo, para montar uma estante ou para revisar o filtro da lavadora) sem entendê-los realmente, sem podê-los conectar de modo significativo com conhecimentos prévios.

Realmente, essa é uma experiência demasiado habitual na prática dos alunos, que se vêem obrigados a "condensar" textos e materiais de aprendizagem, devolvendo, como no quarto chinês, palavras sem muito significado para eles. Como indiquei no começo deste capítulo, quando a situação de aprendizagem se torna adversa, porque não entendemos o que temos de aprender, porque não nos interessa, ou porque não temos tempo para aprendê-lo, recorremos a processos de aprendizagem associativa, mais primitivos, e menos vulneráveis (Pinillos, 1975). Se queremos evitar, como alunos ou como professores, essas freqüentes regressões a nossas aprendizagens mais primárias, devemos compreender as condições que deve reunir uma situação de aprendizagem para favorecer a compreensão mediante processos construtivos.

As exigências cognitivas da aprendizagem construtiva

Os requisitos necessários para que se produza uma aprendizagem construtiva, dirigida à compreensão, são mais exigentes que aquelas fáceis condições requeridas pela aprendizagem associativa. A partir das idéias de Ausubel, Novak e Hanesian (1978) e de outras considerações, a Figura 6.3 estabelece as principais condições que devem se cumprir para que se produza uma aprendizagem construtiva.

Começando pelas características que deve ter o material de aprendizagem para que possa ser compreendido, a principal exigência é que tenha uma organização conceitual interna, quer dizer, que não constitua uma lista arbitrária de elementos justapostos. Quando aprendemos um número de telefone, não existe uma *relação lógica* entre um número e o seguinte, a relação entre eles é arbitrária ou casual. Por isso, não é sensato se perguntar por que uma pessoa tem esse número de telefone e não outro. Não há nada que compreender num número de telefone, é algo arbitrário. O mesmo acontece com muitos materiais de aprendizagem. Embora existam algumas regras mínimas, a maior parte dos conhecimentos ortográficos é meramente arbitrária. A não ser que tenhamos um amplo e profundo conhecimento da etimologia das palavras, sua ortografia não pode ser compreendida. Outro tanto pode acontecer com a fonética de línguas estrangeiras, como o inglês, ou com as teclas que é preciso apertar para conseguir que este documento seja arquivado no disco rígido do computador.

Enquanto que a limitação na aprendizagem associativa depende principalmente da quantidade de material apresentado, as restrições para a compreensão dependem mais da organização interna desse material. Somente poderão ser compreendidos aqueles materiais que estejam internamente organizados de forma que cada elemento de informação tenha uma conexão lógica ou conceitual com outros elementos. Assim, frente aos aspectos ortográficos, as regras gramaticais ou sintáticas de uma língua estrangeira podem e devem ser compreendidas. O

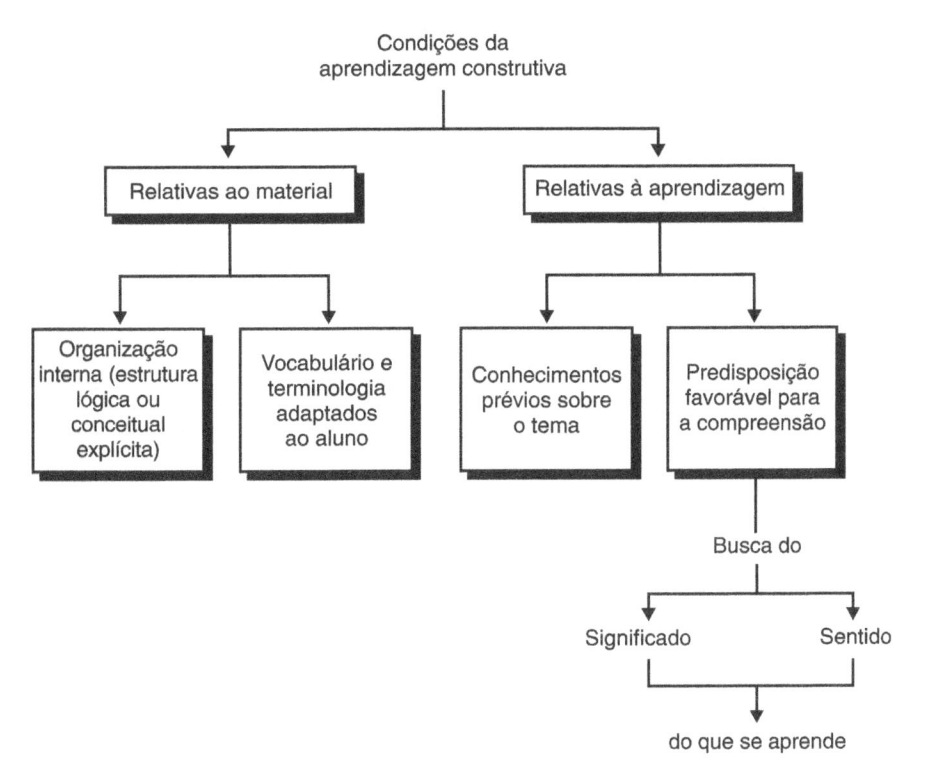

FIGURA 6.3 Condições ou requisitos para que se produza uma aprendizagem construtiva a partir de Ausubel, Novak e Hanesian (1978) (Adaptado de Pozo, 1992).

mesmo acontece com um texto sobre as mudanças produzidas pela Revolução Industrial nas necessidades sociais de educação e aprendizagem, com a montagem de um circuito eletrônico ou com a preparação de uma *paella* (têm uma seqüência lógica que é preciso respeitar e, se possível, compreender). Enquanto que a informação arbitrária, que só pode ser aprendida por processos associativos (ainda que possamos utilizar alternativamente algum recurso mnemotécnico que nos ajude a lembrar melhor, como se verá no Capítulo 11), é como uma corrente, cada elemento unido ao elo seguinte, em fila indiana, de forma que se perdemos um elo já não podemos recuperar o resto do material, a informação organizada se parece mais com um cacho de uvas, ou com uma árvore de conhecimentos (como as que representam a organização semântica da memória permanente, tal como ilustrava a Figura 5.4, p. 108), nas quais podemos estabelecer relações diversas entre os elementos e percorrer diferentes rotas para recuperar o conhecimento. Por isso, como foi dito no Capítulo 3 e será justificado mais detalhadamente no próximo capítulo, a aprendizagem construtiva produz uma recuperação mais duradoura e transferível que a aprendizagem associativa.

Além de ser desejável que o material de aprendizagem tenha uma estrutura conceitual explícita, convém que *a terminologia e o vocabulário empregado* não sejam excessivamente novos nem difíceis para o aluno. É preciso dosar o surgimento de termos tão obscuros como contingência, *chunk*, conexionismo ou interferência pró-ativa e, se for necessário incluí-los, explicar e ilustrar seu significado de um modo compreensível para o leitor, quer dizer, conectando-o com seus conhecimentos prévios. Em suma, o material não só deve estar organizado em si mesmo — a maior parte dos materiais de instrução, seja uma lição, as instruções para usar uma panela ou um texto científico, presumem uma boa organização — como deve estar organizado *para os alunos*, cujos conhecimentos prévios e motivação devem ser levados em conta, de acordo com a Figura 6.3, para planejar as atividades de aprendizagem.

Para que um aprendiz compreenda um material, convém que tenha uma atitude ou *disposição favorável à aprendizagem construtiva*. Normalmente compreender exige mais esforço, supõe mais consumo de recursos cognitivos, que decorar simplesmente (Alonso Tapia, 1995; Novak e Gowin, 1984). Como se verá no próximo capítulo, a aprendizagem construtiva está mais ligada a uma aprendizagem autônoma — cuja meta fundamental é o desejo ou interesse por compreender — que a uma motivação guiada por recompensas externas à própria aprendizagem. Compreender alguma coisa requer um envolvimento pessoal, que significa maior compromisso na aprendizagem, do que seguir cegamente alguns passos marcados, obedecendo ao ditado de algumas instruções. Compreender implica, em maior ou menor medida, uma construção pessoal do significado da tarefa. Duas pessoas que reproduzem algo tentarão reproduzi-lo do mesmo modo. Duas pessoas que entendem algo nunca o entendem do mesmo modo. Compreender é sempre traduzir um material às próprias palavras, reconstruí-lo a partir dos próprios conhecimentos armazenados na memória permanente. Assim, este parágrafo — nem dizemos o capítulo ou o livro em seu conjunto — tem tantos significados como leitores potenciais que tratem de reconstruí-lo (para alguns será uma defesa desmedida do construtivismo, para outros uma posição morna e eclética; haverá inclusive quem o ache carente de significado, de conexão lógica entre suas partes, ou, pelo contrário, com demasiada densidade ou significado).

Cada leitor constrói seu próprio livro, como cada espectador constrói seu filme, e depois o degusta em sua memória, essa tela privada que temos nos bastidores, porque cada leitor ou espectador, como cada aluno, tenta dar significado a partir dos *conhecimentos prévios* que ativa desde sua memória permanente. Essa é outra condição para que se produza uma aprendizagem construtiva. O texto apresentado há algumas páginas, mesmo possuindo uma organização lógica, deve ter sido incompreensível para muitos leitores, empenhados em aprendê-lo, tal como lhes era pedido, enquanto não conseguiram conectá-lo com um conhecimento prévio recuperado de sua memória permanente graças à informação recebida (o texto trata de mudanças na pressão atmosférica). A partir dela, é possível proporcionar uma organização ao que parecia uma série de frases ocas ou sem conexão (o texto foi inserido com essa função ilustrativa, mas temo que muitos leitores já tenham sofrido essa experiência em mais de uma ocasião ao longo do livro, sem que eu o pretendesse e, portanto, sem habilmente o remediar logo depois). Basta que nos digam do que trata o texto para que ativemos esse conhecimento de que já dispomos, de modo que cada uma das partes do referido texto ganha significado. De nada valeria o título se fizesse referência a um conhecimento que não possuímos; talvez para alguns leitores tenha acontecido isso, mesmo sabendo seu conteúdo continuaram sem entendê-lo; essa é uma experiência muito freqüente para muitos alunos que se deparam com parágrafos ou trechos de seus livros-texto encabeçados por títulos tais como "A estequiométrica" ou "O pleistoceno", que lhes sugerem ainda menos que o próprio conteúdo do texto. Não se trata apenas de saber do que vai tratar o texto; a terminologia e as idéias expressadas devem estar de acordo com os conhecimentos prévios dos alunos. Se não, tente o leitor compreender o seguinte texto, tirado da *Breve história do tempo* de Stephen Hawking (1988, p. 158 da trad. esp.), que pretende divulgar a teoria do *big-bang* sobre a origem do Universo:

> Em torno de cem segundos depois do *big-bang*, a temperatura teria descido a mil milhões de graus, que é a temperatura no interior das estrelas mais quentes. A estas temperaturas prótons e nêutrons já não teriam energia suficiente para vencer a atração da interação nuclear forte, e teriam começado a se combinar juntos para produzir os núcleos de átomos de deutério (hidrogênio pesado), que contêm um próton e um nêutron. Os núcleos de deutério teriam se combinado então com mais prótons e nêutrons para formar núcleos de hélio, que contêm dois prótons e nêutrons, e também quantidades de um par de elementos mais pesados, lítio e berílio.

Ao tirar essas linhas do contexto geral do livro, a não ser que o leitor tenha grandes conhecimentos sobre química ou astrofísica, o texto pode parecer tão obscuro como um buraco negro. Como mostram esses exemplos, para que haja aprendizagem significativa é necessário que o aluno possa relacionar o material de aprendizagem com a estrutura de conhecimentos de que dispõe. Sempre que uma pessoa tenta compreender alguma coisa — seja um professor que se pergunta por que os alunos têm dificuldades especiais para entender a natureza corpuscular da matéria ou o próprio aluno que tenta compreender a transformação de um líquido num gás — necessita ativar uma idéia ou conhecimento prévio que lhe sirva para organizar essa situação e lhe conferir sentido. Nos últimos anos se desenvolveram consideravelmente os estudos sobre os conhecimentos prévios de professores e, principalmente, de alunos nas mais diversas áreas. Sabemos muito sobre os conhecimentos prévios que os alunos têm (e às vezes os professores) em diversos domínios de conhecimento (a partir, por exemplo, da excelente síntese de Voss, Wiley e Carretero, 1995), como o conhecimento científico (por exemplo, Black e Lucas, 1993; Driver, Guesne e Tiberghien, 1985; Driver *et al.*, 1994; Pozo *et al.*, 1991), o conhecimento sobre a sociedade e sua evolução histórica (Carretero, Pozo e Asensio, 1989; Carretero e Voss, 1994; Delval, 1994a, cap. 19; Rodrigo, 1994a), o conhecimento matemático (Gómez Granell e Fraile, 1993; Pérez Echeverría, 1994; Resnick e Ford, 1981), o uso das tecnologias (Norman, 1988), a produção artística (Gardner, 1982; Eisner, 1985), as habilidades motoras (Ruiz, 1994), a ética e a moral (Díaz-Aguado, 1990; Turiel, 1983) ou inclusive o conhecimento religioso e teológico (Huebner, 1985). E naturalmente conhecemos alguns dos modelos ou teorias implícitas sobre a aprendizagem e a instrução com os quais alunos e professores se acercam das tarefas de aprendizagem (Claxton, 1990; Stevenson e Palmer, 1994; pode se encontrar um resumo no próximo capítulo).

Esses conhecimentos prévios são, em sua imensa maioria, se não em sua totalidade, resultado de aprendizagens anteriores, abarcando toda a gama de aprendizagens esboçada no Capítulo 4, desde as comportamentais ou sociais, às conceituais e procedimentais. A maior parte desses conhecimentos prévios tem uma natureza implícita, mais que explícita (Pozo *et al.*, 1991, 1992; Rodrigo, 1994b), por ter sido adquirida através da detecção de regularidades no ambiente, a que me referi anteriormente, em forma de teorias implícitas (no Capítulo 8) ou por mecanismos de influência e identificação social como representações sociais (cuja aprendizagem será abordada no Capítulo 9). Outros conhecimentos prévios têm, em troca, sua origem em situações de aprendizagem explícita produzidas em contextos instrucionais, tornando necessária uma cuidadosa construção das seqüências instrucionais nas quais serão recuperados esses conhecimentos. A natureza desses diversos conhecimentos prévios variará em função dos processos de aprendizagem mediante os quais tenham se adquirido (sobre os quais se pode aprofundar mais em Pozo *et al.*, 1991, ou Russell, 1993). Seja qual for sua origem, quando esses conhecimentos prévios são utilizados, muitas vezes de modo implícito, para organizar e dar sentido a novas aprendizagens, a interação deles com os novos materiais de aprendizagem acaba, mediante processos de construção dinâmica, por modificar esses conhecimentos prévios, fazendo com que a partir deles se construam novas representações. No entanto, o produto dessa aprendizagem construtiva varia em função da natureza dessa interação e dos processos construtivos que se geraram a partir dela.

Os processos de construção do conhecimento

Quando uma nova informação é processada ou organizada através de certas estruturas de conhecimento prévio, o grau de reconstrução a que se vêem submetidas essas estruturas depende de como o aluno percebe a relação entre essa nova informação e seus conhecimentos prévios. Em vez de ser um processo automático de reforço ou consolidação dos conhecimentos que têm êxito, como no caso da aprendizagem associativa, a construção de conhecimentos requer que se tome consciência das diferenças entre essa nova informação e as estruturas que tentam assimilá-la ou compreendê-la. Enquanto os processos associativos se apóiam no *êxito* de aprendizagens anteriores, incrementando sua probabilidade de ocorrer, os processos construtivos têm sua origem na conscientização dos *fracassos*, ou desequilíbrios na terminologia de Piaget (1975), entre as representações e a "realidade" de que pretendem dar conta, dos desajustes entre mapa e território, voltando à metáfora adotada no Capítulo 2 ao apresentar o enfoque construtivista. O leque de possíveis relações entre conhecimentos prévios e nova informação pode ser percebido melhor a partir da analogia que sugerem Driver, Guesne e Tiberghien (1985):

> Consideremos o que pode acontecer quando uma criança nova chega a uma sala de aula. Quando chega, há várias possibilidades que podem acontecer: pode não se relacionar em absoluto com os outros estudantes e permanecer isolada; pode se unir a um grupo já existente; ou sua presença pode provocar uma reorganização dos grupos de amigos da classe em sua totalidade. O próprio estudante poderia, além disso, se integrar de modo diferente em fusão da classe que o recebe.

O mesmo acontece com a aprendizagem construtiva. Dependendo não só da natureza da relação existente, mas principalmente do grau em que o aluno se *conscientize* ou reflita ativamente sobre os conflitos entre seus conhecimentos prévios e a nova informação, podemos nos deparar com diversos processos, que implicam diferentes níveis de construção. De modo sintético, a partir dos processos de equilibração do conhecimento propostos por Piaget (1975), mas também dos processos de aprendizagem postulados pelos teóricos do esquema (Norman, 1982) e por outros autores (veja Pozo, 1989), podem se estabelecer quatro níveis de construção (ou reconstrução) dos conhecimentos prévios como conseqüência dessa assimilação de nova informação.

A primeira coisa que pode acontecer, sem dúvida, é que essa assimilação (ou construção estática, segundo o conceito usado no Capítulo 2) não dê lugar a nenhuma acomodação (ou construção dinâmica), quer dizer, que o aluno não detecte nenhum conflito que justifique modificar, embora minimamente, seus conhecimentos prévios. Portanto, não haveria nenhuma aprendizagem construtiva. Essa situação, de escasso relevo teórico, é no entanto muito freqüente em situações de aprendizagem real, já que, sendo a maior parte dos conhecimentos prévios implícita mais do que explícita, os alunos não costumam perceber sua falta de ajuste à "realidade" (Pozo *et al.*, 1992).

Mas também pode acontecer, por pouco que o aluno se veja forçado a refletir sobre seus próprios conhecimentos implícitos, que detecte alguma pequena anomalia, uma defasagem, que possa incorporar através de processos de *crescimento*, utilizando a terminologia de Norman (1982) por ser mais clara que a de Piaget (1975), como uma exceção ou uma informação adicional para acrescentar a seu esquema ou estrutura cognitiva. Por exemplo, voltando ao obscuro texto apresentado na página 125, talvez o leitor, após descobrir o conteúdo significativo do mesmo, incorpore como informação adicional a seu esquema de mudanças na pressão atmosférica a influência da rotação da Terra, de que nunca tinha sido consciente. Com freqüência, os processos de crescimento servem para dar conta das anomalias ou dos desajustes entre as estruturas cognitivas e a informação recebida, em forma de "exceções que confirmam a regra" (Pozo, 1989). Quando acontece um imprevisto (por exemplo, os objetos não caem como esperamos ou um aluno rende de modo diferente de nossas previsões), podemos buscar uma explicação *ad hoc* dessa anomalia, que tem por finalidade preservar, com a menor mudança possível, nossas estruturas conceituais. Na evolução do conhecimento científico, Lakatos (1978) fala de modificações no cinturão protetor de uma teoria com o fim de preservar seu núcleo duro quando se vê confrontada com dados que a contradizem.

Quando essas anomalias se tornam freqüentes, vai se tornando mais difícil atribuí-las a fatores externos a nossos conhecimentos prévios ou a teorias. Faz-se necessário um *ajuste* desses conhecimentos prévios, que se alcança por processos de *generalização* (expansão do âmbito de aplicação de um conhecimento prévio) ou de *discriminação* (redução desse âmbito de aplicação). Em geral, tende a ser mais fácil discriminar (construir uma estrutura ou categoria nova, por processos de excisão, diferenciada da anterior, que englobe a todas as exceções) do que generalizar (integrar as exceções gerando uma nova categoria mais geral a partir de várias categorias já existentes). O aluno de física pode se ver obrigado a diferenciar entre velocidade e aceleração para dar conta do estranho comportamento dos objetos que caem (Pozo, 1987; Pozo e Carretero, 1992). Voltando ao texto sobre a pressão atmosférica, pode se diferenciar esse tipo de pressão de outras formas de pressão ou, pelo contrário, generalizar, e tentar ver o que têm em comum essas oscilações de altas e baixas pressões com o funcionamento de uma panela de pressão, ou inclusive com a influência da pressão na flutuação dos corpos.

Sem dúvida, essa última relação, a conexão entre situações inicialmente diferentes mediante a construção de uma nova estrutura conceitual que dê conta do que têm de comum situações aparentemente tão díspares, é uma via para a *reestruturação* desses conhecimentos anteriores, a mudança mais radical, e ocasional, que se produz como conseqüência da aprendizagem construtiva. A reestruturação implica reorganizar toda a "árvore de conhecimentos" (Thagard, 1992), de forma que o que estava nas raízes passe a ser um ramo ou bifurcação ou, pelo contrário, o mais periférico passe a ser central ou fundamental. Na história das aprendizagens pessoais, como na das teorias científicas, se produzem a cada certo tempo "revoluções conceituais" que reorganizam e mudam radicalmente nossa forma de entender um dado domínio de conhecimento. Talvez, para muitos leitores, o desafortunado texto a que regressamos várias vezes, mesmo depois de conhecer seu conteúdo, continue parecendo igualmente obscuro, mas pode também que gere neles a necessidade de reconstruir suas noções de pressão atmosférica e mudança meteorológica, para o que não bastará ler esse texto; a reestruturação é um processo, não um momento na aprendizagem. Assumir que a teoria newtoniana sobre o movimento dos objetos, a teoria corpuscular da matéria ou a psicologia cognitiva da aprendizagem podem requerer uma profunda *mudança conceitual* (cuja dinâmica será tratada no Capítulo 10), que, como vimos, se apóia em outros níveis de construção anteriores que não só vão facilitando como criando a necessidade dessa profunda reestruturação de nossos conhecimentos. Como ficou dito no Capítulo 2, a importância da aprendizagem por reestruturação não reside tanto em sua freqüência (por sorte, é muito menos freqüente que outras formas de aprendizagem associativa e construtiva de efeitos mais leves) como na profundidade das mudanças que gera. Os terremotos não são freqüentes, mas nem por isso têm menos importância para as comunidades que os vivem, que levam longo tempo para reconstruir sua vida e se adaptar à nova situação.

O processo de construção gradual do conhecimento, desde o simples crescimento (que é claramente compatível com os processos de aprendizagem associativa, dada sua natureza acumulativa e escassamente organizativa) até a mais profunda reestruturação, foi estudado em diversos domínios de conhecimento e com diversos enfoques, desde os já mencionados processos piagetianos da equilibração no desenvolvimento cognitivo (Piaget, 1975), ou a mudança conceitual na história da ciência (Estany, 1990; Lakatos, 1978; Thagard, 1992), até as mudanças que ocorrem como conseqüência da aprendizagem e da instrução

(Chi, Slotta e De Leeuw, 1994; Pozo, 1989, 1994; Vosniadou, 1994). A análise de tais processos construtivos em cada um desses domínios seria demasiado prolixa. Mas uma simples situação, nada estranha à prática cotidiana, pode ajudar o leitor a entender melhor esses processos. Imagine, pois, um professor que propõe a seus alunos um exame que considera bastante difícil. Começa a corrigir os exames e se depara, em primeiro lugar, com o de um estudante que nas ocasiões anteriores fracassou claramente. No entanto, este exame está perfeito. O que aconteceu? Confesse o leitor, a resposta imediata é supor que colou, quer dizer, resolver o conflito entre expectativa prévia e dados mediante uma resposta de crescimento, que não modifica em nada a teoria prévia (nem sobre o exame nem sobre esse aluno em particular), mas unicamente acrescenta nova informação. Agora, o professor continua corrigindo e se depara com novos contra-exemplos: outros estudantes com história de fracassos que fazem muito bem o exame. Possivelmente, essa acumulação de conflitos leve a modificar a idéia prévia, por exemplo, sobre o exame, que é muito mais fácil do que o previsto, talvez porque se trata da simples aplicação de algoritmos superaprendidos, que não requerem que os alunos tomem decisões ou planejem as tarefas. A idéia prévia sobre os exames se ajusta, por processos de diferenciação entre problemas e exercícios. Também cabe pensar que num futuro próximo novas experiências similares, novos conflitos entre o esperado e o encontrado, possam levar esse professor inclusive a reestruturar sua própria teoria implícita sobre o rendimento dos "maus" alunos, as causas de seus fracassos e a forma como pode ajudá-los a superá-los.

Há duas características principais que merecem ser destacadas nesse processo. Trata-se, como dizia Piaget (1975), de um processo de *equilibração*, quer dizer, à medida que temos acesso a níveis de construção mais complexos, o equilíbrio entre conhecimentos prévios e nova informação é cada vez maior. É mais difícil encontrar situações que gerem conflitos ou desequilíbrios para os especialistas do que para os novatos num domínio (Pozo e Carretero, 1992). Os especialista num domínio têm algumas estruturas conceituais mais ajustadas a esse domínio. Mas esse maior equilíbrio se deve ao fato de que sem dúvida passaram por processos de reestruturação — que multiplicam os efeitos de suas aprendizagens associativas, tratadas anteriormente —, produto de uma maior tomada de consciência sobre seu próprio conhecimento. Ainda que o especialista disponha de muitas rotinas automatizadas, que a aprendizagem acabou por tornar em boa medida implícita (Stevenson e Palmer, 1994), tem também um maior conhecimento explícito, auto-referente, das estruturas conceituais desde as quais assimila as tarefas de aprendizagem com as quais se depara. Em suma, e esta é a segunda característica geral que quero destacar, à medida que se tem acesso a níveis mais profundos — ou mais elevados, como preferir o leitor — de construção do conhecimento, a tomada de consciência vai se fazendo cada vez mais auto-referente, vai se dirigindo cada vez mais para o próprio conhecimento e cada vez menos para a realidade que pretende representar, cada vez mais para o mapa e não tanto para o território. No final das contas, o conhecimento científico, e em geral o conhecimento disciplinar complexo (García, 1995), não trata tanto da "realidade" como dos modelos que tratam de representar essa realidade. Dando uma mexida na idéia de Koffka de que não vemos o mundo tal como é, mas como nós somos, construir implica, portanto, ver-se a si mesmo refletido no mundo. E para que nós, alunos e professores, façamos tal coisa, é necessário que nos defrontemos com tarefas de aprendizagem com certos traços característicos, próprios da nova cultura da aprendizagem.

FOMENTANDO A CONSTRUÇÃO... ATRAVÉS TAMBÉM DA ASSOCIAÇÃO

Diante da nova cultura da aprendizagem, os professores devem se dedicar ao negócio da construção e fomentá-la em seus alunos. Há tarefas e projetos de trabalho mais adequados para isso do que outros e naturalmente pode se escrever um tratado, ou vários (Alonso Tapia, 1991; Carretero, 1993; Coll, Palacios e Marchesi, 1990; Lacasa, 1994; McGilly, 1994) sobre as formas mais efetivas de consegui-lo. Aqui mencionarei somente algumas características que devem ter as tarefas de aprendizagem que queiram se distanciar da rotina da aprendizagem associativa, própria da cultura tradicional da aprendizagem que ainda predomina em numerosos contextos de instrução. Como o desenvolvimento destas idéias vai ser o objeto de boa parte das páginas que ainda temos pela frente, ao leitor, se tiver ânimo para isso, enviarei apenas seis "telegramas" encadeados:

1. basear-se mais na solução de *problemas* ou tarefas abertas do que em completar exercícios fechados;
2. induzir o aluno a conceber a aprendizagem como um processo de *se fazer perguntas* mais do que de encontrar respostas já acabadas, elaboradas por outros;
3. incentivar a *ativação e tomada de consciência* progressiva de seus próprios conhecimentos e a regulagem dos próprios processos cognitivos na aprendizagem;
4. centrar a aprendizagem nos próprios alunos, de forma que a percebam como uma tarefa autônoma pela qual devem *se tornar responsáveis*, que deve ter como meta principal aprender e aprofundar em seu próprio conhecimento e não apenas servir como veículo para outras recompensas;
5. avaliar a aprendizagem de forma divergente, *incentivando a diversidade de resultados*, em vez de buscar um rendimento convergente, homogêneo e uniforme para todos os alunos; e
6. planejar a aprendizagem como uma tarefa de *cooperação social* em uma comunidade de saber, em vez de, como assinala ironicamente Carretero (1993), concebê-la sempre como um "vício solitário".

Pode ser que, em certos contextos de instrução, esse tipo de organização da aprendizagem não seja necessária (por ter como meta exclusiva uma aprendizagem associativa ou repetitiva, como aprender a usar a máquina de xerox para uma só e simples tarefa ou aprender o CPF) ou pouco viável, pelas condições restritas em que ocorre essa aprendizagem (que serão objeto da Quarta Parte do livro). Nesses casos (e em geral também para todas as situações em que a aprendizagem construtiva seja a meta prioritária, que deveria integrar outras formas mais elementares de aprender associando), convém lembrar alguns princípios que devem reger a aprendizagem associativa:

1. *Estabelecer as associações ou contingências adequadas* entre os comportamentos dos alunos e certas ocorrências ambientais relevantes, de forma que tendam a se favorecer os comportamentos eficazes e a reduzir a probabilidade das menos eficientes.
2. *Selecionar aquela informação que seja funcional* em outras tarefas de aprendizagem posteriores, em especial de natureza construtiva, proporcionando oportunidades adequadas para sua prática reiterada e continuada.

3. *Fomentar a automatização e condensação* desse conhecimento instrumental para novos alunos, mediante exercícios que integrem cada vez mais informação, planejando, controlando e supervisionando a prática dos alunos, de forma que se proporcione a eles informação adequada para corrigir seus erros e melhorar a eficácia de suas rotinas.

Como vemos, enquanto que esses últimos princípios fazem parte da tradição cultural mais assentada desde épocas bastante remotas (Capítulo 1), as tarefas dirigidas ao aluno construtivo implicam profundas mudanças, uma verdadeira *reconstrução*, na forma como os alunos e professores se acercam usualmente da aprendizagem, mudança que afeta os motivos que uns e outros têm para aprender e a própria concepção ou enfoque do qual se aborda a aprendizagem. Mudanças, enfim, também em alguns dos processos auxiliares da aprendizagem, que são o objeto do capítulo seguinte.

7

Outros Processos Auxiliares da Aprendizagem

Efemérides (11 de fevereiro)

O filósofo suíço René Emmental publica, em Zurich, sua obra capital, *Negação do positivismo, introdução ao negativismo positivo*. O surgimento da obra foi saudado pelo crítico Josef Plum com as seguintes palavras: "Pode ser que não lhe diga nada numa primeira leitura, mas o deixará sem forças para empreender a segunda".

MONCHO ALPUENTE, *O livro dos santos imaginários e dos fatos apócrifos*

Os famas, para conservar suas lembranças, tratam de embalsamá-los da seguinte forma: após fixada a lembrança tintim por tintim, embrulham-na da cabeça aos pés num lençol negro e a colocam contra a parede da sala com um cartãozinho que diz: "Excursão a Quilmes", ou "Frank Sinatra". Os cronópios, esses seres desordenados e indiferentes, deixam as lembranças soltas pela casa, entre gritos alegres, e andam pelo meio delas e quando uma passa correndo, acariciam-na com suavidade e lhe dizem: "Não vai se machucar", e também: "Cuidado com os degraus". É por isso que as casas dos famas são arrumadas e silenciosas, enquanto nas dos cronópios há grande folia e portas que batem. Os vizinhos se queixam sempre dos cronópios, e os famas mexem a cabeça compreensivamente e vão ver se as etiquetas estão no lugar.

JULIO CORTÁZAR, *Histórias de cronópios e de famas*

É tão curto o amor e tão longo o esquecimento.

PABLO NERUDA, *Vinte poemas de amor e uma canção desesperada*

A INTEGRAÇÃO DE DIVERSOS PROCESSOS NA APRENDIZAGEM

No Capítulo 2, falava da necessidade de adotar um enfoque integrador da aprendizagem, frente a certas tendências reducionistas em moda (toda aprendizagem é associativa, toda aprendizagem é construção e significado). Se quisermos entender a variada gama das aprendizagens humanas, devemos aceitar esse modelo integrador de múltiplos processos em interação. Não se trata apenas de integrar diversas formas de aprender, como no capítulo anterior, como também de integrar a aprendizagem no funcionamento geral do sistema cognitivo humano, tal como se descreveu no Capítulo 5. Aprender requer mobilizar esse sistema cognitivo mediante múltiplos processos que vão além dos mecanismos de aquisição e mudança de nossos conhecimentos. Para aprender a dirigir, a cuidar de bonsais ou a compreender a importância dos modos de produção na organização social é preciso ter motivos, é preciso atender às características relevantes, recuperar o aprendido e aplicá-lo a novas situações.

A psicologia cognitiva da aprendizagem requer que se considere, junto com os processos de aprendizagem propriamente ditos, todo esse conjunto de processos "auxiliares". Com freqüência, a aprendizagem fracassa porque não sabemos — alunos e professores — fazer um bom uso desses processos auxiliares, já que cada um deles admite diversas variantes e possibilidades, de forma que o resultado final da aprendizagem é produto do coquetel ou combinação entre esses diversos processos. Pode ser que os ingredientes, separadamente, sejam adequados, mas sua combinação pode ser indigesta. A aprendizagem, como a culinária ou a preparação de bebidas, também é uma questão de *química*, de misturar elementos para produzir novas e felizes combinações, em vez de poções e beberagens que possam ser fatais. Na Terceira Parte, se analisará a interação entre esses diversos elementos para produzir resultados da aprendizagem mais felizes em diversos âmbitos da conduta humana. Antes, porém, é conveniente que se tenha uma idéia geral de como a aprendizagem afeta cada um desses processos e como podemos melhorar sua *química*.

A MOTIVAÇÃO OU POR QUE QUEREMOS APRENDER

Como aprender implica mudar e a maior parte das mudanças em nossa memória precisa de uma certa quantidade de prática, aprender, principalmente de modo explícito ou deliberado, supõe um esforço que requer altas doses de motivação, no sentido mais literal ou etimológico, de "mover-se para" a aprendizagem. Na aprendizagem, como nos romances policiais, é preciso procurar sempre um motivo. Por que alguém, com todo o cansaço de um dia de trabalho nas costas, ao chegar em casa se encerra com uma fita cassete para falar durante meia hora num inglês rudimentar com uma camareira ou um vendedor de roupa imaginários? Por que um adolescente em ebulição deve se fechar em seu quarto para destrinchar os mistérios da meiose numa tarde tão promissora como esta? Por que um professor vai aprender novas e laboriosas técnicas para avaliar a aprendizagem de seus alunos mediante mapas conceituais se no final os pais querem o de sempre: que seus filhos passem e não que aprendam?

Aprender de modo explícito costuma ser algo difícil, algo em que gastamos energia, tempo, às vezes dinheiro, e sempre uma boa parte de nossa auto-estima, por isso os motivos para aprender devem ser suficientes para superar a inércia de não aprender. Muitos professores, especialmente na educação obrigatória, costumam atribuir o fracasso de seus alunos a uma ausência de motivação. Na realidade, tal como sugere Claxton (1984), seria mais adequado pensar na motivação em termos "newtonianos", e dizer que o problema não é que os alunos se movam, mas mudar "sua quantidade de movimento". Segundo a mecânica newtoniana, um objeto em repouso necessita de uma força para se pôr em movimento, da mesma forma que um objeto em movimento necessita de uma força para se deter. Em ambos os casos há uma cômoda inércia que leva a se manter no estado atual, a não mudar. É o que acontece a muitos alunos — e certamente a outros tantos professores — que se deixam levar pela inércia de não mudar. Normalmente, não é que não estejam motivados, que não se movam em absoluto, mas sim que se movem para coisas diferentes e em direções diferentes das que pretendem seus professores. Claxton (1984) diz, com felicidade, que motivar é *mudar as prioridades de uma pessoa*, gerar novos motivos onde antes não existiam. A motivação pela aprendizagem não é só um problema dos alunos, é também dos professores (Alonso Tapia, 1995), que não devem supor que seus alunos estão sempre, ao começar a aula ou ao propor uma tarefa, em "posição de aprendizagem" (na raia de largada, preparados, prontos, já!), mas que devem se assegurar de que os alunos têm motivos suficientes para empreender a aprendizagem. Como nos romances policiais, o motivo pode ser o fio que nos leva ao aluno.

Os motivos da aprendizagem: extrínsecos e intrínsecos

As clássicas teorias comportamentalistas da aprendizagem resolviam o problema da motivação de seus alunos, fossem ratos ou pombas, de forma sumária: antes de começar a tarefa de aprendizagem os privavam de uma necessidade básica, situando-os, por exemplo, em 70% de seu peso normal. Depois, associavam a entrega de comida com a execução de certos comportamentos por parte do animal, com o que tinham a certeza de que os ratos e as pombas tinham no mínimo 30% de motivos para aprender o que lhes era exigido, como mexer numa alavanca, correr por um labirinto ou morder as grades da gaiola. Também se usava, com generosidade, o castigo para induzir ou suprimir comportamentos. Uma boa descarga elétrica de tempos em tempos era muito instrutiva para o rato, que aprendia facilmente a evitar os comportamentos que antecediam as descargas (no Capítulo 8 se analisa a lógica subjacente a essas experiências e sua aplicação a alguns âmbitos da aprendizagem humana). Dessa forma, o problema da motivação no comportamentalismo ficava reduzido à mais fácil questão de manipular prêmios e castigos.

Embora os aprendizes humanos dificilmente aprendessem nas condições em que o fazem esses animais sacrificados, a distribuição de prêmios e castigos é uma das motivações mais comuns na aprendizagem humana. Talvez essa pessoa se encerre para aprender inglês ao voltar para casa porque, sabendo inglês, conseguirá uma promoção no trabalho; talvez o adolescente espere passar em ciências naturais para que lhe comprem a bicicleta prometida ou simplesmente para evitar a chatice de ter de estudar outra vez uma coisa tão apaixonante como a meiose. Trata-se de conseguir algo desejado ou de evitar algo indesejado, *em troca de* aprender. É o que se conhece como *motivação extrínseca*, uma situação em que o motivo para aprender está fora do que se aprende, são suas conseqüências e não a própria atividade de aprender em si. Como o rato que aprende o comportamento que o investigador lhe exige, lhe é indiferente um ou outro, o aluno que quer conseguir a bicicleta ou evitar um mau verão aprenderá com o mesmo interesse a meiose que a trombose ou a cirrose, desde que, em troca, seja aprovado. O motivo da aprendizagem não é o que se aprende, mas as conseqüências de tê-lo aprendido.

Sem dúvida, os sistemas de prêmios e castigos funcionam, são uma forma eficaz de mover a aprendizagem para obter certos resultados (como alguns dos que se recolhem no Capítulo 8). Ainda que seja preciso ter cautela, principalmente ao utilizar o castigo, porque, como os medicamentos, costumam ter efeitos colaterais indesejáveis (analisados por exemplo em Seligman, 1975, ou Tarpy, 1985), não há dúvida de que um bom sistema de incentivos move e às vezes comove os alunos. Incentivar externamente a aprendizagem tem certas limitações, que fazem com que sua eficácia decresça consideravelmente em certas condições. Um primeiro problema está em encontrar prêmios e castigos que funcionem. Quando a aprendizagem se produz num contexto de trabalho, isso não costuma ser problema nenhum, ainda que seja necessário saber administrar os incentivos com cautela. Mas quando a aprendizagem tem lugar num contexto escolar, ou quando o estabelecimento desses incentivos está restringido por um tratamento supostamente igualitário dos alunos (é, por exemplo, o problema da formação permanente dos funcionários públicos e foi, segundo dizem, uma das causas da falta de empuxo das economias socialistas), a própria seleção de prêmios e castigos pode ser difícil. A reprovação, que castiga alguns alunos, não preocupa outros (talvez, inclusive seguindo certas campanhas publicitárias perversas, as colecionem, porque em outro contexto, um bar com jogos, os premiem com consumo gratuito). Dado que na aprendizagem humana não é possível, nem recomendável, utilizar as *necessidades* básicas como incentivo, como acontece com os sofridos ratos, é preciso recorrer a necessidades socialmente construídas, que funcionam mais como *valores ou desejos*, cuja influência sobre a aprendizagem é bem diferente e cuja eficácia depende do grau com que o aluno as interioriza, quer dizer, que as assuma como próprias. A aprovação social (na forma de aprovado ou notável) ou a escapada de situações sociais desagradáveis (mostrar as notas aos pais) são valores que podem afiançar certas aprendizagens, mas que não funcionam do mesmo modo com todos os alunos. Mais adiante, voltarei a esses motivos intrínsecos.

Um segundo problema é que, num sistema de motivação extrínseca, os resultados da aprendizagem dependem totalmente da manutenção dos prêmios e castigos. Se o rato deixa de receber comida, rapidamente sua taxa de reposta decresce até que o comportamento finalmente se extingue. A retirada do prêmio ou do castigo produz uma extinção do comportamento aprendido: já não há motivos para mexer a alavanca, estudar biologia ou elaborar mapas conceituais. Se o comportamento aprendido mediante motivação extrínseca é relevante e eficaz para o aprendiz, de forma que a utilize em muitos contextos depois de tê-lo aprendido (por exemplo, escrever num computador ou falar inglês), os resultados serão duradouros. Mas se, como acontece em muitas situações principalmente escolares, o que se aprende (seja a meiose, o imperativo categórico ou as funções logarítmicas) não é percebido pelo aluno como algo de interesse ou significativo, essa aprendizagem é muito efêmera (vai pouco além do exame, se vai) e, portanto, muito pouco eficaz. Às vezes, não só não se conseguem as aprendizagens desejadas (que os alunos entendam a meiose) como inclusive se obtém também resultados indesejáveis bastante mais duradouros (como detestar para sempre as ciências naturais e seus abstrusos conceitos), em forma de atitudes muito difíceis de modificar depois (como se verá no Capítulo 9).

Realmente, o fato de que os alunos percebam que um resultado da aprendizagem é significativo ou tem interesse em si mesmo constitui outro motivo para aprender, que se conhece como *motivação intrínseca*, quando a razão para se esforçar está no que se aprende (falar inglês, andar de bicicleta, controlar as próprias emoções ou compreender melhor minhas filhas). Aprender pela satisfação pessoal de compreender ou dominar algo implica que a meta ou motivo da aprendizagem é precisamente aprender, e não obter algo "em troca da" aprendizagem.

Talvez essa pessoa se dedique a aprender inglês porque sente prazer falando outras línguas, ou o adolescente tenha ficado intrigado com os mecanismos da reprodução sexual, ou o professor esteja realmente interessado em melhorar a avaliação da aprendizagem de seus alunos e não apenas em administrar com eqüidade aprovados e reprovados.

Quando o que move a aprendizagem é *o desejo de aprender*, seus efeitos sobre os resultados obtidos parecem ser mais sólidos e consistentes do que quando a aprendizagem é movida por motivos externos (Alonso Tapia, 1992). Parece haver certas diferenças individuais no "estilo motivacional", de forma que enquanto alguns alunos se orientam mais para o êxito, outros se preocupam mais por aprender (Alonso Tapia, 1995; Rogers, 1982; Stevenson e Palmer, 1994). A aprendizagem associativa, ao menos quando se produz de modo explícito, tende a se basear em sistemas motivacionais extrínsecos. Os motivos intrínsecos ou o desejo de aprender estão tipicamente mais vinculados a uma aprendizagem construtiva, à busca do significado e sentido do que fazemos (Novak e Gowin, 1984), do que à aprendizagem associativa, em que unimos peças de informação que nos foram proporcionadas ou apresentadas sem que nos interroguemos sobre seu significado. Para que o aluno crie um interesse intrínseco pelo que aprende, deve perceber uma autonomia na determinação das metas de sua aprendizagem e nos meios para alcançá-las, além de viver a situação como um contexto emocionalmente favorável. Sendo assim as coisas, não é estranho que a aprendizagem se mova tão pouco na educação obrigatória, a não ser que se mova uma intervenção instrucional adequada, de que me ocuparei mais adiante.

Em todo caso, se os motivos para tentar uma aprendizagem podem ser inicialmente extrínsecos ou intrínsecos, o mais freqüente é que se produza uma mistura ou uma combinação de ambos, daí que o relevante do ponto de vista da instrução é, a partir desse estado inicial, promover, dentro do possível, a motivação mais eficaz e duradoura, por ser menos dependente de fatores externos, que é o desejo de aprender (Alonso Tapia, 1992). Realmente, a polaridade extrínseca-intrínseca deve ser entendida como um contínuo, de modo que gerar um desejo por aprender é fazer com que o aluno interiorize (ou atribua a si mesmo) motivos que inicialmente percebe fora de si.

O leitor pode se perguntar por que começou a ler este livro. Por que, entre muitas coisas apaixonantes que podia estar fazendo agora, está lendo este livro? Será uma obrigação imposta? Talvez tenha vindo a ele buscando uma resposta concreta a um problema pontual, como, por exemplo, motivar esses estudantes tão rebeldes que por acaso lhe "tocaram" este ano, ou como planejar melhor a própria aprendizagem? Enfim, seja qual for o motivo de chegada ao livro, manter-se lendo-o, avançar com esforço através de suas páginas, requer que essa motivação permaneça ou provavelmente cresça. À medida que a aprendizagem requer mais esforço, de mais motivação se necessita para compensar o desgaste. Se o leitor ainda não largou o livro, limitando-se, como sugere José Donoso referindo-se aos romances escritos como *best-sellers*, a mastigá-lo como um livro-chiclete, sem engolir nem digerir seu conteúdo, se o leitor continua, talvez seja porque, fosse qual fosse o motivo inicial, surgiu um novo desejo ou inquietude por saber e compreender. Não vá lhe acontecer como com a imensa obra do suposto filósofo suíço Emmental, cuja citação apócrifa abria este capítulo. O mau não é que já não aprendas nada, é a falta de vontade de voltar a tentar.

Na cultura do *zapping*, informativo à que me referi no Capítulo 1, manter nossos processos de aprendizagem concentrados numa tarefa, sem devaneio nem despistes, requer talvez ainda maiores doses de motivação e interesse pela tarefa. Todos os anos fazemos planos carregados de virtude e vontade: este ano aprenderemos por fim inglês, nos inscreveremos num curso de degustação de vinhos, nos dedicaremos à bricolagem e à restauração de móveis antigos e, nos momentos livres, jogaremos xadrez no computador. Com o passar das semanas, pouco a pouco vão caindo as folhas dessa agenda bem-intencionada. Nossos desejos nem sempre estão bem motivados. Se com o tempo persistimos em alguma dessas atividades será porque além do motivo inicial surgiram novos desejos. Assim como os objetos em movimento se detêm pela ação de certas forças invisíveis, a inércia de nossa motivação também não costuma ser suficiente para manter em movimento nossa aprendizagem. Será necessário que nos deparemos com algumas condições de instrução que impulsionem com novos motivos nossos desejos de aprender, que mudem, conforme a expressão de Claxton (1984), nossas prioridades.

Mas nossa motivação pode decrescer ou aumentar não só porque muda o valor de nossas metas. Talvez, depois de inscritos no curso de degustação de vinhos, achemos que não evoluímos grande coisa, que não temos um olfato muito fino para discriminar um vinho "limpo e intenso" de outro "com aromas frutais". Talvez, por mais que nos interesse, pensemos que nunca vamos ter sucesso como provadores de vinhos e que mais vale deixá-lo de uma vez. A motivação não depende só dos motivos que temos mas do sucesso que esperamos se tentamos alcançá-los. É o que propõe a teoria da motivação de êxito (Atkinson e Raynor, 1978; McClelland, 1985), segundo a qual a motivação frente a uma tarefa é sempre o produto do *valor* que atribuímos a um resultado (o motivo) pela *expectativa* de alcançá-lo e o *hábito* adquirido em consegui-lo. Se um resultado não nos interessa, não nos esforçaremos em alcançá-lo. Mas ainda que nos interesse nos esforçaremos muito pouco se pensarmos que não vamos alcançá-lo ou que não sabemos fazê-lo porque carecemos de hábitos (ou, como se verá no Capítulo 11, de habilidades e estratégias) para consegui-lo. A expectativa não depende só de nossa história de sucessos e fracassos na tarefa, mas principalmente de como os interpretamos e de a que atribuímos nossa dificuldade para discriminar os sutis aromas do vinho.

O efeito da expectativa: a atribuição de sucessos e fracassos na aprendizagem

Diante de qualquer situação de aprendizagem em que experimentamos um sucesso ou um fracasso, podemos atribuir esse resultado a diversas causas. Talvez eu tenha um olfato ruim, mas pode ser também que não haja praticado o suficiente e deva ter paciência ou, vai ver, o professor não ajuda para que a tarefa seja interessante ou que não presto atenção no que é relevante. O que parece afetar a motivação, com o que me esforçarei na próxima sessão, se é que chegarei nela, não é qual é a causa real (se é que pode se saber com certeza), mas qual penso eu que é a causa, a que *atribuo* meu fracasso, já que isso determinará minha expectativa de sucesso ou fracasso na próxima tarefa (Alonso Tapia, 1992; Pardo e Alonso Tapia, 1990; Rogers, 1982; Weiner, 1986). Essa atribuição, e com ela a motivação, são uma interpretação, ou seja, uma construção, muito ligada a minhas teorias implícitas (veja Capítulo 8) sobre minhas capacidades intelectuais, minha auto-estima, etc. Todas as possíveis atribuições podem ser classificadas em três dimensões principais, recolhidas na Figura 7.1 (Weimer, 1986). Posso atribuir meu fracasso como enólogo a fatores externos (o professor, as tarefas dadas, os vinhos que "cheirei" até agora, todos *rosés*) ou internos (meu olfato, meu interesse, minha capacidade de prestar atenção). Cada um destes pode ser por sua vez estável (o professor ou meu olfato não vão mudar até amanhã) ou instável (talvez seja o resfriado que tive, que acabará passando, ou que os vinhos *rosés* não me agradem tanto como os tintos, que vamos estudar a seguir). Por último, esses fatores podem estar ou não sob meu controle (o cansaço, a falta de atenção ou até certo ponto a ajuda do professor são controláveis; minha falta de olfato ou a pouca clareza das explicações do professor, não).

Pois bem, dependendo a que tipo de causas eu atribua meus sucessos e fracassos, minhas expectativas para o futuro, e com elas minha motivação, mudarão. Ainda que a pauta de interações entre essas dimensões esteja longe de estar clara (Alonso Tapia, 1995; Schunk, 1991), da Figura 7.1 podemos tirar algumas idéias interessantes, fixando-nos nas situações potencialmente conflitantes, quer dizer, nos fracassos. Se a atribuição do fracasso é a um fator estável, que não vai mudar no futuro previsível (o professor) minha expectativa de sucesso se reduzirá e com ela decrescerá minha motivação, o que provavelmente me distancie ainda mais do sucesso. Em troca, se atribuo o fracasso a um fator instável, poderei esperar uma melhora sempre que seja um fator controlável (meu cansaço em sessões anteriores), mas não se não é controlável (vou melhorar do resfriado?, os vinhos tintos serão mais fáceis de discriminar do que os *rosés*?). Finalmente, o fato de que a atribuição do fracasso seja a fatores internos ou externos tem importantes

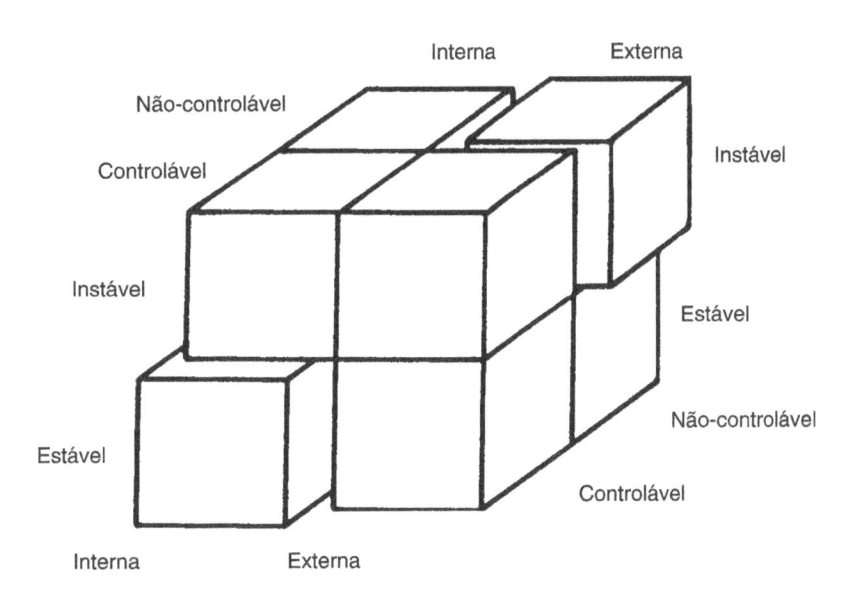

FIGURA 7.1 Representação tridimensional da atribuição dos próprios sucessos e fracassos na aprendizagem, em que as três dimensões são externa/interna, estável/instável e controlável/não-controlável. Cabe esperar que um aluno que tende a atribuir seus sucessos ao dado da parte inferior esquerda (fatores internos, estáveis e controláveis) e seus fracassos ao dado superior da direita (fatores externos, instáveis e não-controláveis) será um aluno esperançoso e motivado, já que tenderá a esperar o sucesso em novas tarefas, daí que este estilo "atributivo" será adaptativo em alunos que tendem a ter sucesso. A pauta inversa (atribuir os sucessos ao cubo de cima à direita e os fracassos ao de baixo à esquerda) é, em troca, típica de um aluno "indefeso" diante da tarefa, habituado ao fracasso e desmotivado por ele, daí que necessitará possivelmente de uma intervenção específica (adaptado de Steiner, 1988).

conseqüências emocionais para minha auto-estima (Alonso Tapia, 1995). Uma atribuição dos fracassos a fatores internos, estáveis e não-controláveis produz uma típica situação de "desamparo adquirido" (no Capítulo 8 voltarei a este fenômeno) frente às tarefas de aprendizagem, que atinge seriamente não só a motivação como a própria auto-estima e o autoconceito (Alonso Tapia, 1995; Steiner, 1988). É o aluno que espera fracassar sempre e já nem tenta cumprir as tarefas. No outro extremo, a atribuição de todos os sucessos a fatores internos e os fracassos a causas externas não-controláveis (o típico critério de "passei, me reprovaram") também pode ser prejudicial, já que não prevê mudanças no futuro para superar os fracassos (a culpa é do mundo, não minha).

As pautas motivacionais derivadas de um modelo desse tipo são amplas e variadas, estando, além disso, sujeita à controvérsia empírica e teórica sua verdadeira influência sobre a aprendizagem. Não vou me deter aqui em tais polêmicas. Uma boa forma de inteirar-se delas é consultar os trabalhos de Jesús Alonso Tapia (1991, 1992, 1995). Em todo caso, a análise conjunta de expectativas e valores na motivação sugere algumas vias pelas quais os professores podem intervir na motivação com que seus alunos se acercam da aprendizagem e se mantêm nela.

Dando motivos para aprender

Se aceitamos que, de uma forma ou de outra, a motivação é um produto da expectativa de sucesso pelo valor da meta proposta, há dois caminhos fundamentais através dos quais os professores podem incrementar a motivação dos alunos, ou os alunos a sua própria: aumentando as expectativas de sucesso e/ou o valor desse sucesso. Depois, por cada um desses caminhos pode se avançar de diversas formas. Alonso Tapia (1991) detalha oito princípios para melhorar o planejamento motivacional das tarefas de aprendizagem. De forma muito mais sintética e imprecisa, do que foi exposto até agora podem se tirar seis princípios de intervenção.

Para incrementar a *expectativa de sucesso* nas tarefas, podemos:

1. *Adequar as tarefas às verdadeiras capacidades de aprendizagem* dos alunos, reduzindo a probabilidade de que fracassem. Não há nada mais desmotivador do que o fracasso (e, como assinalei no Capítulo 1, fracasso não é só ser reprovado, é principalmente não encontrar sentido no que se está fazendo). Adequar as tarefas implica um bom planejamento instrucional para a aprendizagem que leva em conta os diversos aspectos assinalados neste livro. Trata-se, em suma, de melhorar a motivação melhorando a aprendizagem, já que não se trata de uma relação causal unidirecional, mas de uma autêntica interação.
2. De modo mais preciso, podemos *informar os alunos sobre os objetivos concretos das tarefas e os meios para alcançá-los*, orientando sua atenção e guiando sua aprendizagem mediante a ativação dos conhecimentos prévios adequados.
3 Proporcionar uma avaliação do alcance dos objetivos propostos que seja algo mais do que um prêmio ou um castigo, do que uma classificação, e que *proporcione informação relevante sobre as causas dos erros cometidos*, de forma que conduza os alunos a atribuições baseadas em fatores internos, instá-

veis e controláveis. É preciso corrigir o aluno, não só suas provas. A avaliação também deverá servir para avaliar ainda o sucesso da estratégia instrucional seguida pelo próprio professor, que, dessa forma, poderá também atribuir seu sucesso ou fracasso a fatores que ajudem a melhorar a instrução, de acordo com o primeiro ponto anterior. Em suma, as atividades de avaliação devem ser também ocasião de aprendizagem, tanto para os alunos como para os professores.

Para incrementar o *valor* das metas da aprendizagem, podemos:

4. Identificar um sistema de recompensas e sanções eficaz para os diferentes alunos, ou, melhor ainda, *conectar as tarefas de aprendizagem com os interesses e motivos iniciais dos alunos*, com o fim de fazer da aprendizagem uma tarefa intrinsecamente interessante que, de forma progressiva, vá criando novos motivos e prioridades mais próximos dos objetivos finais da instrução. Quando os alunos não compartilham, desde o início, os interesses do professor, é preciso partir de seus interesses para mudá-los, fazendo-os ver a relevância e o sentido dessas novas metas mediante sua conexão com seus conhecimentos e interesses prévios.
5. Criar contextos de aprendizagem adequados para o desenvolvimento de uma motivação mais intrínseca, *incentivando a autonomia dos alunos, sua capacidade para determinar as metas e os meios de aprendizagem* mediante tarefas cada vez mais abertas, mais próximas de problemas do que de exercícios, *e promovendo ambientes de aprendizagem cooperativa*, positivos do ponto de vista emocional, em que o sucesso dependa do sucesso dos demais, em vez de situações competitivas, em que o sucesso do aluno depende do fracasso dos demais. A motivação aumenta quando se aprende entre amigos e não entre inimigos.
6. *Valorizar cada progresso na aprendizagem*, não só por seus resultados finais como também pelo interesse que manifestam, fazendo-os ver que seu esforço na aprendizagem é uma parte intrínseca da mesma, socialmente valorizada. As expectativas sobre o próprio rendimento, a auto-estima, se originam sempre fora da gente, como expectativas que os demais (professores e colegas) têm em relação a nós e que depois se interiorizam. Se os demais esperam que eu tenha sucesso, e me fazem ver isso, é mais provável que eu tente tê-lo e, finalmente, que o tenha.

Enfim, esses princípios poderiam ser resumidos numa idéia importante: a possibilidade que um professor tem de mover seus alunos para a aprendizagem depende em grande parte de como ele mesmo enfrenta sua tarefa de ensinar (e aprender ensinando). A motivação dos alunos não pode se desligar muito da que têm seus professores, principalmente naqueles contextos que constituem uma verdadeira comunidade de aprendizagem, em que os alunos e os professores compartilham juntos muito tempo de aprendizagem. Como se verá no Capítulo 12, todo professor é, queira-se ou não, um modelo de muitas coisas, boas ou más, para os alunos. Ninguém levará os outros a aprender se não houver nele também um movimento para a aprendizagem. Um professor cuja atividade profissional se guia só por motivos extrínsecos dificilmente promoverá motivos intrínsecos em seus alunos. Lembro que há alguns anos, dando um curso de psicologia da aprendizagem para futuros (e hipotéticos) professores de Educação Secundária*, em que a motivação dos adolescentes costuma ser um dos problemas de aprendizagem mais severos, um aluno (e suposto futuro professor) me respondeu:

> Tudo bem isso de melhorar a educação e torná-la mais interessante para os alunos. Mas é papo furado, porque a educação é uma conseqüência do pecado original; os alunos e os professores vão à aula para sofrer, não para se divertir. Então o negócio é não se enganar.

Sempre pensei que se esse aluno chegou alguma vez a se tornar professor, ou mudou suas prioridades e começou a pensar em sua tarefa de outra maneira, ou, se não, se todo dia entra em aula arrastando penosamente seu pecado original, dificilmente cabe esperar que seus alunos sintam muito interesse pelo que lhes ensina: será para eles apenas uma pesada penitência imposta por um pecado alheio e, na realidade, muito pouco original.

A ATENÇÃO OU ONDE FOCALIZAMOS A APRENDIZAGEM

A motivação pode ser considerada como um requisito, uma condição prévia da aprendizagem. Sem motivação não há aprendizagem. Mesmo havendo motivação, talvez ainda não haja aprendizagem e, nesse caso, acabará por se perder também a motivação. Uma vez motivado o aluno, necessita-se ativar outros processos para se conseguir uma aprendizagem eficaz. Um desses processos é a atenção. Acontece como com a motivação, trata-se de um requisito para que se produza aprendizagem, mas sua manutenção depende do próprio sucesso das atividades de aprendizagem. Segundo vimos no Capítulo 5, a atenção está estreitamente vinculada à chamada memória de trabalho, cujo mecanismo funcional é mais o de um sistema atencional (Baddeley, 1990; De Vega, 1984). Dada a limitação em recursos cognitivos disponíveis na memória de trabalho, uma boa aprendizagem necessitará enfocá-los ou dirigi-los para as características relevantes do material de aprendizagem. Será necessário processar ativamente aquilo que é relevante para aprender. Mas nem sempre os alunos concentram seus recursos, seu foco atencional, no que é relevante. Há várias causas pelas quais a atenção pode se desviar ou não se manter suficientemente concentrada para aprender. Essas causas estão relacionadas com os diversos mecanismos que compõem o sistema atencional humano. Tradicionalmente se sustenta que a atenção humana realiza três funções ou mecanismos relacionados (De Vega, 1984): um sistema de *controle* de recursos limitados, um mecanismo de *seleção* ou filtro da informação que deve ser processada e um mecanismo de *alerta* ou vigilância, que permite manter ou sustentar a atenção. Ainda que se tratem de três processos vinculados entre si (ao haver recursos limitados é preciso selecionar onde enfocá-los e evitar que se esgotem por completo), é conveniente analisar como cada um deles afeta a aprendizagem.

---

*N. de R.T. A Educação Secundária espanhola tem a duração de quatro anos (dos 13 aos 16 anos, aproximadamente).

O controle dos recursos atencionais limitados

A atenção costuma ser representada como um "funil" ou gargalo de garrafa no fluir do processamento. Dados os limites de nossa memória de trabalho, existem em todo momento muitos estímulos, fatos ou mudanças ambientais aos quais podemos atender. Talvez neste momento o leitor (tomara!) esteja concentrado na leitura destas páginas, o que sem dúvida o impede de prestar atenção ao vôo de uma mosca, à freada do ônibus na rua ou, cuidado, ao ruído da cafeteira anunciando que o café já está pronto. A atenção é algo assim como a gasolina do sistema cognitivo, sempre cara e escassa, de forma que quanto mais consumimos menos nos sobra na reserva. Quando uma tarefa, como ler este livro, requer que utilizemos processos controlados, concentrando nela nossa atenção, mal nos sobram recursos para outras tarefas subsidiárias. Como foi dito no capítulo anterior, um dos meios de incrementar os limitados recursos atencionais é condensar vários elementos de informação numa só peça ou *chunk*, ou transformar os processos controlados em automáticos. Ambos os recursos, conforme vimos, são um produto da aprendizagem massiva, que permite automatizar processos que inicialmente consumiam recursos, liberando energia cognitiva para fazer novas tarefas, paralela ou adicionalmente às que se executam de modo automático.

A distinção entre processos controlados e automáticos (com ou sem atenção) deve ser tomada como um contínuo. Inclusive na tarefa mais automatizada resta um resíduo atencional que nos permite perceber nossos erros e, se ainda há tempo, corrigi-los. Alguns dos *lapsus* mais freqüentes, às vezes divertidos (como nos empenhar em entrar num carro igual ao nosso, mas que não é o nosso) e outras nem tanto (pôr no fogo a cafeteira sem café, ou, o que é pior, sem água, atirar a roupa suja no vaso em vez de no cesto que está ao lado, ou chamar nossa mulher pelo nome de uma colega de trabalho), além de admitir uma substancial interpretação freudiana, que remete às profundas cavernas de nossos desejos inconscientes, podem ser interpretados em termos de um "inconsciente cognitivo": são tarefas que executamos de modo automático, de forma que não detectamos o erro cometido (Norman, 1988, proporciona uma divertida análise, desde a psicologia cognitiva, desses erros).

Uma pergunta que talvez esteja rondando a mente do leitor sobre a possibilidade de aprender sem dar atenção ao material de aprendizagem, quer dizer, por processos automáticos. Alguma publicidade assim o sugere. Por vezes, nos oferecem cursos de idioma (quase sempre de idiomas, por quê?) com o apelo de "aprenda sem esforço", seja mediante hipnose, ouvindo fitas durante o sono ou por procedimentos subliminares. Aprende-se alguma coisa assim? Não me atreverei a negá-lo veementemente, já que há indícios de que, em certas condições, pode se chegar a aprender alguma coisa (Reber, 1993), mas, sem sombra de dúvidas, esse aprendizado será muito pouco eficaz e duradouro. Se alguém quer aprender realmente um idioma deve dedicar ativamente sua atenção a isso. Inclusive a aprendizagem implícita é mais eficaz quando se dá atenção aos estímulos ou aos elementos que se associam, não só em humanos (Hertas, 1992; Reber, 1993) como em outras espécies animais. Os modelos vigentes de aprendizagem animal afirmam que os mecanismos atencionais desempenham um papel essencial na aprendizagem de relações entre estímulos e comportamentos (Aguado, 1989; Rescorla, 1980; Tarpy, 1985). Pode-se afirmar que, em geral, sem atenção, não há aprendizagem, ou, se se quer maior precisão, quanto mais atenção, mais aprendizagem. Não basta ter pela frente o material de aprendizagem (a brilhante exposição teórica do professor, as instruções para programar o vídeo ou a receita para fazer robalo ao sal), além disso é preciso prestar atenção aos elementos mais relevantes do que se vai aprender. Sem dúvida, o leitor teve muitas vezes em suas mãos uma nota de dez reais (isso já basta), mas poderia dizer que figura há em cada face da nota ou exatamente onde se indica o valor da nota? Quando, numa pesquisa realizada no Reino Unido, se pediu às pessoas que desenhassem diversas moedas de uso corrente, comprovou-se que a maioria não lembrava o que havia em cada face da moeda (Baddeley, 1982). As pessoas lembram aquilo em que prestaram atenção, o que processaram ativamente, ou seja, o que costumam ser as características relevantes para discriminar uma moeda ou uma nota de outra (sem dúvida, o leitor conhecerá a cor da nota de dez reais, que é a característica a que presta atenção para não se enganar ao pagar, ou ao cobrar). A atenção implica também um processo seletivo, por isso o foco atencional ilumina algumas partes da realidade em detrimento de outras.

A atenção como processo seletivo

De todo o bombardeio de estímulos a que somos submetidos em cada instante, maior ainda na sociedade da informação descrita no Capítulo 1, somos capazes de dar atenção somente a uma mínima parte. Num contexto de instrução, os professores — e às vezes também os alunos — desejariam que o foco iluminasse apenas o que deve se aprender (a teoria cinética dos gases ou os procedimentos para equilibrar um balanço contábil) e deixasse na sombra o resto das coisas interessantes que estão acontecendo agora mesmo, que só podem interferir ou perturbar a aprendizagem no caso de se prestar atenção a elas (a estranha forma do nó da gravata do professor, a sonolência que vence essa garota da segunda fila ou os brinquedos e cantorias das crianças sob a janela da sala).

A que, mais provavelmente, os alunos prestarão atenção? Como conseguir atrair sua atenção para os materiais de aprendizagem? Nem todos os estímulos e informações "chamam a atenção" igualmente. Costumamos dar mais atenção à informação *interessante*, a que tem a ver com nossa motivação. Talvez nos interesse o professor e, por isso, nos fixemos em sua gravata, ou tenhamos filhos pequenos e não possamos evitar prestar atenção às canções infantis. Realmente, embora não estejamos prestando atenção a uma mensagem, se de repente inclui informação que nos interessa, costumamos mudar nossa atenção e dirigi-la para essa mensagem que nos afeta. Por exemplo, se numa festa em que estamos falando numa roda de pessoas sem escutar o que se diz em outro grupo, de repente nesse outro grupo alguém menciona nosso nome, é muito provável que nos inteiremos e dirijamos para lá nossa atenção, com o que vai se tornar bastante difícil acompanhar o que se diz em nossa roda; é o que se conhece como o *efeito forró*.* Na cultura do *zapping* a que me referi no Capítulo 1, na sociedade do bombardeio de informação através de múltiplos canais, em que tantas informações competem ferozmente por nossa atenção, nos inclinaremos mais por aquela informação que "alude" a nós pessoalmente, que, se não nos chama por nosso nome, ao menos tem que ver com a gente e nossas preocupações. Uma forma de atrair ou chamar a atenção dos alunos é lhes apresentar materiais interessantes na forma e no conteúdo. A motivação é também um requisito para a atenção, principalmente quando é preciso mantê-la durante certo tempo.

---

*N. de T. *Efecto guateque*. Guateque é uma festa com danças, no Caribe, muito movimentada.

Outra forma de chamar a atenção do aluno é selecionar de modo adequado a informação que se apresenta, destacando a que seja mais importante para a aprendizagem. Costumamos prestar mais atenção à informação *relevante*, a que nos permite discriminar com mais facilidade uma situação de outra e tomar decisões (a cor das notas mais do que a figurinha que está pintada nelas). Nem sempre os alunos detectam qual informação é a mais relevante (em que devo me fixar para diferenciar um vinho de outro quando os estou provando?, como sei que o robalo está no ponto?). Podemos ajudar os alunos a selecionar essa informação relevante mediante *sinais* que dirijam ou atraiam sua atenção. Um sublinhado, um esquema, mas também uma pergunta ou uma tarefa concreta chamam a atenção sobre um aspecto que havia passado despercebido (certamente, o leitor prestou atenção à capa do livro?, poderia dizer como é?; se já não o fez, sem dúvida agora o fará). Para que o aluno discrimine a informação relevante da que não o é tanto, é necessário que os materiais de aprendizagem tenham sido planejados de forma que nem tudo o que se apresenta seja igualmente relevante, que nem tudo seja novo e requeira toda a atenção do aluno ou que nem tudo tenha, ao menos para essa tarefa de aprendizagem, a mesma importância. Em muitos contextos, os alunos estão acostumados a aprender *tudo* o que lhes é apresentado igualmente, já que normalmente seus professores não graduam a relevância relativa de cada aspecto, com o que, como Funes, o memorioso, o personagem criado por Borges, se perdem numa multidão de detalhes em vez de captar o que de geral há nesses detalhes. Quando tentam selecionar a informação por sua conta, mediante técnicas de sublinhado, por exemplo, muito alunos sublinham quase tudo (a gente pode ver de longe as páginas amarelas ou rosas, banhadas por essa luz fosforescente que emitem os marcadores de sublinhar). Não sabem selecionar, quer dizer, dirigir adequadamente o foco de sua atenção para o que é mais relevante, porque não foram ensinados a fazê-lo.

Uma última forma de chamar a atenção dos alunos é apresentar informação *moderadamente discrepante* ou, se se prefere, relativamente nova. Se tudo o que se apresenta é novo, ou parece, porque os alunos não o reconhecem como já aprendido, não há energia cognitiva suficiente para processá-lo direito e a aprendizagem será bastante pobre (como quem tenta visitar numa tarde todas as salas do Museu do Prado, vale mais se concentrar numas poucas e apreciá-las bem). Se não se apresenta nada novo, se a tarefa de aprendizagem tem um aspecto rotineiro, mal despertará nossa atenção — despertar, chamar, atrair, prestar, a cultura popular sobre a atenção é muito certeira —, daí que também não haverá aprendizagem. A rotina, o tédio, a "conversa fiada" são os maiores inimigos da atenção. A monotonia didática acaba por "apagar" a atenção. O mesmo fato que no começo chamou nossa atenção (por exemplo, as canções infantis sob a janela), à força de se repetir e de se tornar rotina, acabam por se transformar num ruído de fundo, a que não prestamos atenção. Esse fenômeno (a retirada da atenção a um fato que se tornou constante) é conhecido como *habituação*. Uma vez habituados a algo (a gravata do professor), o que nos chama a atenção é que deixe de acontecer (nos "fixamos" na gravata no dia em que não for usada, nos damos conta das canções infantis quando acabam). O processo inverso à habituação se conhece com o nome de *sensibilização* (Domjan e Burckhard, 1990; Tarpy, 1985). O que desperta a atenção — esse felino preguiçoso que todos temos dentro, que salta ágil e feroz diante de qualquer novidade — é a mudança de estímulo, a ruptura com o habitual. Mudar as rotinas, diversificar as tarefas de aprendizagem, fazer com que as tarefas sejam sempre distintas e imprevisíveis é uma forma eficaz de atrair e, principalmente, de manter a atenção dos alunos. O difícil não é despertar a atenção adormecida de modo instantâneo (um grito de "fogo!" bastaria), o difícil é conseguir que os alunos se mantenham atentos, alertas, quando a tarefa requer uma atenção contínua, como acontece com a maior parte das aprendizagens complexas.

A atenção contínua

Os recursos cognitivos não só são limitados em cada momento, em cada instante do processamento. Também o são através do tempo. Se aceleramos e forçamos muito a atenção durante um tempo contínuo, os recursos acabam por se esgotar, acaba-se a gasolina e mergulhamos numa indolente fadiga que nos impede novos esforços cognitivos por um tempo. Como já vimos no Capítulo 5, os recursos disponíveis aumentam com a idade. As crianças são menos capazes de manter a atenção, daí que as tarefas devem ser curtas e variar com muita freqüência. Ainda que nós, adultos, tenhamos um tanque maior, se abusamos dele também acabará a gasolina. Novamente convém diversificar as tarefas, graduar as novas aprendizagens (que consomem mais recursos) e dar toda a *autonomia* possível aos alunos para que estabeleçam seu próprio ritmo de aprendizagem, além de envolvê-los ativamente na realização das tarefas. Mas, principalmente, devemos combater o abatimento da atenção proporcionando-lhes estratégias para administrá-la mais eficazmente e procurando *dosar as novas aprendizagens*, de forma que os momentos de forte consumo atencional sejam seguidos por fases mais estacionárias, de consolidação do aprendido, em que o esforço cognitivo é menor. Embora tenhamos usado a comparação do tanque de gasolina, talvez ajudasse mais pensar na atenção como no esforço de um ciclista. Para manter energias suficientes para concluir a etapa, ou o *tour*, o esforço deve ser dosado. Nem todas as atividades ou sessões de aprendizagem devem ser "etapas fatais", em que o aluno deva subir o Tourmalet, a Croix de Fer e o Galibier[*] de uma tacada. É preciso programar etapas planas intermediárias, descidas que permitam recuperar forças e, em geral, ajudar o aluno a distribuir melhor seus recursos em vez de consumi-los logo de saída. É preciso prestar atenção na aprendizagem.

Prestando atenção à aprendizagem

As três funções do sistema atencional humano (controle, seleção e vigilância) podem se tornar mais efetivas na aprendizagem se nós, professores, ajudarmos os alunos a seguir certos princípios, que a partir do anterior, podem ser resumidos da seguinte forma:

1. *Selecionar a informação*, discriminando o relevante ou principal do secundário, e *utilizar sinais* para destacar o mais relevante do acessório, com o fim de atrair a atenção dos alunos. Também é útil ajudá-los a fazer sua própria seleção, treinando-os nas técnicas adequadas.

---

[*]N. de R.T. Montes da França onde são disputadas algumas das etapas da famosa prova ciclística "tour de france".

2. Apresentar os materiais de aprendizagem de forma *interessante*, tanto na forma como no conteúdo, levando em conta as motivações dos alunos.
3. *Graduar a apresentação de informação nova* que deva ser aprendida, de forma que não se tenha de prestar atenção a muitas coisas novas ao mesmo tempo, o que sobrecarregaria a memória de trabalho do aluno. É preciso evitar que as tarefas exijam que os alunos realizem ao mesmo tempo várias operações ou processos que não tenham sido aprendidos previamente e que requeiram, portanto, um processamento controlado.
4. *Automatizar* operações, conhecimentos e processos, de forma que deixem de consumir recursos atencionais e possam ser realizados paralelamente a outras tarefas para as quais são instrumentais, de acordo com o exposto no capítulo anterior.
5. *Dosar as tarefas*, evitando que sejam muito longas ou complexas, de forma que não exijam uma atenção contínua, que canse em excesso os alunos ao esgotar seus recursos atencionais.
6. *Diversificar as tarefas* de aprendizagem, mudando o formato e envolvendo ativamente os alunos na execução das mesmas. É preciso evitar cair na monotonia e para isso é conveniente, além do velho dito de que "cada professorzinho tem seu livrinho", que cada professor disponha de várias alternativas didáticas, de vários livrinhos, para poder combiná-los de modo estratégico e evitar cair na chateação, a mais feroz inimiga da atenção.

A diversificação das tarefas e situações de aprendizagem não só vai favorecer a manutenção da atenção dos alunos como também é uma das condições mais eficazes para ativar outros processos auxiliares da aprendizagem, como a recuperação e transferência do aprendido.

A RECUPERAÇÃO E A TRANSFERÊNCIA OU ONDE ESTÁ O QUE APRENDEMOS

Como se viu no Capítulo 5, a memória não é um depósito estático de conhecimento, um depósito em que guardamos nossas lembranças até o dia em que necessitamos ou desejamos, invadidos pela saudade, revivê-las. É algo muito mais complexo e dinâmico, um sistema orgânico no qual o tempo e as novas aprendizagens vão mudando as coisas de lugar, vão gerando novas conexões e formas de organização nas representações ali contidas, de forma que quando vamos procurar algo — o binômio de Newton, as leis ponderáis da química, ou as últimas tardes daquele verão, nas quais o vento silvava entre os álamos e trazia consigo algumas nuvens carregadas que anunciavam a chegada do outono em que entraríamos na universidade —, quando tentamos recuperar essas cenas ou conhecimentos, não conseguimos encontrá-los ou nos aparecem outros diferentes em seu lugar. Como se fosse uma investigação arqueológica, recuperar é, uma vez mais, reconstruir nossos conhecimentos a partir das peças ou vestígios que podemos achar.

Além da natureza dinâmica da memória, conforme assinalei, a recuperação é afetada também pela forma como aprendemos a informação que tentamos recuperar. De novo, uma boa aprendizagem pode tonar mais eficaz o funcionamento de outros processos cognitivos, num processo de contínua e mútua interação. No entanto, ainda que aqui eu vá desenvolver principalmente esses vínculos entre aprendizagem e recuperação, ambos os processos têm uma dinâmica própria.

Todos sabemos que, à medida que os anos e as novas aprendizagens se depositam, como uma pátina escura, sobre nós, nossas capacidades de aprendizagem decrescem enquanto crescem nossas lembranças. Não é só um efeito cumulativo ou uma indicação nostálgica. Enquanto, como se lembrou no Capítulo 4, as crianças são aprendizes vorazes, planejadas para absorver de forma acelerada a complexidade cultural que as rodeia, o envelhecimento produz uma deterioração especialmente aguda na aprendizagem, talvez devido a um declínio paralelo da memória de trabalho (Baddeley, 1990), de forma que os velhos acabam por recordar melhor os fatos mais remotos, que já consideravam varridos pelo tempo, que as últimas informações recebidas, como, por exemplo, as instruções para seguir um tratamento médico, a localização de um objeto, etc. (Baddeley, 1990). É tão curta a aprendizagem e é tão longo o esquecimento...

Reconhecer e evocar: duas formas de recuperar o aprendido

Há dois processos diferentes de recuperação de nossas aprendizagens anteriores. Às vezes, nos abarrotados corredores do supermercado, nos chocamos com outro carrinho que casualmente está sendo conduzido por uma pessoa em quem, de modo imediato, *reconhecemos* um antigo colega de trabalho. A presença de um estímulo ou uma configuração estimular (o cavanhaque e os óculos de aro de tartaruga) nos fazem recuperar uma representação adquirida desse estímulo, que traz consigo associada ou conectada outra informação (afinal, você montou o escritório? O que aconteceu com Helena, sua namorada naquele tempo? Você sabe alguma coisa sobre o Raul, sim, aquele que colava em todos os exames?). Em troca, outras vezes, sentados na poltrona em nossa casa, *evocamos* aqueles anos já tão remotos, tentando lembrar como se chamava aquele colega que usava cavanhaque e era amigo daquele outro que só sabia colar.

Sem dúvida, é mais fácil recuperar um conhecimento por reconhecimento do que por evocação (também chamada lembrança). Se agora pergunto pelos nomes de escritores latino-americanos que receberam o Prêmio Nobel, talvez o leitor lembre alguns, mas se lhe apresento uma lista com vários nomes (Neruda, Borges, Cortázar, Torrente Ballester, García Márquez, Gabriela Mistral, Benavente, Vargas Llosa) lhe será mais fácil identificar quais deles o receberam. O reconhecimento é anterior à lembrança ou evocação, tanto na filogênese (qualquer um que tenha um animal doméstico sabe que ele reconhece, mas lembra?) como na ontogênese (os bebês reconhecem o rosto e a voz dos pais antes de serem capazes de evocá-las).

As diferenças entre reconhecimento e evocação se tornam mais evidentes quanto maior é a capacidade ou a quantidade de informação que é preciso recuperar. Se a lista é muito breve (os cientistas espanhóis que receberam o Prêmio Nobel: no total, dois, Ramón y Cajal e Severo Ochoa) ou muito fácil ou familiar (províncias da Espanha, traços de uma boa aprendizagem, veja-se Capítulo 3) as diferenças entre reconhecer e lembrar se diluem. Trata-se, no entanto, de dois processos diferentes, já que as variáveis ou fatores que afetam um deles não afetam necessariamente o outro. Concretamente comprovou-se que há diversas variáveis que influem na lembrança, mas não no reconhecimento, como o contexto ou a freqüência de recuperação, enquanto que outras, como a semelhança com outros elementos de informação ou a familiaridade, afetam de modo diferente a um e outro processo (Baddeley, 1990; De Vega, 1984).

Por que essas variáveis não influem no reconhecimento e, em geral, por que é mais fácil reconhecer do que lembrar? Sem entrar em discussões teóricas (Baddeley, 1990; De Vega, 1984), o que facilita o reconhecimento é a presença de *indícios* que se acham conectados ou associados a uma representação, porque fazem parte dela, ou porque estiveram presentes no contexto em que se aprendeu essa representação. O modelo de aprendizagem e memória conexionista (esboçado no Capítulo 4) é muito útil para entender esse efeito: quando se ativam certas unidades de informação tende-se a propagar sua ativação para outras unidades fortemente conectadas com elas. Quantos menos indícios houver, mais difícil será a recuperação. Portanto, uma forma de incrementar a probabilidade de recuperar as aprendizagens, que no final das contas é do que se trata aqui, será providenciar indícios adequados para o aluno, sejam de caráter associativo (no próximo trecho) ou, de modo mais elaborado, ligados à organização e compreensão da informação (no seguinte), dependendo do tipo de situações, mais ou menos repetitivas, em que deva se produzir essa recuperação. Em todo caso, a melhor maneira de ajudar o aluno a recuperar uma informação é planejar o contexto de aprendizagem dessa informação com o fim explícito de facilitar sua recuperação.

Do contexto de aprendizagem ao contexto de recuperação

Conforme o que acabo de dizer, quanto mais indícios que estiveram presente durante uma aprendizagem, estejam presentes também na recuperação, mais provável será esta, já que se aproximará mais de uma situação de reconhecimento do que de uma tarefa de evocação. Pode-se afirmar que quanto mais se assemelhem o contexto de aprendizagem e o de recuperação mais fácil será esta, quanto mais indícios específicos compartilhem ambas as situações, mais fácil será recuperar o aprendido. Já vimos que a explicação, que se baseia no que se conhece como o "princípio de codificação específica" (Tulving, 1983), remete a processos associativos. Todos os estímulos e a informação presentes na aprendizagem se associam entre si de modo a incrementar a probabilidade de recuperação mútua.

Não se trata somente de que as informações explicitamente associadas entre si sejam recuperadas juntas (como se viu no capítulo anterior ao se analisar o processo associativo de condensação). Outros elementos implícitos do contexto de aprendizagem também facilitam a recuperação. Por exemplo, alguns estudos mostraram que o estado emocional do aluno pode afetar a recuperação, principalmente se este percebe uma relação casual entre ambos, de forma que se algo foi aprendido em estado de ansiedade ou de euforia, será recuperado mais facilmente nesses estados. Assim, como lembra Alonso-Quecuty (1993), as "canções do verão", essas musiquinhas insípidas e reiterativas que aprendemos em situações descontraídas e quase sempre agradáveis, devem seu sucesso ao fato de, apesar de sua vulgaridade, evocarem — e por sua vez serem evocadas — em estados emocionais agradáveis. Outros estados internos também afetam a probabilidade de recuperação, até extremos bastante curiosos. Numa investigação que Baddeley (1990) menciona, comprovou-se que o estado etílico afeta a recuperação, de tal modo que se alguém perde as chaves ou a carteira ao chegar em casa bêbado, digamos, as recuperará com mais facilidade quando voltar a esse estado de bebedeira. Ou, num estudo sobre o treinamento de mergulhadores da marinha britânica, o próprio Baddeley (1982) comprovou que essa instrução era mais eficaz se os conhecimentos verbais que os mergulhadores tinham de recuperar quando estavam debaixo d'água também eram aprendidos embaixo da água (!?).

Sem ir tão longe, reviver dentro do possível o contexto de aprendizagem será uma boa ajuda para recuperar o aprendido. Algumas das técnicas sugeridas por Alonso-Quecuty (1993) para facilitar a recuperação de informação numa entrevista com testemunhas judiciais podem servir também para alunos e professores não só como estratégias para recuperar as aprendizagens necessárias como também um guia para planejar as próprias tarefas de aprendizagem. Entre essas técnicas estariam a *reinstauração cognitiva dos contextos* de aprendizagem (que será mais fácil se os professores planejarem esses contextos de aprendizagem tendo em mente onde, quando ou como os alunos devem recuperar seus conhecimentos), a *ênfase na recuperação de todo tipo de detalhes* (que puderem servir de indícios para outros conhecimentos), a *lembrança a partir de diferentes perspectivas* (que será facilitada, por sua vez, se a aprendizagem também adotar diferentes perspectivas) e a *lembrança da informação desde distintos pontos de partida* (mais fácil se a aprendizagem partir também de diferentes pontos e construir distintos itinerários no mapa das representações). Em geral, além de cada uma dessas técnicas concretas, multiplicar as tarefas ou os contextos de recuperação aumentará a probabilidade de recordar o aprendido.

Algumas dessas técnicas podem ser usadas tanto em contextos de aprendizagem associativa como construtiva. Quando se trata de uma aprendizagem associativa, a focalização da atenção nos detalhes relevantes durante a aprendizagem, mas principalmente a semelhança "literal" entre as condições de aprendizagem e de recuperação são as formas mais eficazes de favorecer a recuperação. Lembremos que associar consiste basicamente em justapor, condensar e automatizar informações para sua recuperação conjunta. Quanto mais elementos faltem ou sejam acrescentados de uma situação para outra, mais difícil será que esses "pacotes" de informação sejam recuperados como tais. E lembre-se também do caráter inflexível desses conhecimentos uma vez condensados e automatizados, o que torna muito difícil sua *transferência* para novas situações. Realmente, as duas técnicas resumidas a partir de Alonso-Quecuty (1993), consistentes em diversificar as perspectivas e os pontos de partida na recuperação, resultam muito difíceis quando se trata de aprendizagens automatizadas, que estabelecem rotas fixas, inflexíveis para sua recuperação. Só serão viáveis se foram multiplicadas e diversificadas as rotas de aprendizagem, se um mesmo conteúdo ou resultado (seja o princípio da entropia, a proporcionalidade inversa, a aprendizagem dos *phrasal verbs* em inglês ou as relações entre tempo de exposição e abertura do diafragma em fotografia) foi aprendido em contextos diversos, multiplicando os pontos de partida e de chegada a esse conteúdo desde outros conhecimentos com os quais esteja relacionado. Essa estratégia, embora possa ser tentada por uma perspectiva associativa (Gagné, 1985), parece mais compatível com aprendizagens baseadas na compreensão, uma de cujas vantagens é precisamente sua maior facilidade de recuperação em contextos diferentes ao da aprendizagem, quer dizer, sua transferência.

Transferência através da organização e da aprendizagem construtiva

Em termos gerais, a aprendizagem construtiva, ao se basear em tarefas mais abertas, mais próximas do problema que do exercício rotineiro, favorece mais a transferência de seus resultados para novas tarefas. Como vimos no capítulo anterior, essa aprendizagem está mais direcionada para se tomar consciência da organização das tarefas de aprendizagem mediante sua assimilação aos conhecimentos prévios disponíveis. Dessa maneira, enquanto a recuperação das aprendizagens associativas se apóia na *semelhança* dos elementos contextuais, tomados individualmente ou como um pacote condensado, a aprendizagem construtiva se apóia mais na *organização* explícita desses elementos. Já vimos, no Capítulo 5, como a organização do conhecimento na memória afeta a sua recuperação e, no Capítulo 6, como afeta a organização das próprias tarefas de aprendizagem o alcance dos resultados previstos. Se a organização dos materiais de aprendizagem é congruente com a organização da memória do aluno, a necessidade de reestruturação será menor e a aprendizagem mais fácil de alcançar (Baddeley, 1990). Uma forma de facilitar essa aprendizagem e sua recuperação é, portanto, a apresentação dos materiais explicitamente organizados em função das estruturas de conhecimento disponíveis nos alunos. Realmente, a melhor estratégia que alunos e professores podem utilizar para incrementar a recuperação é, sem dúvida, organizar melhor os materiais de aprendizagem.

No capítulo anterior já se estabeleceu como requisito para a aprendizagem construtiva, ou para dar significado a um material, que este tenha uma organização ou uma lógica interna, que seus elementos não estejam justapostos ou encadeados, mas relacionados numa estrutura. Quando os materiais carecem dessa organização própria, uma forma de incrementar a probabilidade de lembrança é dotá-los, de modo artificial ou superficial, de uma organização que ajude a recuperá-los, embora não lhe confira significado. Essa costuma ser a função das mnemotécnicas (Lieury, 1981) ou, se se prefere, das estratégias de aprendizagem dirigidas para a *elaboração* de um material (Pozo, 1990a; Weinstein e Mayer, 1985; também mais adiante no Capítulo 11). Podemos, por exemplo, acrescentar indícios externos que facilitem sua recuperação, em forma de rimas, musiquinhas (a gente ainda lembra a "sintonia" da tabuada de multiplicar), imagens ou pequenas histórias (eu aprendi algumas das unidades de medida em eletromagnetismo com uma história que meu pai me ensinou, que ainda lembro e que dizia "um *ohm* e um *ampère* foram dar um *volt*, se meteram num *watt* e lhe deram um pontapé no *coulomb*"). Tais estratégias "emprestam" uma organização alheia ao conteúdo do que se aprende, que não serve para relacionar os elementos, mas unicamente para recuperá-los justapostos com mais facilidade.

Em troca, as estratégias de *organização* estão direcionadas para se obter uma relação explícita mais significativa entre os elementos que compõem o material de aprendizagem (Pozo, 1990a). Fazer mapas conceituais, hierarquias ou redes causais ou analisar a estrutura temática de um texto são estratégias que, se dominadas adequadamente, vão aumentar consideravelmente sua compreensão e, portanto, sua lembrança significativa. No Capítulo 11 se tratará da aprendizagem e do ensino dessas estratégias. Por hora, me interessa destacar como um material organizado de forma explícita e de acordo com os conhecimentos prévios dos alunos pode ajudar, se os alunos tomam consciência dessas relações, se se fixam na estrutura e não apenas nos elementos que a compõem, para promover não apenas sua compreensão como sua transferência e aplicação a outras tarefas que tenham a mesma organização. Geralmente se aprendem melhor, e se transferem mais e melhor, os elementos que se acham num nível superior de uma estrutura hierárquica, seja em tarefas de memória simples (Baddeley, 1990), em aprendizagem a partir de textos expositivos (García Madruga, 1995; León, 1991; León e García Madruga, 1991) ou na solução de problemas científicos (Chi, Glaser e Rees, 1982; Pozo, 1989). A generalização de uma estrutura ou organização conceitual para um novo domínio pode ser fomentada ensinando os alunos a utilizar seu conhecimento de modo analógico, buscando territórios aos quais aplicar, por analogia, seus mapas, o que lhes permitirá não só conhecer muitos territórios novos, mas principalmente conhecer e elaborar mais seus próprios mapas. Esse processo de reflexão ou tomada de consciência constitui, uma vez mais, em um mecanismo essencial para construir — e além disso recuperar — representações mais elaboradas e substantivas do mundo.

Buscando as aprendizagens perdidas

Conforme agi em relação aos outros processos, terminarei resumindo alguns dos princípios que podem ajudar alunos e professores a recuperar de modo mais eficaz esses conhecimentos que tão laboriosamente conseguiram adquirir:

1. *Prestar atenção aos elementos contextuais relevantes* (e, no caso dos professores, *apontá-los*) durante a fase de aprendizagem, de forma a depois servirem de *indícios* para sua recuperação.
2. Planejar as tarefas de aprendizagem de forma que tenham a maior *semelhança* possível, em diversas variáveis externas e internas para o aluno, com os contextos em que vai ser recuperado esse mesmo conhecimento.
3. *Diversificar e multiplicar os contextos de aprendizagem* de um mesmo conhecimento, incrementando, assim, as rotas de recuperação do mesmo.
4. *Organizar* as tarefas de aprendizagem de forma explícita, de acordo com as estruturas conceituais dos alunos, promovendo a reflexão dos alunos e sua *transferência* para novas situações, mediante o planejamento de problemas e tarefas abertas.
5. Instruir nas *estratégias* relevantes, de *elaboração* e *organização* dos materiais de aprendizagem, promovendo seu uso discriminado e autônomo em novas tarefas e problemas de aprendizagem.

Em suma, se favorece por uma dupla via a recuperação e transferência do que foi aprendido (Perkins e Salomon, 1989): por baixo, *low road*, buscando a semelhança entre os elementos que compõem os contextos de aprendizagem e recuperação e, por cima, *high road*, buscando o significado das tarefas na organização explícita dos materiais. Enquanto que a primeira é própria da aprendizagem associativa e se produz até nos cenários mais simples de aprendizagem animal, em que a semelhança contextual é muito importante para o sucesso do conhecimento (Tarpy, 1985), a segunda requer um processo de tomada de consciência e reflexão sobre a própria aprendizagem, que não só constitui em uma forma superior de aprender, como também o último dos processos que resta por analisar neste já longo capítulo.

A CONSCIÊNCIA OU COMO DIRIGIR A PRÓPRIA APRENDIZAGEM

Enquanto que outros processos auxiliares da aprendizagem, como a atenção ou a recuperação, desempenham uma função concreta, específica, localizada em momentos determinados das tarefas de aprendizagem, a consciência tem uma função distinta, menos sólida ou concreta. Conforme disse no Capítulo 4, ao analisar os diversos níveis de análise cognitiva, a consciência está acima, ou abaixo, do resto dos processos, é transversal a eles, já que trata de regulá-los ou controlá-los. Em vez de ter uma função específica em dados momentos da aprendizagem, é algo onipresente (talvez o leitor ainda lembre aquele ente triangular, dotado de um olho vigilante, que supervisionava os outros níveis de análise na Figura 4.3). Está sempre aí, ou talvez nunca esteja, como uma névoa que flutua sobre todo o funcionamento cognitivo. Sua onipresença, unida a algumas de suas propriedades mais conhecidas (caráter difuso e inapreensível, vagos contornos, contínua mobilidade), faz da consciência uma entidade, digamos, mais gasosa. Como os gases, está em todos os lugares e em nenhum. Realmente, durante muitos anos, a consciência não esteve em lugar nenhum, ao menos no discurso científico, já que nem sequer esteve presente na psicologia cognitiva, pela qual era considerada um processo casualmente ineficaz para explicar a natureza de nossas representações. Nos últimos anos, no entanto, essa consciência está despertando, está se assumido que o sistema cognitivo humano não é apenas um complexo e sutil mecanismo para adquirir e armazenar representações, mas que, ao contrário de outros sistemas de conhecimento meramente mecânicos, também é capaz de adquirir consciência de si mesmo, de regular sua própria atividade e de refletir sobre suas próprias produções.

Esse despertar da consciência é, no entanto, meio obscuro, como o que acontece numa noite agitada e difícil. Quase tudo o que tem a ver com a consciência, em psicologia (e mais especificamente em psicologia cognitiva), está sujeito a contradições e desavenças. Após tanto tempo de esquecimento e falta de uso (primeiro a glaciação comportamentalista e depois a hibernação cognitiva), o termo *consciência* tem hoje tantos significados distintos, que, às vezes, mais do que um conceito ou um processo cognitivo, parece um curinga, uma palavra que serve para denominar tudo o que nos escapa ou escorre por entre os dedos quando estudamos o sistema cognitivo humano. Não é este o lugar para indagar sobre a polissemia da consciência. Martí (1995), Moreno (1988), Rivière (1991) ou Schraw e Moshman (1995) proporcionam abundantes reflexões para organizar esses múltiplos significados. Uma excelente recopilação de investigações sobre os múltiplos usos da consciência em psicologia cognitiva continua sendo a de Marcel e Bisiach (1992). Humphrey (1983) faz uma análise tão sugestiva como especulativa sobre a origem e desenvolvimento da consciência na espécie humana, como uma das formas mais *culturais* de interação social. Aqui, vou me limitar a analisar aqueles sentidos do termo *consciência* que podem nos ajudar a tomar consciência também de nossas aprendizagens.

Três formas de tomar consciência da aprendizagem

Amparo Moreno (1988) identifica e analisa três sentidos distintos que o termo *consciência* (e com ela o inconsciente) costuma ter em psicologia, que seriam:

a) como sistema atencional de capacidade limitada;
b) como sistema de controle e regulação do funcionamento cognitivo;
c) como sistema de reflexão ou metaconhecimento sobre os próprios processos e produtos do sistema cognitivo.

Ao tratar a atenção neste mesmo capítulo (e também no Capítulo 5, ao mencionar os recursos limitados da memória de trabalho) já disse que só podemos destinar recursos cognitivos a uma pequena parte dos estímulos ambientais, aprendendo muito pouco sobre aqueles outros que não são bem observados. Esse é um primeiro sentido em que a aprendizagem requer consciência, entendida como a destinação de recursos cognitivos para determinados aspectos das tarefas de aprendizagem. Daqueles aspectos que não chegamos a prestar atenção, diz-se que não somos conscientes deles (ou que são inconscientes) e sobre eles, embora possa ocorrer aprendizagem em condições muito determinadas e favoráveis (Reber, 1993), o certo é que mal se aprende. Até as formas mais elementares de aprendizagem associativa são mais eficazes quando o aprendiz, seja pessoa, animal, ou ambas coisas, como costuma ser o caso, processa ativamente as características relevantes da tarefa (Baddeley, 1990; Huertas, 1992; Tarpy, 1985). Por isso, não se tratará outra vez desta noção de consciência, já que nada novo se acrescentaria ao já mencionado.

Um segundo tipo de consciência, e de inconsciente cognitivo, consiste no controle ou regulagem dos próprios processos cognitivos. O leitor lembrará, sem dúvida, a distinção entre processos automáticos e controlados, assim como os benefícios que proporciona a automatização a um sistema de capacidade limitada (no Capítulo 6). Muito pouco se falou, até agora, sobre como se exerce esse controle e como podemos aprender a exercê-lo melhor; por isso, nas próximas páginas, trataremos desses processos de controle. Nessa acepção, a consciência tem um caráter marcadamente procedimental, implica aprender a *fazer* certas coisas com nossos processos cognitivos, utilizando-os de modo estratégico para alcançar determinadas metas de aprendizagem (como se verá no Capítulo 11, ao tratar das estratégias de aprendizagem).

Por último, um terceiro significado ou função da consciência é proporcionar um conhecimento auto-referente. A reflexão sobre os próprios processos de memória, atenção ou aprendizagem, assim como sobre os produtos de nosso processamento, nos proporciona metaconhecimento, um saber sobre o que sabemos, que pode nos ajudar a tomar consciência de nosso funcionamento cognitivo, da mesma forma que, ressalvando as distâncias, podemos nos conscientizar de como funcionam nosso aparelho digestivo, nossos pulmões ou a articulação de nossos joelhos e, desse modo, ajudar a melhorar seu funcionamento. Embora alguns autores não estejam dispostos a admitir (lembre-se do que foi dito sobre os níveis de análise no Capítulo 4), essa reflexão consciente sobre os processos e produtos cognitivos deve, de algum modo, nos proporcionar melhores instrumentos cognitivos para intervir nesses processos e modificá-los, da mesma forma que conhecer melhor o funcionamento do coração deve ajudar a prevenir doenças coronarianas.

Os três sentidos da consciência podem ser entendidos também como níveis progressivamente mais complexos dentro de um contínuo. O sentido mais elementar, a consciência como espaço atencional, seria o mais antigo filogeneticamente, já que seria compartilhado não só por todos os seres humanos, incluindo os bebês, que, embora muito limitada, também têm capacidade atencional, como também por outras muitas espécies animais, que, pelo que se sabe, também dispõem de recursos atencionais, sem dúvida mais limitados que os nossos (Aguado, 1990; Roitblat, 1987). Inclusive os sistemas mecânicos de processamento, como o computador em que escrevo agora, têm uma memória de trabalho, um espaço cognitivo em que operam.

A existência de processos de controle em outras espécies animais é mais discutível. Todos estamos dispostos a aceitar que os cavalos, os elefantes e até os pintassilgos dispõem de processos de aprendizagem, alguns deles comuns aos nossos. Outra coisa, porém, é aceitar que essas espécies possam controlar os mesmos processos, utilizando, por exemplo, estratégias *para* aprender de modo mais eficaz ou com menos esforço. Além do ilimitado universo de Walt Disney, a gente não imagina um elefante planejando uma tarefa de aprendizagem. Embora, como se verá a seguir, todo sistema de conhecimento disponha de algum nível de regulagem e controle de seu funcionamento, não parece que os processos de controle de outras espécies sejam comparáveis aos que nós, humanos, temos. Em troca, pode-se emular com bastante êxito um sistema de controle num programa de computador.

Pelo contrário, o terceiro e último sentido do termo *consciência*, como *capacidade de reflexão sobre si mesmo*, só aparece hoje em dia acessível à mente humana, e mesmo assim após percorrer um bom pedaço de seu desenvolvimento cognitivo. A principal crítica aos sistemas artificiais de conhecimento, em comparação com a mente humana, foi — e continua sendo — que carecem de processos mentais auto-referentes (Mateos, 1995; Pozo, 1989; Searle, 1984). Ao contrário do nosso, um sistema cognitivo artificial é um objeto sem mente (Rivière, 1991). E não é casual que a mente humana, o único sistema capaz de se autoprogramar, de refletir sobre si mesmo, seja a máquina de aprender mais potente que se conhece, não só pelo ótimo uso que faz de seus recursos limitados, como vimos no capítulo anterior, como também porque pode aprender de uma forma mais controlada e reflexiva que o resto dos sistemas que conhecemos.

O controle da própria aprendizagem

Qualquer atividade ou tarefa, embora se realize de modo automático, conserva um certo grau de regulagem ou controle cognitivo. Quando dirigimos ou quando andamos, exercemos uma atividade automática, sobreaprendida, mas ainda assim regulada, de forma que ajustamos o giro do volante ou a pressão sobre o freio, ou adaptamos nossas passadas à altura dos degraus. Às vezes, cometemos erros porque confiamos demais e exercemos sobre a tarefa menos controle do que na realidade seria necessário (Norman, 1988; Reason, 1990). Porém, quando a tarefa se complica, por sair da rotina e acontecer algum imprevisto (há exemplos disso no Capítulo 6), aumentamos nosso controle. Poderia se dizer que há vários níveis de controle, desde o que exerce um termostato, totalmente automático, até os mais elevados, que estão envolvidos em compreender o significado deste parágrafo ou detectar possíveis incongruências entre os distintos sentidos em que se usou o termo controle ao longo do livro (que negócio é esse de controle automático?, era o que nos faltava).

No capítulo anterior, argumentei que a eficácia da aprendizagem aumenta quando alguns de seus componentes se automatizam. Essa automatização não deve levar a uma perda de controle, mas, antes, a exercer o controle a um nível mais elevado nessa suposta hierarquia de sistemas de controle ou cadeia de comando cognitivo. Como nota Norman (1988), trata-se de automatizar o que há de rotineiro nas tarefas, de exercício monótono, sempre igual a si mesmo, para, num nível superior, poder concentrar o controle no sentido e nas metas da tarefa. Se estamos escutando uma conferência ou um debate num idioma que nos é estranho, cujo domínio não chegamos a automatizar, perderemos sem dúvida muitas nuances e jogos de significado, ocupados como estaremos em decifrar o sentido literal do que se está dizendo, em decodificar esse manancial de palavras estrangeiras. Quanto menos controle se exerce nos níveis mais elementares (por processos de condensação e automatização) mais recursos estarão disponíveis para controlar a aprendizagem desses pacotes de informação, tomando decisões sobre a forma de levar a tarefa a bom termo, de acordo com as metas fixadas. Numa tarefa de aprendizagem, esse controle pode ser exercido em três momentos ou em três aspectos fundamentais: o planejamento da tarefa, a regulagem de sua execução e a avaliação de seus resultados (Kluwe, 1987; Schraw e Moshman, 1995). Esses três aspectos vêm a coincidir com os três momentos principais da solução de um problema (Pérez Echeverría, 1994) ou do desdobramento de uma estratégia de aprendizagem (Monereo et al., 1994; Pozo e Postigo, 1993), já que se trata de transformar o exercício dos processos cognitivos numa atividade controlada por um plano estratégico, que, como se verá mais adiante, deve ter sua origem no professor, mas deve acabar sendo assumido como próprio, ou reconstruído, pelos próprios alunos.

O *planejamento* de uma tarefa de aprendizagem implica fixar, antes de começá-la, as metas e os meios para alcançá-la. Em situações rotineiras, habituais, não fixamos metas nem planejamos nossa seqüência de aprendizagem. Se lemos o jornal ou olhamos um mapa com o fim de achar uma estação de metrô, nos limitaremos a seguir as rotinas habituais, em boa medida implícitas e às vezes inacessíveis à consciência (veja-se Capítulo 11). Mas quando, no contexto dessas tarefas ou em outra situação de aprendizagem, nos deparamos com um *problema*, algo novo, um imprevisto talvez (uma obra que nos impede de chegar ao lugar previsto pelo caminho costumeiro, um tempo limitado para fazer a tarefa ou uma meta nova), devemos elaborar um plano. Sabe-se que quando enfrentam tarefas novas, e não simples exercícios rotineiros, os especialistas planejam melhor as tarefas que os novatos (Glaser, 1992). Em vez de se lançar diretamente sobre a tarefa, aplicando as rotinas habituais, quando se deparam com um verdadeiro problema (uma situação que se reconhece como nova nas metas, nos meios ou nas condições da tarefa) elaboram um plano que guie sua atividade cognitiva.

Esse plano, além de fixar metas, costuma estabelecer submetas, pequenos "marcos" que indicam que vamos na direção correta. Esses indícios ajudam também na *regulagem da execução*, detectando mais facilmente os erros ou desvios cometidos. Os especialistas, ou simplesmente os bons alunos, são mais eficientes ao revisar ou regular a forma que estão executando a tarefa, seja detectando as incongruências do texto ou as palavras que não são compreendidas (Mateos, 1991) ou detectando erros cometidos na realização de operações matemáticas (Pérez Echeverría, 1994). Essa detecção de erros costuma levar, no caso dos alunos ou dos professores estratégicos (Monereo et al., 1994), à modificação no plano estratégico estabelecido, com o fim de alcançar as metas previstas. Uma boa aprendizagem, como destacarei no Capítulo 11, requerer que se disponha de recursos técnicos alternativos para enfrentar estas emergências da aprendizagem.

Por último, o controle estratégico da aprendizagem requer que sejamos capazes de fazer uma *avaliação dos resultados* alcançados, de acordo com as metas previamente fixadas pelo plano. Quando os alunos se limitam a completar exercícios, quase sem controle por seu lado, executam suas rotinas e obtêm um resultado final, que entregam ao professor para sua avaliação, sem que muitas vezes o obtido tenha nenhum sentido para eles. Dificilmente detectam sua incongruência, sua distância das metas fixadas ou, mais ainda, sua manifesta impossibilidade. Podem encontrar que a massa de um objeto é negativa ou que ele leva mais de duas horas para cair de um segundo andar, sem achar nada de estranho nisso. A auto-avaliação é um componente essencial do autocontrole em todo tipo de tarefas de aprendizagem, desde o balanceamento de equações químicas, ou a leitura de um texto como este, ao controle das próprias emoções ou hábitos para deixar de fumar ou aprender a falar em público. Neste mesmo capítulo, comentei que a motivação para enfrentar uma tarefa de aprendizagem e o esforço que em último caso estejamos dispostos a fazer depende em boa parte de como avaliamos nossos êxitos e fracassos anteriores em tarefas similares e, num sentido mais geral, de como avaliamos nossa capacidade para alcançar as metas propostas. A auto-eficácia ou a sensação de controle da tarefa é um requisito fundamental para exercer um esforço constante na aprendizagem (Bandura, 1986). Embora essa sensação de alcançar os objetivos a que nos propomos seja em parte produto da freqüência relativa de nossos sucessos e fracassos, é mais ainda da forma como os interpretamos, o que por sua vez vai depender não só da concepção que tenhamos de nós mesmos como alunos nesse domínio, mas do que entendamos por aprender, de nossa concepção ou teoria implícita da aprendizagem como atividade cognitiva. Uma reflexão consciente sobre a aprendizagem ajudará não apenas a exercer mais controle sobre nossos modos de aprender como também a compreender melhor suas lacunas e suas possibilidades ocultas.

A reflexão consciente: além dos modelos implícitos sobre a aprendizagem

A característica que melhor identifica a mente humana quando a comparamos com outros sistemas de conhecimento é que pode refletir sobre si mesma, pode tomar consciência de seus estados e inclusive, às vezes, de seus processos. No entanto, muitas teorias psicológicas aceitaram, com boas razões em muitos casos, que essa consciência auto-reflexiva é muito limitada, já que existem muitas zonas obscuras às quais jamais poderemos ter acesso por esse meio. Por exemplo, o que sabemos sobre o sistema cognitivo humano, conforme o resumo apresentado nestes três últimos capítulos, se deve mais à investigação experimental em psicologia cognitiva do que a essa consciência auto-reflexiva (nunca teríamos compreendido a natureza complexa de nossa memória de trabalho, talvez nem mesmo sua existência sem essa investigação), se bem que, como mostram algumas das citações literárias recolhidas, não seja necessário ser psicólogo cognitivo para intuir alguns de seus subterrâneos e meandros mais destacados. Além disso, quando conseguimos ter consciência de algumas de nossas representações, para boa parte da psicologia cognitiva, nos limitamos a acender a luz no sótão escuro do conhecimento. Essa perspectiva, adotada de modo majoritário pelo processamento de informação como enfoque psicológico (Bajo e Cañas, 1991), supõe que a reflexão consciente é um acréscimo desnecessário à análise de uma tarefa cognitiva, já que não oferece nada de novo à nossa aprendizagem, mas apenas ilumina o que já sabíamos sem sabê-lo.

No entanto, é cada vez maior o número de autores que acha que não é de pouca importância nem acessório que a reflexão consciente sobre nossos processos e produtos cognitivos, o chamado *metaconhecimento*, seja uma característica que diferencia a mente humana de outros sistemas de conhecimento, sejam orgânicos ou artificiais, junto com outras características diferenciadoras, como a representação simbólica da realidade através de uma linguagem compartilhada, tingida não só de cultura, como também de desejos, intenções, humor, ironia, ou, no que se refere a este livro, a capacidade de aprender de modo construtivo e atribuir significados, gerada no marco de uma cultura da aprendizagem com o fim de construir novas formas culturais que modifiquem, simbólica e realmente, o mundo em que vivemos. Humphrey (1983) propõe uma nova denominação de origem para nossa espécie, que além do famoso *homo sapiens*, poderia ser identificada como conseqüência dessa consciência reflexiva, como *homo psychologicus*. Pelo que foi visto até agora em relação à aprendizagem, desde aqueles vorazes bebês nascidos para aprender até a mais demorada construção e invenção de todo tipo de teorias e complicações por cientistas, tecnólogos, criativos publicitários, pregadores televisivos e outros geradores de conhecimento, nossa espécie poderia ser conhecida também como *homo discens*. Segundo certas teorias recentes (Leslie, 1987; Perner, 1991; Rivière, Sarriá e Núñez, 1994), nós, seres humanos, somos dotados, desde muito cedo, de mentes conscientes, mediante as quais interpretamos o mundo em termos de intenções, desejos e, em geral, dos estados mentais de outras pessoas e de nós mesmos. Essa interpretação em termos mentalistas estaria na origem de nossa consciência de nós mesmos e dos demais, de nosso metaconhecimento, e não se limitaria apenas a refletir nossas representações como as organizaria ou reconstruiria. Estamos diante de uma *consciência construtiva*, que dá significado ao que fazemos e ao que fazem os demais (Marcel e Bisiach, 1992; Moreno, 1988; Perner, 1991). Não só se limita a iluminar nossos conhecimentos como, ao ter consciência deles, nos ajuda a dar os primeiros passos para mudá-los ou reestruturá-los (Pozo, 1989).

Os âmbitos cognitivos sobre os quais nossa consciência pode conhecer ou refletir, segundo Flavell (1987; estudados também em Moreno, 1988; Perner, 1991; Wellman, 1990), seriam as pessoas (nós mesmos mas também os demais), as tarefas que enfrentamos (sua natureza e conteúdo) e as estratégias que podemos empregar. Ou, seguindo o esquema proposto no Capítulo 4, em relação à aprendizagem, podemos tomar consciência, reconstruindo-as, de nossos processos de aprendizagem, de seus resultados e de suas condições. Embora nas situações rotineiras em que se produz a maior parte das aprendizagens, alunos e professores deixem-se levar pela inércia dos automatismos adquiridos, uma reflexão sobre essas rotinas e, em geral, sobre os processos e produtos da aprendizagem, deverá sem dúvida melhorar essa aprendizagem. Realmente, essa é uma das metas principais deste livro. Imersos na cultura da aprendizagem rotineira, sobre a qual pairam as nuvens e pedaços de céu claro de uma nova cultura da aprendizagem (esboçada no Capítulo 1), seguimos nos movendo em grande parte sob o peso de nossas teorias implícitas ou representações sociais sobre a aprendizagem, que nos legou essa cultura tradicional da aprendizagem de que todos nós, queiramos ou não, continuamos sendo participantes em maior ou menor medida. Mudar as formas de aprender e de ensinar requer mudar, reconstruir, à luz de nossa reflexão consciente, alguns desses modelos implícitos (Claxton, 1990), que se acham mergulhados, como um lastre pesado, sob a superfície de nossas rotinas de aprendizagem, que não seriam mais que a estreita ponta visível do *iceberg* de nossas teorias implícitas sobre a aprendizagem. Tendo consciência da ponta desse *iceberg* podemos compreender melhor a grande massa inerte de conhecimentos e pressupostos subjacentes a nossas representações e que navega com elas, como um barco fantasma.

Pelo que sabemos, desde muito cedo as crianças já elaboram teorias e modelos implícitos sobre a aprendizagem, como não podia deixar de ser, dada a sua cada vez mais precoce imersão na cultura da aprendizagem formal. Os pré-escolares já têm uma idéia implícita sobre o que consiste aprender ou como pode se ajudar outra criança a aprender. Pramling (1993) encontrou dois modelos dominantes: a aprendizagem através da explicação ou através da experiência. Esses modelos incipientes evoluem como conseqüência não só do desenvolvimento cognitivo, como principalmente das representações sociais e dos modelos aos quais as crianças vão sendo expostas durante sua longa carreira como alunos (evolução descrita, entre outros, por Melot, 1991; Perner, 1991, ou Pramling, 1989). Como conseqüência dessas mudanças, os alunos "profissionais", adolescentes e adultos especialistas na difícil arte de aprender e, principalmente, contentar a que lhes ensina no marco da cultura da aprendizagem dominante, assim como os professores difusores dessa cultura, têm teorias bastante mais elaboradas e complexas, embora ainda informais (Schraw e Moshman, 1995), sobre a aprendizagem e as formas de incentivá-la. Segundo Marton e Saljö (1984; também Stevenson e Palmer, 1994), podem se identificar cinco concepções distintas sobre a aprendizagem em nossos alunos mais especialistas, correspondentes a outros tantos modelos, ou estilos docentes, em seus professores:

a) Aprendizagem como *incremento quantitativo de conhecimentos*. O professor é um provedor de saberes que devem ir preenchendo a memória do aluno, como se se tratasse de um saco sem fundo.
b) Aprendizagem como *memorização*. O aluno deve adotar um papel mais ativo para armazenar a informação que lhe é proporcionada, mas sua função continua sendo a de reproduzir o saber que o professor, generosamente, lhe proporciona.
c) Aprendizagem como *aquisição de fatos ou procedimentos para seu uso*. Continua sendo uma aprendizagem associativa ou reprodutiva, mas o aluno deve se esforçar ainda mais para dominar e aplicar esses conhecimentos adquiridos. Para isso o professor não apenas deve prover o aluno de saberes, como também de oportunidades para aplicá-los, supervisionando seu uso correto.
d) Aprendizagem como *abstração de significados*. O aluno já não se esforça para reproduzir esses saberes, mas para encontrar-lhes significado, para interpretá-los. O professor deve apoiar essa elaboração pessoal de significados, em vez de ser um mero transmissor de tais significados.
e) Aprendizagem como *processo interpretativo direcionado para a compreensão da realidade*. Há uma orientação ainda maior por parte do aluno para construir seu próprio conhecimento, para elaborar de forma mais autônoma seus próprios mapas da realidade, em vez de se limitar a dar significado aos que recebe do professor.

Cada um desses modelos estaria vinculado, de forma mais ou menos direta, aos processos de aprendizagem descritos no Capítulo 6. Os primeiros se baseiam em processos associativos, enquanto os dois últimos estão direcionados para a construção de significados. Conforme predominam uns ou outros modelos na prática do aluno, seu enfoque de aprendizagem variará (Figura 7.2). Quando predominam as formas de aprendizagem associativa, diz-se que os alunos adotam um *enfoque superficial*. Se predominar a aprendizagem construtiva, tratar-se-á de um enfoque *profundo* (Marton e Saljö, 1984). Segundo Entwistle (1987), existe uma terceira aproximação à aprendizagem, o *enfoque estratégico*, que consistiria em utilizar, de modo alternativo, essas distintas formas de aprender, em função das metas concretas de cada aluno e das condições em que se desenvolve.

Enfoque profundo
   Intenção de compreender
   Forte interação com o conteúdo
   Relação de novas idéias com o conhecimento anterior
   Relação de conceitos com a experiência cotidiana
   Relação de dados com conclusões
   Exame da lógica do argumento

Enfoque superficial
   Intenção de cumprir os requisitos da tarefa
   Memoriza a informação necessária para provas ou exames
   Encara a tarefa como imposição externa
   Ausência de reflexão acerca de propósitos ou estratégias
   Foco em elementos soltos sem integração
   Não distingue princípios a partir de exemplos

Enfoque estratégico
   Intenção de obter notas o mais altas possível
   Uso de exames prévios para prever perguntas
   Atento a pistas acerca de esquemas de pontuação
   Organiza o tempo e distribui o esforço para obter melhores resultados
   Assegura materiais adequados e condições de estudo

FIGURA 7.2 Distintos enfoques da aprendizagem, segundo Entwistle (1987).

Esses enfoques, adotados de forma implícita ou explícita pelos alunos, são produto das demandas de sua cultura da aprendizagem, transmitidas principalmente pelos professores, embora também influam nos modelos implícitos dos pais sobre a educação de seus filhos (Triana, 1993; Triana e Rodrigo, 1985). Pode-se perceber um paralelo entre os modelos implícitos de aprendizagem que acabo de descrever e os diferentes perfis ou papéis profissionais dos professores esboçados no final do Capítulo 4 e apresentados com mais detalhes no Capítulo 12. Para que a instrução funcione, alunos e professores devem estar sintonizados num mesmo modelo de aprendizagem, devem jogar o mesmo jogo. São os professores que tendem a impor as regras do jogo, se bem que o grau de autonomia dos alunos, como se verá também no Capítulo 12, varia de um modelo para outro. Se os professores são "mediadores" ou "transmissores" dos modelos implícitos da aprendizagem, que constituem uma interiorização dessa cultura da aprendizagem, com muito mais razão devem ser os impulsionadores da tomada de consciência sobre esses modelos, com o fim não só de mudá-los como de integrá-los num enfoque mais estratégico, como nota Entwistle (1987).

Quando os professores emprestam consciência aos alunos

Ao longo do último trecho argumentei que a consciência, seja em forma de processos de controle ou de reflexão, pode ajudar os alunos a dirigir melhor sua própria aprendizagem. Mas como podem ter acesso a essa consciência? Sem dúvida, através de tarefas que exigem dos alunos um exercício sistemático desses processos conscientes: planejar, regular a própria prática e corrigir seus erros, avaliar os resultados obtidos, refletir sobre suas formas de aprender e sobre o que estão aprendendo, etc. Todas estas tarefas, ainda que em maior parte que outras possíveis atividades de aprendizagem, são muito difíceis sem o apoio ou *os andaimes* externos dos professores (Wood, 1986; também Coll *et al.*, 1995; Lacasa, 1994). Já que se trata de construir, os professores devem proporcionar aos alunos uma estrutura de "andaimes" que apóiem a construção desse conhecimento desde fora, o andaime sempre um pouco acima da casa, antecipando-se, criando novas zonas para a construção de conhecimentos, para em seguida ir retirando pouco a pouco esses apoios — quando a construção já é sólida o bastante para se manter de pé por si mesma e funcionar sem necessidade de muletas nem próteses cognitivas.

Os professores podem proporcionar esses andaimes, vinculados à idéia vygotskiana de *zona do desenvolvimento proximal*, um conceito um tanto polifacetado, mas muito vigoroso (Álvarez e Del Río, 1990a; Coll *et al.*, 1995; Lacasa, 1994), em forma das mais diversas ajudas. Uma delas seria "emprestar" aos alunos sua consciência das tarefas, de modo que no começo envolva-os na realização de tarefas sob sua supervisão direta para, de modo gradual, transferir o controle das mesmas aos próprios alunos, que se tornam paulatinamente conscientes de seus próprios processos e produtos de aprendizagem. Essa *transferência do controle* (Brown e Campione, 1994; Brown e Palincsar, 1989) de professores a alunos implicaria que estes deveriam ser cada vez mais autônomos em sua aprendizagem. A consciência deve ser emprestada, nunca presenteada. É preciso passar do controle direto para um controle cada vez mais distante, até chegar a torná-lo desnecessário, mediante uma transição gradual, quase imperceptível, do exercício ao problema dentro das seqüências de aprendizagem (nos Capítulos 11 e 12 essa sutil transição será abordada novamente). Essa é uma das formas como os professores podem ajudar os alunos a tomarem consciência de sua aprendizagem. Mas há outras, que deslizaram por páginas anteriores e que agora, como nos jornais televisivos, resumo para vocês.

Aprendendo a consciência

As diversas formas de consciência, seja entendida como controle ou reflexão construtiva sobre a aprendizagem, podem ser facilitadas quando as tarefas de aprendizagem tenham como metas ou condições:

1. Conceber as *tarefas de aprendizagem como problemas* e os problemas como tarefas de aprendizagem, partindo de tarefas mais fechadas (com mais controle do professor) até tarefas mais abertas (com mais controle do aluno), que requerem dos alunos cada vez mais reflexão e decisões sobre a forma mais adequada de abordá-las.
2. Incentivar e treinar de forma progressiva o *planejamento, regulação e avaliação* das próprias aprendizagens por parte dos alunos, sob a supervisão, cada vez mais remota ou distante, do professor.
3. *Diversificar e variar as metas das tarefas de aprendizagem*, de forma que incentivem nos alunos um enfoque mais estratégico em vez de uma aplicação rotineira e automática das técnicas habituais.
4. Refletir e *tomar consciência dos modelos implícitos* que subjazem a essas formas habituais de aprendizagem, com o fim de poder ajustá-los ou reestruturá-los diante de novas ou mais complexas demandas de aprendizagem. Não é fácil mudar o que não se conhece.

5. E, como critério geral para o planejamento instrucional, os professores devem ir sempre, em seu processo de reflexão sobre a aprendizagem e a instrução, um passo adiante, *com o andaime um degrau mais acima* do que seus alunos, de forma que se possa criar novos espaços para aprender a consciência. Os alunos mal teriam consciência das causas de suas dificuldades de aprendizagem (e dos remédios para saná-las) se os professores não a tivessem antes deles.

Todos esses aspectos, em interação com o resto dos processos analisados nesta Segunda Parte, influirão de distintas formas em diferentes situações de aprendizagem, dependendo de suas metas e de suas condições. Como apontei ao apresentar o sistema da aprendizagem no Capítulo 4, se é necessário conhecer esses diversos processos de aprendizagem e refletir sobre suas muitas variantes e possibilidades, é porque as necessidades de aprendizagem também são muito diversas. Há muitos tipos de resultados de aprendizagem e nem todos são adquiridos da mesma forma. A química, a sutil combinação desses processos, é diferente, conforme o resultado que queremos obter. A Terceira Parte é dedicada à análise de alguns dos resultados mais relevantes e freqüentes da aprendizagem humana, a partir da classificação desses resultados estabelecida no Capítulo 4.

TERCEIRA PARTE

Os Resultados da Aprendizagem

8

Aprendizagem de Fatos e Comportamentos

*O pé da criança ainda não sabe que é pé,
e quer ser borboleta ou maçã.*

*Mas depois os vidros e as pedras,
as ruas, as escadas,
e os caminhos de terra dura
vão ensinando ao pé que não pode voar,
que não pode ser fruta redonda num ramo.
Então o pé da criança
foi derrotado, caiu
na batalha,
foi prisioneiro,
condenado a viver num sapato.*

*Pouco a pouco sem luz
foi conhecendo o mundo à sua maneira,
sem conhecer o outro pé, encerrado,
explorando a vida como um cego.*

PABLO NERUDA, "Ao pé de sua criança", *Estravagario*

Sabe-se que existem pensamentos imperceptíveis, que impressionam o ânimo sem que o ânimo se dê conta, pensamentos clandestinos cuja existência está demonstrada pelo fato de que, por pouco que a gente se examina a si mesmo, não deixará de reparar que está levando no coração amor e ódio, ou prazer ou saudade, sem que possa lembrar exatamente nenhum dos pensamentos que o fizeram nascer.

UMBERTO ECO, *A ilha do dia anterior*

APRENDIZAGEM DE FATOS: O CONDICIONAMENTO CLÁSSICO

A forma mais elementar de aprendizagem de que nós, seres humanos, dispomos é a associação *implícita* de vários fatos que tendem a acontecer juntos (Reber, 1993). No Capítulo 6, vimos que aprendemos a detectar de forma implícita regularidades em nosso ambiente, mudanças estimulares que costumam co-variar. A aprendizagem associativa de *fatos* é, talvez, a forma de aprendizagem mais ancestral, mais antiga, na ontogênese e na filogênese, de que dispomos, a mais simples, mas possivelmente também a mais robusta e ubíqua. As primeiras rotinas dos bebês, quando ainda não são nem mesmo capazes de realizar comportamentos efetivos para modificar seu mundo sensorial (olhar, pegar, ou inclusive sorrir), baseiam-se em associar fatos, antecipando certas situações a partir dos estímulos que costumam antecedê-los. Desde as primeiras semanas de vida, a voz da mãe ou o contato com ela antecipam momentos muito agradáveis para o bebê (e para a mãe). Além disso, é um tipo de aprendizagem que se encontrou não apenas em mamíferos, relativamente próximos a nós na grande árvore das espécies, como em todos os vertebrados (Mackintosh, 1990) e inclusive há indícios de que, sob certas condições, alguns invertebrados, como alguns vermes, também podem aprender assim (Ferry, 1986). Embora alguns autores considerem que a habituação e a sensibilização, tratadas no Capítulo 7 ao falar da atenção, seriam formas de aprendizagem ainda mais elementares, por não necessitar sequer da associação entre dois fatos (Domjan e Burckhard, 1986; Mackintosh, 1990), também podem ser interpretadas como formas elementares da aprendizagem de fatos, já que implicam a aprendizagem de relações de não-contingência (Tarpy, 1985).

Em todo caso, aprender a estabelecer cadeias de fatos é uma forma elementar de aprendizagem de um alto valor informativo e de sobrevivência. A aprendizagem associativa de fatos, ou de mudanças estimulares no ambiente, mesmo sem implicar a mediação de um comportamento efetivo por parte do organismo que aprende, permite ao aprendiz antecipar ou prever fatos relevantes a partir dos sinais ou *indícios* proporcionados por outros fatos anteriores (Tarpy, 1985). Um animal que pode prever a presença de um predador ou que antecipa a obtenção de alimento sofre certas mudanças fisiológicas (por exemplo, a adrenalina que ativa seus sistemas de reposta, a salivação como resposta antecipatória, etc.) que aumentam as probabilidades de realizar um comportamento adaptativo.

Se a aprendizagem de fatos é uma habilidade cognitiva tão antiga para nossa espécie, e inclusive para cada um de nós como aprendizes, que quase constitui nossa pré-história, seu estudo científico pela psicologia é mais recente. No começo do século XX, em seu laboratório de Fisiologia Animal de São Petersburgo, Ivan Pavlov realizou sua célebre descoberta dos *reflexos condicionados*. Na realidade, Pavlov estava interessado em conhecer a fisiologia da digestão dos cães, estudando os estímulos que provocariam as respostas de salivação. De um modo um tanto casual (cuja curiosa história é relatada no excelente livro de Boakes, 1984), Pavlov descobriu que os animais não só salivavam diante de "estímulos físicos" (substâncias com diversos sabores ou cheiros), como também diante de "estímulos psíquicos" (a simples presença da pessoa que alimentava habitualmente o cão bastava para que este salivasse). Pavlov (1927) interpretou que os animais associavam a comida a uma mudança estimular que permitia antecipar sua presença, estabelecendo as bases para o estudo do *condicionamento clássico*, que consiste em associar um estímulo relevante para o animal (estímulo não-condicionado) a um sinal ou indício antecipatório, que serve como estímulo condicionado. Embora a resposta que se obtém do animal, ou em geral do aprendiz, frente ao estímulo condicionado, chamada resposta condicionada, possa diferir em alguns parâmetros da que se obtém diante do estímulo não-condicionado (Aguado, 1989), basicamente a aprendizagem de fatos consiste em associar um fato inicialmente neutro ou irrelevante com outro fato relevante para o aprendiz, por seu valor fisiológico intrínseco (a comida, o predador, etc.) ou por ter sido associado anteriormente com outro estímulo relevante (por exemplo, todos os estímulos associados à mãe, sua voz, seu odor ou sua roupa acabam por atuar como um estímulo não-condicionado para o bebê).

Apesar de sua antigüidade ontogenética e filogenética, e de seu caráter elementar, desde aquela descoberta de Pavlov, a investigação sobre o condicionamento clássico vem mostrando que a aprendizagem de fatos se sustenta em processos bastante mais complexos do que inicialmente se supunha (Aguado, 1989; Dickinson, 1980; Rescorla, 1980; Tarpy, 1985), que requerem um aparato cognitivo relativamente sofisticado, parte do qual, mas não todo, compartilhamos com outras espécies (Aguado, 1990). O sistema de aprendizagem associativo humano, explicado no Capítulo 6, por sua grande capacidade de cômputo, permite-nos aprender, com maior complexidade que qualquer outra espécie, sobre as relações entre fatos que ocorrem em nosso ambiente.

Do condicionamento clássico à aprendizagem de relações no ambiente

Frente à idéia tradicional, pavloviana, do condicionamento clássico como um simples emparelhamento de estímulos que tendem a ocorrer juntos, a investigação recente veio a mostrar que não só as pessoas, mas também os animais aprendem sobre os fatos de forma mais complexa, levando em conta não só a contigüidade e co-ocorrência entre os fatos, como sua *contingência* e também o *valor informativo* das relações entre fatos.

No Capítulo 6, já vimos que a aprendizagem de contingências implica associar não apenas fatos que ocorrem juntos como também os que *não ocorrem juntos*, estabelecendo um cômputo relativo ou um cálculo de probabilidades. Em outras palavras, como mostra a Figura 8.1, aprendemos não só que certos fatos são seguidos de certas conseqüências gratificantes, *desejáveis*, ou ameaçadoras, *aversivas*, como também que não são seguidos dessas conseqüências. O

		Desejável	Aversiva
O estímulo condicionado sinaliza	Presença	Estimulante Desejável	Estimulante Aversiva
	Ausência	Inibitória Desejável	Inibitória Aversiva

De uma conseqüência

FIGURA 8.1 Tipos de aprendizagem de fatos, segundo Tarpy (1985).

bebê associa a voz da mãe à comida não porque sempre que ouve a mãe esta lhe dá de comer, mas porque a possibilidade de que lhe dê de comer é maior quando ouve a voz. A escuridão pode ser ameaçadora não porque sempre está acompanhada de um perigo, mas porque a probabilidade do perigo é maior. A ocorrência conjunta de dois fatos não basta para que aprendamos a associá-los. É necessário que ocorram juntos com mais probabilidade que separadamente, que sua relação estimulante seja mais provável que sua relação inibitória, quer dizer, que sejam contingentes (Rescorla, 1980). As situações estimulantes desejáveis (a voz da mãe como antecipação da comida) ou inibitórias aversivas (a voz da mãe como sinal de que termina uma situação desagradável, como estar sozinho ou às escuras) produzem respostas emocionais similares, já que ambas são prazerosas, e, muitas vezes não é fácil diferenciar uma de outra. Por sua vez, as situações estimulantes aversivas (o rosto sorridente do médico ameaçando uma possível injeção) ou inibitórias desejáveis (quando a mãe veste o casaco, a criança prevê que ela vai sair) têm também uma mesma sintonia emocional, nesse caso bastante menos desejável.

Mas se a contingência é uma condição necessária para este tipo de aprendizagem associativa, ainda não é suficiente. Um fato servirá de sinal ou indício de uma gratificação ou de um perigo imediato se, além de ser contingente com essa conseqüência, tem um valor informativo, no sentido de incrementar nossa capacidade de previsão em relação a esse fato. Se já dispomos de alguma chave informativa que prediga esse fato (viajar de avião nos causa mal-estar, um peso no estômago) não aprenderemos sobre outra possível relação contingente que também poderia prever esse mesmo fato (o álcool a dez mil metros de altura produz efeitos desagradáveis similares). Se um estímulo (o álcool) é contingente, mas redundante, porque já existem indícios (viajar de avião) para prever esse fato (mal-estar e ansiedade), o mais provável é que não aprendamos sobre essa nova relação, porque não prestamos atenção a esse novo estímulo (Rescorla, 1980), ou porque a consideremos irrelevante (Mackintosh, 1980). Em suma, voltando ao sentido matemático do conceito de *informação* a que me referi no Capítulo 1, só aqueles fatos que reduzem a incerteza em relação à probabilidade de ocorrência de outros fatos acabam por se associar a eles.

Além disso, dentre os muitos fatos contingentes e potencialmente informativos em relação a mudanças ambientais que nos afetam, costumamos estabelecer uma associação com aqueles que são mais destacados — que atraem mais nossa atenção — ou que guardam uma certa sintonia ou semelhança com o efeito observado. Tendemos a transformar as associações em relações casuais. Se, após sair uma noite com uns amigos para ver um filme de Bruce Willis e de jantar num restaurante chinês, passamos uma noite em claro, com o estômago agitado e dolorido, provavelmente associamos o mal-estar gástrico a algo que comemos e não aos tiques convulsivos do senhor Willis ou à extravagante gravata de um de nossos acompanhantes. É um mecanismo seletivo que permite reduzir a complexidade de nossas aprendizagens, tornando mais provável a previsão dos fatos relevantes, ao não ter de aprender sobre todas as possíveis relações entre elementos do ambiente, mas somente sobre aquelas que sejam mais informativas ou façam parte do mesmo sistema. O importante é que não se trata de processos de inferência racional, de busca explícita de causas, mas de associação implícita entre fatos, já que esses mesmos mecanismos seletivos estão presentes em muitas outras espécies animais que carecem de mecanismos de aprendizagem explícita (Aguado, 1989; Dickinson, 1980; Domjan e Burckhard, 1986).

Embora aqui não nos detenhamos mais nisso, a aprendizagem associativa de fatos é muito mais complexa do que caberia supor, dado o caráter elementar desse tipo de aprendizagem. Trata-se, além disso, de um tipo de aprendizagem muito freqüente em nossa vida cotidiana, embora, sem dúvida, de alcance mais limitado do que as teorias comportamentalistas da aprendizagem supunham. Assistimos a muitas mudanças ambientais sucessivas que podemos aprender a prever a partir de certos indícios, seja no mundo natural (sem que nos demos conta, um repentino cheiro de ar úmido nos anuncia temporal; certos sintomas conhecidos anunciam que a alergia já está aqui; já é primavera em meus pulmões), no mundo social (um gesto apenas perceptível nos deixa alerta sobre as avessas intenções de nosso interlocutor), ou cada vez mais na sociedade da tecnologia e da informação, que utiliza deliberadamente sinais para que aprendamos a antecipar fatos, seja o apito da panela ou o piscar da lâmpada anunciando que as pilhas estão fracas, quando não o faz de modo mais sub-reptício, como na publicidade, que usa, de modo massivo, nossa predisposição para a aprendizagem de fatos, para que associemos estupidamente uma música de Mozart com um desodorante ou alguns corpos esculturais com uma firma de embutidos. Todas essas situações, ainda que cheguemos a ter consciência delas, são regidas por processos de aprendizagem implícita de fatos. Dessa forma, adquirimos uma certa informação preditiva sobre o mundo. Mas também adquirimos outro tipo de respostas que desempenham um papel muito importante em nosso comportamento e em nossa representação do mundo, como são as emoções. Quando aprendemos, não somos apenas sistemas cognitivos, somos também sistemas "quentes", respondemos emocionalmente aos fatos que ocorrem ao nosso redor. Aprender a nos emocionar é outra forma de associar fatos.

Aprendendo a nos emocionar

Aquelas situações que possuem uma certa carga emocional para nós, porque nos produzem prazer ou bem-estar ou porque geram ansiedade ou dor, tendem a se associar aos estímulos ou fatos que as precedem de modo contingente, de modo que esses estímulos acabam por adquirir, para nós, boa parte da carga emocional, desejável ou aversiva, que gerava a situação original, como vimos nos exemplos apresentados na discussão da Figura 8.1. O som de um chocalho ou o eco de uma canção de roda nos transportam inevitavelmente ao mundo açucarado mas também querido, dos natais de nossa infância, os únicos verdadeiros. Um livro ou um filme associado a fatos muito significativos (o nascimento de um filho ou uma separação traumática) adquirem fortes conotações emocionais. Os alunos antecipam a ansiedade frente ao exame, quando o coração dispara ao ver o professor entrar na aula carregado de provas. Nessas situações, e em muitas outras, respondemos emocionalmente a estímulos ou a fatos que, sendo neutros no começo, ficaram associados de modo implícito e quase obrigatório a certos fatos emocionalmente relevantes.

Muitas de nossas *fobias* (os cachorros, a matemática, as reuniões sociais, a cadeira do dentista, o vendedor de Bíblia a domicílio, a campainha do despertador ou o cinema de Fassbinder) e muitas de nossas *filias* (a música étnica, o cheiro do mar, o sabor de um filé macio, o futebol ou os filmes de piratas, os romances de Nabokov) adquirimos assim, de um modo implícito, por associação com suas conseqüências ou com certas circunstâncias pessoais, mais ou menos gratas que rodeavam esse fato e que ficaram indelevelmente unidas a ele. Como Proust, quando recupera de modo repentino e imprevisível boa parte de sua infância frente ao sabor de uma madalena molhada no café, todos nós deslocamos, sem saber, muitas de nossas emoções para certos objetos e fatos que evocam em nós grande parte do que fomos e do que somos. Assim como nossas representações estão em boa parte distribuídas socialmente, não são só nossas, mas compartilhadas com as pessoas que nos rodeiam, que nos ajudam a reconstruí-las e recuperá-las, nossas emoções estão, digamos assim, distribuídas entre muitos objetos e fatos, cuja carga emocional, ainda que imperceptível e implícita, pode chegar a ser muito pesada para nós em certas condições, exigindo que desaprendamos as emoções assim adquiridas.

A mudança das emoções aprendidas: técnicas para desaprendê-las

Habitualmente convivemos bem com nossas fobias e filias, com nossas simpatias e nossas rejeições. Mas às vezes, porque essas simpatias e rejeições não são socialmente aceitáveis ou porque chegam a interferir severamente em nosso comportamento cotidiano, ou em nossa própria saúde, podemos necessitar desaprender essas emoções adquiridas de modo implícito. Se alguém aprende a associar a obtenção do prazer ao consumo de drogas, a uma grande ingestão de álcool ou a condutas violentas, possivelmente não poderá desaprender facilmente essas emoções adquiridas. Igualmente, se por acaso ou necessidade, nos vemos obrigados a trabalhar num escritório no décimo terceiro andar, pode ser que tenhamos de reconsiderar nossa tradicional fobia pelos elevadores. Alguns medos (dos exames, de voar, das reuniões sociais ou de nos aproximarmos de estranhos) podem ser muito desestabilizadores para um estudante, um ministro da Agricultura que tenha que viajar toda semana, um executivo ou um vendedor de apólices de seguro a domicílio.

Nessas situações é necessário desaprender o aprendido. Com muita freqüência, a pessoa afetada não é capaz de controlar e modificar suas emoções e necessita de uma ajuda externa, em forma de tratamento ou de intervenção instrucional, dependendo do contexto. Adquirimos as emoções de modo implícito, sem nenhuma ajuda nem intervenção planejada, mas modificá-las é muito mais custoso, pois há necessidade de uma aprendizagem explícita. Esse processo intencional e deliberado mostrou aos pesquisadores que, embora muitas de nossas emoções tenham sua origem, como disse, na aprendizagem implícita de fatos, nem sempre é possível identificar com facilidade a associação de fatos que desencadeou essa emoção (Domjan e Burckhard, 1986). Em outros casos, no entanto, uma só experiência traumática basta para gerar uma ansiedade que pode crescer e se manter durante muitos anos mediante processos que vão além da simples aprendizagem associativa de fatos, já que implicam que a pessoa repasse, obsessiva e reiteradamente, o cenário que gera essa ansiedade, de forma que é necessário mudar não apenas a reação emocional, mas, além disso, todas as idéias e representações que a pessoa tem sobre essa situação. As emoções também são mediadas e reconstruídas por nossas representações (Rodrigo, 1990). Pensemos num aluno com medo dos exames. Superar esse medo implicará não apenas desaprender uma associação entre a situação de exame e uma ansiedade paralisante, como também modificar as idéias do aluno sobre si mesmo, sua avaliação da dificuldade do exame e de sua capacidade para superá-lo ou "auto-eficácia" (Bandura, 1986; Steiner, 1988). O medo do exame não é apenas uma associação causal, é um elemento a mais de uma representação sobre si mesmo como aluno e sobre suas expectativas de êxito, que, como vimos no Capítulo 7, estão muito ligadas à motivação para aprender e dependem muito da forma como o professor organiza e avalia as atividades de aprendizagem (Alonso Tapia, 1995).

No entanto, se houver necessidade de se remover outros componentes, mais ligados à aprendizagem construtiva, desaprender emoções adquiridas exige técnicas de intervenção específicas ligadas a uma aprendizagem associativa. A modificação de comportamentos emocionais se baseia em "demonstrar" a associação estabelecida entre um fato e suas conseqüências (por exemplo, entrar sozinho no elevador e sentir uma angústia opressiva enquanto as portas se fecham) fazendo com que esse fato fique associado a conseqüências antagônicas (por exemplo, Tarpy, 1985). Pode-se treinar a pessoa (nesse caso, mais paciente que aluno), mediante um processo denominado *desensibilização sistemática*, para alcançar estados de relaxamento e associar, progressivamente, esse estado de relaxamento, antagônico com a ansiedade, a estímulos ou fatos cada vez mais próximos da situação fóbica (primeiro imaginando-se entrando num recinto pequeno com outras pessoas, depois sozinho, depois entrando num elevador de paredes de vidro com outras pessoas, depois sozinho, depois fechar mentalmente as portas... até entrar realmente num elevador controlando a ansiedade mediante um estado emocional incompatível, de relaxamento). Esse tipo de tratamento, assim como outros similares, baseados na exposição massiva ou *inundação* pelo estímulo fóbico, de forma que a resposta emocional acabe por se extinguir, ou no controle das próprias respostas viscerais associadas às emoções (batimentos cardíacos, tensão muscular, etc.) mediante técnicas de *biofeedback*, costumam ser eficazes para aprender a controlar nossas emoções nos mais diversos âmbitos da aprendizagem e do comportamento (em Caballo, 1991; Labrador, Cruzado e Muñoz, 1993; pode se encontrar um relato mais detalhado do porquê e do como dessas técnicas). Aprender a controlar os fatos que nos rodeiam, e não apenas a prevê-los, é realmente uma das funções essenciais da aprendizagem associativa em nossa vida cotidiana.

APRENDIZAGEM DE COMPORTAMENTOS: O CONHECIMENTO OPERANTE

Antecipar um perigo ou uma situação agradável e em geral adquirir informação sobre os fatos que ocorrem em nosso ambiente é muito importante não só para a sobrevivência dos organismos, como também para manter elevada nossa auto-estima como seres informados, quando não informívoros. Porém, ainda mais importante e eficaz pode ser o controle desses fatos, fazendo, mediante à aprendizagem de comportamentos, com que os mais inquietantes e desagradáveis sejam mais improváveis e os que nos gratificam, mais freqüentes. Ainda que apareça mais tardiamente na filogênese e na ontogênese (por exemplo, os bebês começam a atuar sobre seu ambiente depois de serem capazes de prevê-lo), trata-se também de uma aprendizagem elementar, sem a qual a sobrevivência dos organismos seria muito difícil. Além de prever a presença de uma possível presa, uma bela gazela desgarrada, as leoas jovens devem aprender comportamentos eficazes para caçá-la. Um gato sedento aprende facilmente a abrir uma porta com o objetivo de alcançar sua tigela de água. Outro tanto nos acontece na vida cotidiana. Não basta prever um perigo (o aluno assustado em ter que ir ao quadro-negro, o pacífico transeunte de quem se aproxima um ameaçador grupo de Hare Krishna), é preciso saber evitá-lo.

Aqueles comportamentos que tenham um efeito gratificante (porque conseguiram um resultado desejado ou impediram uma dessas ameaças) terão mais probabilidade de voltar a se repetir. Esse é o princípio básico do conhecimento operante ou instrumental, enunciado inicialmente por Thorndike (1898) como lei do efeito e posteriormente desenvolvido detalhadamente por Skinner (1953) mediante o conceito de *reforço*. Um comportamento é reforçado, o que, portanto, aumenta sua probabilidade de ocorrência, quando é contingente com a obtenção de um prêmio (reforço positivo) ou com a retirada de um castigo (reforço negativo). Em troca, um comportamento será castigado, o que, conseqüentemente, reduz sua probabilidade de ser executado, quando é contingente com a apresentação de um castigo (castigo positivo) ou com a retirada de um prêmio (castigo negativo).

Os princípios associativos que regem a aprendizagem de comportamentos são, portanto, similares aos que governam a aprendizagem de fatos (Tarpy, 1985). A Figura 8.2 mostra quatro variedades de condicionamento instrumental, paralelas aos tipos de condicionamento clássicos mostrados na Figura 8.1. O condicionamento de *recompensa* (reforço positivo) é aquele em que um comportamento aumenta a probabilidade de obter um prêmio (se a criança come toda a sopa, lhe contamos uma história antes de dormir); o *castigo* ocorre quando um comportamento aumenta a probabilidade de que se produza uma situação aversiva ou não-desejada (castigo positivo), reduzindo no futuro a probabilidade de que ocorra esse comportamento (se cruzamos um sinal fechado, somos multados em 500 reais); a *omissão* reduz a probabilidade de executar comportamentos seguidos da retirada de um prêmio (se a criança vira a sopa, fica sem história); finalmente a aprendizagem de *evitação* ou fuga aumentará a probabilidade de que executemos os comportamentos que impedem ou terminam um castigo (talvez se pararmos para estudar minuciosamente essa vistosa vitrine evitaremos o cerco das hostes alaranjadas de Hare Krishna; se o cerco já começou, não nos restará outra saída se não escapar o mais rápido possível). Como acontecia na aprendizagem de fatos, as situações estimulantes desejáveis (recompensa) e inibitórias aversivas (evitação) têm conseqüências similares para o comportamento, que ficaria reforçado (reforço positivo e negativo) e, portanto, aumentaria sua probabilidade de ocorrer em situações futuras. Em troca, as situações estimulantes aversivas (casti-

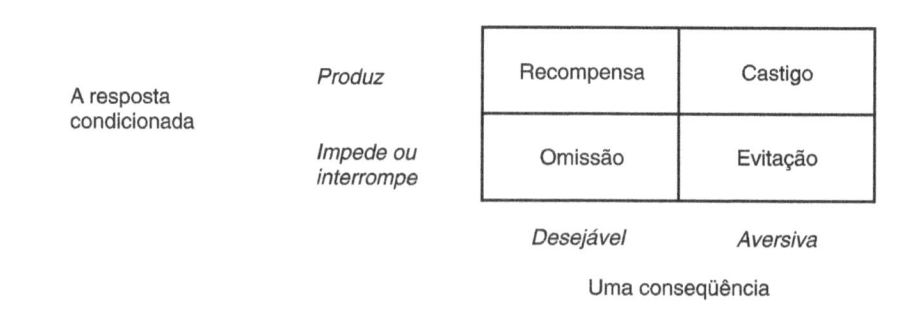

A resposta condicionada		Recompensa	Castigo
	Produz		
	Impede ou interrompe	Omissão	Evitação
		Desejável	Aversiva
		Uma conseqüência	

FIGURA 8.2 Tipos de aprendizagem de comportamentos, segundo Tarpy (1985).

go) ou inibitórias desejáveis (omissão) reduzem a probabilidade de que ocorra esse comportamento, ao ser contingências de castigo (positivo ou negativo).

Como pode se ver também nos exemplos apresentados, a natureza dos prêmios e dos castigos depende muito dos motivos e desejos do próprio aprendiz e não tem por que ser de caráter primário (como acontecia com os animais nas experiências dos comportamentalistas, que os premiavam com comida e os castigavam com dor física). O que para alguns alunos é um prêmio para outros pode não sê-lo, ainda que, em geral, haja certas conseqüências com efeitos similares para todos (sem dúvida os 500 reais de multa ou o assalto dos seres alaranjados têm efeitos muito similares em todos nós). No Capítulo 7, ao tratar da motivação extrínseca já me referi a tal problema.

Como acontece com a aprendizagem de fatos, a aquisição de comportamentos efetivos, que controlam os acontecimentos que nos afetam, depende não de um simples paralelismo entre o comportamento e suas conseqüências, mas da relação de contingência entre ambas. Conforme sejam essas relações, o programa de reforço varia e, com ele, as características da aprendizagem obtida.

Os programas de reforço

Ao contrário do que intuitivamente possam pensar muitas pessoas, e do que implicitamente muitos professores aplicam à educação de seus alunos, se atentarmos às características de uma boa aprendizagem, estabelecidas no Capítulo 3, veremos que se conseguem piores aprendizagens quando o comportamento é sempre seguido de prêmio ou de castigo do que quando é seguido deles apenas algumas vezes. O reforço ou o castigo *intermitente* produz efeitos mais estáveis do que o reforço e o castigo *contínuo* (Tarpy, 1985). Se quisermos que os alunos adquiram um hábito de modo estável e consistente (por exemplo, arrumar cuidadosamente sua mesa) devemos reforçá-lo de modo intermitente, umas vezes sim e outras não, já que se o premiamos sempre, quando ocasionalmente desapareça o prêmio, o comportamento se *extinguirá* rapidamente, a resistência à frustração será menor. Um aluno acostumado a que sua aprendizagem esteja governada por um sistema férreo e imediato de prêmios e castigos (por exemplo, numa escola que exerce muito controle sobre o comportamento do aluno) abandonará rapidamente os hábitos adquiridos quando esse controle se reduzir e os prêmios e castigos se distribuírem de forma mais intermitente (por exemplo, ao entrar numa universidade massificada em que o controle, se for exercido, é um tanto remoto e os prêmios e castigos mal chegam a ser intermitentes). Como vimos no Capítulo 7, uma aprendizagem guiada por um sistema de prêmios e castigos, ao ser provocada desde fora do aluno, está submetida sempre ao risco da extinção quando as condições externas da aprendizagem mudam. É mais rentável, portanto, que o aluno interiorize esse sistema de prêmios e castigos através da auto-estima e da avaliação que faz de seus próprios esforços de aprendizagem.

Outro elemento relevante dos programas de reforço, com conseqüências sobre a aprendizagem, é o critério mediante o qual se distribuem os prêmios e castigos (Skinner, 1953; Tarpy, 1985). Podemos reforçar o aluno em função das vezes que tenha o comportamento desejado ou a cada intervalo de tempo. No primeiro caso, mediante um programa de *razão*, o faremos trabalhar sem descanso, quanto mais repetir o comportamento, mais reforços obterá. É o programa que rege o funcionamento das máquinas caça-níqueis e, em geral, dos jogos de azar.

Quanto mais jogamos, mais provável será que obtenhamos o prêmio. Não é casual que sejam os programas que produzem taxas mais altas de resposta. Em troca, os programas de *intervalo*, que têm como critério o tempo transcorrido desde o último reforço, tendem a produzir taxas de respostas mais instáveis, concentrando-se a maior parte das respostas na parte final do intervalo, que é quando se distribuem os reforços. Muitos alunos, por mais que saibam que a aprendizagem é mais eficaz quando a prática é contínua ou distribuída no tempo (como se verá no Capítulo 12), continuam concentrando sua "taxa de estudo" nos dias anteriores ao exame, já que, como a avaliação que recebem não é contínua, habilmente aprendem a concentrar suas respostas no único momento em que podem ser reforçadas. De modo ainda mais escandaloso, contam que na antiga União Soviética os consumidores costumavam olhar a data de fabricação dos produtos que compravam, tendo o cuidado de não comprar os que eram fabricados nos últimos dias de cada mês, porque sabiam que, para cumprir os planos estabelecidos, no final de cada intervalo a produção se acelerava tanto como os defeitos de fábrica. Conhecer os programas de reforço pode servir, como vemos, para fins muito diversos. Realmente, esses programas servem não só para que os alunos modifiquem os fatos ambientais mediante seus comportamentos, como também para que esse ambiente (essencialmente social) controle melhor os alunos.

Aprendendo o controle e controlando o aluno

Skinner (1953) pensava que mediante a aprendizagem de comportamentos se adquire toda a gama da conduta humana, desde amarrar os sapatos ou a dirigir um carro a ler e escrever, desde fazer macarrão com tomate a falar e pensar. Sem dúvida, mesmo sendo muito importante, a aprendizagem de comportamentos tem efeitos mais limitados do que a ambiciosa empresa skinneriana supunha. Realmente, para Skinner, o condicionamento operante servia não só para que os alunos controlassem o mundo como também, pelo contrário, para que o mundo (social) controlasse os alunos. Em *Walden II* (Skinner, 1948) ou em *Além da liberdade e da dignidade* (Skinner, 1971) propôs um modelo de organização social baseado na "utopia" do controle instrumental da conduta dos cidadãos pela sociedade, que, mediante uma adequada distribuição de reforços e castigos, conseguiria comportamentos mais eficazes no trabalho, sociais na convivência, democráticos na tomada de decisões e em geral mais harmoniosos e felizes (Prieto, 1989). Por mais que a utopia soe a pesadelo orwelliano, no qual o olho do Grande Irmão consegue controlar os últimos fragmentos de nossa conduta (além da liberdade), o certo é que, em ambientes mais reduzidos e com metas precisas, a aprendizagem de comportamentos oferece um modelo eficaz de intervenção para o controle da conduta, especialmente nas crianças, seja na família ou no manejo da aula, sabendo que, em todo caso, a aprendizagem deve se mover por algo mais do que a distribuição externa de prêmios e castigos, já que uma aprendizagem estável e transferível, como a definida no Capítulo 3, deve apoiar-se em motivos ligados à própria auto-estima do aluno e a seu próprio desejo de aprender, quer dizer, em motivos mais intrínsecos, como vimos no Capítulo 7.

Skinner (1968) desenvolveu uma "tecnologia do ensino" baseada nos princípios da aprendizagem de comportamentos, que teve ampla influência indireta nos círculos pedagógicos, através da chamada "instrução programada". A tecnologia skinneriana do ensino, desenvolvida em detalhes por Cruz (1986), avançava algumas idéias interessantes, como centrar o ensino no aluno, planejá-lo de modo individualizado, atenuar ou retirar de modo progressivo os indícios das respostas corretas, fomentar a generalização e a discriminação ou proceder, de modo gradual, por um processo de *moldeamento* (estabelecer um comportamento, um objetivo bem definido e reforçar no aluno as tentativas sucessivas de se aproximar desse "molde" previamente estabelecido; enquanto que no começo se reforça qualquer comportamento que se acerca da meta, de forma progressiva, vai se exigindo uma aproximação cada vez maior para obter o reforço). Muitos desses princípios foram superados pelas novas proposições da moderna psicologia da instrução (Carretero *et al.*, 1991; Gagné e Glaser, 1987; Glaser e Bassok, 1989; Resnick, 1989a), mais próximos da cultura da aprendizagem construtiva. O que os alunos precisam é informação sobre seus erros e não apenas que lhes reforcem seus acertos. Salvo contextos de instrução muito específicos, não se trata de que repitam um currículo fechado, previamente programado, e o reproduzam em pequenas pilulazinhas ou unidades. Realmente, os princípios da aprendizagem de comportamentos nem sequer bastam para adquirir habilidades ou destrezas complexas, que exigem algo mais do que moldeamento e reforço, como se verá no Capítulo 11.

No entanto, se o alcance da aprendizagem de comportamentos no ensino e na instrução é forçosamente menor do que a "utopia skinneriana" fez supor no seu tempo, nem por isso devemos menosprezar sua importância. Aprender a controlar as conseqüências ambientais mediante comportamentos eficazes é básico para um funcionamento cognitivo e emocional adequado e para a manutenção da auto-estima em níveis satisfatórios. Sejamos alunos ou professores, policiais ou ladrões, louros ou morenos, nós, seres humanos, necessitamos sentir que controlamos o que nos acontece. Quando não temos controle sobre os acontecimentos (porque são casuais ou porque escapam a nossas forças ou possibilidades) criamos uma *ilusão de controle* (Langer, 1975; Pérez Echeverría, 1990; Vázquez, 1985). Esse controle ilusório consiste em acreditar que controlamos acontecimentos independentes de nosso comportamento. Exemplos dessa ilusão de controle, tão necessária para nossa auto-estima, porque de ilusão também se vive, seriam as crenças supersticiosas, mágicas e religiosas, a falsa segurança do motorista (todos os motoristas têm mais medo quando não são eles quem dirigem), a redução do acaso a algo mais previsível (por exemplo, muita gente acha que certos números, como 99.999, é mais difícil que saiam na loteria; inclusive, segundo Vázquez, 1985, na Venezuela chegou a se fazer uma investigação judicial em agosto de 1983 diante da suspeita de fraude ao sair na loteria o número 11.111; não é para menos).

Quando perdemos essa ilusão e começamos a achar que não somos capazes de controlar acontecimentos que nos afetam (por exemplo, nossa própria aprendizagem), caímos num estado de falta de defesa aprendida, cuja superação costuma necessitar de uma intervenção ou ajuda externa para desaprender essas expectativas de ineficácia pessoal e falta de controle.

O desamparo adquirido: recuperando o controle sobre a aprendizagem

O fenômeno do *desamparo adquirido*, termo cunhado por Seligman (1975), consiste em adquirir uma expectativa generalizada de perda de controle sobre os fatos de nosso ambiente. Todos sabemos que há coisas que não podemos controlar (o fluxo das marés, os resultados da loteria e algumas outras que não lembro agora), mas quando o que não podemos controlar afeta aspectos centrais de nossa vida (as relações com nosso cônjuge, o futuro profissional ou o curso de nossa aprendizagem) as conseqüências podem ser bastante graves. Supostamente, o desamparo é adquirido quando o que acontece nesses domínios é independente do (ou não é contingente com o) que nós façamos ou tentemos fazer. Nessas condições, perdemos o controle dos acontecimentos e caímos prostrados num estado mais ou menos severo e generalizado de desamparo. Por exemplo, um aluno que tentou, de trás para frente e do avesso para o direito, aprender deduções matemáticas ou a se expressar de modo medianamente inteligível em inglês, sem alcançar seus propósitos, pode acabar por se achar incapaz de fazê-lo e mergulhar num estado de desamparo para essas e outras tarefas próximas. Igualmente, uma pessoa que está há três anos desempregada, buscando e rebuscando trabalho, pode acabar por achar que essa conseqüência desejada (um trabalho) não é contingente com seus esforços de busca de emprego, sentindo-se desamparada.

O desamparo adquirido se define por várias características (Seligman, 1975; Steiner, 1988), que podemos citar: (a) uma *redução da taxa de comportamento* (iniciam-se ou tentam-se menos comportamentos de aprendizagem ou de busca de trabalho, o que reduz as possibilidades de êxito e, por sua vez, aumenta a sensação de desamparo); (b) uma *perda de auto-estima* (generalizam-se crenças negativas sobre o próprio valor para a aprendizagem ou para o trabalho, o que reduz também as possibilidades de êxito ao não perseverar diante do fracasso); (c) uma *perda de eficiência cognitiva* (gera-se um déficit cognitivo pelo qual os desamparados rendem menos em tarefas que requerem um esforço cognitivo e um envolvimento pessoal, e, segundo Seligman, 1975, percebem que controlam os acontecimentos menos do que na realidade controlam, o que uma vez mais reduz a possibilidade de ter êxito; outros estudos, como o de Alloy e Abramson, 1979, sugerem que os desamparados ou depressivos são bastante lúcidos em sua apreciação da perda de controle, são "mais sábios porém mais tristes" diz o título do artigo e, na realidade, são os que não são desamparados, os que têm a já mencionada "ilusão de controle"; em todo caso, os efeitos diretos sobre a aprendizagem são os mesmos); e (d) uma *maior sensibilidade emocional* (a sensação de abatimento e insegurança pessoal é ativada continuamente diante do mais mínimo fracasso ou contratempo, de forma que a pessoa desamparada reage de forma muito aguda diante de situações aparentemente corriqueiras).

O leitor sagaz, e já um tanto calejado pela vida, terá sem dúvida observado um certo paralelismo entre estas características e o comportamento típico em estados de *depressão*. Realmente, Seligman (1975) propõe o desamparo adquirido como um modelo teórico para explicar a aquisição de algumas formas de depressão (as tradicionalmente chamadas exógenas, originadas por fatos externos que escapam a nosso controle, como a morte de um familiar, um divórcio ou um mau casamento). Ainda que existam sem dúvida muitos outros fatores que contribuem para a depressão (por exemplo, nem todas as pessoas reagem igualmente diante dessas circunstâncias, alguns até se alegram), o desamparo adquirido serve ao menos para entender melhor o estado depressivo em que estão mergulhados muitos alunos (e cada vez mais professores, se pensamos na crescente incidência do "mal-estar docente" e outras mazelas profissionais, Esteve, Franco e Vera, 1995).

Um aprendiz que percebe que não pode controlar sua própria aprendizagem está condenado ao fracasso, já que adotará um estilo motivacional que não o ajudará a aprender, ao se atribuir a si mesmo todos os fracassos (Alonso Tapia,

1992; Rogers, 1980; Steiner, 1988). Ao tratar a motivação, no Capítulo 7, mencionei algumas estratégias de intervenção que podiam ajudar esse aprendiz a recuperar o controle sobre sua própria aprendizagem. De forma mais detalhada, uma estratégia eficaz deveria abordar os quatro traços que mencionamos, já que, como vimos, não só são conseqüência da falta de defesa, como também atuam como causas, num círculo tremendamente vicioso.

Assim, (a) deveria se ajudar o aluno a iniciar mais comportamentos, aumentando sua taxa de comportamento, mediante um *treinamento em habilidades e estratégias eficazes* (se o aluno utiliza estratégias inadequadas, seus esforços estarão condenados ao fracasso; a avaliação de sua aprendizagem deve proporcionar-lhe algum reforço e não apenas castigos, mas principalmente informação eficaz para melhorar sua aprendizagem, propiciando-lhe técnicas eficazes, não só mediante um moldeamento, mas com um treinamento procedimental, baseado nos princípios descritos no Capítulo 11); (b) deve-se aumentar a sensação de auto-eficácia do aprendiz (Bandura, 1986), fomentando a *atribuição dos fracassos a fatores controláveis e instáveis*, como se mostrava na Figura 7.1; (c) também convém *incrementar a eficácia cognitiva*, fazendo com que o aluno controle melhor seus próprios processos de aprendizagem e perceba de uma forma menos desfocada (ou mais alegre) as conseqüências de seus esforços; e (d) *reduzir a sobrecarga emocional*, ajudando o aprendiz a controlar suas respostas emocionais, mediante as técnicas referidas no trecho anterior se for preciso, mas, de um modo mais geral, "desdramatizando" seus possíveis fracassos mediante atribuições mais locais e específicas e transmitindo-lhe uma confiança e uma empatia que acabem por aumentar sua sensação de auto-eficácia (Bandura, 1986). A auto-estima dos aprendizes costuma refletir, de modo mais ou menos direto, a estima que seus professores têm por eles.

Vemos, portanto, que embora os processos que criam o desamparo adquirido estejam muito vinculados à aprendizagem associativa, como sucedia com a modificação das emoções, a recuperação do controle sobre a própria aprendizagem requer processos que vão além da mera detecção de contingências de acordo com o princípio de correspondência que rege a aprendizagem associativa, segundo vimos no Capítulo 2. A necessidade de transcender os limites da aprendizagem associativa, integrando-a com outras formas de aprendizagem mais vinculadas à construção de conhecimentos, é ainda mais clara no último tipo de aprendizagem de regularidades no ambiente analisado a seguir, a aquisição e formação de teorias implícitas.

APRENDIZAGEM DE TEORIAS IMPLÍCITAS: A ESTRUTURA CORRELACIONAL DO MUNDO

Nos ambientes complexos em que nos movemos, em nossa cultura da aprendizagem, há algo mais que simples fatos que se encadeiam entre si e com nosso comportamento. É grande a quantidade de informação que somos capazes de processar ou computar em cada momento, estabelecendo relações implícitas entre os elementos que a compõem. Embora a realidade não preexista a nosso conhecimento como um todo organizado, tal como supunha o empirismo (veja-se o Capítulo 2), embora os átomos não estejam escondidos na matéria, esperando ser descobertos por algum esperto observador, mas sejam construções intelectuais que estão em nossa mente mais do que na matéria, o certo é que temos de admitir que o mundo, a avalanche informativa que recebemos em cada momento, possui uma certa "estrutura correlacional" (Rosch, 1978). Os fatos não ocorrem independentemente uns dos outros, a tendência é a de haver certas relações de contingência entre eles. Não é casual que a maior parte dos animais que voam tenham penas (e vice-versa), ou que tenhamos de fazer mais força para mover um objeto quanto mais pesado é. Certos atributos ou características do mundo físico e social que nos rodeia tendem a co-variar entre si. Nem todas as combinações de características são igualmente prováveis entre si e uma forma eficaz de aprender sobre esse mundo, de organizar a avalanche informativa que nos rodeia, de fazê-la mais previsível (esse bicho voará?) e controlável (precisarei de ajuda para mover essa caixa de livros?) é adquirir *teorias implícitas* que otimizem essa estrutura correlacional do mundo, extraindo suas características mais essenciais e previsíveis, quer dizer, as mais prováveis e redundantes. Rosch (1978) sustentava que as pessoas, de forma implícita, adquirem "categorias naturais", representações que nos proporcionam informação probabilística sobre a estrutura correlacional do mundo.

Essas categorias podem ser interpretadas também, dada sua organização e natureza, como teorias implícitas (Rodrigo, 1985; Rodrigo, Rodríguez e Marrero, 1993). Seriam, antes de mais nada, produto de uma aprendizagem implícita baseada em processos de aprendizagem associativa, mediante os quais estabeleceríamos uma rede de conexões entre unidades de conhecimento que tendem a se associar entre si, no mundo, mas, principalmente, em nossa mente. As teorias implícitas se apoiariam nesses processos associativos, tanto na aquisição de informação, como na organização e ativação da informação adquirida, pelo que têm certas características em comum com os modelos conexionistas. No entanto, as teorias implícitas não se limitam a repetir, ou estilizar, a estrutura correlacional do mundo, mas tambem dão lugar à construção de modelos mentais ou interpretações dessa realidade que não podem ser reduzidas a processos associativos (Rodrigo, 1993). Analisarei, em primeiro lugar, os processos associativos de aquisição e organização das teorias implícitas para, a seguir, ver como a ativação repetida dessas teorias em contextos concretos gera representações que são autênticas construções.

Os processos de aquisição das teorias implícitas

Segundo hipóteses muito recentes e sugestivas, os bebês já dispõem, quase desde o nascimento, de verdadeiras idéias ou teorias sobre o mundo dos objetos e das pessoas (Karmiloff-Smith, 1992). Inclusive há quem pense que já "nascem sabendo" muitas dessas idéias, embora isso seja discutível. O que está fora de dúvida é que, para prever e controlar o movimento dos objetos que compõem seu *mesocosmos*, sua realidade imediata, os bebês necessitam de "teorias" que prevejam e controlem o comportamento de seus chocalhos, dos patinhos que fluam ou afundam na banheira e dessas peças rebeldes que nunca encaixam uma nas outras como deveriam. Ao tentar assimilar, ou reduzir, o comportamento desses objetos a suas teorias, os bebês vão descobrindo e explorando as leis que regem o comportamento desses objetos, físicos e sociais. Com o desenvolvimento cognitivo, mas também com a aprendizagem da cultura e a cultura da aprendizagem, esse mundo imediato vai se enriquecendo e complicando bastante. Ao abandonar o berço, tudo se torna mais incerto e variável, mas também cresce a capacidade de detectar regularidades no ambiente, ao aumentar a potência e a eficácia dos processos de aprendizagem associativos descritos no Capítulo 6. Uma criança de dois anos pode ficar meia hora explorando todas as possibilidades de encaixar peças entre si, automatizando os movimentos e "investigando" o papel de diferentes variáveis. Também pode ver, em sessão contínua e inesgotável, *Branca de Neve* ou *Dumbo*, condensando informação, automatizando relações e liberando recursos cognitivos para atender e relacionar, cada vez mais elementos de informação entre si. Em torno dos 3-4 anos, as crianças parecem usar já com bastante eficiência certas regras associativas, de caráter heurístico ou aproximativo (Pozo, 1987). Embora essas regras *heurísticas* levem a distorções no conhecimento (Carretero e García Madruga, 1984; Nisbett, 1993; Pérez Echeverría, 1990) e, portanto, nas teorias implícitas que geram, são muito eficazes, já que permitem tirar a maior quantidade de informação possível com o mínimo custo cognitivo, pelo que continuam sendo um instrumento muito eficaz para os aprendizes de todas as idades, com o fim de organizar ou reduzir a complexidade cognitiva de seu ambiente imediato.

Quando um aprendiz se depara com uma situação relativamente nova (um objeto que não cai quando deveria fazê-lo, o carro que não arranca, a geladeira que não esfria, o robalo que está muito salgado), tenta assimilar essa situação a suas aprendizagens anteriores (a suas teorias implícitas) mediante uma busca de elementos de informação associados a esse efeito surpreendente, que possam funcionar como *causa* do mesmo. A origem dessas buscas é sempre um *problema*. Quando isso acontece, quando um objeto não se comporta como esperamos, quando ocorre um imprevisto, no lugar de realizar uma análise sistemática e rigorosa de possíveis variáveis, como faríamos se estivéssemos fazendo uma investigação científica, recorremos de modo implícito a regras simplificadoras, heurísticas, que reduzem o espaço de busca mediante um atalho cômodo que nos facilite uma solução aproximada. Entre essas regras de aprendizagem associativa estariam (Pozo, 1987; Pozo e Gómez Crespo, 1994; Pozo *et al.*, 1991):

a) A *semelhança* entre causa e efeito ou entre a realidade que observamos e o modelo que a explicaria. Se faz calor, tiramos a roupa, já que a roupa "dá calor". Se me dói o estômago, deve ser alguma coisa que comi (mas talvez não seja). Em geral, as características mais observáveis da situação afetam mais nosso pensamento cotidiano do que os menos visíveis. Concebemos mais facilmente o que podemos perceber e criamos modelos isomorfos com nossa percepção. O modelo deve se parecer com a realidade que percebemos. Se a água é úmida, as moléculas de água estarão molhadas. Se um sólido está visivelmente quieto, as partículas que a compõem também devem estar imóveis. Se uma planta "transpira", é porque está suando.

b) A *contigüidade espacial*, e, se é possível, o contato físico entre causa e efeito. Se ouvimos um ruído na parte traseira do carro, logicamente procuraremos ali a causa. Mas também podemos pensar, como muitos aprendizes, que as lâmpadas mais próximas à pilha num circuito em série iluminarão com mais intensidade, ou que a poluição só afeta às cidades, já que no campo se respira ar puro, com o que dificilmente entenderemos o buraco na camada de ozônio.

c) A *contigüidade temporal* entre a causa e o efeito. Se nos dói a cabeça ou o estômago, será devido à última coisa que fizemos ou comemos. Se alguém se mostra chateado com a gente, buscaremos algum fato recente em que o tenhamos molestado. Se nos seca o bonsai, claro, deve ser

porque fez calor na semana passada (ainda que faça dois anos que não o adubamos).
d) A *co-variação qualitativa* entre causa e efeito. As variáveis relevantes serão aquelas que co-variem com o efeito. Se cada vez que tenho febre e dor de cabeça tomo antibiótico, digam o que disserem os médicos, acharei que os antibióticos curam a gripe (já que nunca farei a experiência "científica" de controlar essa variável para ver o que acontece). Se, em troca, o médico receita um antibiótico que devo continuar tomando por uma semana, quando cessa a febre e a dor deixo de tomá-lo, porque se não há sintoma, não há doença. Muitas idéias supersticiosas se baseiam também nessa regra, como muitos rituais extravagantes que adquirimos quando aprendemos a manejar aparelhos (digitamos quatro teclas para conseguir que surja o texto na tela quando na realidade basta uma delas).
e) A *co-variação quantitativa* entre causa e efeito. Quando se incrementa a causa deve-se aumentar proporcionalmente o efeito, e vice-versa. Se temos uma panela com água fervendo e aumentamos a intensidade do fogo, a maior parte das pessoas acredita que aumenta a temperatura da água. Igualmente, para aquecer mais rapidamente a casa costumamos aumentar ao máximo a temperatura do termostato. Os alunos acham que a velocidade de queda dos objetos aumenta com o peso, já que os objetos, como todo mundo sabe, caem por seu próprio peso.

Essas regras são, como sem dúvida notará o leitor, uma síntese de algumas das leis da associação postuladas pela tradição empirista da aprendizagem (Capítulo 2). Servem não só para buscar antecedentes causais em situações novas ou problemáticas, mas também como regras de ativação ou conexão entre esses conhecimentos em nossa memória permanente. Se algum elemento de informação contido na memória fosse ativado, tenderia a "propagar" essa ativação a outros elementos de informação conectados com ele por semelhança, contigüidade ou co-variação. Em vez de esgotar todas as possíveis conexões, ativam-se apenas as mais prováveis, estabelecendo as características prototípicas da teoria implícita num certo domínio. As teorias implícitas seriam como redes ocultas de conhecimento, pensamentos clandestinos, conforme a citação de Umberto Eco, que subjazeriam aos modelos que utilizamos para interpretar o mundo, as representações que ativamos e das quais podemos nos tornar conscientes. Assim, nossa teoria implícita sobre o movimento dos objetos gera representações que equacionam força e movimento (Bliss e Ogborn, 1983; Driver, Guesne e Tiberghien, 1985; Pozo, 1987; Pozo e Carretero, 1992), porque em muitas aprendizagens anteriores observamos os efeitos de exercer uma força sobre o movimento dos objetos; nossas representações intuitivas da natureza da matéria atribuem às partículas as propriedades do mundo macroscópico, observável, que estão associadas em nossa teoria implícita às mudanças observadas na matéria, em forma de dissolução, combustão, condensação ou evaporação (Gómez Crespo, 1996; Pozo *et al.*, 1991). A forma de ter acesso a essas teorias implícitas, não só os mestres, mas inclusive os próprios aprendizes, seja para conhecê-las ou para modificá-las, é sua ativação contextual para resolver um problema ou enfrentar uma tarefa de aprendizagem.

A ativação contextual das teorias implícitas

Talvez o leitor ainda lembre a tarefa sobre o movimento dos objetos proposta na Figura 2.3 (p. 47). Se agora a recupera e tenta resolvê-la, deverá construir a partir de sua teoria implícita uma representação específica ou contextual para essa tarefa. A não ser que o leitor se depare com freqüência com esse tipo de tarefas (por ser, por exemplo, aluno ou professor de física; ou lançador de martelo em seus momentos livres) não terá um conhecimento "pré-cozido", pronto para o consumo cognitivo, um pacote de informação específica e condensada para essa tarefa, mas deverá ativá-lo ou construí-lo no processo, em forma de *modelo mental* ou de representação episódica para essa tarefa (Rodrigo, 1993). Tentará prever o movimento desse objeto que cai, recuperando unidades de informação, fragmentos de saber implícito que se unem aqui e agora para essa tarefa determinada. Passado certo tempo, essa informação terá se desvanecido, porque esse modelo mental situacional não é armazenado como tal na memória permanente e, portanto, não pode ser recuperado (talvez, se já transcorreu certo tempo desde que passou pela página 47 e fez a tarefa, o leitor nem mesmo lembre sua resposta, e se agora tentar fazê-la, sua resposta difira da de antes). O que se armazena, o que se aprende, são as mudanças na probabilidade de ativar uns ou outros conhecimentos. Recorrendo aos modelos de aprendizagem conexinistas, em que o conhecimento está distribuído entre distintas unidades (Rodrigo, 1993; Rumelhart, McClelland e grupo PDP, 1986), o que se aprende são novas conexões que mudam a probabilidade de ativar umas ou outras unidades de conhecimento.

Esse caráter local ou *contextual* de nossas representações para tarefas novas faz com que tendam a ser muito pouco coerentes (Di Sessa, 1993), de forma que as representações que se ativam frente a tarefas próximas entre si não são necessariamente similares. Tente o leitor resolver agora a tarefa proposta na Figura 8.3. Provavelmente se sentirá inseguro com sua resposta, será difícil construir um modelo específico para essa situação. Que relação há entre essa situação e a pro-

O desenho representa um tubo fino, curvo e de metal. Você está vendo-o de cima, ou seja, o tubo está na horizontal. Coloca-se uma bola de metal, no extremo do tubo assinalado com uma flecha, a qual é lançada em alta velocidade, saindo pelo outro extremo. Desenhe o caminho que a bola seguirá quando sair pelo outro extremo do tubo.

FIGURA 8.3 Tarefa sobre o movimento similar à apresentada alguns capítulos atrás, na Figura 2.3 (McCloskey, 1983). As alternativas de resposta mais freqüentes e a solução correta são as mesmas que ali se apresentavam.

posta pela Figura 2.3? O leitor respondeu de forma similar ou coerente nas duas situações? Com freqüência, diante dessas tarefas, especialmente quando somos novatos no domínio, tendemos a obter respostas *intuitivas*, que nos parecem evidentes, sem saber muito bem *por que* acreditamos que essa é a melhor resposta. As regras de ativação de nossas teorias implícitas geram, de forma quase automática, modelos mentais ou representações, sem que possamos tornar explícitos os critérios em que baseamos essa construção mental.

Agora, a ativação repetida de modelos mentais em situações idênticas ou parecidas pode acabar por condensar e automatizar essas representações, de forma que se armazenem, como tais, já empacotadas e prontas para o consumo cognitivo, em nossa memória permanente. Quando nos deparamos reiteradamente com um mesmo contexto (fazer café de manhã, programar o vídeo, dirigir o carro, explicar a um grupo de adolescentes bocejantes as leis da mecânica newtoniana) resulta econômico para nosso sistema cognitivo dispor de uma representação estável, única, um *esquema* que se ative sempre do mesmo modo, em vez de construir uma nova representação situacional e instável para cada contexto (Pozo, 1989; Rodrigo, 1993).

Já sabemos dos benefícios cognitivos da automatização e da condensação do conhecimento (desde o Capítulo 6, se o leitor segue a ordem proposta pelo autor). Esses esquemas, ou pacotes já elaborados de informação, têm a vantagem de uma ativação rápida e confiável, sem cometer erros, quando se trata de situações ou tarefas sobreaprendidas. Se o leitor dispõe desses esquemas para a tarefa da Figura 8.3, fará previsões mais rápidas, seguras e possivelmente corretas do que se tem que elaborar durante a ação um modelo interpretativo. Mas possivelmente não disponha desses esquemas "pré-cozidos" (afinal, não vê bolas sendo disparadas de um tubo ou campeonatos de atletismo todos os dias). No entanto, talvez tenha conhecimentos automatizados e condensados para outras situações que implicam movimento. Por exemplo, saberá que quando um carro freia bruscamente, as pessoas que estão dentro dele são lançadas violentamente para frente. Podemos *prever* com bastante segurança o que vai acontecer se o carro freia de repente e seus ocupantes não usam o cinto de segurança. Mas por que acontece isso? Por inércia, dirá o leitor. Mas essa referência à inércia não significa que sejamos realmente capazes de *explicar* o acontecido e principalmente de generalizar nossa capacidade de previsão para novas situações. Senão, retorne o leitor à tarefa da Figura 8.3. Deu-se conta da inércia da bola, submetida à mesma lei física que a pessoa que circula num carro? Como essa inércia afeta a trajetória que a bola segue depois de sair do tubo? A velocidade da bola dentro do tubo afetará a trajetória que desenhe fora? Ou, passando para outras situações cotidianas, poderia explicar por que as pessoas não são jogadas para fora por inércia, de certas atrações de parque de diversões que parecem estar desejando isso, mas, no entanto, nos retêm de modo misterioso e um tanto incerto? Ou de que forma misteriosa um objeto tão pesado como um avião consegue flutuar no ar sem cair?, como explicaríamos ao insigne Leonardo da Vinci, que dedicou sua vida, entre muitas outras coisas, a inventar uma máquina voadora, sem consegui-lo, o movimento mágico, *contra natura* e contra toda intuição, de um avião flutuando no céu?

Nossas teorias implícitas, e as representações que se originam a partir delas, seja em forma de modelos mentais contextuais ou de esquemas estáveis, têm uma função descritiva ou de previsão mas escassamente explicativa. Por sua origem associativa, servem para prever fatos, mas não para compreendê-los. No entanto, seja por mórbida curiosidade ou por necessidade de aprendizagem (normalmente em contextos de instrução formal, quer dizer, sob a pressão e supervisão de um professor), com freqüência necessitamos transcender nossas teorias implícitas e perguntarmos por que as coisas acontecem como acontecem. Nesse caso, teremos de aprender a explicar nosso conhecimento implícito para poder mudá-lo.

A mudança das teorias implícitas: a explicitação do conhecimento

Como acontece com a aprendizagem de fatos e de comportamentos, as teorias implícitas, embora sejam muito eficazes em nossas rotinas diárias, podem ocasionalmente interferir em outras aprendizagens explícitas. Comprovou-se em diferentes domínios que as teorias implícitas dos aprendizes dificultam a assimilação de conhecimentos disciplinares ou científicos em contextos de instrução. Os alunos se acercam desse domínio, seja a natureza da matéria, a queda de objetos pesados, a saúde ou a doença, a riqueza ou a pobreza, com certos modelos implícitos que dificultam a aprendizagem do conhecimento disciplinar nesse domínio.

Como vimos no Capítulo 6, a compreensão requer que se relacione a nova informação com os conhecimentos prévios do aluno, que em muitos casos estão formados por teorias implícitas. A própria natureza associativa das teorias implícitas, sua função de capturar, de modo forçosamente simplificado ou estilizado, a "estrutura correlacional" do mundo, faz com que muitas vezes as teorias implícitas tenham uma estrutura incompatível com as teorias científicas ou disciplinares para esse domínio. O conhecimento científico ou disciplinar, como veremos no Capítulo 10, ao tratar da aprendizagem de conceitos e da mudança conceitual, baseia-se num processo de reflexão sobre o próprio conhecimento, numa construção explícita e deliberada de modelos, que se distancia bastante dos processos de aquisição das teorias implícitas (Pozo, 1989). Não se deve estranhar, portanto, que os resultados destes dois tipos de aprendizagem difiram também em aspectos substantivos. Enquanto as teorias implícitas têm a função de simplificar a estrutura correlacional do mundo, fixando-se em suas características mais destacadas e primárias, e estabelecendo a partir delas seqüências de previsões, as teorias científicas, ou, em geral, o conhecimento disciplinar, geram representações complexas, com fins explicativos ou interpretativos, que transcendem o *mesocosmos*, as dimensões essenciais do mundo cotidiano (García, 1995; Pozo, Sanz e Gómez Crespo, 1995). Nossa teoria mecânica implícita nos permite mover os objetos do mesocosmos com bastante sucesso e eficácia, mas não serve para explicar esse sucesso nem para interpretar outros mundos possíveis que transcendem nossa realidade imediata (como se moverão os objetos na Lua?, e no vazio?) (Claxton, 1991; Pozo *et al.*, 1992). Quando queremos, por curiosidade ou necessidade, chegar a essa compreensão, devemos transcender também nossas teorias implícitas, já que, organizadas em torno desses princípios ou regras heurísticas, servem para gerar mapas simples, cuja capacidade de complicar-se é limitada.

A função *simplificadora* das teorias implícitas se traduz numa série de restrições estruturais (Pozo, Sanz e Gómez Crespo, 1995) ou ontológicas (Chi, Slotta e De Leeuw, 1994), na natureza e organização dessas teorias, quando comparadas com o conhecimento explícito gerado pelas disciplinas correspondentes a esse mesmo domínio, seja a química, o xadrez, a entomologia ou a psicologia cognitiva da aprendizagem. Mas, em maior medida ainda que os outros tipos de aprendizagem analisados neste capítulo, a mudança das teorias implícitas vai necessitar de formas de aprendizagem explícita bastante elaboradas, regidas não só por processos associativos mas, principalmente, construtivos. O objetivo último seria criar um processo de *mudança conceitual*, tal como se analisará no Capítulo 10. Para isso, é necessário explicitar as próprias teorias implícitas mediante um processo de tomada de consciência, ou reflexão consciente, sobre esse conhecimento implícito, que sirva para compará-las com o conhecimento científico ou disciplinar, percebendo suas diferenças estruturais (tal comparação será desenvolvida mais adiante no mencionado Capítulo 10).

No final do Capítulo 7 já se descreveram algumas características desse processo de reflexão consciente, também chamado *metaconhecimento*, que permite transformar o saber implícito em saber explícito. Vimos que se trata de um processo construtivo, que não se limita apenas a lançar luz nos bastidores do conhecimento, a trazer à tona o *iceberg* submerso de nossas teorias implícitas, senão que é um processo que modifica ou reestrutura o que se conhece. Realmente, a tomada de consciência ou explicitação do conhecimento deve ser entendida também como um *processo construtivo*, que requer várias fases intermediárias desde o conhecimento implícito até a consciência reflexiva sobre o mesmo. Como mostra Karmiloff-Smith (1992), a distinção entre conhecimento implícito e explícito não deve ser entendida como uma dicotomia, mas, antes, como um contínuo de tomada de consciência progressiva sobre o próprio conhecimento.

A partir da própria obra de Karmiloff-Smith (1992; também a excelente análise de Rodrigo, 1994b), o processo de explicitação passaria por várias fases. Num primeiro momento, já descrito, se formariam, por processos associativos, teorias implícitas que gerariam representações contextuais, cuja automatização e condensação produziria, por sua vez, "pacotes de informação" ou esquemas presentes de modo *explícito* na memória permanente e não só como representações distribuídas ou implícitas. Esses pacotes de informação se aplicariam como rotinas de forma muito "local" ou "fechada", em domínios específicos e ainda não seriam acessíveis à reflexão consciente, porque, nesse sentido, continuariam sendo representações implícitas.

Tal conhecimento "empacotado" teria as características do conhecimento automatizado sublinhado no Capítulo 6 (rapidez, eficácia, escasso consumo de recursos, mas também "encapsulamento" ou fechamento sobre si mesmo). No entanto, devido ao êxito de sua ativação rotineira, esses "pacotes de informação condensada" acabariam por "se expandir" para novas tarefas afins, por se *desempacotar*, rompendo seus limites fechados para serem aplicados em outros contextos próximos (Claxton, 1991, diz que as teorias implícitas se "desencaixam", saem de suas casinhas). Quando nos são propostas tarefas relativamente novas, como as da Figura 8.3, tendemos a "expandir" ou "transferir" representações bastante consolidadas sobre o movimento. Se não, experimente o leitor outra nova tarefa, próxima às anteriores, mostrada na Figura 8.4. Não é exatamente o mesmo contexto que o das anteriores, mas podemos utilizar pacotes já consolidados de informação, "desempacotando-as" para esse novo contexto.

Tal processo ainda não é consciente, mas, ao romper-se a cerrada cápsula desses pacotes informativos, vai-se abri-los à possibilidade dessa reflexão consciente, que implicará uma nova *redescrição representacional*, na terminologia de Karmiloff-Smith (1992), que permitirá fazer de nossas representações *objeto de conhecimento*, de forma que possamos pensar *em* nossas teorias e não só *com* elas (Kuhn, Amsel e O'Loughlin, 1998). Essa reflexão consciente habitualmente adota um formato de verbalização, mediante representações conceituais explícitas (as

No desenho, vê-se um avião voando a uma velocidade constante e mantendo sempre a mesma altitude, isto é, paralelo ao solo. A flecha indica a direção seguida pelo avião. Quando se acha na posição indicada no desenho, deixa cair uma grande bola de metal. O avião continua voando com altitude, velocidade e direção constantes. Desenhe o caminho que seguirá a bola até chegar ao solo. Assinale também, com a maior precisão que lhe seja possível, o local em que se achará o avião quando a bola chegar ao solo.

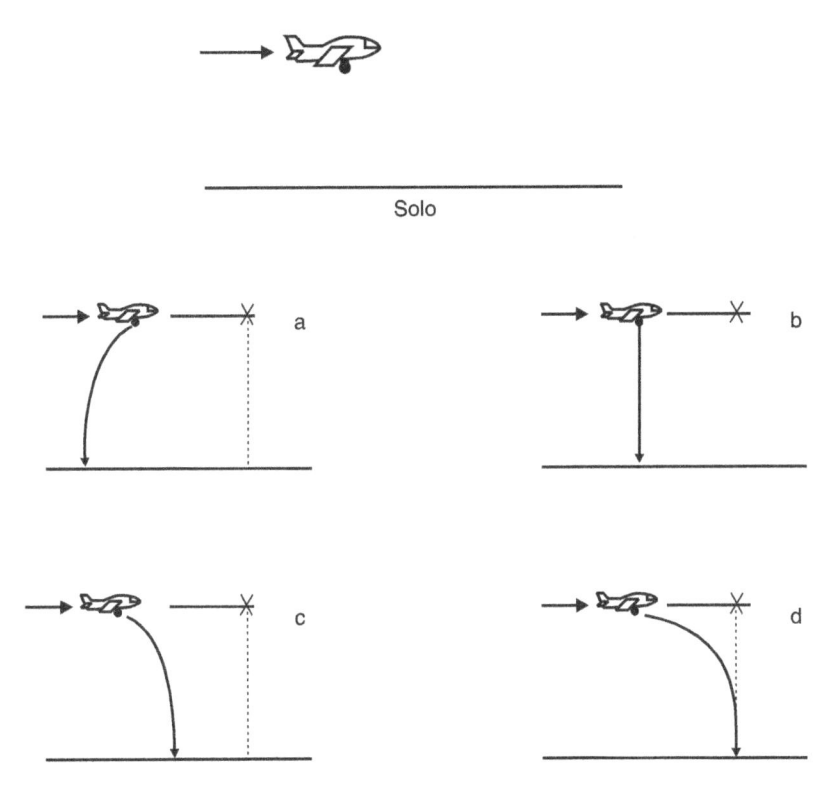

FIGURA 8.4 Uma última tarefa sobre o movimento, ligada às anteriores. Novamente, a tarefa deve ser resolvida antes de se analisar as possíveis soluções. Contra o que nos diz nossa intuição, a bola cairá seguindo uma trajetória parabólica (resposta d) e o avião, se não se levam em conta as forças do atrito (ou como dizem os textos de física escolar: "desprezando o atrito..."), deveria estar exatamente em cima da bola quando esta se chocar com o solo. Se o leitor não acredita ou quer saber por que é assim, terá de consultar a tarefa em McCloskey (1983) ou Pozo (1987).

tarefas anteriores são melhor resolvidas se se consegue dar sentido à primeira lei de Newton, ou princípio da inércia, que sustenta que "um corpo permanece em seu estado de repouso ou movimento uniforme e retilíneo a menos que atue sobre ele uma força externa"). No entanto, Karmiloff-Smith (1992) nota que algumas das representações explícitas, acessíveis à consciência, podem não ser verbalizáveis, baseando-se, por exemplo, em imagens (muitas pessoas, frente a essas tarefas, principalmente as da Figura 2.3 e 8.3, tentam recuperar uma imagem, representando o movimento com a mão; o que pode ter acontecido com o leitor). Em todo caso, o acesso dessa representação à consciência será em boa parte produto dos próprios problemas ou conflitos que geram "desempacotar" um procedimento ou um conhecimento, tentando aplicá-lo, além de seus limites iniciais, a novos contextos que nos obrigarão a flexibilizar nossos conhecimentos.

Essa necessidade de mudar ou flexibilizar os conhecimentos que tanto trabalho nos tinha custado empacotar está na origem da mudança das teorias implícitas, facilitando sua reestruturação em teorias explícitas por processos de mudança conceitual. A reflexão consciente, ou tomada de consciência, será uma condição necessária, mas insuficiente, para que se produza essa mudança conceitual, como veremos no Capítulo 10. Nem sempre que explicitamos nosso conhecimento conseguimos ou necessitamos reestruturá-lo. Só quando as restrições estruturais de nossas teorias implícitas impedem a geração de representações mais complexas e adequadas às demandas da tarefa de aprendizagem, essa reestruturação será necessária. Essas demandas, e a própria necessidade de explicitar o conhecimento que temos em estado embrionário em nós mesmos, surgem quase sempre em contextos de instrução formal que, entre outras coisas, implicam processos de interação social, nos quais além das formas de aprendizagem implícita que analisamos neste capítulo e dos tipos mais complexos de aprendizagem construtiva direcionados para a compreensão e mudança conceitual (que serão analisados no Capítulo 10), têm lugar outros tipos de *aprendizagem social*, dos quais trata o próximo capítulo.

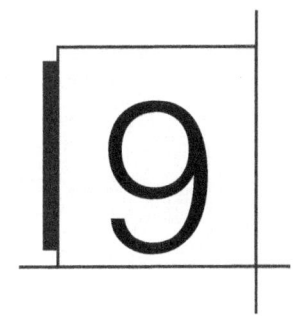

9 Aprendizagem Social

O que é o que e como é?
Quem sabe como se portar?

Que naturais são os peixes!
Nunca parecem inoportunos.
Estão no mar a convite
e se vestem corretamente
sem uma escama de menos
condecorados pela água.

Eu todos os dias ponho
não só os pés no prato,
mas os cotovelos, os rins,
a lira, a alma, a escopeta.

....
....

Assim, para acabar as dúvidas
me decidi por uma vida honrada
da mais ativa preguiça,
purifiquei minhas intenções,
saí sozinho para comer comigo
e assim fui ficando mudo.
Às vezes me tirei para dançar,
mas sem grande entusiasmo,
e deito só, sem vontade,
para não me enganar de quarto.

PABLO NERUDA, "Sobre minha má-educação", *Estravagario*

APRENDIZAGEM DE HABILIDADES SOCIAIS

Ainda que a aprendizagem de fatos e de comportamentos afete âmbitos muito importantes de nossa interação com o mundo dos objetos e das pessoas, o certo é que grande parte de nossas aprendizagens ocorre em contextos de interação social que determinam, em boa medida, a direção e o significado do que aprendemos. A aprendizagem social é algo mais do que uma aprendizagem em sociedade. A denominação *social* vai afetar não só os resultados dessa aprendizagem como também os processos mediante os quais ocorre. Como víamos no Capítulo 1, a aprendizagem é parte de nossa cultura, dos hábitos e formas de comportamento sociais, mas também das representações culturalmente criadas e compartilhadas. Por mais eficazes que fossem nossos processos associativos e por maior que fosse nossa potência computacional, nossa capacidade de aprendizagem seria muito limitada se não estivesse amplificada pela cultura e, de modo mais imediato, pela exposição a contextos sociais que dirigem e encaminham nossa aprendizagem.

Portanto, num sentido amplo, todas nossas aprendizagens são aprendizagens sociais ou culturalmente mediadas, já que se originam em contextos de interação social, como as relações familiares, a escola ou os ambientes de trabalho e profissionais. Aprender é uma atividade social, que requer uma *boa educação* tanto como comer, vestir-se conforme a etiqueta ou dançar com alguém que não seja a gente mesmo. No entanto, alguns resultados da aprendizagem podem ser considerados especificamente sociais e culturais, ao ter sua origem em mecanismos de transmissão social do conhecimento.

A forma mais simples da aprendizagem social é, possivelmente, a *aquisição de habilidades sociais*. Comportar-se em sociedade exige não só dominar certos códigos de intercâmbio e comunicação cultural mas dispor de certas habilidades para enfrentar situações sociais conflitantes ou não-habituais. Os aprendizes, principalmente crianças e adolescentes, podem ter dificuldades para saber dar uma negativa de modo eficaz (toda uma campanha contra as drogas se baseia em promover essa habilidade social), pedir um favor, solicitar ajuda ao mestre ou integrar-se num grupo de iguais. Por sua vez, os professores podem carecer de habilidades para fazer os alunos trabalhar em grupos, ou para reagir ante a agressividade, a rejeição ou as crises emocionais dos adolescentes que têm a seu cargo. O pobre Wilt, aquele indefeso professor criado por Tom Sharpe, teria necessitado mais de um curso de habilidades sociais para enfrentar seus alunos hostis. Igualmente, muitos profissionais (vender bíblias ou seguros de vida a domicílio, mas também trabalhar como psicólogo clínico ou como advogado de casais) necessitarão de habilidades sociais específicas se quiserem alcançar um mínimo de sucesso, já que devem se aproximar da vítima ou cliente mediante técnicas que evitem uma rejeição ou facilitem uma especial empatia ou comunicação.

Realmente, todos nós, mesmo sem ser um desses casos vistosos, estamos usando continuamente, sem ter consciência delas, habilidades sociais que adquirimos, de modo implícito, como parte de nosso processo de socialização. Para aprender a nos comportarmos dessa forma não basta aprender comportamentos por processos de reforço, como os apresentados no capítulo anterior. Uma aprendizagem por ensaio e erro ou inclusive mediante uma aproximação progressiva por moldeamento, dificilmente asseguraria o surgimento de comportamentos socialmente adequados. Quando se trata de comportamentos minimamente complexos ou elaborados, como nota Bandura (1976, p. 38 da trad. esp.), "o reforço constitui um meio eficiente para regular os comportamentos que já foram aprendidos, mas é relativamente ineficaz para criá-los". Não pode se reforçar um comportamento que não se sabe executar. Bandura (1976, 1986) considera que a *aprendizagem por observação*, ou modelagem, é uma forma mais eficaz de adquirir comportamentos sociais novos.

Aprendizagem por modelagem

A teoria da aprendizagem social cognitiva de Bandura (1976, 1986; um bom resumo pode ser encontrado em Rivière, 1990) desenvolve um fato que resulta óbvio: adquirimos a maior parte de nossos comportamentos sociais vendo como outros os executam. Um dos recursos mais engenhosos da seleção natural para integrar as crianças, esses seres nascidos para aprender, nas pautas da interação de sua espécie e sua cultura, é dotá-las de uma tendência compulsiva, irrefreável, para a imitação, para a repetição de todos os modelos que observam. A modelagem serve não só para adquirir comportamentos novos (desejáveis, como ajudar um colega que necessita, mas também indesejáveis, como os comportamentos violentos), como inclusive para inibi-los (o aluno que evita condutas indesejáveis quando vê que outros são castigados) ou para desinibi-los ou facilitá-los (recuperar condutas agressivas que tínhamos inibidas quando vemos que outros as usam com êxito).

Segundo Bandura (1977), a modelagem, ou aprendizagem por observação, tem antes de mais nada uma função informativa tanto dos comportamentos que podem se realizar como das conseqüências desses comportamentos. Estaria mediada por processos de *atenção* (o aprendiz deve prestar atenção às características relevantes do comportamento observado), de *memória* (formam-se representações internas, de caráter simbólico, desses comportamentos), de *competência motora ou verbal* (o aprendiz tem de dispor da competência motora ou verbal para reproduzir o comportamento imitado) e *motivação* (o aprendiz deve perceber as conseqüências desejadas ou indesejadas da realização desse comportamento). Dessa forma, a eficácia da modelagem depende uma vez mais, segundo o esquema proposto no Capítulo 4, do ajuste entre os processos que deve pôr em marcha o aprendiz (atenção, memória, competência motora ou verbal), os resultados buscados (o comportamento-modelo) e as condições da aprendizagem (conseqüências, quantidade de prática, etc.). Concretamente, a eficácia da modelagem será maior (Rivière, 1990) quando os comportamentos a ser imitados forem simples ou fáceis de reproduzir, levando em conta os conhecimentos e competências prévias do aprendiz (não basta ver Michael Jordan fazer uma jogada para repeti-la com fidelidade), ou forem devidamente observados pelo aprendiz e recompensados no modelo, que, por sua vez, deve ser atrativo para o aprendiz (não costumamos imitar nossos inimigos, embora, quase sempre, sem sabê-lo, nos pareçamos com eles).

O processo de modelagem ocorre, sem dúvida, de forma contínua em nossa vida social, de forma mais implícita que explícita, especialmente na aquisição de habilidades sociais. A socialização nos expõe a modelos (pais, professores, mas também personagens célebres, banqueiros, toureiros ou deputados), com os quais tendemos a nos identificar e cujas habilidades sociais, sem consciência disso, tendemos a reproduzir. São muitos os códigos sociais implícitos numa cultura, dos quais só tomamos consciência quando mergulhamos em outra cultura distinta (nós[*], espanhóis, que vamos ao México ou à Argentina sempre nos empenhamos em dar um

---

[*]N. de R.T. O autor deste livro é de nacionalidade espanhola.

beijo a mais como fórmula de saudação; em troca, na Rússia daríamos um de menos). Além disso, como demonstrou de sobra a psicologia social (Eiser, 1986), com freqüência o sucesso de uma interação social (alcançar os objetivos a que nos propomos, seja conseguir um emprego ou um aumento de salário, ou evitar um castigo) depende de nossas habilidades sociais para influir nos demais e persuadi-los de nossos propósitos (ou ocultá-los). No capítulo anterior, se viu como podemos nos sentir indefesos quando carecemos de comportamentos eficazes para alcançar nossas metas. Em muitos contextos sociais, os aprendizes requerem um treinamento explícito de habilidades sociais para alcançar essas metas.

O treinamento em habilidades sociais

Os programas para o treinamento em habilidades sociais abarcam os mais diversos âmbitos de intervenção e instrução, das relações interpessoais e problemas clínicos (relações de casais, depressão, alcoolismo e outras, veja-se Gil, 1988), à educação e à formação cívica nas crianças (Alonso Tapia, 1995), à formação profissional (Goldstein, 1993) ou, inclusive, à própria formação dos professores. Ainda que esses programas variem conforme os âmbitos de intervenção e as características dos aprendizes a que são dirigidos, em geral tendem a usar três técnicas fundamentais para promover tais aprendizagens.

A técnica mais comum e generalizada é a *modelagem*, baseada de forma mais ou menos direta nas idéias de Bandura (1976, 1986), que costuma constar de cinco fases principais:

a) informação verbal sobre as habilidades treinadas e seus objetivos, atraindo a atenção do aprendiz sobre os aspectos mais relevantes;
b) apresentação de um modelo eficaz, destacando ao mesmo tempo esses aspectos fundamentais;
c) prática da habilidade treinada por parte do aprendiz em condições simuladas ou reais;
d) correção e, se for o caso, reforço dessas habilidades por parte do mestre; e
e) manutenção e generalização dessa habilidade para novas situações.

O processo geral de modelagem, que, com pequenas variantes, constitui o esquema básico de treinamento de habilidades sociais em todos os domínios (Alonso Tapia, 1995; Caballo, 1993; Gil, 1988; Goldstein, 1993), é completado com outras técnicas adicionais úteis para desenvolver, com mais profundidade, algumas das fases do modelo proposto. Assim, a fase (c), de prática, pode se apoiar num *role playing* ou num processo de adoção de papéis, em que o aprendiz deve se comportar "como se" estivesse em determinada situação (vender detergentes a domicílio, recusar uma oferta de drogas, integrar-se num grupo novo, etc.). Pode-se usar especialmente com o fim de que o aprendiz se ponha no papel do outro (de seu interlocutor em potencial), invertendo os papéis, de forma que o futuro vendedor, o aprendiz, ao se colocar no lugar do cliente ou do professor, conheça melhor seu ponto de vista e possa enfrentá-lo melhor (Goldstein, 1993).

Igualmente, o desenvolvimento da fase (e), de generalização do aprendido, costuma implicar técnicas que vão além da modelagem, e em boa parte da aprendizagem associativa, ao envolver, mediante a discussão em grupos e o confronto de perspectivas, o desenvolvimento de estratégias para enfrentar situações novas.

Embora alguns programas se limitem a treinar certas rotinas sociais que devem depois ser exercitadas de maneira repetitiva, em muitos outros casos as habilidades adquiridas deverão ser transferidas para novos contextos, às vezes imprevisíveis no momento de sua aquisição, que exigirão do aprendiz uma certa compreensão e autocontrole sobre o que está fazendo. Quanto mais diversas e variadas forem as situações a que devam se aplicar as habilidades adquiridas, maior será a necessidade de que o aprendiz (como argumentarei no Capítulo 11) adote uma posição estratégica, que requer um treinamento em problemas e não em simples exercícios repetitivos. Como vimos no Capítulo 7, a transferência do que se aprendeu é maior quando há uma certa consciência do que se está fazendo e por que se está fazendo. Alguns programas transformam o treinamento de habilidades sociais em situações de solução de problemas interpessoais (Shure, 1985), nos quais o aprendiz não deve se limitar a reproduzir modelos de comportamento, mas criar suas próprias soluções para os novos problemas que surgirem.

Tanto a adoção de papéis como a solução de problemas interpessoais transcendem a aprendizagem por modelagem, ao incidir na importância das representações que o aprendiz tem em relação aos outros e às situações de interação em que deve empregar suas habilidades. A aquisição de habilidades sociais, como tantos outros âmbitos, foi abandonando cada vez mais seu enfoque comportamental original para adotar um enfoque cognitivo, centrado na formação e na mudança das representações sociais. Algo similar, mas de forma mais evidente, ocorre no domínio das atitudes, talvez o âmbito mais tradicional da aprendizagem social, ou inclusive, de forma mais geral, da própria psicologia social (Echebarría, 1991; Eiser, 1994).

APRENDIZAGEM DE ATITUDES

Um âmbito especialmente importante da aprendizagem humana é a aquisição e mudança de *atitudes*. As atitudes podem ser definidas como "tendências ou disposições adquiridas e relativamente duradouras para avaliar de um modo determinado um objeto, uma pessoa, fato ou situação e a atuar em consonância com essa avaliação" (Sarabia, 1992, p. 137). Por exemplo, os aprendizes, em sua tarefa "profissional" de aprender, costumam adotar, de forma muitas vezes implícita, atitudes não só em relação à sua própria aprendizagem (como abordá-la, sozinho ou na companhia de outros, limitando-me a fazer o que me dizem ou procurando minhas próprias soluções), como também em relação ao que estão aprendendo (seja matemática, a cozinha mediterrânea ou a programação do vídeo) e as relações sociais que estão envolvidas nessa aprendizagem (não gosto de trabalhar com canhotos, com míopes ou com cê-dê-efes que sabem tudo). As atitudes em relação à própria aprendizagem dependerão não só das habilidades e destrezas disponíveis, como do enfoque ou teoria implícita que o aprendiz tenha em relação à própria aprendizagem (tratado já no final do Capítulo 7). Por sua vez, a disposição para os conteúdos da aprendizagem estará vinculada ao tipo de motivação que guia essa aprendizagem (tratado também no Capítulo 7). As preferências e preconceitos sociais terão não só uma dimensão comportamental, mas principalmente cognitiva, ao depender das representações adquiridas em relação a esses grupos sociais, de cuja aquisição também se ocupa mais adiante este capítulo.

Comparando-as com as habilidades sociais, as atitudes implicam não só uma forma de se comportar nessas situações ou diante dessas pessoas, como também uma valoração e um conhecimento social. Costuma se admitir (Echebarría, 1991;

Eiser, 1994; Sarabia, 1992) que além de um componente *comportamental* (a forma como nos comportamos na aula de matemática, diante da perseguição já reiterada dos Hare Krishna, diante dos alemães, dos canhotos ou dos queijos manchegos*) têm características *afetivas* (nossas preferências e rejeições cognitivas para com a matemática, os seres alaranjados, os alemães ou os canhotos) assim como uma dimensão *cognitiva* (conhecimentos e crenças sobre a matemática, os Hare Krishna...). A consistência de uma atitude depende em boa parte da congruência entre esses distintos componentes. Uma atitude será mais firme e consistente, e com isso mais estável e transferível (quer dizer, conforme os critérios do Capítulo 3 terá sido aprendida mais eficazmente), quando o que fazemos é congruente com o que gostamos e com o que acreditamos. Quando surgem inconsistências entre esses aspectos — e pelo que se sabe essas inconsistências são mais freqüentes do que se possa pensar (Echebarría, 1991) — as atitudes serão menos estáveis e, portanto, mais fáceis de modificar (Sarabia, 1992). Antes de nos ocuparmos de modificar as atitudes adquiridas, porém, devemos saber como se aprendem inicialmente as atitudes.

Processos de aquisição de atitudes

Um dos processos mais relevantes para a aprendizagem de atitudes é, novamente, a modelagem. Por exposição a modelos adquirimos muitas inclinações e aversões, muitos preconceitos e muitas pautas de comportamento. Os aprendizes tendem a adotar, em sua aprendizagem, atitudes congruentes com os modelos que receberam. Por sua vez, os mestres, carentes muitas vezes de uma formação prévia explícita que lhes permita refletir sobre sua tarefa e inová-la, costumam reproduzir modelos docentes e instrucionais que eles mesmos receberam de modo implícito. Dessa forma, por mais que seja cada vez menos funcional na sociedade atual, a cultura tradicional da aprendizagem reprodutiva (Capítulo 1) tende a se perpetuar por processos de aprendizagem implícita.

Porém, a aquisição de atitudes, embora se apóie em modelagem como a aprendizagem de habilidades sociais, ao implicar, em maior medida, elementos emocionais e representacionais, requer também um maior envolvimento pessoal ou *identificação* com o modelo. Não reproduzimos qualquer modelo que observamos, mas mais provavelmente aqueles com que nos identificamos, nos quais acreditamos ou queremos compartilhar uma identidade comum. Alguém que, de repente, se vê obrigado a atuar como professor de outros, quase sem preparação ou formação específica prévia, reproduzirá com mais facilidade aqueles modelos com os quais mais se identifica. Qualquer processo de influência social, e a aquisição de atitudes é um deles, afeta a própria identidade das pessoas envolvidas, como mostraram com muita clareza Moscovici, Mugny e Pérez (1991). A pertença a um grupo social de referência (os taxistas, os socialistas, os construtivistas, os torcedores do Real Madri ou os canhotos) costuma implicar, além da identificação, processos de *conformidade* à pressão grupal, de forma que a pessoa tende, para manter sua identidade, a conformar-se às normas e atitudes impostas pelo grupo majoritário. A conformidade com a maioria é um dos dados mais acachapantes (e preocupantes) que nos proporciona a investigação em psicologia social. Ainda que pareça incrível para os não-iniciados, a maior parte das

---

*N. de T. Da Mancha, claro, terra do Cavaleiro da Triste Figura.

pessoas (possivelmente você também, paciente leitor) está disposta inclusive a ver um quadrado verde (que é *realmente* verde) como azul se a maioria das pessoas (mancomunada com o pesquisador) disser que é azul (Moscovici, Mugny e Pérez, 1991). Cabe supor que é mais fácil que essa influência social nos faça ver os alemães como frios e quadrados, os andaluzes como divertidos e inconstantes, os canhotos como gente exibicionista e contrária à norma, e os psicólogos da aprendizagem como uma seita teorizante e sem vinculação com a prática, e adotar para com cada um desses grupos as atitudes correspondentes.

No entanto, os processos de influência e identificação social que formam nossas atitudes são muito complexos, demasiado para abordá-los aqui, como mostram as análises de Moscovici, Mugny e Pérez (1991; também Echebarría, 1991). As fontes de pressão e influência social, os grupos com os quais podemos nos identificar para que modulem nossas atitudes são, em nossa sociedade da aprendizagem e da informação, mais variados e diversos que nunca. Nossa identidade social é múltipla. Às instituições tradicionais, que formam boa parte de nossas atitudes, como a família (Palacios e Moreno, 1994; Triana, 1993; Triana e Rodrigo, 1985) ou a escola (Báez e Jiménez, 1994), é preciso unir um sem-fim de *lobbys* do conhecimento e do comportamento, que exercem pressão a todo momento para formar nossos comportamentos e representações sociais.

Entre esses *lobbys* merecem um lugar à parte, por sua influência sobre nossas atitudes, os meios de comunicação social, que por seu caráter extenso (quase ninguém escapa ao poderoso influxo dos "raios catódicos" da televisão) e intenso (sua onipresença e persistência, mas também seu imediatismo) os tornam particularmente efetivos, gerando boa parte da realidade social em que vivemos. Há estudos que mostram como a influência da televisão fomenta nas crianças, e também nos adultos, atitudes violentas, consumistas ou mais estereotipadas em relação aos papéis e aos grupos sociais (Torres e Conde, 1994), se bem que também podem conformar atitudes pró-sociais, solidárias, ou de curiosidade científica, dependendo do canal a que assistimos, embora a primeira seja mais provável. Muitas das atitudes formadas por estas e outras vias de caráter implícito, ao menos para o aprendiz, podem ser inconvenientes ou inadequadas em certos contextos de aprendizagem, requerendo sua modificação, uma vez mais, mediante uma intervenção explícita.

A mudança de atitudes: da persuasão ao conflito

A necessidade de modificar as atitudes é um fato constante em nossa cultura da aprendizagem. A própria mudança que está ocorrendo nessa cultura exige a modificação das representações e atitudes de aprendizes e mestres. O aluno que adquiriu uma atitude passiva ou reprodutiva em relação à sua própria aprendizagem, de repente se encontra diante da necessidade de assumir uma maior responsabilidade e autonomia, o que requer uma mudança atitudinal. Acontece outro tanto em muitos outros âmbitos de nossa cambiante sociedade. Por exemplo, a publicidade, essa cultura do *zapping*, tem como função explícita modificar as atitudes dos possíveis consumidores, suas disposições e preferências em relação a certos produtos. Há outras formas de publicidade ou de propaganda mais sutis, mas nem por isso menos deliberadas e sistemáticas. As mudanças sociais e políticas, bastante aceleradas de um tempo para cá, com a queda do Muro de Berlim e o levantamento de outros muros simbólicos, requerem mudanças correspondentes nas atitudes das pessoas (o leitor pode comprovar, por exemplo, numa recente síntese de Martín Serrano, 1994, o muito que mudou nos últimos trinta anos as atitudes dos jovens, e já não tão jovens, espanhóis sobre todos os aspectos de nossa vida social, a família, a educação, o sexo, a religião, os estrangeiros, etc.).

Segundo Eiser (1994), um dos grandes estudiosos das atitudes, os primeiros esforços sistemáticos para investigar a mudança de atitudes e gerar técnicas eficazes para promovê-las estão vinculados aos perigos da Guerra Fria, à necessidade de formar, através da poderosa influência dos meios de comunicação de massas, certas atitudes entre os cidadãos norte-americanos de acordo com a nova realidade social e cultural após o fim da Segunda Guerra Mundial (consumismo para aumentar a produção, anticomunismo para justificar essa Guerra Fria e o militarismo, etc.). Além disso, os primeiros estudos sobre a mudança de atitudes viram-se influenciados também pelo espírito da época, de forma que concebiam a mudança de atitudes como um fenômeno de *persuasão*, uma forma de propaganda, que influencia o aprendiz através do processamento ativo das mensagens recebidas, por processos, uma vez mais, de atenção, compreensão, aceitação, retenção e ação (Echebarría, 1991).

Quando uma mensagem é suficientemente persuasiva para modificar uma atitude existente? Comprovou-se que influi consideravelmente a fonte emissora da mensagem (Echebarría, 1991; Sarabia, 1992). Se se trata de uma pessoa ou de um meio com o qual o aprendiz se identifica, crível, especialista (ou percebido como tal: um dentifrício vende melhor se o *anunciante* usa guarda-pó branco e diz ser doutor). Também influi a mensagem emitida. Deve ser compreensível, utilizando uma linguagem e um contexto adequados para o aprendiz (embora algum termo pseudocientífico não caia mal, daí que os detergentes sejam sempre bioativos ou contenham protobactérias), adotar uma adequada estrutura argumentativa, e, dependendo da complexidade da própria mensagem, deve ser reiterativa (se é complexa) ou não (se é muito simples, se aprenderá em poucos ensaios e deixará de interessar), assim como incluir conclusões (se é complexa), ou deixar que o próprio aprendiz as tire por si mesmo (se essas conclusões derivam necessariamente da própria mensagem sem possibilidade de erro). Finalmente, também influem algumas características do receptor da mensagem ou aprendiz, como seu grau de concordância com a mensagem recebida, sua auto-estima nesse domínio (a suscetibilidade à mudança parece maior em níveis intermediários de auto-estima) ou sua experiência prévia no mesmo (quanto maior for, mais difícil será persuadi-lo).

Além desse mosaico de variáveis, a eficácia persuasiva de uma mensagem na mudança de atitudes parece depender também de outros fatores mais complexos (Echebarría, 1991). Realmente, de um tempo para cá a mudança de atitudes é concebida não tanto como um fenômeno de persuadir o aprendiz, como de submetê-lo a situações de *conflito sociocognitivos* cuja resolução requer modificar as atitudes até agora mantidas. No começo deste tópico, assinalava que os três componentes de uma atitude (comportamental, cognitivo e afetivo) devem ter um certo equilíbrio para que essa atitude seja duradoura e transferível. A introdução de conflitos ou inconsistências desestabiliza as atitudes e fomenta a mudança, já que em geral esses desequilíbrios são desagradáveis quando percebidos. Segundo Kelman (1978; também Sarabia, 1992), há três tipos principais de conflitos que podem ser gerados para induzir essa mudança.

Um primeiro tipo de conflito sociocognitivo é o que se produz *entre as próprias atitudes e o grupo de referência*. Como nós, as pessoas, tendemos a nos ajustar à pressão grupal, quando percebemos que o grupo com o qual nos identificamos mantém atitudes diferentes das nossas, é mais fácil que mudemos nossas atitudes. Uma forma de modificar as atitudes de certos aprendizes pode ser tentar mudar sua afiliação grupal (destinando-os a outro grupo com atitudes em parte divergentes das suas). Além disso, o ajuste à pressão grupal faz com que as atitudes minoritárias fracassem quando são propostas como um confronto direto com as atitudes majoritárias, mas tenham mais êxito em processos de conversão a longo prazo, mediante sutis mecanismos de influência social. No final das contas, quase todas as atitudes majoritárias foram minoritárias algum dia, às vezes não muito distante (Moscovici, Mugny e Pérez, 1991).

Um segundo tipo de conflito se produz entre *as atitudes do aprendiz e seu próprio comportamento*. Esse fenômeno recebe o nome de *dissonância cognitiva* (Festinger, 1957). Quando percebo que minha conduta (fumar como um viciado) não se ajusta às minhas crenças e preferências (o tabaco faz mal para a minha saúde e para a dos que me rodeiam), possivelmente reestruturarei minhas atitudes para ajustá-las à minha conduta, e não o contrário, convencendo-me de que depende da dose ou de que só é assim a partir de certa idade, ou que muito pior é o álcool. O fenômeno da dissonância permite explicar alguns fatos sociais paradoxais (as pessoas que vivem próximas das centrais nucleares têm atitudes menos desfavoráveis em relação a seus riscos, as mulheres maltratadas são mais compreensivas com os maridos que abusam delas que o resto da população, etc.). Se se força o aprendiz a se comportar contra suas atitudes, acabará por modificá-las. Por exemplo, um aprendiz que adota uma atitude passiva ou reprodutiva em relação à sua aprendizagem pode acabar por modificá-la se o envolvemos, de modo sutil, em tarefas que o obrigam a um maior compromisso. É importante que o aprendiz perceba que realiza esse comportamento de modo autônomo, não-obrigado, já que a atribuição interna do conflito parece ser um motor da mudança atitudinal (Echebarría, 1991).

Um último tipo de conflito é o que pode ocorrer entre *atitude e conhecimento social*. Como mostra o exemplo anterior, posso receber nova informação sobre os efeitos nocivos do tabaco que influa em minha atitude e finalmente em meu hábito. Agora, como víamos no Capítulo 6, ao analisar as respostas aos conflitos cognitivos na aprendizagem por reestruturação, os conflitos nem sempre são resolvidos com uma mudança (e isso é válido também para os conflitos com o grupo e para a dissonância cognitiva). A partir de uma perspectiva construtivista da mudança de atitudes e em geral da aprendizagem social (Fernández Berrocal e Melero, 1995; Moscovici, Mugny e Pérez, 1991), os conflitos são uma condição necessária, mas não suficiente, para a reestruturação cognitiva. Realmente, a solução desses conflitos está determinada, além de por pressão grupal, pelo grau de tomada de consciência ou reflexão por parte do aprendiz que o leve a conceber uma interpretação mais consistente ou equilibrada. Enfim, a mudança das atitudes e do conhecimento social vai depender em boa parte da própria dinâmica das representações sociais.

APRENDIZAGEM DE REPRESENTAÇÕES SOCIAIS

Os processos de socialização, além de habilidades para o intercâmbio e a comunicação social e de atitudes compartilhadas graças à conformidade, à pressão social, nos proporcionam também representações culturalmente compartilhadas, modos comuns de ver o mundo e de nos movermos nele. Voltando à metáfora cartográfica de Borges (do Capítulo 2), para podermos nos mover com certa eficácia pelo território social compartilhado necessitamos de mapas comuns, um mesmo mapa cultural que nos faça pensar, um tanto ilusoriamente, que vivemos no mesmo território. Ao aprender nossa cultura, por processos de socialização, adquirimos algumas *representações sociais* que nos permitem prever, controlar e principalmente interpretar a realidade de acordo com a maneira das pessoas que nos rodeiam (Farr e Moscovici, 1984). Essas representações, que têm uma origem coletiva ou cultural, sendo assimiladas a seguir individualmente por cada aprendiz, abarcam os mais variados âmbitos do conhecimento social, todos aqueles em que necessitamos compartilhar "mapas" comuns para não tropeçarmos demasiado em nossas interações dentro de um mesmo "território" social. Assim adquirimos muitos estereótipos sociais (sobre os jornalistas, os ciganos, os psicólogos cognitivos, os navarros ou os catalães), muitas de nossas idéias sobre as doenças e sua cura, sobre o trabalho, o desemprego e o ócio, ou inclusive os modelos implícitos sobre a aprendizagem e a instrução, que vimos no final do Capítulo 7 (estudos realizados na Espanha em alguns desses âmbitos podem ser encontrados, por exemplo, em Ibáñez, 1988; Páez *et al.*, 1987; Rodrigo, Rodríguez e Marrero, 1993, ou também desde a perspectiva do desenvolvimento do conhecimento social em Delval, 1994a).

As representações sociais constituem um dos veículos fundamentais para a assimilação da cultura. Conforme vimos, o processo de construção pessoal implica interiorizar a cultura, assimilá-la de forma que acabamos não só vivendo nessa cultura, como *sendo* essa cultura. Isso se consegue em grande parte através da assimilação individual de representações coletivas, segundo o termo empregado por Durkheim. Realmente, as representações sociais não se limitam a refletir ou reproduzir a realidade, mas constroem ou elaboram realidades próprias, nas quais vivem aqueles que as compartilham (Ibáñez, 1988; Páez *et al.*, 1987). Utilizando a expressão de Pope (1988), seriam, como outras construções mentais, "óculos construtivistas" através dos quais vemos e interpretamos o mundo, que, nesse caso, por sua vez constituem construções culturais, que a seguir devem ser assimiladas individualmente por cada aprendiz. Há, portanto, um duplo processo de construção: a elaboração social desses óculos, o que é motivo de interesse para os psicólogos sociais (Farr e Moscovici, 1984; Ibáñez, 1988; Páez *et al.*, 1987), e os processos mediante os quais cada aprendiz usa individualmente esses óculos. A gênese cultural do conhecimento não evita, pelo contrário, torna necessário que nos perguntemos como se assimilam essas formas culturais de conhecimento (Delval, 1994a), que, como assinalei no Capítulo 4, ao apresentar os níveis de análise do conhecimento humano, devem remeter aos processos cognitivos que põem em marcha o aprendiz, naturalmente num contexto de mediação cultural.

A assimilação das representações sociais

Na medida em que nos proporcionam modelos interpretativos da realidade e que têm sua origem em processos de socialização que implicam muitas vezes uma aprendizagem incidental ou implícita (ao menos por parte do aprendiz), as representações sociais compartilham muitas das características das teorias implícitas, tal como foram analisadas no capítulo anterior. As representações sociais podem ser consideradas, sem dúvida, como teorias implícitas sobre o mundo social

(Rodrigo, Rodríguez e Marrero, 1993), já que constituem um conhecimento implícito, subjacente ao nosso comportamento e às nossas atitudes sociais, sem que habitualmente sejamos conscientes dele. No entanto, os processos de aprendizagem das representações sociais possuem características próprias nas quais diferem de outras teorias implícitas (no Capítulo 8). O traço mais característico dessas representações é que *se originam fora do aprendiz* (não são uma construção tão individual ou pessoal como outras teorias implícitas) e sua aprendizagem consiste num *processo de assimilação pessoal* dessas formas culturais.

Segundo Moscovici (Farr e Moscovici, 1984; também Ibáñez, 1988; Páez *et al.*, 1987), essa assimilação se produz através de dois processos, a objetivação e a ancoragem. O processo de *objetivação*, mais vinculado à construção social das representações, se produz em três fases:

a) uma *construção seletiva* que implica selecionar aqueles elementos de uma determinada teoria ou representação mais relevantes ou congruentes com o conhecimento social, que passam a adotar uma organização própria (por exemplo, Moscovici, 1976, analisa como a psicanálise, ao se transformar em representação social, numa parte de nossa cultura, é podada, selecionada, de forma que a versão cultural da psicanálise, a repressão dessa *obsexião** inconsciente, se distancia bastante do modelo original freudiano);

b) um *esquema figurativo* pelo qual essa representação (da psicanálise, da adolescência, da AIDS ou da aprendizagem) se "estrutura e objetiva num esquema, se transforma num esquema figurativo de pensamento, sintético, condensado, simples, concreto, formado com imagens vívidas e claras" (Páez *et al.*, 1978, p. 308), quer dizer, a representação se transforma num pacote de informação estereotipada, conforme vimos no capítulo anterior ao analisar a aquisição de teorias implícitas;

c) uma *naturalização*, pela qual a representação se transforma subjetivamente numa realidade, já que todos estamos convencidos de que nosso conhecimento não é uma construção ou invenção, mas um fiel reflexo da realidade, de que vivemos realmente no território e não num mapa (Claxton, 1984); como se verá no próximo capítulo, a mudança conceitual vai implicar também a capacidade de estabelecer a distinção ontológica entre conhecimento e realidade (Kuhn, Amsel e O'Loughlin, 1988).

Este triplo processo de objetivação, pelo qual se elaboram culturalmente pacotes de informação aptos para o consumo humano individual, se completa com uma processo de *ancoragem* no sistema cognitivo dos aprendizes individuais, pelo qual estes se apropriam da representação, transformando-a numa teoria implícita e reelaborando seus aspectos mais abstratos em elementos concretos e figurativos vinculados à sua realidade imediata. Como tais teorias implícitas, essas representações servirão para categorizar e ordenar a realidade, à qual, como vimos, acabam por suplantar. No entanto, sua própria origem cultural, a necessidade de que os traços essenciais das representações sejam compartilhados por todos os aprendizes em que essas representações se "instalam", faz com que, con-

---

*N. de R.T. Obsessão por sexo.

forme análise desenvolvida no capítulo anterior, esse tipo de teorias implícitas estejam constituídas por *esquemas* ou pacotes de informação condensada (Páez et al., 1987; Rodrigo, 1985), em vez de ter um caráter mais instável ou distribuído. Nesse sentido, embora não costumem ser representações conscientes (já que as consideramos parte da realidade e não construções mentais), têm um caráter mais explícito que outro tipo de teorias implícitas, originadas na tentativa de aprender as regularidades que ocorrem no mundo.

Além disso, por esse caráter esquemático, as representações sociais, como o resto das teorias implícitas, teriam uma função simplificadora, gerada neste caso por uma imagem ou esquema figurativo que serviria de metáfora do mundo. Tomando, por exemplo, as concepções sociais sobre aprendizagem, Salomon (1992) assinala como as tecnologias do conhecimento dominantes numa cultura constituem um "esquema figurativo" ou uma metáfora, uma verdadeira representação social da aprendizagem nessa cultura. A cultura da aprendizagem fica assim naturalizada ou reificada na tecnologia dessa cultura. No Capítulo 1, já vimos como a primeira metáfora da aprendizagem foram as "tabuinhas de cera", a primeira tecnologia da informação inventada pelos sumérios. Desde esse tempo, as metáforas evoluíram com as tecnologias culturais, como mostra o exame que Claxton (1990) faz das distintas metáforas da mente, desde a colméia, à mais recente central de telefônica ou, o que não é casual, à metáfora do computador ou à ainda mais recente da rede cibernética ou neural, quando as redes eletrônicas, como a internet, começam a fazer parte de nossas vidas cotidianas. Como assinalam Lakoff e Johnson (1980), no título original de seu livro, vivemos através de nossas metáforas. O mundo, a realidade em que vivemos é, realmente, conforme o construtivismo, uma grande e obscura metáfora. Complicar ou modificar nossas metáforas, nossas representações sociais, requer, entre outras coisas, percebê-las como tais, tomar consciência de sua existência.

A mudança das representações sociais

Como acontece com outros resultados mais ou menos implícitos da aprendizagem já analisados aqui, apesar de seu alto valor adaptativo e funcional, as representações sociais assim construídas e adquiridas devem ocasionalmente se modificar quando os aprendizes necessitam adquirir outras teorias ou representações mais complexas. As representações sociais sobre o comportamento de si mesmo e dos demais, sobre por que sobem os preços das coisas ou há desemprego, sobre as causas do progresso econômico e o desenvolvimento cultural, ou sobre a natureza da aprendizagem e os modos de fomentá-la, como outras teorias ingênuas ou *naïves* são inadequadas ou insuficientes para assimilar boa parte do conhecimento científico em cada um desses domínios (psicologia, antropologia, sociologia, história, etc.), daí que em muitos casos será necessário um processo de mudança conceitual das representações sociais (Pozo, 1994), que precisará, como no caso das teorias implícitas, de um processo de explicitação progressiva do conhecimento que acabe por gerar uma reflexão consciente sobre essas "metáforas" através das quais vivemos em sociedade.

As teorias implícitas sobre o mundo social têm sua origem nas primeiras interações sociais dos bebês, a partir das quais começa a se desenvolver o conhecimento social que acaba se estruturando em forma de representações sociais (Delval, 1994a; Rodrigo, 1994a). Como nota Claxton (1991), os bebês são psicólogos intuitivos antes de ser físicos ou biólogos intuitivos, já que sua forma mais eficiente de controlar o mundo (alcançar esse simpático ursinho, recuperar o desejado bico) é através das pessoas que os rodeiam. As crianças desenvolvem muito cedo uma *teoria da mente*, que consiste num sistema de crenças e inferências sobre as crenças de outros, que servem para prever, controlar e interpretar a conduta dos demais (Leslie, 1987; Gopnik e Wellman, 1994; Rivière, Sarriá e Núñez, 1994). Essa teoria da mente, baseada numa trama de intenções, desejos e propósitos, que requer uma capacidade de metarrepresentação, é uma das características mais distintivas, senão a mais distintiva, do sistema cognitivo humano frente a outros sistemas de conhecimento (Rivière, 1991) e estaria possivelmente na origem do metaconhecimento ou na consciência reflexiva. Mas a cultura e a educação vão, mais adiante, confrontando a criança com sistemas de conhecimento social, com princípios conceituais e metas aparentemente distintos dessa psicologia intuitiva original. Compreender o funcionamento da economia, das relações políticas, do equilíbrio do meio ambiente, ou dos próprios processos de aprendizagem humana, requer sistemas de conhecimento aparentemente distanciados desse conhecimento social original, constituído por uma psicologia intuitiva (Pozo, 1994).

Se supomos que o conhecimento social com que nós, seres humanos, partimos é uma psicologia intuitiva, dispor de um conhecimento social diferenciado para os fenômenos econômicos, políticos ou históricos implicaria que a partir desse conhecimento psicológico inicial teriam sido criados novos domínios de conhecimento (econômico, histórico, etc.) que teriam por objeto fenômenos distintos, explicados por princípios e contextos distintos. Em outras palavras, a partir dessa psicologia intuitiva teriam se diferenciado novos sistemas de conhecimento específicos para a compreensão de fenômenos relacionados ao funcionamento das instituições e dos mecanismos sociais (esta compreensão se analisa, por exemplo, em Delval, 1994a, Capítulo 14). Se essa diferenciação não fosse completa ou suficiente, a compreensão do funcionamento social seguiria ligada a nossas interpretações mentalistas, baseadas em explicações intencionais, teleológicas, etc.

Ainda que fosse conveniente dispor de mais dados do que os que temos, o que sabemos sobre a compreensão do mundo social parece mostrar que, realmente, essa diferenciação é incompleta. Assim, por exemplo, uma tendência muito comum nas interpretações históricas é a personalização da história e o abuso das explicações intencionais. Estudos com adolescentes e, inclusive, alunos universitários não-especializados em história mostraram que eles tendem a fazer interpretações da história em termos pessoais em vez de sociais, aplicando à compreensão dos fenômenos históricos esse sistema de intenções e desejos que caracteriza a psicologia intuitiva (por exemplo, Carretero, Jacott e López Manjón, 1993; Carretero, Pozo e Asensio, 1989; Jacott, 1995). Enquanto a "lógica da história", e em geral das ciências sociais, implica uma complexa trama de explicações causais e intencionais (por exemplo, Carretero e Pozo e Asensio, 1989; Carretero e Voss, 1994), o conhecimento social intuitivo tende a fazer interpretações antes intencionais, ou psicológicas, dos fenômenos históricos, econômicos ou da cultura em geral.

Assim, a aprendizagem do conhecimento social necessitaria de uma reestruturação dessas teorias implícitas e das representações sociais assimiladas a elas. Enfim, se trataria, uma vez mais, de conceber a mudança das representações implícitas como um processo de construção que implicaria, de acordo com o desenvolvido no capítulo anterior em relação às teorias implícitas, superar as restrições estruturais, o caráter simplificador e esquemático que, conforme vimos, caracteriza as representações sociais, gerando novas estruturas conceituais que representam a realidade social de forma mais complexa e sistêmica, mediante relações de causalidade múltipla e interação, mediante uma integração dos diversos aspectos da realidade social (econômicos, políticos, culturais, etc.) num mesmo sistema de conhecimento, tal como requer o conhecimento disciplinar elaborado nesses domínios (Carretero, Pozo e Asensio, 1989; Carretero e Voss, 1994; Domínguez, 1994). Tudo isso remete uma vez mais aos processos de reflexão consciente sobre o próprio conhecimento como recurso necessário para a mudança conceitual, do que tratará — já era hora, pensará mais de um leitor — o próximo capítulo, após analisar outras formas mais simples de aprendizagem verbal e conceitual.

10

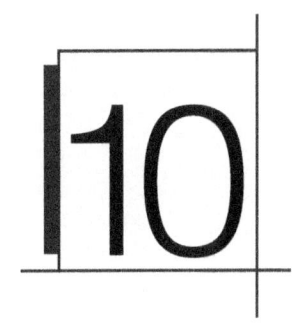

Aprendizagem Verbal e Conceitual

Quando chegou à entrada, pronunciou as palavras: "Abre-te, Sésamo!" A porta se abriu imediatamente e se fechou depois que ele entrou. Quando examinou a caverna, espantou-se ao encontrar muito mais riquezas do que esperava pelo que tinha lhe dito Ali Babá. Rapidamente, levou para a porta da caverna todos os sacos de ouro que podiam carregar suas dez mulas, mas agora não podia pensar em mais nada que na enorme riqueza que poderia ter, de modo que não lhe ocorriam as palavras necessárias para que a porta se abrisse. Em vez de "Abre-te, Sésamo!", disse "Abre-te, cevada!" e se sentiu surpreso ao ver que a porta continuava fechada. Invocou vários tipos de cereais, mas a porta continuou sem se abrir.

Kasim nunca tinha previsto um incidente assim e se sentiu tão alarmado diante do perigo em que se achava que, quanto mais tentava lembrar a palavra "Sésamo", mais sua memória se confundia, e praticamente a esqueceu, como se nunca a tivesse ouvido mencionar.

ANÔNIMO, "Ali Babá e os quarenta ladrões", *As mil e uma noites*

E Deus ordenou ao homem, dizendo: Come de todas as árvores do paraíso, mas não comas do fruto da árvore da ciência do bem e do mal; porque, em qualquer dia que comeres dele, certamente morrerás.

Gêneses, 2, 16-17.

Je t'inventarai
des mots insensés
que tu comprendras

JACQUES BREL, *Ne me quitte pas*

A AQUISIÇÃO DE INFORMAÇÃO

Quase todas as nossas aprendizagens, sejam mais ou menos explícitas, ou mais ou menos sociais, costumam implicar também a aquisição de informação, que na maior parte dos casos é de natureza verbal. Parte dessa informação se constitui em conhecimento conceitual, representações que contêm um significado como conseqüência de sua relação com outras representações, tal como se verá mais adiante. Mas, muitas vezes, necessitamos também adquirir *informação literal*, fatos e dados, carentes de significado, ou cujo significado nos escapa, que devemos reproduzir ou repetir com exatidão. Como aconteceu com Kasim, o pérfido cunhado de Ali Babá, com muita freqüência esquecemos a senha ou código adequado e ficamos com cara de bobos em frente à caixa eletrônica, sem acesso à nossa conta, sem poder fazer uma ligação telefônica ou passando um mau pedaço ao não lembrar o nome da pessoa com quem estamos falando ou chamando-a por um nome errado.

Ainda que, por sorte, nossos lapsos de aprendizagem não tenham um preço tão alto como o de Kasim, que foi decapitado por seu esquecimento, os erros cometidos podem ser graves ou muito embaraçosos. Realmente, mesmo que a aquisição de informação se baseie em processos bastante simples, de "domínio público", poderíamos dizer, nem por isso são menos importantes para a aprendizagem, dada a freqüência com que temos de utilizá-los. A quantidade de informação arbitrária, literal, que armazenamos em nossa memória é realmente assombrosa. Se o leitor quiser, pode começar a fazer uma lista de fatos e dados que conhece. Não de forma exaustiva, Norman (1988) a fez e o resultado é quase desconcertante: números de telefone, nomes de pessoas que têm esses telefones, códigos postais, placas de carro, CPF, datas de aniversários e idades de familiares e conhecidos, número do manequim, nomes de políticos, famosos e infames conhecidos, títulos de romances, filmes e canções, autores dos mesmos, e muitas outras besteiras e idiotices que inevitavelmente aprendemos e que possivelmente gostaríamos de esquecer para sempre (por que eu tenho de lembrar, a essas alturas, se Julio Iglesias é um cafajeste ou um cavalheiro?).

O traço que caracteriza toda essa informação como resultado da aprendizagem, e que determina os processos necessários para adquiri-la, é, como já indiquei no Capítulo 6, sua *natureza arbitrária*, a ausência de relações significativas entre os elementos que a compõem. Os fatos ou dados devem ser aprendidos literalmente, de um modo reprodutivo. Não é necessário compreendê-los e, realmente, muitas vezes quando são adquiridos conteúdos factuais, ou não há nada que compreender ou não se está disposto ou capacitado para fazer o esforço de compreendê-lo. É preciso dizer "Sésamo" em vez de "cânhamo" ou "cevada" sem se perguntar por quê. Não tem muito sentido perguntar por que o presidente dos Estados Unidos se chamava William Clinton (embora familiarmente todos nós o conheçamos por Bill) ou a presidenta de Sri Lanka nada menos que Chandrika Kumaratunga (embora tivesse sentido se perguntar por que essas pessoas são os presidentes e não outras). Em geral, a aprendizagem factual costuma consistir na aquisição de informação verbal literal (por exemplo, nomes, vocabulários, etc.) ou de informação numérica (por exemplo, aprender a tabuada de multiplicar, saber "de memória", sem necessidade de calcular, qual é o quadrado de 15 ou lembrar o número do seguro social).

Um traço característico da aprendizagem de fatos ou dados, que se acha em todos os exemplos anteriores, é que o aprendiz deve fazer uma cópia mais ou menos literal ou exata da informação proporcionada e armazená-la em sua memória. De nada vale que aprendamos um número de telefone se nos enganamos num ou dois algarismos. O caráter reprodutivo da aprendizagem de dados e fatos faz com que o processo fundamental seja a repetição ou revisão do material de aprendizagem.

A aprendizagem por repetição

No Capítulo 6, vimos como os processos de aprendizagem associativa produzem uma condensação e automatização da informação que facilita não só sua recuperação, como também outras aprendizagens, ao liberar recursos cognitivos para elas. Adquirimos muita informação de modo implícito, por simples exposição repetida a ela (não é que pela noite tratemos de repetir os nomes dos ministros e presidentes de certos lugares, é que nos são postos tantas vezes pela frente que acabamos, queiramos ou não, por decorá-los). No entanto, em muitas outras situações, a repetição é um processo de aprendizagem explícito, uma estratégia que utilizamos deliberadamente com o fim de facilitar a recuperação de certa informação. Realmente, como já disse, trata-se de um processo de "domínio público", que todos nós utilizamos, e é possivelmente o primeiro processo que se usa estrategicamente na infância, já que se comprovou que as crianças desde muito cedo utilizam-no de modo espontâneo, e bastante eficaz, para resolver seus problemas de aprendizagem (Flavell, 1985).

Realmente, a repetição não é apenas um processo muito primitivo, cujo uso explícito aparece desde muito cedo. Foi também o primeiro processo de aprendizagem humana a ser investigado experimentalmente por Ebbinghaus (1885; veja-se Baddeley, 1982). Com uma paciência e tenacidade admiráveis, Ebbinghaus submeteu a si mesmo a intermináveis sessões de aprendizagem de informação arbitrária (sílabas sem sentido: JIH, BAZ, UGR, etc.) comprovando o efeito de diversas variáveis (quantidade de material, quantidade de prática, distribuição dessa prática, etc.) sobre a aprendizagem e o esquecimento de tão apaixonantes materiais (imagine o leitor repetir horas e horas senhas de passagens de avião HJ5KV, LMW3C1). Por causa desse estudo e de muitas outras investigações, igualmente divertidas, que abundaram principalmente sob o influxo do comportamentalismo, nos anos quarenta e cinqüenta, podemos estabelecer alguns dos princípios que regem uma aprendizagem por repetição mais eficaz (a explicação desses efeitos, que não tratarei aqui, pode ser encontrada, entre outros, em Baddeley, 1976, 1990; Pinillos, 1975; Schunk, 1991 ou Sebastián, 1994).

Em primeiro lugar, são conhecidos os efeitos da *quantidade e da distribuição da prática*, que em termos gerais (para mais detalhes, ver o Capítulo 12) mostram uma relação direta entre quantidade de prática e aprendizagem, assim como uma maior eficácia dessa prática quando, em vez de se concentrar, se distribui no tempo. Em segundo lugar, é conhecido o *efeito da quantidade de material*, que obriga a incrementar a prática de forma exponencial, de modo que pequenos aumentos na quantidade de material requerem grandes incrementos da prática. Em terceiro lugar, sabe-se que *o tempo transcorrido desde a aprendizagem* produz um esquecimento muito rápido para o início da maior parte do material, enquanto que o restante se esquece mais lentamente. Também se conhece *o efeito da posição serial* sobre a aprendizagem; quer dizer, dada uma lista de elementos arbitrários, quais se aprenderão melhor, os primeiros ou os últimos? Quando a lista deve ser recordada imediatamente, os últimos são lembrados melhor (efeito de recenticidade), mas quando se trata de uma aprendizagem mais permanente, se aprendem melhor os primeiros (efeitos de primazia), sendo os elementos intermediários os que pior se aprendem em qualquer caso. Em quinto lugar, conhecemos os efeitos da *semelhança dos elementos* que compõem o material da aprendizagem, já que, quanto maior a semelhança entre esses elementos, maior interferência se produz entre eles e mais difícil será aprender a série sem cometer erros.

Por último, se conhece também a *influência do significado do material* sobre sua repetição. Em geral, quando o material tem algum significado para o aprendiz, também será mais fácil de reproduzir literalmente.

Em todo caso, segundo os critérios estabelecidos no Capítulo 3, a aprendizagem por repetição é um processo muito pouco eficiente, já que seus efeitos costumam ser bastante efêmeros e muito pouco generalizáveis. Realmente, no Capítulo 7 já vimos que um material aprendido como uma trança ou corrente de elos encaixados em *série* só pode ser recuperado assim. Quando a corrente se rompe e a recuperação não ocorre, não temos nenhuma pista de como superar esse problema de aprendizagem, já que a informação é totalmente arbitrária e não tem nenhum sentido para nós (Norman, 1988). No entanto, apesar de suas óbvias limitações, é uma forma de aprendizagem bastante usual — em contextos escolares mais do que o devido, naturalmente — e por isso pode ser útil nos perguntarmos como podemos ajudar os alunos a aprender melhor a informação arbitrária, para além de repeti-la muitas vezes, numa atitude mística, alienada (e chatíssima).

Ajudando a adquirir informação para além da repetição

Talvez a melhor forma de tornar mais eficaz a aprendizagem por repetição, embora pareça paradoxal, é reduzi-la a sua mínima expressão, utilizando-a unicamente como último recurso para aqueles materiais que não admitam uma aprendizagem mais significativa ou compreensiva. Reduzir a quantidade de informação arbitrária num material de aprendizagem torna muito mais eficaz essa aprendizagem. O sucesso dos periféricos *Mackintosh* ou *Windows* em informática se deve ao fato de que reduzem a arbitrariedade dos procedimentos. Para recuperar um material que acabamos de eliminar da memória de trabalho do computador não é preciso tocar uma estranha e *arbitrária série de teclas* (digamos ALT + F1 + C), mas nos dirigirmos a um ícone reconhecível, a lata de lixo, e buscarmos nele o que acabamos de jogar fora. Planejar as tarefas de aprendizagem reduzindo os elementos arbitrários é uma forma de torná-las mais fáceis (Norman, 1988). A Figura 10.1 é um exemplo de organização de uma tarefa cotidiana que evita a arbitrariedade e os erros que costuma trazer consigo essa arbitrariedade.

Igualmente, conforme se destacou no Capítulo 6, é conveniente reduzir a aprendizagem repetitiva àquela informação cuja condensação e automatização seja *funcional* para novas aprendizagens, em vez de acreditar, como fazem muitos professores, que "o saber não ocupa lugar" e que não fará nenhum dano ao aluno "saber de memória" o peso atômico de todos os elementos da tabela periódica, as obras completas de Lope de Vega (que foram muitas), ou a lista completa das ex-repúblicas soviéticas. Como se verá no Capítulo 12, o saber não ocupa lugar, mas leva muito tempo e esforço, e a versão cínica segundo a qual a cultura é esse verniz que fica quando esquecemos toda a informação que desnecessariamente aprendemos, não se justifica do ponto de vista da aprendizagem. É preciso evitar que o aluno perceba que a informação é arbitrária e caprichosa, que aprender as capitais dos países europeus ou os autores relevantes da Geração de 27 tenha o mesmo sentido que aprender o nome de todas as moedas asiáticas (o leitor pode dar algum outro nome além do *yen*?) ou das capitais das ex-repúblicas soviéticas (tristemente aprendemos Grozny, mas como se chama a capital do Uzbekistão?). A informação aprendida deve se justificar em sua funcionalidade, ou, se se prefere, em sua relevância cultural, que torne provável sua ativação ou recuperação

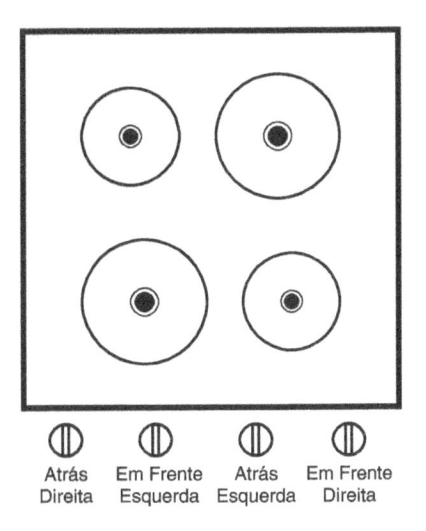

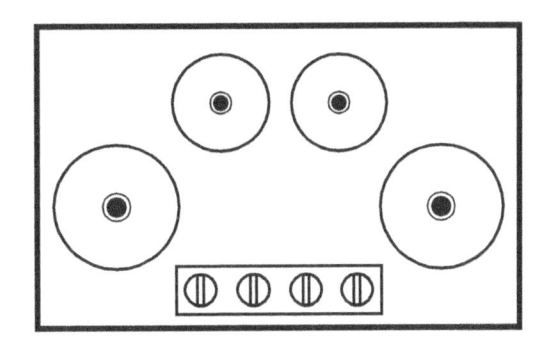

FIGURA 10.1 Quando uma tarefa tão cotidiana, como usar um fogão doméstico, tem uma disposição arbitrária (à esquerda), nos obriga incessantemente a aprender uma nova informação que não poderemos usar em nenhuma outra situação. Em troca, quando o fogão está organizado seguindo uma "topografia natural" ou padronizada (à direita) não temos de aprender nada novo para usá-lo, o que reduz o número de erros e maldições emitidas pelo usuário, cansado de aprender coisas inúteis que poderiam ser mais simples (Norman, 1988).

freqüente (de todas as funções um tanto arbitrárias que realiza meu processador de texto, com quem ultimamente compartilho tantas horas, só sei realizar umas poucas: as mais freqüentes, ou seja, as de sempre; as outras ou nunca as soube ou já as esqueci).

Além de limitar a quantidade de informação que deve ser reproduzida literalmente, podemos ajudar o aprendiz a melhorar sua aquisição, proporcionando-lhe certas estratégias para tratar essa informação, além da simples repetição. Ainda que o material seja arbitrário e não tenha sentido em si mesmo, podemos tornar mais fácil sua recuperação, como se viu no Capítulo 7, mediante *estratégias de elaboração* (Pozo, 1990a), que "emprestam" uma organização ao material, que mesmo que não chegue a lhe proporcionar significado, serve de rota para sua recuperação (no Capítulo 11, veremos como se adquirem tais estratégias). Muitos truques mnemotécnicos (associar a lista das compras às peças da casa relacionadas com ela, formar uma imagem com dois elementos arbitrários, fazer rimas e canções) se baseiam nesta lógica. Por sorte, a gente pode mudar a senha dos cartões de crédito, de forma que mesmo que continue sem ter significado, é muito mais fácil de lembrar. Infelizmente, não podemos fazer a mesma coisa com o CPF, os números das passagens aéreas ou os números de telefone. Facilitaria muito sua aprendizagem e nos tornaria a vida mais fácil.

As estratégias de elaboração não conferem significado ao material, mas ajudam a recuperá-lo melhor. Uma forma ainda mais eficaz de evitar a repetição cega é fazer com que os materiais de aprendizagem sejam aprendidos de forma mais significativa ou compreensiva possível. Muitas das aprendizagens mencionadas neste trecho são inevitavelmente arbitrárias, mas na realidade muitas das aprendizagens por repetição em que estão habitualmente ocupados os aprendizes teriam melhores resultados se fossem adquiridas de modo mais significativo. As funções de um microondas, a receita de amêijoas à marinheira ou a organização de um banco de dados podem ser aprendidas como listas arbitrárias, mas também podem ser *compreendidas* até certo ponto, buscando as relações de significado que há entre os elementos que as compõem (por que é preciso botar a farinha depois da cebola?, posso usar alho em vez da cebola, que acabou?). Quando são dadas listas de palavras aos alunos para que eles verifiquem se as palavras rimam ou não entre si, aprendem menos palavras do que quando é solicitado que se fixem em seu significado. É o que se conhece como *efeito dos níveis de processamento* (Craik e Tulving, 1975). Quanto mais profunda ou significativamente se processa e se aprende um material, mais duradouros e generalizáveis serão seus resultados. Compreender é a melhor alternativa à repetição.

APRENDIZAGEM E COMPREENSÃO DE CONCEITOS

Os limites da aprendizagem associativa de informação arbitrária, fatos e dados, são percebidos claramente se compararmos essa aprendizagem com a compreensão de conceitos, tal como faz a Figura 10.2. Em primeiro lugar, como se assinalou, os fatos e dados são aprendidos de modo literal, enquanto que os conceitos são aprendidos relacionando-os com os conhecimentos prévios que cada um possui. Isso faz com que o ensino de dados factuais possa ser feito sem se dar grande atenção aos conhecimentos prévios. Em troca, o ensino de conceitos só poderá ser eficaz se parte dos conhecimentos prévios dos alunos e consegue ativá-los e ligá-los adequadamente com o material de aprendizagem.

	Informação Verbal	Conceitos
Consiste em	Cópia literal	Relação com conhecimentos anteriores
Aprende-se	Por repetição (apr. repetitiva)	Por compreensão (apr. significativa)
Adquire-se	De uma vez	Gradualmente
Avalia-se	Tudo ou nada	Admite muitos níveis intermediários
Esquece-se	Rapidamente sem repetição	Mais lenta e gradual

FIGURA 10.2 Diferenças básicas entre a informação verbal e os conceitos como resultados da aprendizagem (*adaptado de Pozo, 1992*).

Além disso, a aquisição de fatos e dados é de caráter absoluto, tudo ou nada. Há quem *saiba* a lista dos reis godos e os que não a sabem. Ou a gente sabe qual é a capital de Uganda ou mesa em alemão, ou não sabe. Em troca, os conceitos não são no "tudo ou nada": podem ser entendidos em diferentes níveis. Um aluno pode *entender* em um certo nível os fenômenos atmosféricos enquanto que um meteorologista os entenderá em um nível diferente e de forma qualitativamente distinta. Enquanto a aprendizagem de fatos só admite diferenças "quantitativas" ("sim", sabe; ou "não" sabe), a aprendizagem de conceitos se caracteriza pelos matizes qualitativos (não se trata tanto de se saber se o aprendiz compreende ou não, mas de "como" compreende).

Como conseqüência disso, a aprendizagem de fatos ou de dados é um processo que não admite graus intermediários; se não se produzem as condições adequadas (de motivação, prática e quantidade restrita de material) não se aprende. Uma vez satisfeitas essas condições e aprendido o material, ele pode ser reproduzido fielmente (por exemplo, o número de telefone de nosso restaurante preferido) desde que se revise ou pratique a cada certo tempo (por exemplo, uma vez por mês). A nova prática não acrescentará nada à aprendizagem, unicamente evitará o esquecimento (sempre saberemos *o mesmo* número de telefone). Em troca, o processo de compreensão é gradual; é praticamente impossível conseguir uma compreensão ótima (similar à que teria um especialista) a primeira vez que nos deparamos com um problema (por exemplo, entender como funciona um microondas). Se dirigimos nossos esforços para a compreensão e não só à aprendizagem de dados (por exemplo, quanto tempo é preciso cozinhar a massa ou as verduras) pouco a pouco iremos compreendendo que tipo de materiais podemos usar com o microondas e como devemos usá-lo. Cada novo ensaio ou tentativa pode nos proporcionar uma nova compreensão do fenômeno um tanto mágico da cocção no microondas.

Por último, os fatos e os conceitos não só diferem em sua aprendizagem, como também em seu esquecimento. Esquecemos o que compreendemos de maneira bem diferente desse rápido esquecimento da informação arbitrária. Como se viu no Capítulo 7, organizar o material, quer dizer, estabelecer relações significativas entre seus elementos facilita sua recuperação (o leitor lembra da metáfora que usamos então?, é capaz de recuperá-la?, seria um bom indício de sua aprendizagem que recordasse que o conhecimento não é uma cadeia de elos, mas um cacho de relações, uma árvore de saberes). O material de aprendizagem será mais significativo quanto mais relações o aluno consiga estabelecer não apenas entre os elementos que o compõem como também, e essencialmente, com outros conhecimentos prévios que já tenha em sua memória permanente.

A aprendizagem significativa

Como vimos no Capítulo 8, a extração ou abstração de regularidades no ambiente gera um conhecimento conceitual, de caráter implícito, que consiste em certas categorias naturais que se organizam em teorias implícitas com um alto valor descritivo ou previsto. No entanto, a natureza implícita dessas categorias restringe seu significado explícito para o aluno, que não pode ter acesso a essa rede de relações ou conexões tecidas entre essas categorias. Sem dúvida, sabemos o que é uma mesa, um farol, um robalo ou um gerânio. No entanto, há poucas coisas mais difíceis do que descrever ou definir objetos ou conceitos cotidianos como esses (trate o leitor de fazê-lo e comprovará que é algo tão difícil como explicar a um norueguês o que é a palavra menininha). Dessa forma, os conceitos implícitos carecem de força explicativa, se entendemos por isso a capacidade de estabelecer princípios que se generalizem para além desses conceitos ou situações concretas e habituais, nos quais as teorias implícitas são tão eficazes.

Portanto, quando as teorias implícitas são "desempacotadas" ou se expandem para novos domínios ou tarefas (Karmiloff-Smith, 1992), costumam se deparar com situações de desequilíbrio ou conflito, nas quais sua capacidade de assimilar as novas tarefas é bastante limitada (a fase de *crescimento* já descrita no Capítulo 6), tornando possível que se inicie um processo de explicitação, que, como sabemos, requer uma reflexão consciente por parte do aprendiz. Com freqüência, em contextos informais de aprendizagem, na vida cotidiana, essa reflexão é muito escassa, daí que mal dá lugar à construção de novos conhecimentos. No entanto, em situações de instrução, os professores podem promover através de atividades planejadas para tal efeito esse processo de construção significativa de conhecimentos.

A aprendizagem significativa implicará sempre tentar assimilar explicitamente os materiais de aprendizagem (a receita do frango à caçadora, a segunda lei da termodinâmica ou as instruções para programar o vídeo) a conhecimentos prévios que em muitos casos consistem em teorias implícitas ou representações sociais adquiridas por processos igualmente implícitos. Nesse processo de tentar assimilar ou compreender novas situações, ocorre não só um crescimento ou expansão desses conhecimentos prévios, como também, como conseqüência desses desequilíbrios ou conflitos entre os conhecimentos prévios e a nova informação, um processo de reflexão sobre os próprios conhecimentos, que, conforme sua profundidade, de acordo com o esquema desenvolvido no Capítulo 6, pode dar lugar a processos de *ajuste*, por generalização e discriminação, ou *reestruturação*, ou mudança conceitual (no próximo trecho), dos conhecimentos prévios. O tipo de mudança que ocorre na estrutura dos conhecimentos prévios (crescimento, ajuste ou reestruturação) e com isso o grau de compreensão alcançado, dependerá não só da clareza e organização dos materiais apresentados (a receita do frango à caçadora, a brilhante explicação da segunda lei da termodinâmica ou as prolixas instruções do vídeo), como de sua *relação com os conhecimentos prévios ativados* no aluno e a *reflexão sobre essa relação conceitual* criada no aprendiz pela atividade (se nos limitamos a aplicar a receita, a lei ou as instruções sem nos perguntarmos por que e como, não teremos compreendido nada). Essa reflexão implicará tomar consciência de que os conceitos fazem parte de um *sistema de relações* (Davydov, 1972; Pozo, 1989), não são entidades isoladas ou meramente encadeadas umas nas outras, mas ramos ou frutos de uma árvore com raízes muito profundas, lembre-se da árvore da ciência, do bem e do mal, pela qual há muito tempo fomos expulsos do paraíso dos que não têm consciência nem a dor de tê-la.

Segundo Ausubel, autor de uma das mais conhecidas teorias sobre a aprendizagem significativa (Ausubel, Novak e Hanesian, 1978; pode se encontrar resumida em García Madruga, 1990, Pozo, 1989), os dois processos fundamentais para a compreensão seriam a diferenciação progressiva dos conceitos e sua integração hierárquica (correspondentes aos processos de ajuste por discriminação e generalização). Outros autores e modelos mais recentes, embora com certas diferenças, enunciam processos similares (como Thagard, 1992, em sua sugestiva análise do desenvolvimento do conhecimento científico; ou Vosniadou, 1994, em sua análise da construção individual desse mesmo conhecimento). A *diferenciação progressiva* seria, conforme Ausubel, o processo principal através do qual se produz a compreensão ou assimilação de uma nova árvore de conhecimentos. Consistiria em diferenciar dois ou mais conceitos a partir de um conhecimento prévio indiferenciado. Por exemplo, as crianças têm uma idéia que mistura de modo confuso espaço, tempo e velocidade, da qual podem aprender a diferenciar entre esses três conceitos, *através de suas relações*. Mais adiante, sua idéia de velocidade pode se diferenciar ainda mais, criando novos conceitos de velocidade média e instantânea, a partir dos quais poderá diferenciar, por sua vez, os conceitos de aceleração e desaceleração (Pozo, 1987).

É muito sugestivo concluir que a construção do conhecimento supõe um processo de diferenciação progressiva dos ramos do saber. De um primeiro magma cognitivo confuso surgiriam troncos de conhecimento diferenciados, mas entrelaçados. Embora alguns autores suponham que os recém-nascidos dispõem de sistemas de conhecimento bastante especializados (Karmiloff-Smith, 1992), o certo é que a diferenciação progressiva do conhecimento é um pressuposto aceito e desenvolvido teoricamente por diversos autores (principalmente Vygotsky, 1934, mas mais recentemente também Carey, 1985). A própria estrutura curricular dos diversos níveis educativos avalia esta mesma idéia[1], ao propor um incremento progressivo da especialização das áreas da aprendizagem escolar, desde as atividades indiferenciadas da Educação Infantil ou o conhecimento do meio (social e natural) na Educação Primária para as áreas específicas (ciências sociais e ciências naturais) na Educação Secundária, à especialização disciplinar no Ensino Médio e na Universidade (da física ou da história à física de estado sólido ou à história das instituições em castilha na baixa Idade Média).

Junto com esse processo de diferenciação é necessário um processo complementar de *integração hierárquica* que permita reconciliar ou integrar sob os mesmos princípios conceituais tarefas e situações que anteriormente o aprendiz concebia de modo separado. Por exemplo, o leitor pode chegar a compreender ou integrar todas as tarefas de mecânica propostas em páginas e capítulos anteriores, sob o manto acolhedor dos princípios da mecânica Newtoniana. Aprender num domínio não significa apenas discriminar entre situações inicialmente indiferenciadas, tipos de velocidades, ou diferentes formas de fazer arroz, além de sua difusa denominação como *paella*, mas construir certos princípios gerais que englobem todas essas situações, os princípios fundamentais do movimento (dos objetos, cuidado) ou a cocção do arroz. A Figura 10.3 representa a organização conceitual do conhecimento de especialistas e novatos classificando problemas de mecânica, segundo Chi, Glaser e Rees (1982). Os especialistas não só têm um conhecimento mais diferenciado (mais categorias subordinadas), como também mais integrado (a árvore de seus conhecimentos é presidida por um triângulo que, como aquele Deus triangular de nossa infância, preside e governa tudo o que acontece sob ele).

Esses processos de compreensão, por diferenciação e integração, como pode se supor, são muito mais complexos para aprendizes e mestres do que os simples processos de repetição que estavam na origem da aquisição da informação. Compreender é uma forma mais complexa de aprender e, portanto, mais dependente da cultura de aprendizagem e instrução. Não deve se estranhar, então, que suas condições, os requisitos para desdobrar uma aprendizagem construtiva, apresentados em detalhes no Capítulo 6, sejam mais exigentes tanto para aprendizes como para mestres. Portanto, também não se deve estranhar que muitas vezes os alunos não compreendam o que aprendem e o que seus professores lhes ensinam para que compreendam. Algumas idéias básicas podem ajudar a impedir que essa situação tão freqüente em situações de instrução seja inevitável para aprendizes e mestres.

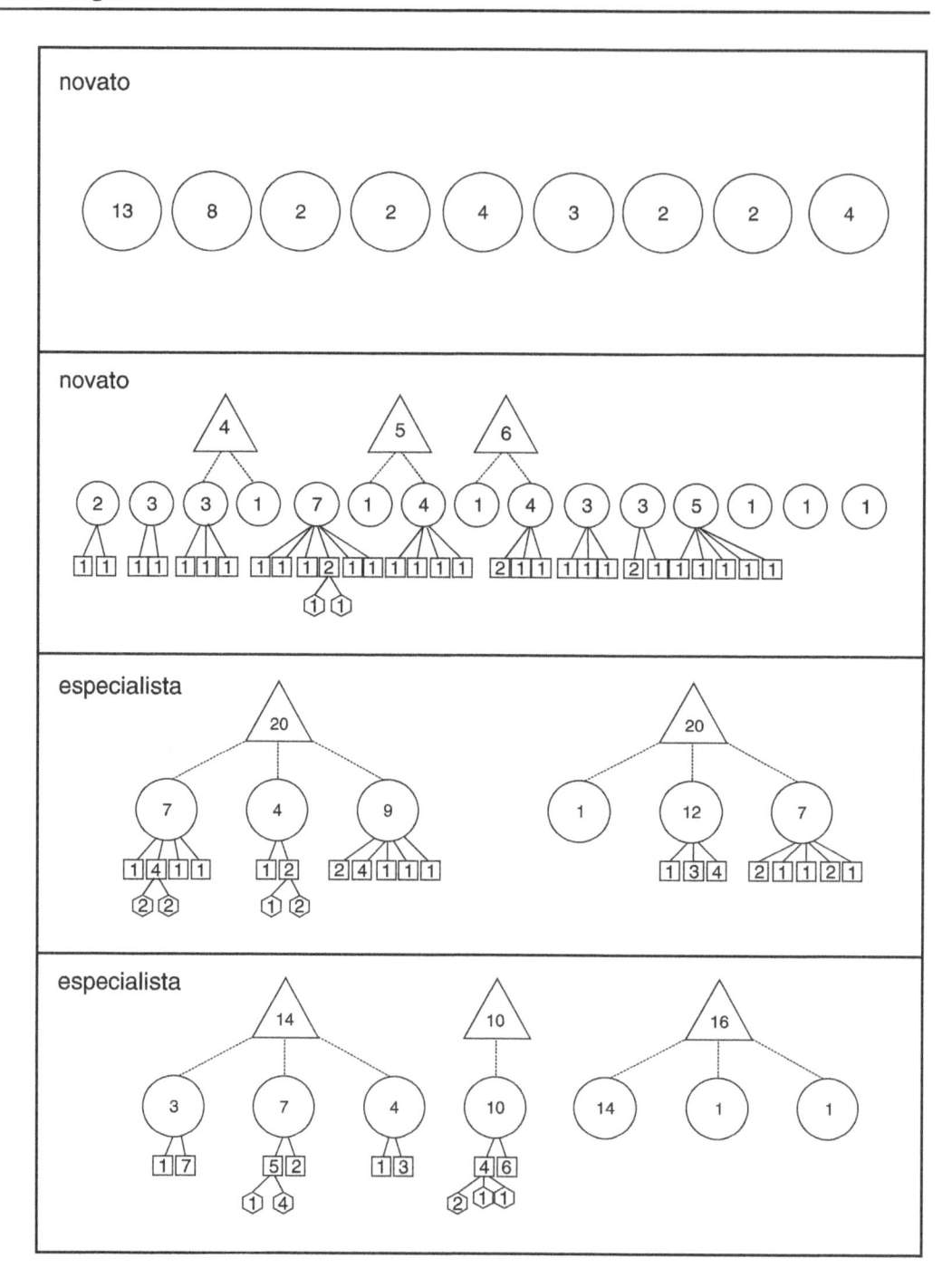

FIGURA 10.3 Representação gráfica da classificação realizada por dois especialistas e dois novatos, em física, de quarenta problemas de mecânica apresentados por Chi, Glaser e Rees (1982). Os círculos representam as categorias estabelecidas inicialmente pelos sujeitos, os triângulos categorias hierarquicamente superiores nas quais integrar essas categorias iniciais, e o resto das figuras (quadrados e hexágonos) subdivisões ou diferenciações conceituais a partir dessas categorias iniciais. Os números indicam o número de problemas incluídos em cada categoria. A organização conceitual dos especialistas é mais hierárquica, com menos categorias em cada nível horizontal, mas mais conexão vertical entre elas.

Quando os alunos não compreendem o que aprendem

Com muita freqüência, os professores ensinam conceitos (que devem ser compreendidos, quer dizer, assimilados aos conhecimentos prévios) e os alunos adquirem informação (que repetem e reproduzem literalmente). As causas da Revolução Francesa ou os princípios da mecânica em vez de serem compreendidos, são reproduzidos mecanicamente. As causas dessa disfunção podem ser diversas, mas costumam se dever a uma indiferenciação (também aqui faz falta a diferenciação progressiva) entre os diferentes resultados da aprendizagem e os processos em que se baseiam, seja por parte dos professores ao planejar as atividades de instrução, ou pelos alunos ao desenvolver suas atividades de aprendizagem, ou por ambos. A Figura 10.2, apresentada umas páginas atrás, sintetizava tais diferenças. Entre as muitas causas dessa confusão, que foram se desprendendo ao longo destas páginas, uma das mais importantes é a ineficiência de alguns instrumentos de avaliação habituais para discriminar entre a aprendizagem de fatos e a aprendizagem de conceitos. Frente ao dado de que o aprendiz reproduz com bastante acerto as quatro causas da queda do Império Romano que constam em seu livro-texto, os passos fixados na receita para elaborar um coelho à caçadora ou para tirar a idéia principal de um texto, podemos ou devemos concluir que as compreendeu?, como se diferencia um conhecimento compreendido de um meramente repetido? A distinção entre adquirir informação e conceitos, desenvolvida em páginas anteriores, costuma ser ainda mais difícil de perceber em muitos contextos dado o amplo treinamento dos aprendizes em simular que compreendem aquilo que apenas conseguem repetir. A diferenciação estabelecida carecerá de significado, a menos que aprendizes e mestres discriminem uma situação de outra. À maneira de um resumo indicarei algumas precauções que devem ser mantidas durante a avaliação (seja como alunos avaliando o próprio saber ou como professores avaliando o dos outros) para impedir que a aprendizagem reprodutiva de informação acabe em trapaça e passe por uma aprendizagem de conceitos (Pozo, 1992):

a) Evitar perguntas e tarefas que permitam respostas reprodutivas, quer dizer, evitar que a resposta "correta" esteja literalmente incluída nos materiais e atividades de aprendizagem.
b) Propor na avaliação situações e tarefas novas, ao menos em algum aspecto, exigindo do aluno a generalização de seus conhecimentos para uma nova situação. Para isso, será necessário que as atividades de aprendizagem tenham sido baseadas em contextos diversos e hajam requerido também uma certa generalização.
c) Avaliar no começo das atividades de instrução os conhecimentos prévios dos alunos, ativando suas idéias e trabalhando a partir delas.
d) Valorizar as idéias pessoais dos alunos, promovendo seu uso espontâneo, treinando-os em parafrasear (dizer com outras palavras, não as que vêm literalmente no texto ou a exposição original) ou descrever por si mesmos diversos fenômenos.
e) Não ter medo do erro, valorizando as interpretações e conceitualizações dos alunos que se distanciem ou desviem da idéia ou teoria aceita pelo professor. Essa valorização não deve ser feita somente antes, mas também depois da instrução. O aluno que mostra uma interpretação diferente de um fenômeno já ensinado, embora precise de uma instrução adicio-

nal, está mostrando um esforço para assimilar esse fenômeno a seus conhecimentos, e sabemos que esse é um indício de compreensão incipiente.

f) Utilizar técnicas "indiretas" (classificação, solução de problemas, etc.) que tornem inútil a repetição literal (Alonso Tapia, 1995; Pozo, 1992) e acostumar os aprendizes a se aventurarem no uso de seus próprios conhecimentos para resolver problemas e conflitos, expandindo seu próprio conhecimento, em vez de esperar para receber a solução explícita, já empacotada, pronta para o consumo, de uma fonte externa (o mestre, o livro, o manual de instruções, etc.).

Junto com a "diferenciação conceitual progressiva" de fatos e conceitos como produto da aprendizagem (um bom resultado da aprendizagem significativa deste livro seria que o leitor *compreendesse e aplicasse* esta distinção em seu próprio ambiente de aprendizagem), a aprendizagem significativa requer um planejamento explícito de atividades de instrução direcionadas para a compreensão. Os professores podem ajudar os alunos a compreender o que aprendem se planejarem suas atividades de instrução com a finalidade deliberada de promover essa compreensão. Segundo Ausubel (Ausubel, Novak e Hanesian, 1978; resumidos em García Madruga, 1990 e Pozo, 1992), uma instrução *expositiva* dirigida à compreensão deve constar de três fases principais.

(a) Um cabeçalho ou introdução que cumpriria a função de ativar nos aprendizes um conhecimento prévio com o qual deliberadamente vai se relacionar o conteúdo principal da exposição. Esse material introdutório, segundo Ausubel, atuaria como um *organizador prévio* dos materiais que vêm a seguir e serviria como *ponte cognitiva* entre os conhecimentos prévios dos aprendizes e a informação contida na exposição. Essa parte introdutória ofereceria o contexto de interpretação da atividade de aprendizagem, que serviria de "ancoragem" para as idéias que se apresentam a seguir. A necessidade de introduzir o conteúdo dos materiais mediante um organizador prévio ou um cabeçalho traduz-se na conveniência de situar essas aprendizagens num contexto significativo. Não basta que tenham significado para o mestre, devem tê-lo também para o aprendiz, e isso depende dos conhecimentos prévios disponíveis, os quais deverá avaliar e levar em conta (Pozo, 1992).

(b) Uma apresentação do material de aprendizagem propriamente dito, que poderia adotar formatos os mais diversos (desde leituras ou exposições do professor ou dos próprios alunos a discussões, realização de experiências, elaboração de materiais, etc.). O mais importante desta fase é que os materiais estejam muito bem estruturados e que tenham uma *organização conceitual explícita* e captem o *interesse dos alunos* (duas condições da aprendizagem construtiva, conforme vimos no Capítulo 6). Uma exposição será mais eficaz quanto mais organizada hierarquicamente, quer dizer, quando desenvolve uma rede conceitual cujos elementos se ramificam progressivamente. A aprendizagem a partir de uma exposição não depende apenas de seu significado lógico, mas também da coerência e organização com a qual está estruturada (Sánchez, 1993). Assim, é importante que as idéias estejam ligadas entre si e não simplesmente justapostas, que se perceba um fio condutor ou argumentativo. Como acontece com um bom filme, o "roteiro" de uma exposição condiciona, em boa parte, seu sucesso. Além disso, observou-se que, em geral, uma exposição é compreendida melhor quando as idéias principais da mesma são apresentadas no começo, quer dizer, quando a exposição parte das idéias mais gerais para depois ir entrando nos detalhes.

É conveniente que a estrutura conceitual hierárquica da exposição seja aparente não apenas por sua organização seqüencial, como também por outras ajudas ou elementos complementares que facilitem ao aluno o acompanhamento da estrutura argumentativa. No caso de um texto, essas ajudas podem consistir no uso adequado dos tópicos do mesmo, a apresentação de esquemas, o uso de recursos formais como o sublinhado, etc. (León, 1991). Numa exposição oral costumamos recorrer à ênfase, à reiteração, à classificação ou ao acompanhamento de material gráfico (veja-se Sánchez, 1993, para as diferenças entre o discurso escrito e o oral). Em todo caso, não se trata tanto de utilizar esses recursos por si mesmos — que em sua maior parte são de uso muito comum — como de utilizá-los para realçar a estrutura ou organização interna da exposição.

(c) Consolidação da estrutura conceitual, mediante a *relação explícita entre os conhecimentos prévios* do aluno que foram ativados e *a organização conceitual dos materiais de aprendizagem* apresentados na fase anterior. É importante a comparação e diferenciação entre conceitos, assim como sua exemplificação e aplicação a casos práticos. Para isso, é preciso induzir nos alunos uma reflexão sobre seus próprios conhecimentos, o que os ajudará, tal como vimos no Capítulo 7, não só a tomar consciência deles como principalmente a reconstruí-los. Tal reflexão pode ser feita habituando os alunos a utilizar *estratégias de organização* com os materiais de aprendizagem, o que consiste em que os próprios alunos estabeleçam, de modo explícito, relações internas entre os elementos que compõem os materiais de aprendizagem e entre estes e seus conhecimentos prévios. As estratégias iriam da classificação simples à organização hierárquica mediante esquemas, diagramas, redes de conhecimento ou mapas conceituais (Pozo, 1990a). Como exemplo, esta última técnica, os *mapas conceituais*, ideada por Novak (Novak e Gowin, 1984), serve para que os alunos pensem sobre seus próprios conhecimentos, estabelecendo uma representação explícita dos mesmos mediante certos recursos gráficos simples (a Figura 10.4 apresenta um exemplo).

Essa explicitação do conhecimento, tanto antes como depois da aprendizagem, permite não só tomar consciência dele (que é, na realidade, a melhor forma de *avaliá-lo*), como também reorganizar tanto quanto seja necessário os ramos da árvore do conhecimento. Apesar de introduzir todas as considerações anteriores, aprendizes e mestres se deparam ocasionalmente com a impossibilidade de compreender ou assimilar certos conceitos à estrutura de conhecimento já existente. Nesse caso, precisa-se ir além do ajuste e reestruturar profundamente os próprios conhecimentos por processos de mudança conceitual para poder assimilar os novos conceitos.

A MUDANÇA CONCEITUAL OU A REESTRUTURAÇÃO DO APRENDIDO

Se o esforço para compreender e dar sentido aos conhecimentos que se encontram embrionários dentro de nós gera mudanças mais amplas e duradouras e, portanto, há mais aprendizagem que a simples repetição da informação recebida, existe ainda uma forma mais difícil de aprender, mas cujos efeitos são mais intensos e extensos, já que implica uma reestruturação total dessa árvore de conhecimentos, uma verdadeira *revolução conceitual* (Thagard, 1992) que remove, como um terremoto, nossos conhecimentos desde seus próprios princípios. No Capítulo

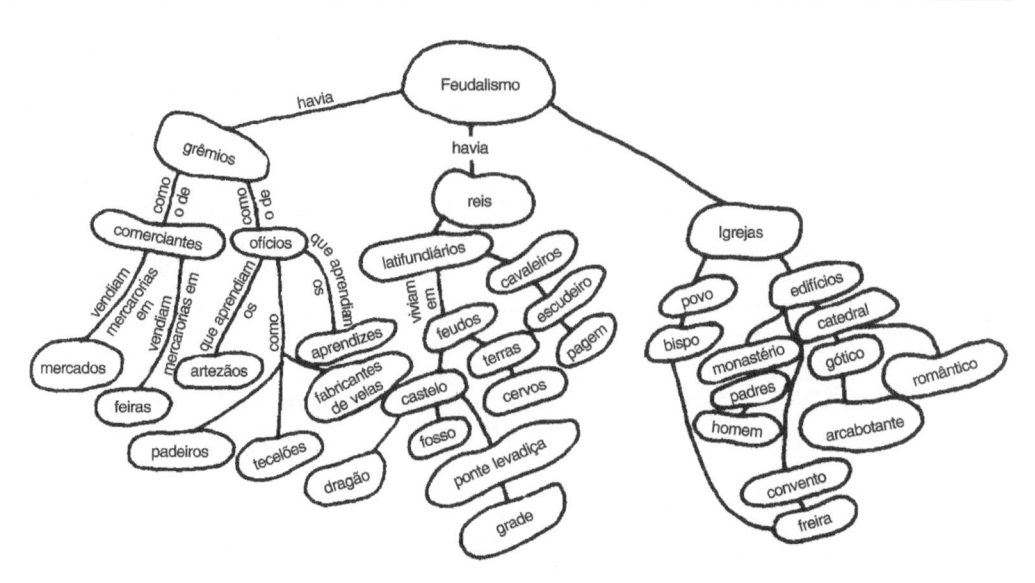

FIGURA 10.4 Exemplo de mapa conceitual sobre o feudalismo elaborado por um estudante do sexto ano da Educação Primária.* Esse estudante sabe situar as relações que, naquele tempo, os alunos tinham com sua cultura da aprendizagem (Novak e Gowin, 1984).

6, vimos que se trata de uma forma de aprendizagem necessariamente pouco freqüente, mas com efeitos transcendentais. Realmente, para que essa reestruturação ocorra num certo domínio (minha concepção de mecânica, da química, do xadrez, das relações interpessoais ou da psicologia da aprendizagem) deve-se ter passado antes por outras formas mais elementares de aprendizagem para a mudança conceitual (crescimento, ajuste por generalização e discriminação, etc.) que, por um efeito cumulativo, tornam necessária essa *reestruturação* ou mudança conceitual radical (Pozo, 1989; Thagard, 1992; Vosniadou, 1994). Mas quando essa mudança conceitual se faz necessária? E como ocorre?

Quando a reestruturação se torna necessária

Por ser a forma mais complexa de aprendizagem, a mudança conceitual foi o processo menos investigado. Apenas recentemente, talvez devido ao impulso da nova cultura da aprendizagem da qual é parte substancial, começou a despertar o interesse dos investigadores, daí que ainda falta muito para sabermos sobre como e quando ocorre a mudança conceitual, essa *rara avis* da aprendizagem. Por isso, nas páginas seguintes, dentro da inevitável incerteza que acompanha todo saber, há uma maior dose especulativa do que nas precedentes. Assim como sabemos muito bem como ocorre a rotação da Terra sobre si mesma, um fenômeno cotidiano e próximo, mas desconhecemos muitas coisas sobre fenômenos menos habituais e mais remotos, como o nascimento e morte das estrelas ou as causas dos terremotos, o mesmo acontece com a aprendizagem: os fenômenos mais próxi-

---

*N. de R.T. A Educação Primária, na espanha, tem a duração de seis anos (± 7 aos 12 anos).

mos, cotidianos e imediatos da aprendizagem acumulativa ou associativa são mais conhecidos do que as formas mais remotas e improváveis da aprendizagem construtiva, esses terremotos cognitivos que, de vez em quando, sacodem os alicerces de nosso saber ou de nosso próprio eu, já que, embora aqui eu vá apresentar exemplos da mudança conceitual na instrução, também há aplicações da aprendizagem por reestruturação na mudança terapêutica (Mahoney e Freeman, 1985).

Podemos aceitar que a reestruturação conceitual num certo domínio é necessária quando a estrutura dos conhecimentos prévios do aluno — os princípios subjacentes e que organizam suas teorias implícitas ou suas representações sociais — é incompatível com a estrutura dos novos modelos ou teorias que devem ser aprendidas, quer dizer, os princípios que regem, de cima, como esse Deus triangular na Figura 10.4, essas teorias. Embora haja outras interpretações alternativas (Carey, 1991; Chi, 1992; Di Sessa, 1993, 1994; Vosniadou, 1994), a *incompatibilidade estrutural* entre teorias implícitas e teorias científicas pode ser resumida (Pozo, Sanz e Gómez Crespo, 1995) em três restrições estruturais básicas do conhecimento implícito nas quais difere dos saberes disciplinarmente organizados (ver Figura 10.5; análises mais detalhadas dessas diferenças podem ser encontradas em Chi, 1992; Pozo et al., 1991, 1992; Reif e Larkin, 1991; Rodrigo, 1993).

Restrições Estruturais (Teorias Implícitas)	Esquemas Formais (Teorias Científicas)
• Causalidade linear e simples num só sentido (agente →objeto) • Não-quantificação ou estratégias de quantificação errôneas	• Interação de sistemas. Causalidade múltipla e complexa. • Proporção. Probabilidade. Correlação.
• Transformação sem conservação	• Conservações não-observáveis. Sistemas em equilíbrio

FIGURA 10.5 Restrições estruturais das teorias implícitas frente ao conhecimento formal ou científico.

a) *Causalidade linear simples frente a sistemas em interação*

Como vimos no Capítulo 8, para as teorias implícitas, e no Capítulo 9, para as representações sociais, nosso conhecimento implícito tem por função simplificar ou reduzir a complexidade do mundo. Realmente, baseia-se num esquema causal muito simples para prever os fatos, segundo o qual a relação entre a causa e o efeito é linear e num só sentido. No entanto, a maior parte das teorias científicas, ou do conhecimento disciplinar complexo, requer o entendimento das situações como uma interação de sistemas nas quais se produz uma relação causal recíproca. Assim, o princípio de ação e reação na mecânica newtoniana resulta contra-intuitivo, já que supõe uma interação entre duas forças de atração que alcançam um ponto de equilíbrio, enquanto a noção intuitiva se baseia numa relação causal simples, em que o objeto com mais massa (a terra) exerce uma força de atração sobre o menor (a pedra). A tendência a simplificar as situações, um traço usual em nosso pensamento cotidiano, dificulta que se leve em conta a interação entre variáveis ou sistemas conceituais. Nossa concepção da matéria nos diz que quando uma camisa seca ao sol, o vento leva as partículas de água que há na camisa, em vez de, como faria a química, conceber a matéria como uma contínua interação entre partículas, de forma que a energia proporcionada pelo vento ou pelo sol modifica a interação entre as partículas de água, transformando-as em vapor (Gómez Crespo, 1996; Pozo et al., 1991).

b) *Relações qualitativas frente à quantificação de relações*

Em nossa vida cotidiana, tendemos a estabelecer relações qualitativas entre os fatos (por exemplo, os dias que amanhecem cinzentos costumam acabar em chuva) que escassamente somos capazes de quantificar (qual é a probabilidade de que chova nesses dias?). No entanto, a ciência se caracteriza muitas vezes pelo uso de operações quantitativas precisas, que determinam não só a existência de uma relação entre dois fatos como também em que quantidade ou grau ela ocorre. Essa necessidade de quantificar se manifesta principalmente na necessidade de compreender as leis proporcionais e probabilísticas em que se baseia boa parte do conhecimento científico. Assim, grande parte dos conceitos científicos, desde a noção de velocidade a outros mais complexos como as leis newtonianas ou quase todas as leis ponderais da química, implicam relações de proporção direta ou inversa, nas quais uma magnitude depende do valor alcançado por outra. No entanto, as investigações mostram que, diante de tarefas que requerem um cálculo proporcional, os alunos, universitários inclusive, tendem a utilizar estratégias simplificadoras, que se baseiam em análises qualitativas ou em regras mais simples, como a regra aditiva ou as correspondências (Pérez Echeverría, Carretero e Pozo, 1986). Igualmente, existem numerosas noções científicas que requerem a compreensão da probabilidade e do acaso. A teoria cinética dos gases, os conceitos de mutação genética ou toda a genética de populações dificilmente podem ser entendidos sem a compreensão do que é o acaso e sem a capacidade de calcular probabilidades. E, no entanto, novamente, os estudos mostram que o acaso e a probabilidade estão longe de ser noções intuitivas e que sua compreensão é limitada entre a maior parte dos alunos (Pérez Echeverría, 1990).

c) *Concentrar-se na mudança frente à conservação e ao equilíbrio*

Uma última restrição estrutural nas teorias implícitas dos aprendizes, muito vinculada às anteriores, é a tendência do pensamento causal cotidiano de concentrar-se na mudança mais do que nos estados. Na terminologia empregada pelo próprio Piaget (1970), diríamos que nossas teorias implícitas se focalizam no que se transforma, mas não no que se conserva. No entanto, a maior parte dos conceitos científicos implica uma conservação. Enquanto essa conservação é diretamente observável — como na famosa tarefa piagetiana da massinha de modelar — é acessível para as crianças do período operacional concreto (Delval, 1994a; Falvell, 1985), mas quando se trata de uma conservação não-observável, só pode se alcançar por via conceitual, quer dizer, tomando consciência das relações entre conceitos. Assim, os alunos costumam ter dificuldades para fixar-se na conservação da massa numa reação química ou numa dissolução (Gómez Crespo, Pozo e Sanz, 1995), na conservação da energia ou na conservação da quantidade de movimento ou inércia (Driver, Guesne e Tiberghien, 1985; Pozo, 1987; Pozo e

Carretero, 1992). Tal dificuldade está ligada à tendência de interpretar as situações mediante o esquema de causalidade linear antes mencionado. A idéia de que os efeitos se produzem num só sentido implica concentrar-se na mudança (ação), esquecendo os efeitos recíprocos (reação), que asseguram a conservação (Inhelder e Piaget, 1955). Compreender o mundo, natural e social, como um sistema de equilíbrio em diversos parâmetros é, talvez, uma das realizações mais substantivas do conhecimento científico (Morin, 1990). As teorias científicas se organizam em torno de equilíbrios cíclicos, sem princípio nem fim (Chi, Slotta e De Leeuw, 1994), como o funcionamento do organismo, o ir e vir da inflação e o crescimento econômico, o meio ambiente, etc., enquanto que nossas teorias implícitas se estruturam em torno da cadeia de fatos que estão em sua origem, fatos com princípio (dor de cabeça) e fim (da dor de cabeça), de forma que se focalizam nessas mudanças conjunturais mais do que na estrutura permanente, o estado de equilíbrio dinâmico que torna possível que as coisas sejam como são.

Para mudar esses modelos implícitos restritivos, simplificadores, e empreender a reestruturação necessária para construir um conhecimento científico ou disciplinar num certo domínio, é necessário um processo de explicitação do conhecimento que atravessa diversas fases até alcançar a tomada de consciência (descritas no Capítulo 8). No entanto, esse processo está longe de ser espontâneo, requerendo usualmente uma intervenção explícita por parte do mestre ou, em geral, de um projeto instrucional. À medida que os processos de aprendizagem se tornam mais complexos e elaborados estão muito mais mediados pela instrução, são mais culturais, mais vulneráveis diante de qualquer imprevisto e também mais difíceis de alcançar. Por isso, necessitam de estratégias de instrução específicas — e que inclusive a eficácia destas deve estar assegurada, já que, dada a vulnerabilidade dos processos de aprendizagem complexa, estão sujeitos à influência de muitas variáveis imprevistas.

Incentivando a mudança conceitual: do conflito ao contraste de modelos

Apesar de a instrução e, num sentido mais geral, a transmissão e generalização dos conhecimentos científicos ou disciplinares em domínios específicos de conhecimentos, precisarem desempenhar um papel essencial na mudança conceitual, a investigação sobre a aprendizagem e a compreensão em domínios específicos de conhecimento veio mostrando, de maneira insistente, que o ensino produz na estrutura de conhecimentos dos aprendizes mudanças menores do que o desejável. Em outras palavras, a instrução que os alunos recebem não costuma ser eficaz para promover mudanças radicais na maneira de compreender os domínios específicos de conhecimento, provavelmente porque não está dirigida a essa meta, mas participa da cultura tradicional da aprendizagem, direcionada para a acumulação de conhecimentos mais do que para sua reestruturação. Sendo assim, propuseram-se diversas estratégias ou modelos de ensino direcionados especificamente à mudança conceitual. Em primeiro lugar, resumirei os que podemos considerar os modelos clássicos da mudança conceitual, baseados na criação e na solução de conflitos cognitivos, para depois me referir a algumas propostas mais recentes, que tentam gerar a mudança conceitual através de uma instrução direta baseada na apresentação de modelos alternativos (uma justificação mais detalhada de alguns desses modelos pode ser encontrada em Pozo, 1989).

A idéia básica dos modelos de instrução baseados no *conflito cognitivo* é que a reestruturação dos conhecimentos se produzirá como conseqüência de submeter o aluno a um conflito, seja empírico (com a "realidade") ou teórico (com outros conhecimentos) que induza o abandono desses conhecimentos em benefício de uma teoria explicativa. Assim, se defrontamos um aluno que acredita que os objetos pesados caem mais rápido que os mais leves (ah, mas não é assim?, se perguntará mais de um leitor incauto; pois não é, conforme a física que todos estudamos) com uma situação em que possa comprovar que a velocidade da queda é independente da massa dos objetos, o aluno terá de reestruturar seu conhecimento para assimilar a nova informação. Igualmente, se defrontamos um aluno (ou um leitor deste livro) que acredita que a memória é um depósito onde se acumulam, de modo literal, as experiências ocorridas a uma pessoa, com dados que mostram o caráter construtivo da memória, terá de modificar sua concepção inicial (se quer entender alguma coisa do que se explica neste livro, pelo menos).

Obviamente, não se espera a partir desses modelos que a simples apresentação da situação conflitante dê lugar a uma mudança conceitual, senão que se necessitará, como acontece na história das ciências, de uma acumulação de conflitos que provoquem mudanças cada vez mais radicais na estrutura de conhecimentos dos alunos. Para isso se planejam seqüências instrucionais com o fim de dirigir ou orientar as respostas dos alunos para esses conflitos. A Figura 10.6 resume algumas das seqüências propostas por diversos autores para promover a mudança conceitual através do conflito cognitivo.

Como pode se ver, além de suas diferenças, os modelos compartilham uma seqüência de instrução comum, que pode ser resumida, de modo muito esquemático, em três fases principais. Num primeiro momento, utilizam-se tarefas que, mediante inferências de previsão ou solução de problemas, ativam os conhecimentos ou as teorias prévias dos alunos. A seguir, confrontam-se os conhecimentos assim ativados com as situações conflitantes, mediante a apresentação de dados ou a realização de experiências. Como freqüentemente os alunos não serão capazes de resolver de modo produtivo esses conflitos, alguns dos modelos propõem apresentar, mediante exposições ou explicações do professor, teorias ou conceitos alternativos que permitam integrar os conhecimentos prévios com a nova informação apresentada. O grau de assimilação das novas teorias dependerá de sua capacidade para explicar novos exemplos e de resolver os conflitos apresentados e de como o aprendiz resolve esses conflitos, desde a simples resposta de crescimento ou expansão de sua teoria prévia, ao ajuste ou finalmente a reestruturação (exemplificadas neste capítulo, mas descritas com mais detalhes no Capítulo 6).

O tipo de mudança promovido pelo conflito depende da natureza do conflito proposto. Quando nos deparamos com um *conflito empírico* — certos fatos inesperados, como a febre que não baixa como deveria, os alunos que não se motivam conforme o esperado, um objeto que deveria flutuar afunda —, costuma ser fácil tomar consciência dele, embora em muitas ocasiões se resolva com simples reações de crescimento (buscamos uma explicação *ad hoc*) e seguimos adiante. Há uma tendência *natural* a confirmar as teorias ou a persistir nelas, ainda que se acumulem dados contrários (Carretero e García Madruga, 1984; Nisbett, 1993; Pérez Echeverría, 1990). Em troca, os *conflitos conceituais*, entre idéias ou conhecimentos, requerem uma reflexão focalizada no próprio conhecimento (o modelo implícito tradicional de aprendizagem e motivação e a teoria da aprendizagem construtiva; a incoerência entre as sucessivas respostas do leitor para as também

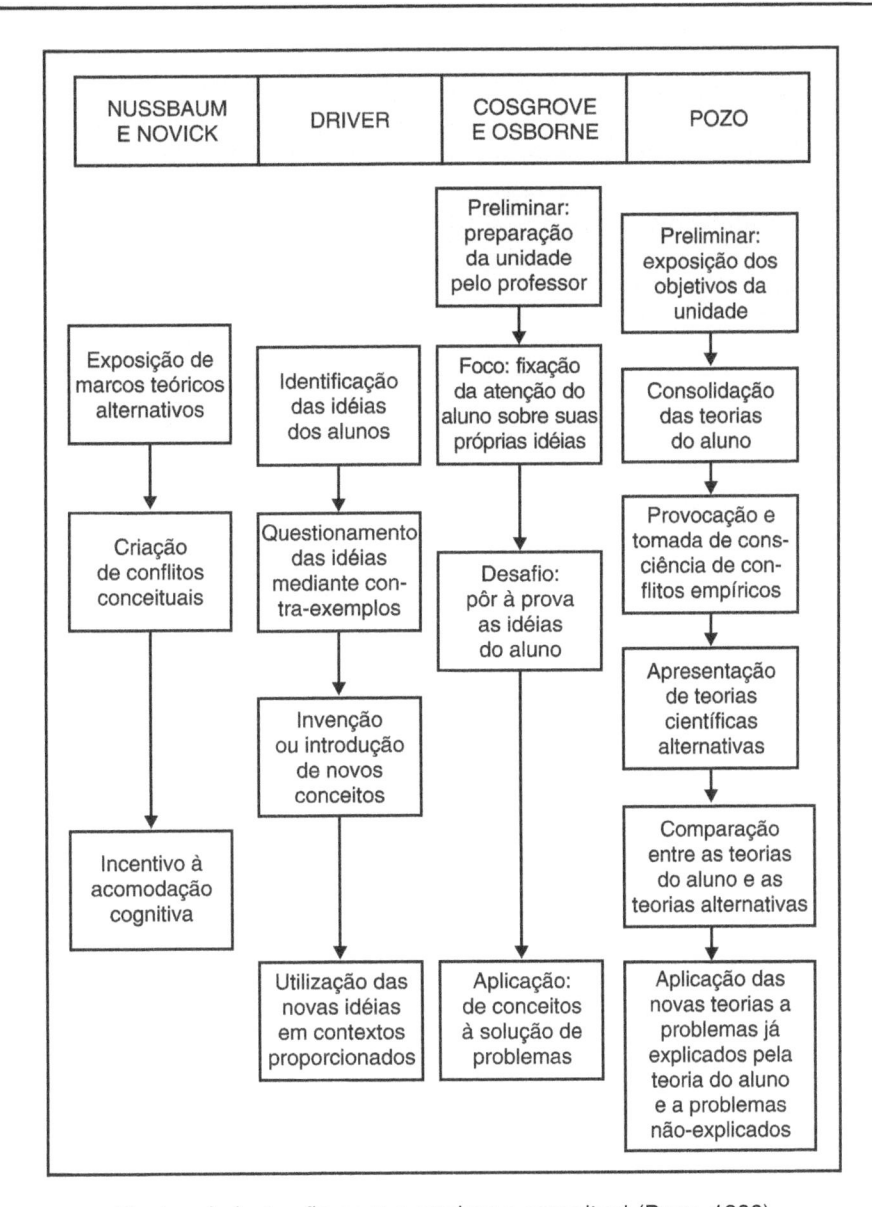

NUSSBAUM E NOVICK	DRIVER	COSGROVE E OSBORNE	POZO
		Preliminar: preparação da unidade pelo professor	Preliminar: exposição dos objetivos da unidade
Exposição de marcos teóricos alternativos	Identificação das idéias dos alunos	Foco: fixação da atenção do aluno sobre suas próprias idéias	Consolidação das teorias do aluno
↓	↓	↓	↓
Criação de conflitos conceituais	Questionamento das idéias mediante contra-exemplos	Desafio: pôr à prova as idéias do aluno	Provocação e tomada de consciência de conflitos empíricos
↓	↓		↓
	Invenção ou introdução de novos conceitos		Apresentação de teorias científicas alternativas
Incentivo à acomodação cognitiva			Comparação entre as teorias do aluno e as teorias alternativas
	Utilização das novas idéias em contextos proporcionados	Aplicação: de conceitos à solução de problemas	Aplicação das novas teorias a problemas já explicados pela teoria do aluno e a problemas não-explicados

FIGURA 10.6 Algumas seqüências de instrução para a mudança conceitual (Pozo, 1989).

sucessivas, ou reiterativas, tarefas sobre movimento que foram deslizando, de modo sibilino, pelas páginas deste livro). Embora seja mais difícil tomar consciência desse tipo de conflito (no final das costas não se *observam* no mundo, somente em nossa mente, se somos capazes de olhar para ela), costumam produzir, quando se percebem, maiores mudanças, já que implicam uma maior tomada de consciência (Pozo, 1989). Assim, as respostas de mudança conceitual radical requerem um conflito conceitual, e não apenas empírico, quer dizer, confrontar e diferenciar duas teorias ou explicações distintas em relação a um mesmo fato. Como assinalava Lakatos (1978) em suas análises epistemológicas, o que faz progredir as teorias não são os fatos empíricos, os dados acumulados, mas o surgimento de uma teoria melhor.

Dessa forma, algumas propostas recentes para promover a mudança conceitual, mais que a provocação explícita de conflitos, estão se direcionando para uma instrução baseada no *contraste de modelos* ou teorias alternativas por parte do aluno com o fim de reestruturar seu conhecimento. A idéia é que a mudança conceitual está mais vinculada à diferenciação e à reorganização das posições teóricas que à existência de dados empíricos a favor ou contra. Embora o aluno descubra que a massa dos objetos não afeta a sua velocidade de queda, nem por isso introduzirá mudanças relevantes em sua física intuitiva. Realmente, necessita-se de explicações teóricas alternativas, e o mais provável é que sua resposta ao conflito seja considerar esses casos como contra-exemplos ocasionais, não como a norma. Somente quando dispuser de um modelo teórico alternativo para dar um significado a esses dados, estes afetarão sua estrutura de conhecimento nesse domínio. Por isso, uma condição necessária para a mudança conceitual é que se proporcione aos alunos modelos ou teorias alternativas desde os quais reinterpretar a realidade e seus próprios conhecimentos.

Esses modelos requerem do professor uma minuciosa análise prévia não apenas da teoria mais ou menos implícita do aluno e da nova teoria apresentada, como principalmente das diferenças entre ambas, que podem constituir os principais obstáculos para a mudança conceitual (Pozo, 1989). Esses obstáculos poderiam ser identificados com as restrições ontológicas ou estruturais do conhecimento implícito mencionadas antes. Já não se trataria de apresentar o modelo científico (isso é, no final das contas, o que a instrução tradicional faz), mas de ajudar previamente o aluno a construir, para além de suas teorias implícitas, as estruturas conceituais adequadas (interação, equilíbrio, quantificação ou as que forem) para assimilar essas teorias científicas incompatíveis com seus conhecimentos implícitos. Nessa linha, e à maneira de exemplo, Chi (1992) propõe que, para alcançar a mudança conceitual, são necessárias três fases sucessivas:

1. Aprender as propriedades da nova categoria ontológica ou estrutura conceitual (por exemplo, as características que definem um sistema em equilíbrio) mediante processos de aquisição, através da instrução direta.
2. Aprender o significado de conceitos concretos dentro dessa categoria ontológica ou estrutura conceitual mediante processos de aquisição (por exemplo, compreender a organização atômica da matéria, composta de partículas em contínuo movimento e interação, como um sistema em equilíbrio).
3. Re-atribuir um conceito a essa nova estrutura conceitual, seja abandonando o significado do conceito original e substituindo-o pelo novo ou permitindo que ambos significados coexistam e valendo-se desses diversos significados em função do contexto.

Outros autores, a partir de propostas diferentes, insistem também nessa necessidade de planejar e apresentar modelos adequados para ajudar o aluno a superar as dificuldades da mudança conceitual (por exemplo, Carey e Spelke, 1994; Pozo *et al.*, 1992). Uma característica significativa dessas posições é assumir que os *modelos* mediante os quais se introduz a teoria específica podem ser mais gerais que esta. Assim o aluno, ao adquirir a estrutura conceitual de "conservação em um sistema de equilíbrio" num determinado domínio (por exemplo, a conservação da energia), terá posteriormente facilitada a mudança conceitual em novas noções ou teorias, ao incluí-las nessa estrutura conceitual e aplicar suas características (Pozo *et al.*, 1992).

Além disso, produzir-se a mudança conceitual não implica necessariamente um abandono das teorias implícitas do aluno, tão eficazes em numerosos contextos cotidianos e na interação social, mas sua integração hierárquica (adotando a terminologia da aprendizagem significativa) na nova teoria explicitamente elaborada. Embora compreendamos a mecânica celeste newtoniana, continuaremos dizendo que o Sol sai, continuaremos comprando os peixes e as pernas de carneiro por seu peso e não por sua massa, e continuaremos *vendo* a matéria como algo contínuo, embora saibamos que no mais íntimo de si mesma está cheia de buracos, de espaços misteriosamente vazios. Os especialistas em um domínio costumam conservar muitas de suas intuições ou conhecimentos implícitos, mas *diferenciados e subordinados conceitualmente* aos conhecimentos disciplinares nessa área (Pozo, Gómez Crespo e Sanz, 1993). Em vez de misturar ambos os tipos de conhecimentos, diferenciam-nos e integram-nos sabiamente.

Isso é possível graças à reflexão consciente sobre esses sistemas de conhecimento, ao *metaconhecimento* conceitual próprio dos especialistas num domínio (Vosniadou, 1994), que lhes permite utilizar *de modo estratégico* os dois sistemas de conhecimento em contextos diferentes e para metas distintas. Saber mais é também saber utilizar melhor todos os conhecimentos disponíveis em função das metas e das condições da tarefa. Isso implica a aquisição, além de conhecimentos conceituais muito elaborados, de procedimentos para utilizá-los, o último resultado da aprendizagem que resta por analisar.

NOTA

1. Os Projetos Curriculares Base do Ministério de Educação e Ciência para a Educação Primária e Secundária, na Espanha, se baseiam explicitamente nessa lógica.

11

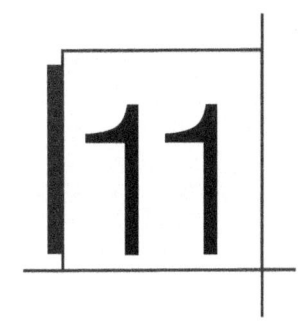

Aprendizagem de Procedimentos

Henry terminou seu trabalho na cozinha e foi para o convés. Havia um velho marinheiro sentado em uma escotilha, trançando um longo cabo. Cada um de seus dedos parecia uma inteligência ágil enquanto trabalhava, pois seu dono não os olhava. Em vez de olhá-los, tinha os olhinhos azuis fixos, ao estilo dos marinheiros, cravado além dos confins da costa.

— Então queres conhecer o segredo das cordas? — lhe disse, sem afastar o olhar do horizonte. — Pois só tem que prestar atenção. Faço há tanto tempo que minha velha cabeça se esqueceu de como se faz; só meus dedos se lembram. Se penso no que estou fazendo me confundo.

JOHN STEIBECK, *A taça de ouro*

Para subir uma escada começa-se por levantar essa parte do corpo situada em baixo à direita, quase sempre envolvida em couro ou camurça e que, salvo algumas exceções, cabe exatamente num degrau. Posta no primeiro degrau a dita parte, que para simplificar chamaremos de pé, se recolhe a parte equivalente do lado esquerdo (também chamada pé, mas que não deve se confundir com o pé mencionado antes) e, levando-a à altura do pé, se faz com que continue até colocá-la no segundo degrau, onde descansará o pé, como no primeiro se descansou o pé. (Os primeiros degraus são sempre os mais difíceis, até adquirir a coordenação necessária. A coincidência de nome entre o pé e o pé torna difícil a explicação. Cuide-se especialmente para não levantar ao mesmo tempo o pé e o pé.)

Chegando desta maneira ao segundo degrau, basta repetir alternadamente os movimentos até chegar ao fim da escada. Pode-se sair fácil dela, com um leve golpe de calcanhar que a fixa em seu lugar, de onde não se moverá até o momento da descida.

JULIO CORTÁZAR, "Instruções para subir uma escada",
Histórias de cronópios e de famas

A AQUISIÇÃO DE TÉCNICAS

A tradição verbalista da educação e da instrução faz com que muitos professores estejam ainda convencidos de que sua tarefa consiste em dizer aos alunos o que devem saber e fazer, e que é tarefa destes a utilização ou a aplicação do aprendido quando for conveniente. As teorias implícitas de muitos mestres sobre a aprendizagem assumem que uma vez *explicada* alguma coisa (no final das contas, este é o *verbo* que ainda hoje define entre os professores sua tarefa profissional) não há mais obstáculo para sua aprendizagem do que a vontade ou o esforço do aprendiz. Já vimos como esse modelo expositivo é insuficiente para se conseguir formas complexas, construtivas, da aprendizagem conceitual.

Mas será ainda mais certo no caso da aquisição de procedimentos, seja para jogar tênis, preparar uma *paella*, planejar uma experiência ou um programa de instrução, em que não apenas as formas mais complexas, construtivas, da aprendizagem de estratégias, como inclusive a mais elementar aquisição repetitiva de técnicas exige algo mais do que boas explicações. No entanto, em muitos âmbitos, a educação e a formação explicam o que se deve fazer mas não ensinam como fazê-lo. Os aprendizes queixam-se de que a formação é muito *teórica* e pouco *prática*. Os mestres, de que os aprendizes não sabem aplicar o que, tão claramente, lhes é explicado. Entre o *saber dizer* e o *saber fazer* há um salto que não podemos deixar que o aprendiz dê sozinho.

Do "saber dizer" ao "saber fazer"

Os procedimentos constituem um produto da aprendizagem que, como o resto dos resultados que analisamos, têm características específicas. Os procedimentos costumam ser concebidos como *"um conjunto de ações ordenadas, orientadas para a realização de uma meta"* (Coll e Valls, 1992; Valls, 1993). Sob esta ampla definição se incluiriam desde a mais simples técnica de medição da temperatura do vinho ou a execução de um movimento concreto (jogar a bola com a mão esquerda) à degustação e avaliação das diferentes características do vinho com o fim de identificar sua denominação de origem e safra, à prática de uma defesa por zona no basquete ou à variante do dragão na defesa siciliana no xadrez, até a integração de diversas fontes de informação ou o tratamento estatístico dos dados na aprendizagem das ciências sociais. Dentre os diversos critérios para classificar os procedimentos (em Aparicio, 1995; Monereo et al., 1994; Valls, 1993; mas também em Schmeck, 1988; Weinstein e Mayer, 1985), pode-se estabelecer uma distinção, que desenvolverei mais adiante, entre *técnicas* (também chamadas destrezas, habilidades, hábitos, etc.), consistentes em rotinas de ação automatizadas (das quais trata este tópico) e as *estratégias* (também táticas, planos, etc.) que implicam um uso deliberado de procedimentos para obter determinadas metas (no próximo tópico).

Os procedimentos se diferenciam do conhecimento verbal, analisado no capítulo anterior como informação ou como conceitos, em que implicam saber *fazer* algo, não apenas dizê-lo ou compreendê-lo. Por sua vez, se diferenciam de outras formas de saber fazer, como os comportamentos (Capítulo 8) ou as habilidades sociais (Capítulo 9) em sua maior complexidade, já que consistem em seqüências integradas de ações que vão requerer condições práticas mais exigentes para sua aprendizagem, tanto em quantidade de prática como na organização da mesma. Podemos aprender facilmente, inclusive num só ensaio ou vendo um modelo, a não tocar uma colher metálica posta numa panela ao fogo, a cruzar a rua quando não vêm carros ou a dar um beijo de saudação em vez de dois, mas aprender a andar de bicicleta, a passar roupa, a escrever um poema ou a realizar a defesa hindu do rei no xadrez vão requerer um treinamento mais complexo.

As maiores dificuldades para a aprendizagem de procedimentos costumam surgir, no entanto, por sua insuficiente diferenciação da aprendizagem verbal, como conseqüência da cultura *expositiva* da aprendizagem a que me referi antes. Muitos professores acreditam que as deficiências no "saber fazer" de seus alunos são um problema de não saber aplicar o aprendido. No entanto, dizer algo e fazê-lo pertencem a dois âmbitos diferentes do conhecimento e da aprendizagem, não necessariamente ligados entre si. Ryle (1949) já distinguia entre o "saber que" e o "saber como". Na psicologia cognitiva, Anderson (1983) estabeleceu uma influente distinção entre *conhecimento declarativo* e *conhecimento procedimental* (também chamado procedural). A idéia básica dessa distinção é que nós dispomos de duas formas diferentes, e nem sempre relacionadas, de conhecer o mundo. Por um lado, sabemos *dizer* coisas sobre a realidade física e social. Por outro, sabemos *fazer* coisas que afetam essas mesmas realidades. Embora ambos os tipos de conhecimento devessem coincidir em muitos casos, em muitos outros não é assim, nem tem por que sê-lo. Numerosos estudos mostraram, por exemplo, que os alunos não sabem transformar seus conhecimentos acadêmicos descritivos e conceituais em ações ou previsões eficazes. Pode ser, embora eu espere que não seja o caso, que o leitor deste livro ache muito interessante o que nele se *diz* mas que não saiba, seja como mestre ou como aprendiz, o que *fazer* com ele. Às vezes, pelo contrário, executamos ações que nos custaria muito descrever ou definir. Assim, nós, professores, costumamos dispor de recursos e pautas de ação em nosso trabalho profissional que dificilmente saberíamos explicar como fazemos, desde diferenciar um texto bem escrito de outro nem tanto, a identificar quando um aluno é inteligente. Num plano mais cotidiano, todos realizamos diariamente numerosas ações que seríamos incapazes de descrever ou explicar. Julio Cortázar nos mostra, mediante diversas "Instruções" (para subir uma escada, mas também para chorar ou para dar corda a um relógio) como dizer o que fazemos todos os dias pode chegar a ser um hilariante e atrevido exercício de estilo. Se não, tente o leitor *dizer* algo que, com certeza, sabe *fazer*, como atar os sapatos, e comprovará facilmente que dizer e fazer são duas formas distintas de conhecer, embora naturalmente existam pontes de uma para a outra (Annett, 1991).

Realmente, uma boa forma de compreender as características das técnicas como produto da aprendizagem repetitiva de procedimentos é compará-las com seu equivalente na aprendizagem verbal, a aquisição repetitiva de informação, que, como vimos no capítulo anterior, se baseia na repetição. A Figura 11.1 resume, a partir de Anderson (1983), as principais diferenças entre essas formas de aprendizagem associativa de declarações e de procedimentos.

	Informação Verbal	Conhecimento Técnico
Consiste em	Saber o quê	Saber como
É	Fácil de verbalizar	Difícil de verbalizar
Tem-se	Tudo ou nada	Em parte
Adquire-se	De uma vez	Gradualmente
Treina-se	Por exposição	Por prática/exercício
Processamento	Essencialmente controlado	Essencialmente automático

FIGURA 11.1 Diferenças entre a aprendizagem de informação verbal e a aquisição de técnicas, a partir da distinção entre conhecimento declarativo e procedimental estabelecida por Anderson (1983).

A distinção estabelecida por Anderson (1983) permite dar um significado psicológico preciso a essa divergência entre o que podemos dizer e fazer. Enfim, se trataria de dois tipos de conhecimentos distintos que, além disso, em muitos casos seriam adquiridos por diferentes caminhos. O conhecimento declarativo, entendido como informação, é facilmente verbalizável, pode ser adquirido por exposição verbal e costuma ser consciente. Em troca, nem sempre somos capazes de verbalizar o conhecimento procedimental técnico, adquirido mais eficazmente através da ação e executado seguidamente de modo automático, sem que sejamos conscientes disso.

Segundo Anderson (1983), a função dos procedimentos é precisamente automatizar conhecimentos que, de outro modo, seria custoso e complexo pôr em ação. Portanto, se trataria de transformar o conhecimento declarativo (por exemplo, as instruções para dirigir um carro) em procedimentos automatizados (a seqüência de ações para pôr em marcha e dirigir um carro). Há estudos que mostram que um efeito importante da prática e da aprendizagem num domínio é a *procedimentalização* do conhecimento: ser especialista em algo consistiria, conforme esse ponto de vista, em dominar habilidades condensadas e automatizadas, de forma que se liberariam recursos cognitivos para enfrentar tarefas a que os novatos não poderiam ter acesso (por exemplo, Chi, Glaser e Farr, 1988; Ericsson e Smith, 1991). Convém, portanto, analisar quais são as fases de um treinamento técnico eficaz.

Treinamento técnico

A aquisição de técnicas ou habilidades, sejam *motoras*, como aprender a subir uma escada, a escalar (em sentido literal, não figurado) ou a dançar o tango, *cognitivas*, como elaborar um gráfico ou planejar a defesa siciliana no xadrez, ou uma mistura explosiva de ambas, como quando aprendemos a utilizar um processador de texto, a programar o *compact disc* ou a preparar um bacalhau ao alho, se baseiam numa aprendizagem associativa, reprodutiva (ver Capítulo 6). No entanto, pela própria natureza dos procedimentos como resultado da aprendizagem, sua aquisição é mais complexa que no caso da informação verbal por repetição simples. Com certas variantes (que podem ser encontradas em Anderson, 1983; Annett, 1991; Ruiz, 1994), podem se identificar tipicamente três fases principais na aquisição de uma técnica ou uma habilidade:

a) a apresentação de algumas instruções verbais ou através de um modelo;
b) a prática ou exercício, por parte do aluno, das técnicas apresentadas até sua automatização;
c) o aperfeiçoamento e transferência das técnicas aprendidas para novas tarefas.

O treinamento técnico costuma ser iniciado com *a apresentação de algumas instruções e/ou um modelo* de ação. As instruções serviriam não só para fixar o objetivo da atividade (a meta para a qual se orienta o procedimento, segundo a definição), como principalmente para especificar em detalhe a seqüência de passos e ações que devem se realizar. Pode se apresentar verbalmente, como uma lista de instruções, e/ou mediante um modelo de como se executa a ação mostrada pelo próprio mestre ou apoiada em material audiovisual. Quanto mais complexa seja a seqüência de ações que deve se realizar, mais conveniente será apoiar sua instrução numa aprendizagem por modelagem (descrita no Capítulo 9). Assim, pode-se aprender a utilizar uma secretária eletrônica ou uma câmera de vídeo mediante as típicas instruções verbais, embora costume ser bastante difícil traduzir em ações razoáveis expressões como "rebobinar a fita até completar seu reinício" (*sic* nas instruções da minha secretária eletrônica). Às vezes, essas instruções consistem num modelo ou representação gráfica do que é preciso fazer, embora também não costumem ser muito felizes. A Figura 11.2 apresenta um simpático esquema para a montagem de um carrinho de bebê que, como o autor pôde comprovar em sua venerável condição de Rei Mago, não tem especificada a seqüência concreta de passos nem a ordem dos mesmos. É um exemplo a mais dos hieróglifos que os fabricantes de todo tipo de aparelhos e utensílios nos entregam como instruções, transformando seu uso ou montagem numa verdadeira charada que nos deixa exaustos e pouco propensos a usar o desgraçado aparelho.

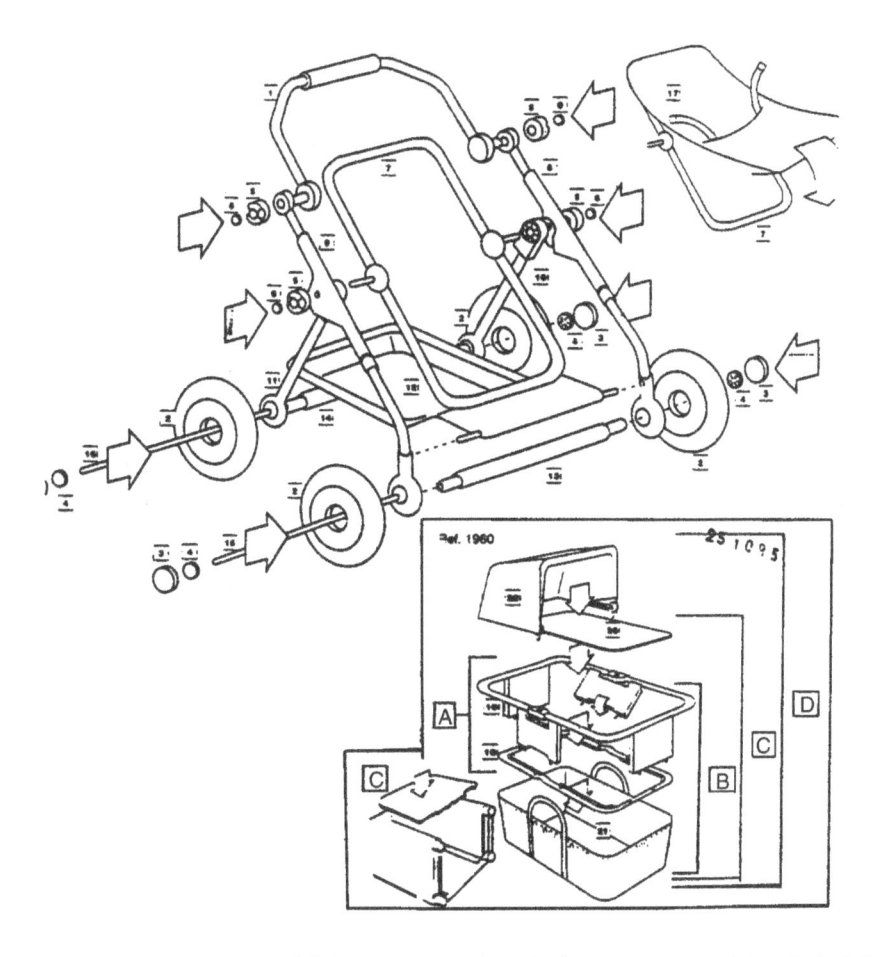

FIGURA 11.2 Perversas instruções para se iniciar um procedimento (montar um carrinho de bebê), que não seguem algumas características essenciais de um planejamento instrucional (como decompor a tarefa atraindo a atenção sobre os elementos mais relevantes e seqüenciar as ações, indicando os possíveis erros que podem ser cometidos).

Algumas habilidades complexas, motoras (fazer uma cesta de costas à la Michael Jordan) ou intelectuais (fazer uma entrevista clínica) só podem ser aprendidas com o apoio de um modelo. Na sociedade da informação *multimídia* atual, a combinação de diversos suportes (instruções verbais, imagens, etc.) pode ajudar a tornar mais fácil e divertida a instrução. Aprende-se a cozinhar mais agradavelmente vendo e ouvindo a Karlos Arguiñano do que lendo um livro de receitas. Em todo caso, seja mediante instruções, modelo, ou melhor, ambos, nesta primeira fase de treinamento deve se *decompor* a técnica nas unidades mínimas componentes, atraindo a atenção sobre os elementos relevantes em cada passo e sobre a própria ordem seqüencial em si (ou seja, o que em absoluto não faz o esqueminha da Figura 11.2). Isso requer, por parte do professor ou treinador, não só analisar a tarefa em questão, decompondo-a em movimentos ou seqüências de ações, mas também conhecer, uma vez mais, os conhecimentos (ou procedimentos) prévios de que os alunos já dispõem. Para que essa instrução seja eficaz deve:

a) tomar como unidades mínimas componentes procedimentais ou habilidades já dominadas pelos alunos (as instruções não devem dizer "se dá uma ré", "se roca" ou "se refogam as verduras" para aprendizes que não sabem dar uma ré, rocar ou refogar; se for necessário, haverá de se decompor cada uma dessas técnicas nos elementos que, por sua vez, a compõem);
b) a quantidade de elementos que acompanham a seqüência não deve ser excessiva (por exemplo, no caso das habilidades motoras, não mais do que três ou quatro elementos distintos, Annett, 1991), para não transbordar a memória de trabalho do aluno (cujos limites vimos no Capítulo 5);
c) deve atrair a atenção sobre as características relevantes de cada elemento (os indícios para mudar de marcha, para botar farinha ou a posição do braço contrário ao golpear a bola com a raquete);
d) se for possível, devem compor globalmente um esquema ou programa de ação congruente com aprendizagens anteriores (ou seja, assimilável aos programas procedimentais previamente aprendidos), fazendo o aluno perceber a "lógica" geral do programa para além de cada elemento individual da seqüência (Annett, 1991; Ruiz, 1994).

Uma vez estabelecido o "programa técnico" que se deve seguir, a segunda fase, a mais crucial no treinamento técnico, implica, *por parte do aluno, a prática da seqüência apresentada.* Ou por partes, ou todos juntos, se repetem, sob a supervisão do mestre, os passos instruídos. A função dessa fase é a de *condensar e automatizar* a seqüência de ações numa técnica ou rotina sobreaprendida. Por um lado, trata-se de "compor" ou condensar numa ação todos os passos que anteriormente foram decompostos ou separados como instruções, de forma que, como conseqüência da prática repetida, o aluno acabe executando-os como uma só ação e não como uma série de ações consecutivas. Quando aprendemos a dirigir, a complexa manobra de mudar de marcha, inicialmente decomposta numa série de passos sucessivos (detectar o ruído do motor, tirar o pé do acelerador, pisar na embreagem, mudar a marcha, soltar a embreagem e pisar no acelerador), se transforma numa só ação composta ou condensada. Como acontece quando o jogador de xadrez aprende a defesa Grünfeld ou quando a criança aprende a ler. Como vimos no Capítulo 6, essa condensação supõe uma importante economia de recursos cognitivos.

Além de se condensar, a técnica se automatiza, passa de um modo controlado de execução para um modo automático (nem temos consciência de que trocamos de marcha, o jogador de xadrez tem sobreaprendida sua "biblioteca de aberturas", daí que não invista tempo em decidir cada jogada porque elas surgem de modo automático). Dessa forma, os procedimentos, que inicialmente são um saber explícito (lista de instruções que devemos observar com todo o cuidado), passam a se transformar num conhecimento *implícito* (Stevenson e Palmer, 1994), do qual muitas vezes chegamos a perder a consciência, como acontece ao velho pirata que instrui o temível Henry Morgan na citação que abre este capítulo. Daí que, com muita freqüência, saibamos fazer coisas que já não sabemos dizer, porque a representação declarativa que inicialmente tivemos, em forma de instruções ou modelo, acaba por ser esquecida ou se torna muito difícil de recuperar por falta de uso. Se o leitor utiliza um teclado de computador como eu, quer dizer, se não é um digitador especializado, mas sim habitual, encontrará mais facilmente as letras "com os dedos" do que verbalmente (onde está o "e" ou o "f"?). Nesse caso, como também acontecia com aquele pirata, a execução controlada da técnica costuma ser menos eficaz do que sua realização automática (já que, como vimos no Capítulo 6, esta última comporta importantes benefícios cognitivos).

A função do mestre durante esta fase é a de supervisionar o exercício da prática, corrigindo erros técnicos e proporcionando um *feedback* ao mesmo tempo que um reforço (Ruiz, 1994). Já que esse processo é lento e gradual, como assinalava a Figura 11.1, estando submetido à lei segundo a qual a prática produz mudanças mais intensas no começo, que depois vão-se tornando mais lentas (um efeito típico da prática que se verá no Capítulo 12), é importante que esses erros técnicos sejam corrigidos antes que a técnica seja condensada e automatizada, porque uma vez "empacotada" ou "encapsulada" é muito mais difícil de modificar, já que o encadeamento de ações se torna "obrigatório" ou inevitável para o aprendiz, uma vez que se inicia a seqüência e o procedimento é posto em andamento (Karmiloff-Smith, 1992). Os "vícios técnicos" adquiridos e consolidados, seja jogando tênis, falando alemão ou cozinhando, são difíceis de modificar quando o conhecimento se automatiza, como se mostrou no Capítulo 6.

Uma vez automatizada e condensada a técnica, entra-se numa terceira fase de *aperfeiçoamento e transferência do procedimento para novas situações*, que se baseia em processos de *ajuste* da técnica para as novas condições de aplicação, que implicará tanto processos de generalização como de especialização da técnica (Anderson, 1983). Uma vez dominada uma técnica (seja lançar a bola à cesta numa falta, fazer a defesa Nimzovich, fazer um esquema ou calcular uma regra de três) o aluno tenderá a usá-la em novas situações, seguindo essa tendência do conhecimento implícito "empacotado" a se expandir para novos contextos, que vimos no Capítulo 8 ao nos referir às teorias implícitas (Karmiloff-Smith, 1992). Essa aplicação em novos contextos ajudará a aperfeiçoar a técnica, não apenas generalizando-a como também discriminando, a partir de certos indícios, em quais situações novas tenderá a ser mais eficaz (talvez quando o jogador da defesa é mais baixo que o atacante, este tenda a atirar a bola de longe, em troca, quando for mais alto e lento, tentará driblá-lo).

À transferência das técnicas podem se aplicar os princípios descritos no Capítulo 7 (que em sua aplicação neste campo analisam em detalhe Holding, 1991, ou Ruiz, 1994). Assim, para favorecer essa transferência por processos associativos, os mestres podem instruir em técnicas com alta semelhança entre seus componentes ou em seu programa global, multiplicar e diversificar as condições de aplicação das técnicas durante o treinamento, etc. Mas também pode se incentivar outro tipo de aprendizagem que vai além do simples treinamento técnico e que implicará *a compreensão do que se está fazendo*. Uma instrução baseada na compreensão dos princípios subjacentes ao material de aprendizagem produz uma maior generalização. Mas essa instrução requer que se vá além do treinamento técnico, que, apesar de sua eficácia, produz resultados bastante limitados na aquisição de procedimentos.

Quando a técnica não basta: compreendendo o que se faz

A repetição cega de uma técnica pode ser suficiente quando utilizada em condições muito estáveis e preestabelecidas (por exemplo, o programa do processador de texto que estou utilizando funciona *sempre* igual; se utilizamos os mesmos ingredientes, na mesma cozinha e para o mesmo número de comensais, a receita do robalo ao forno pode ser aplicada sempre da mesma maneira). Mas, por pouco que as condições de aplicação da técnica variem (quero fazer com o programa algo que nunca fiz antes, uma macro para enviar correspondência, ou varia o número de comensais ou me acabou o alho), repetir uma rotina automatizada pode ser insuficiente para aplicá-la a uma nova situação, já que apenas nos dará pistas de qual é o erro cometido ou a possível solução. Essa é uma das desvantagens de adquirir elementos arbitrários de informação, sejam verbais ou procedimentais (Norman, 1988). Aprender a dirigir um carro como uma técnica, sem compreender por que tem de se pisar na embreagem nem em que consiste o câmbio de marchas, é muito eficaz em condições normais, mas não nos ajudará muito se essas condições mudarem (por exemplo, se formos a Nebraska e alugarmos um carro, possivelmente seu câmbio será automático).

Em geral, quanto mais mudarem as condições em que é preciso aplicar as técnicas adquiridas, mais necessário será ir além do treinamento técnico e proporcionar aos aprendizes uma compreensão de quando, como e por que utilizar essas técnicas e não outras, quer dizer, o conhecimento *condicional* das condições de uso das técnicas (Monereo et al., 1994). Um par de exemplos do treinamento de técnicas esportivas ilustra claramente tal princípio. Naqueles esportes em que não existe oposição nem colaboração direta na execução das habilidades, a aplicação da técnica dependerá unicamente do aluno, daí que um bom treinamento técnico assegurará uma boa execução (Riera, 1989). Em troca, quando as técnicas são aplicadas em colaboração direta com outros aprendizes ou frente à oposição direta de um rival, a técnica só será eficaz se acompanhada de uma boa *estratégia*, quer dizer, de um uso tático dessas estratégias em função das condições previsíveis de aplicação das mesmas. Enquanto a halterofilia, o salto em altura ou o lançamento de peso em atletismo são esportes antes de mais nada *técnicos*, o futebol, o basquete ou o xadrez, além de exigirem formação técnica, requerem uma boa estratégia, um plano que regule o uso das técnicas disponíveis.

O mesmo acontece em outros âmbitos da aprendizagem de procedimentos. Há situações rotineiras nas quais bastará uma automatização de técnicas e habilidades (o bancário que realiza no guichê sempre as mesmas operações, o pintor ou o instalador de aparelhos de calefação que executam mecanicamente sempre a mesma seqüência, o empregado que repete os mesmos passos para preparar um café ou um gim-tônica). Apesar dos pressupostos *robotizadores* da tecnologia sobre o trabalho, o certo é que as novas tecnologias e a complexidade informativa de nossa sociedade foram distanciando cada vez mais as necessidades de aprendizagem e formação profissional daquele cenário *taylorista*, de trabalho eficiente e repetitivo, que Carlitos satirizou em *Tempos modernos*. Cada vez mais, o perfil profissional requer que se adaptem, de forma estratégica, as habilidades adquiridas a um mundo com demandas flexíveis, cambiantes, que exigem dos aprendizes conservar o controle do que estão fazendo, além das rotinas que têm automatizadas (Norman, 1988). Captar novos clientes para o banco, criar novas necessidades de mercado, planejar estratégias de instrução ou planejar a própria organização do trabalho requerem estratégias que vão além do mero treinamento técnico.

APRENDIZAGEM DE ESTRATÉGIAS

Ao contrário das técnicas, as estratégias são procedimentos que se aplicam de modo controlado, dentro de um plano projetado deliberadamente com o fim de conseguir uma meta fixada. Desse ponto de vista, não se trataria tanto de diferenciar que procedimentos são técnicas e quais são estratégias (fazer uma representação gráfica de alguns dados é uma técnica ou uma estratégia?, o gambito Evans é uma técnica ou uma estratégia?), mas de diferenciar quanto se usa um mesmo procedimento de modo técnico (quer dizer, rotineiro, sem planejamento nem controle) e quando se utiliza de um modo estratégico (Monereo *et al.*, 1994; Pozo e Postigo, 1994).

Para além da técnica: utilizando os procedimentos como estratégias

Técnica e estratégia seriam formas progressivamente mais complexas de utilizar um mesmo procedimento. O uso estratégico implicaria que os procedimentos empregados não tivessem exatamente as características recolhidas anteriormente na Figura 11.1 para as técnicas. O uso estratégico de procedimentos se diferencia de sua mera execução técnica em várias características fundamentais.

Antes de mais nada, como acabo de indicar, sua aplicação não seria automática, mas controlada. As estratégias requerem *planejamento e controle da execução*. O aprendiz deve compreender o que está fazendo e por que o está fazendo, o que por sua vez exigirá uma reflexão consciente, um metaconhecimento, sobre os procedimentos empregados. Além disso, implicariam um *uso seletivo dos próprios recursos* e capacidades disponíveis. Para que um aprendiz ponha em andamento uma determinada estratégia, deve dispor de recursos alternativos, entre os quais decide utilizar, em função das demandas da tarefa que lhe seja apresentada, aqueles que considera mais adequados. Sem uma variedade de recursos, não é possível atuar de modo estratégico. Por último, *as estratégias seriam compostas de técnicas ou habilidades* (também chamadas de microestratégias por Nisbet e Shucksmith, 1986, ou Monereo, 1990). Dar início a uma estratégia (como, por exemplo, formular e comprovar uma hipótese sobre a influência da massa na velocidade de queda de um objeto ou preparar uma jogada de equipe para um lançamento de três pontos no basquete) exige o domínio de técnicas mais simples (desde isolar variáveis a dominar os instrumentos para medir a massa e a velocidade ou registrar por escrito o observado, ou técnicas individuais de rotação, bloqueio e lançamento da bola). Realmente, o uso eficaz de uma estratégia depende em boa parte do domínio das técnicas que a compõem. E esse domínio, como vimos anteriormente, será tanto melhor quanto mais automatizadas estejam essas ações como conseqüência da prática.

Em suma, podemos considerar uma estratégia como um uso deliberado e planificado de uma seqüência composta de procedimentos dirigida para alcançar uma meta estabelecida. Nesse sentido, o domínio estratégico de uma tarefa exigirá previamente um domínio técnico, sem o qual a estratégia não será possível. Mas requer a realização de outros passos, além da aplicação de técnicas aprendidas. De modo sintético, as fases de aplicação de uma estratégia, muito similares às fases necessárias em geral para resolver um problema (Pérez Echeverría e Pozo, 1994; também o Capítulo 12 deste livro), seriam as seguintes:

1. *Fixar o objetivo ou a meta da estratégia:* o que se pretende conseguir com ela? Seja conseguir cestas de três pontos ou sobrecarregar o rival de faltas, conseguir mudanças de peças para buscar as tabelas em xadrez, ou aumentar a procura de um produto no mercado juvenil, quanto mais especificado esteja esse objetivo, se possível estabelecendo submetas ou objetivos parciais, mais fácil será comprovar se está sendo alcançado ou não.
2. *Selecionar uma estratégia* ou curso de ação para alcançar esse objetivo a partir dos recursos disponíveis. Quanto mais variedade de técnicas se tenha, mais variadas podem ser as estratégias. Se os jogadores só sabem fazer eficientemente uma jogada, os adversários os bloquearão com extrema facilidade. Quanto mais rico for o treinamento técnico, mais flexíveis serão as estratégias.
3. *Aplicar a estratégia, executando as técnicas que a compõem.* Essa é a fase técnica da aplicação da estratégia, cujo domínio é essencial para o êxito da mesma. Quanto mais condensada e automatizada esteja uma técnica, mais provável será seu uso em uma estratégia mais geral. Quando temos de enfrentar tarefas novas (por exemplo, transformar um texto em colunas ou consertar uma instalação elétrica) nos apoiamos naquelas rotinas que dominamos com certa segurança, já que, por estarem automatizadas, liberamos recursos para a gestão global da tarefa.
4. *Avaliar a realização dos objetivos fixados* após a aplicação da estratégia. Como assinalei, ao analisar os processos de controle e regulação da aprendizagem (Capítulo 7), essa avaliação não se realiza apenas *a posteriori*, uma vez finalizada a tarefa, senão que implica também a fixação e avaliação de metas intermediárias, através de um processo de supervisão ou controle contínuo da execução da tarefa.

Como pode se comprovar, completar essas fases exige não apenas um domínio técnico da situação, como também conhecimento conceitual, processos de controle e reflexão consciente sobre o que se está fazendo, etc. A aquisição de uma estratégia implica o domínio de diversos componentes e processos psicológicos.

Os componentes do conhecimento estratégico

A Figura 11.3 é um esquema dos elementos que interagem na utilização de uma estratégia (explicado mais extensamente em Pozo, 1999a; também em

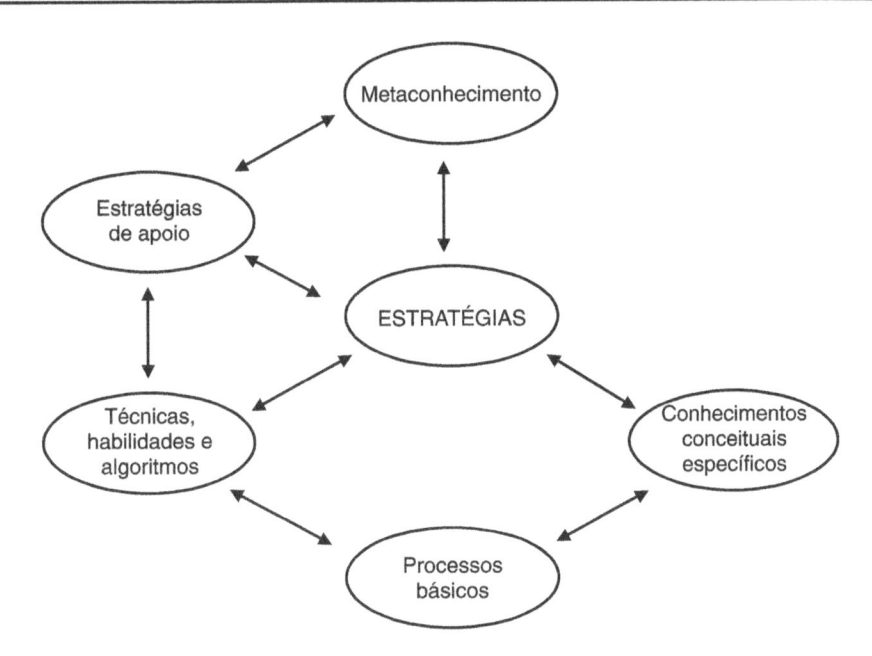

FIGURA 11.3 Componentes necessários para o uso de uma estratégia (adaptado de Pozo, 1990a).

Monereo *et al.*, 1994; Nisbet e Shucksmith, 1986). Como já assinalei, a estratégia se compõe de *técnicas* previamente aprendidas, mas não pode se reduzir simplesmente a uma série de técnicas. As estratégias requerem recursos cognitivos disponíveis para exercer o controle além da execução dessas técnicas, requerem, além disso, um certo grau de reflexão consciente ou *metaconhecimento*, necessário principalmente para as tarefas essenciais: a seleção e planificação dos procedimentos mais eficazes em cada caso e a avaliação do sucesso ou fracasso obtido após a aplicação da estratégias.

Além destes componentes essenciais, há outros conhecimentos ou processos psicológicos necessários para utilizar uma estratégia. Dificilmente pode-se aplicar uma estratégia em um certo domínio (seja o planejamento de uma reunião, o basquete, o investimento na bolsa ou o namoro) sem alguns *conhecimentos temáticos específicos* sobre a área em que deve se aplicar a estratégia. Esses conhecimentos incluirão não só informação verbal (as regras do basquete, informação sobre alguns parâmetros e tendências econômicas, conhecimento das preferências e fraquezas da pessoa de quem queremos nos aproximar ou das que vão assistir à reunião), como também um conhecimento conceitual ou compreensão dessa área como sistema (os princípios que regem o basquete, o investimento ou as relações interpressoais ou a dinâmica de grupos). Quanto maior for nossa compreensão desse domínio, quanto mais elaborados e explícitos nossos conceitos, em vez de nos mover por difusas teorias implícitas, mais provável será o sucesso da estratégia.

Outro componente importante consiste nas chamadas *estratégias de apoio*, analisadas por Danserau (1985), e que se caracterizariam por focalizarem-se sobre os processos auxiliares que apóiam a aprendizagem (Capítulo 7), melhorando as condições materiais e psicológicas em que se produz essa aprendizagem (dispondo de condições ambientais mais favoráveis, estimulando a motivação e a auto-estima, apoiando a atenção e a concentração, proporcionando indícios para a recuperação do aprendido, etc.). Por último, embora talvez seja o ponto principal, se requerem alguns *processos básicos*, cujo desenvolvimento ou progresso tornará possível a aquisição de determinados conhecimentos necessários para a aplicação de uma estratégia ou o uso de certas técnicas ou habilidades. Jogar basquete, investir na bolsa, namorar ou dirigir uma reunião exigem não só habilidades ou técnicas específicas, como o desenvolvimento de certos processos básicos, cognitivos ou motores, dependendo da tarefa, nos quais apoiar essas aprendizagens.

Utilizar uma estratégia, ao menos utilizá-la bem (fazer mal é sempre mais fácil), requer, portanto, dispor de conhecimentos complexos que vão além do treinamento técnico. Em um certo sentido, a aprendizagem de estratégias começa onde termina esse treinamento técnico.

Fases da aquisição de estratégias: de jogador a treinador

A partir de Nisbet e Schucksmith (1986) podemos adotar uma fácil analogia para estabelecer as diferenças entre o treinamento em técnicas e em estratégias. Como já vimos através de diversos exemplos, os esportes são atividades que requerem doses notáveis tanto de técnica como de estratégia. Como se viu no trecho anterior, a formação técnica consiste no exercício de procedimentos — nesse caso, motores — que acabam por ser automatizados, de forma que se realizam de forma rápida, muito eficaz e sem demanda atencional. Além de um alto domínio técnico por parte dos jogadores, o esporte competitivo requer um uso estratégico dessas técnicas, normalmente encomendado ao treinador. Trata-se de aplicar essas técnicas de um modo flexível, adaptado às necessidades dessa situação ou "partida" concreta, em função das metas fixadas, das características do rival, etc.

Isso aconteceria em quase todos os âmbitos da formação procedimental, nos quais a divisão inicial de papéis entre treinador e jogadores deve resultar numa interiorização ou assunção da estratégia por parte dos próprios jogadores/aprendizes. Inicialmente é o treinador/professor que dispõe de quase todos os componentes da estratégia (informação e conhecimento conceitual, reflexão e metaconhecimento sobre a tarefa, apoio motivacional mediante distribuição de recompensas e fixação de metas, avaliação dos objetivos alcançados, etc.). O jogador/aprendiz teria o domínio técnico, mas o treinador/mestre teria o controle da tarefa, de forma que das quatro fases da aplicação de uma estratégia (estabelecer objetivos, selecionar seqüências de ações, executá-las e avaliá-las) o mestre ou treinador se reservaria todas, menos a execução direta das técnicas. Progressivamente, o mestre deveria ceder o controle e a responsabilidade das tarefas aos aprendizes, induzindo-os não só a executar as técnicas, mas a tomar decisões sobre sua seleção, sobre a fixação de objetivos e sobre sua avaliação.

O mestre cederia gradualmente o controle estratégico das tarefas para os aprendizes, de forma que estas deixassem de ser simples exercícios rotineiros e passassem a constituir verdadeiros problemas para os aprendizes (ver Capítulo 12). Essa entrega ou *transferência do controle* das tarefas para os aprendizes daria lugar a várias fases no processo de transformar os jogadores (ou os aprendizes) em treinadores (ou mestres) de si mesmos, uma das metas essenciais de todo processo formativo que tenha por finalidade a *transferência* do aprendido para contextos cada vez mais abertos, como reclama a moderna sociedade da aprendizagem (no Capítulo 1). O aprendiz transferirá muito mal o que ainda não foi transferido a ele. A Figura 11.4 resume as fases dessa transferência, integrando os processos de treinamento técnico analisados anteriormente.

Inicialmente (fase 1), os aprendizes não são capazes de executar, nem sozinhos nem com ajuda ou apoio externo, as técnicas necessárias (por exemplo, calcular a área de um quadrado ou botar a bola com a mão esquerda e protegendo-a com o corpo); é necessário instruí-los no uso da técnica mediante os processos de treinamento antes analisados. Com a ajuda ou com o controle externo do mestre, conseguirão dominar e executar essas técnicas, mas ainda não serão capazes de usá-las sem guia frente a uma tarefa aberta. É a fase de domínio técnico: o aprendiz é um bom jogador, mas não é capaz de pôr em andamento suas habilidades quando o mestre (ou outro apoio instrucional, o manual de instruções, o livro de receitas culinárias) não está a seu lado, sussurrando-lhe no ouvido o que tem de fazer, fixando objetivos, selecionando as técnicas mais adequadas e avaliando os resultados obtidos.

	Controle Interno	Controle Externo	Execução
Novato	Impossível	Impossível	Nula
Domínio Técnico	Impossível	possível e necessário	Regular ou boa
Domínio Estratégico	Possível e necessário	Desnecessário	Boa ou Regular
Especialista	Possível, mas desnecessário	Desnecessário	Muito boa e eficaz

FIGURA 11.4 Fases da aprendizagem de estratégias (*tomado de Pozo e Postigo, 1994*).

É necessário que o aprendiz enfrente pouco a pouco as tarefas mais abertas, que necessitem de reflexão e decisões de sua parte, para que vá assumindo o controle estratégico (fase 3); mediante tarefas cada vez mais abertas, mais problemáticas e menos rotineiras, pouco a pouco irá se tornando desnecessário o apoio externo (do mestre ou do livro de receitas), adotando estratégias diversas para enfrentar diferentes tipos de problemas. Finalmente, o domínio estratégico das tarefas poderá ser completado com uma fase de domínio especializado, em que, por sua própria prática repetida, as estratégias tornam a se automatizar e a se condensar, de forma que toda a seqüência de "diagnóstico e análise de dados para uma cólica renal" já pode ser utilizada como uma mera técnica, sem necessidade de um controle detalhado de cada um de seus passos. A diferença entre esse domínio especializado e o mero domínio técnico é que os especialistas, quando a tarefa se complica ou desvia das previsões, quando deixa de ser um exercício para se tornar num problema, podem recuperar o controle da mesma (Ericsson e Smith, 1991), o que o mero "jogador" técnico nunca conseguirá. Dirigir é uma tarefa automatizada até que ocorra um imprevisto, momento em que recuperamos o controle da tarefa, concentrando nossos recursos nela e retirando-os de outras tarefas que estávamos fazendo paralelamente ao dirigir (escutar o rádio, pensar no que deveríamos ter dito ao chefe sobre aquele negócio de trabalhar no feriadão).

O leitor familiarizado com a psicologia educativa terá identificado facilmente esse processo de interiorização das estratégias do aluno como um exemplo a mais de intervenção educativa na *zona do desenvolvimento proximal* do aluno, seguindo a terminologia de Vygotsky (1978; também Álvarez e Del Río, 1990a; Brandsford *et al.*, 1989; Coll *et al.*, 1995; Lacasa, 1994). Embora aqui eu não possa me estender sobre o desenvolvimento desse conceito, ele viria a mostrar o papel decisivo dos professores na instrução, consolidação e uso autônomo dos procedimentos por parte dos alunos, tal como mostrou Gonzalo (1993). Trata-se de ir transformando progressivamente os aprendizes em treinadores de si mesmos, mas para isso é preciso planejar cuidadosamente as tarefas e os problemas, de forma que sejam cada vez mais abertos, exigindo deles não apenas executar a estratégia como também decidi-las e avaliá-las.

Essa seqüência de construção do conhecimento procedimental, embora não deva ser tomada como algo rígido ou inflexível, já que as fases mencionadas possivelmente se sobrepõem e se reconstroem umas sobre as outras, proporciona orientações úteis para a formação estratégica dos aprendizes nas mais diversas áreas, como a aprendizagem motora e esportiva (Oña, 1994; Riera, 1989; Ruiz, 1994), a instrução em esportes mais "cognitivos", como o xadrez (Charness, 1991; Holding, 1985), a instrução e formação de formadores ou gerentes de empresas (Buckley e Caple, 1990; Goldstein, 1993; Morrison, 1991) ou a própria formação de professores ou instrutores em geral. Mas talvez um dos âmbitos mais relevantes para o propósito deste livro seja a formação dos próprios aprendizes, a quem, segundo vimos no Capítulo 1, a moderna sociedade da aprendizagem exige não só integrar resultados da aprendizagem tão diversos (condutas, habilidades sociais, atitudes, informação verbal, conceitos, técnicas, estratégias), como também, e acima de tudo, adquirir habilidades e estratégias para aprender, que atuam como verdadeiros *amplificadores* da aprendizagem (Claxton, 1990) de cada um desses resultados. Um aprendiz estratégico, que saiba controlar e dirigir seus próprios processos de aprendizagem, estará em vantagem para aprender toda a incerta bagagem de saberes e comportametos com que se deparará no imprevisível futuro. As estratégias de aprendizagem merecem um lugar específico nos processos de formação dos aprendizes.

APRENDIZAGEM DE ESTRATÉGIAS DE APRENDIZAGEM

A cultura da aprendizagem dominante numa sociedade, que torna possível a aprendizagem de sua cultura, no âmbito da psicologia cognitiva se assenta numa série de processos de aprendizagem, analisados na Segunda Parte do livro, nos quais, como acabamos de ver — na Figura 11.3, por exemplo —, se apóiam por sua vez as técnicas ou os hábitos de aprendizagem e estudo que os aprendizes utilizam como procedimentos para alcançar as metas ou demandas que a própria sociedade lhes propõe.

Mudar a cultura da aprendizagem, tal como exigem os novos produtos culturais que os aprendizes devem adquirir (que consistem, como vimos no Capítulo 1, na integração de uma informação massiva e desordenada, na manutenção de uma aprendizagem contínua e diversificada e na assunção de um conhecimento múltiplo e descentralizado) requer a criação e a consolidação de novas formas de aprendizagem, direcionadas mais para construir reflexivamente o conhecimento do que para associar ou reproduzir conhecimentos já elaborados. A nova cultura da aprendizagem requer dos aprendizes cada vez mais a construção ou a reconstrução dos saberes recebidos, em vez de serem ávidos consumidores de verdades absolutas. Esta nova cultura da aprendizagem deve, para ser real, desenvolver *estratégias de aprendizagem* de acordo com essas metas. Realmente, aprender a aprender é uma demanda de formação cada vez mais difundida em nossa sociedade, uma das características que definem a nova cultura da aprendizagem (Nisbet, 1991; Pozo e Postigo, 1993), até o ponto de estar se transformando numa ativa indústria, em que florescem todo tipo de cursos de técnicas de estudo ou estratégias de aprendizagem, propostas para a auto-aprendizagem (em formato *bricolage*, faça você mesmo) e inclusive incipientes multinacionais da aprendizagem. Embora essa indústria da aprendizagem não esteja direcionada tanto para promover as mudanças que indicamos como para manter a tradição cultural da aprendizagem repetitiva, ajudando o estudante/opositor a superar as múltiplas e inúteis provas a que seus sagazes educadores lhe submetem, seu crescimento desordenado e um tanto voraz é um bom sintoma da urgente necessidade que os aprendizes têm de dispor de estratégias de aprendizagem. Mas também é um sintoma da necessidade que todos, aprendizes e mestres, temos de pôr um pouco de ordem, e de planejamento, no cada vez mais absorvente trabalho de aprender.

Tipos de estratégias de aprendizagem

Se o leitor fosse tão ousado a ponto de se aventurar nessa indústria da aprendizagem ou, mais ainda, no mundo ou submundo paralelo da investigação sobre estratégias de aprendizagem, sem dúvida se encontraria mergulhado numa angustiante confusão. Possivelmente desde os tempos remotos da Torre de Babel não se conhece um domínio em que se utilizem tantas línguas e palavras distintas para referir-se à mesma coisa. Já que nesse domínio, como em quase todos os âmbitos da aprendizagem, é muito útil dispor de uma tipologia ou taxonomia das possíveis estratégias (Kyllonem e Shute, 1989), não há explorador ou investigador que nele se aventure sem um mapa próprio dessas estratégias. Necessita-se um tremendo dom para línguas, ou a intervenção divina do Espírito Santo, para entender ou traduzir entre si as diversas taxonomias ou classificações de estratégias de aprendizagem propostas (Aparicio, 1995, recentemente reuniu algumas dessas classificações). Seguindo o fio condutor da exposição anterior sobre processos e resultados da aprendizagem, a Figura 11.5 propõe, para não deixar por menos, uma classificação das estratégias de aprendizagem, extraída de Pozo (1990a), que toma como critério fundamental o *tipo de processo de aprendizagem* em que se baseia a estratégia, apresentando diversos exemplos de técnicas que costumam se utilizar para compor ou formar cada tipo de estratégia.

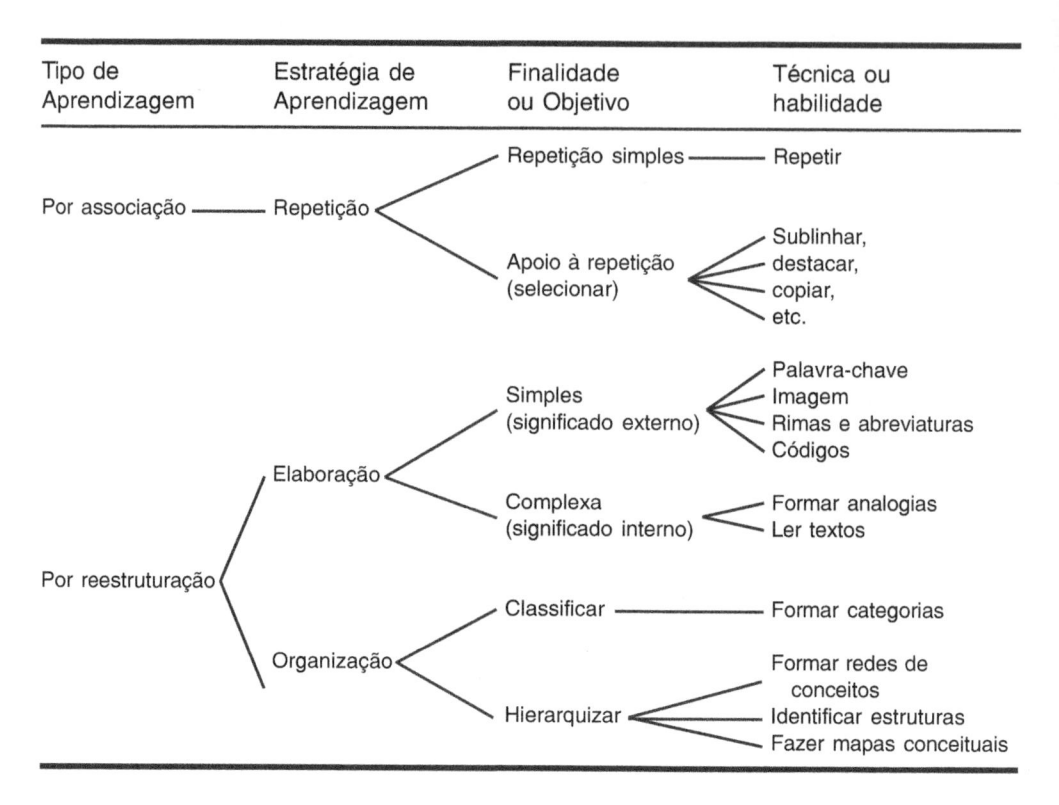

Tipo de Aprendizagem	Estratégia de Aprendizagem	Finalidade ou Objetivo	Técnica ou habilidade
Por associação	Repetição	Repetição simples	Repetir
		Apoio à repetição (selecionar)	Sublinhar, destacar, copiar, etc.
Por reestruturação	Elaboração	Simples (significado externo)	Palavra-chave, Imagem, Rimas e abreviaturas, Códigos
		Complexa (significado interno)	Formar analogias, Ler textos
	Organização	Classificar	Formar categorias
		Hierarquizar	Formar redes de conceitos, Identificar estruturas, Fazer mapas conceituais

FIGURA 11.5 Tipos de estratégias de aprendizagem segundo Pozo (1990a).

As estratégias mais simples, de *repetição*, se apoiariam numa aprendizagem associativa e serviriam para reproduzir mais eficazmente um material, normalmente informação verbal ou técnicas rotineiras. Como vimos no Capítulo 10, ao nos referir à aprendizagem literal de informação verbal, a repetição é uma técnica de "domínio público" inclusive entre crianças bastante pequenas, se bem que seu uso estratégico melhora com a idade e a experiência em seu uso (Brown *et al.*, 1983; Flavell, 1985). Quando não basta repetir, mas ainda não se pode, se sabe ou se quer compreender o material de aprendizagem, pode-se recorrer a estratégias de *elaboração simples*, que, como já vimos, consistem em proporcionar uma estrutura ou organização para o material, sem que chegue a afetar o significado deste, que continua sendo arbitrário. As rimas e abreviaturas, as palavras-chave, a técnica dos lugares ou a formação de imagens são recursos mnemotécnicos conhecidos desde a mais remota antigüidade (Baddeley, 1976; Boorstin, 1983; Lieury, 1981; Sebatián, 1994). Realmente, como vimos no Capítulo 1, durante muitos séculos, até que a descoberta da imprensa permitiu difundir o conhecimento e seus usos sociais (Salomon, 1992), estas mnemotécnicas foram, junto com a repetição, a estratégia básica da cultura da aprendizagem reprodutiva.

A necessidade de compreender obriga a utilizar outro tipo de estratégias, mais direcionadas à construção de significados. A *elaboração complexa* de um material implica que se confira a ele uma estrutura alheia, mas cujo significado acaba por penetrar no próprio material, empapando-o, por sim dizer, com esse significado. O uso de metáforas e analogias (a aprendizagem reprodutiva como uma corrente, a aprendizagem construtiva como um cacho ou uma árvore, o aprendiz como jogador, o mestre como um treinador) não é um simples recurso para facilitar a recuperação, como as estratégias de elaboração simples. Metáforas e analogias alteram o próprio significado do aprendido, porque, se uma analogia é eficaz, marca-o para sempre na lembrança.

Mas a forma mais direta de proporcionar significado a um material é utilizar estratégias de *organização*, que criem estruturas conceituais a partir das quais se construam essas relações de significados. O uso de estruturas textuais ou narrativas (García Madruga, 1995; León, 1991; Mateos, 1991; Sánchez, 1993) para organizar a aprendizagem de materiais escritos ou orais, a elaboração de hierarquias em formas de mapas conceituais, como vimos no final do Capítulo 10 (Novak e Gowin, 1984), são técnicas direcionadas à criação do meta-conhecimento conceitual, à reflexão sobre os próprios processos de compreensão. Não é casual que frente a outras técnicas anteriores, com uma ampla tradição cultural desde a Antiguidade clássica, essas estratégias de organização sejam, quase todas elas, produtos culturais recentes, fruto não só do desenvolvimento da psicologia cognitiva da aprendizagem, mas, além disso, das demandas da nova cultura da aprendizagem criada pela sociedade da informação. Aprender é, cada vez mais, ser capaz de processar informação mais abundante e complexa. E aprender a aprender será adquirir estratégias para processar de forma mais complexa e eficiente esse aluvião informativo.

Os tipos de estratégias que acabo de esboçar poderiam ser esmiuçados em função dos procedimentos de tratamento de informação que requerem. Assim, pode-se distinguir (Pozo, Gonzalo e Postigo, 1993; também Pozo e Postigo, 1993, 1994) os procedimentos de *aquisição de informação* dirigidos para incorporar nova informação à memória, muito importantes para as estratégias de repetição e elaboração simples, já que incluiriam a repetição e as mnemotécnicas, mas também para outras formas de aprendizagem, que necessitariam de técnicas de busca (manejo de bancos de dados ou fontes bibliográficas) e seleção de informação (tomar notas, fazer apontamentos, sublinhar, etc.). Boa parte dos chamados cursos de técnicas de estudo se volta para tais procedimentos, que sem dúvida estão mais próximos das formas mais simples de aprendizagem.

Outro tipo de procedimento necessário para aprender seria a *interpretação da informação*, que consistiria em traduzir a informação recebida num código ou formato (por exemplo, numérico ou verbal) para outro formato distinto (fazer um gráfico com os dados), mas também interpretar situações a partir de modelos ou metáforas, como nas estratégias de elaboração complexa. Além disso, seriam necessários, sobretudo quando se trata de uma aprendizagem construtiva baseada na organização do material, procedimentos de *análise da informação*, que implicariam fazer interferências e extrair conclusões do material (por investigação, raciocínio dedutivo ou indutivo, comparação de dados com modelos, etc.). A compreensão de um material de aprendizagem é facilitada quando o aprendiz utiliza procedimentos de *compreensão e organização conceitual*, tanto do discurso oral como escrito, voltados para o estabelecimento de relações conceituais entre os elementos do material e entre estes e os conhecimentos prévios do aprendiz. Finalmente, em toda situação de aprendizagem são necessários procedimentos de *comunicação* do aprendido, seja oral, escrita ou mediante outras técnicas (gráficos, imagens, etc.). Essa comunicação, longe de ser um processo mecânico de "dizer o que sabemos", pode se tornar mais eficiente se planejada em função do interlocutor, se analisada e se forem utilizados de modo discriminativo recursos variados para alcançar a meta fixada.

Em suma, pôr em marcha uma estratégia de aprendizagem implica, como ficou dito, o domínio de uma série de procedimentos componentes. Uma estratégia se compõe de técnicas combinadas de forma deliberada para alcançar um determinado propósito de aprendizagem. Tanto os elementos componentes como seu uso técnico ou estratégico devem ser treinados se quisermos que os aprendizes, além de jogadores, sejam treinadores de si mesmos.

Aprendendo a aprender: mestres estratégicos para aprendizes estratégicos

À aprendizagem das estratégias de aprendizagem se aplicam os mesmos princípios e fases do treinamento estratégico em geral (mostrados na Figura 11.4). Esse processo, baseado numa transferência progressiva do controle da aprendizagem, numa consciência que o mestre empresta ao aluno para que este acabe se apropriando dela (como vimos no Capítulo 7), implicará, portanto, não apenas dispor de tarefas instrucionais adequadas, mas principalmente de mestres que adotem atitudes estratégicas em relação a seu trabalho para que os aprendizes possam aprender com elas. Não haverá aprendizes estratégicos sem mestres estratégicos (Monereo e Clariana, 1993). Se os mestres não concebem seu trabalho de ensinar ou instruir como uma tarefa complexa e aberta, como um problema, diante do qual é preciso adotar estratégias diversas conforme as metas concretas, se ensinar é uma tarefa monótona ("cada professorzinho tem seu livrinho") em vez de uma tarefa diversificada e divertida, dificilmente os aprendizes abandonarão a rotina da aprendizagem monótona.

Transformar os *exercícios de aprendizagem rotineira*, em que alunos e professores representam uma vez mais esse velho papel tantas vezes ensaiado, em verdadeiros *problemas abertos*, supõe fazer com que o aluno pare para pensar no que vai fazer para aprender e por que vai fazê-lo. Grande parte dos programas de estratégias de aprendizagem se baseia precisamente em introduzir perguntas no processo de aprendizagem, em vez de realizá-lo mecanicamente. Por exemplo, Selmes (1987) sugere um esquema muito simples para se perguntar sobre a própria aprendizagem (qual é meu propósito?, que estratégia vou usar?, vou conseguir o que me proponho?), baseado nas fases antes descritas da aplicação de uma estratégia. Se aceitamos que são os mestres que devem abrir novos espaços mentais para os aprendizes, ou seja, novas zonas de desenvolvimento proximal, os aprendizes se farão essas perguntas não só porque os treinamos explicitamente para fazê-lo, o que sem dúvida é necessário, mas porque percebem que essa reflexão é parte de sua tarefa como aprendizes, que aprender requer não só a aquisição de nova informação e conhecimentos, como também perguntar-se: como fiz e como posso fazer melhor. Essa atitude estratégica, como reflexo de uma mudança cultural na aprendizagem, só se produzirá se os mestres se fizerem, como aprendizes que foram e ainda são, essas mesmas perguntas e buscarem suas respostas. Monereo *et al.* (1994) propõem um simples interrogatório para que os mestres, como aprendizes, se iniciem nessa reflexão sobre a aprendizagem, que, como essa consciência que os mestres devem *proporcionar* a seus aprendizes, tomamos aqui emprestado (Figura 11.6).

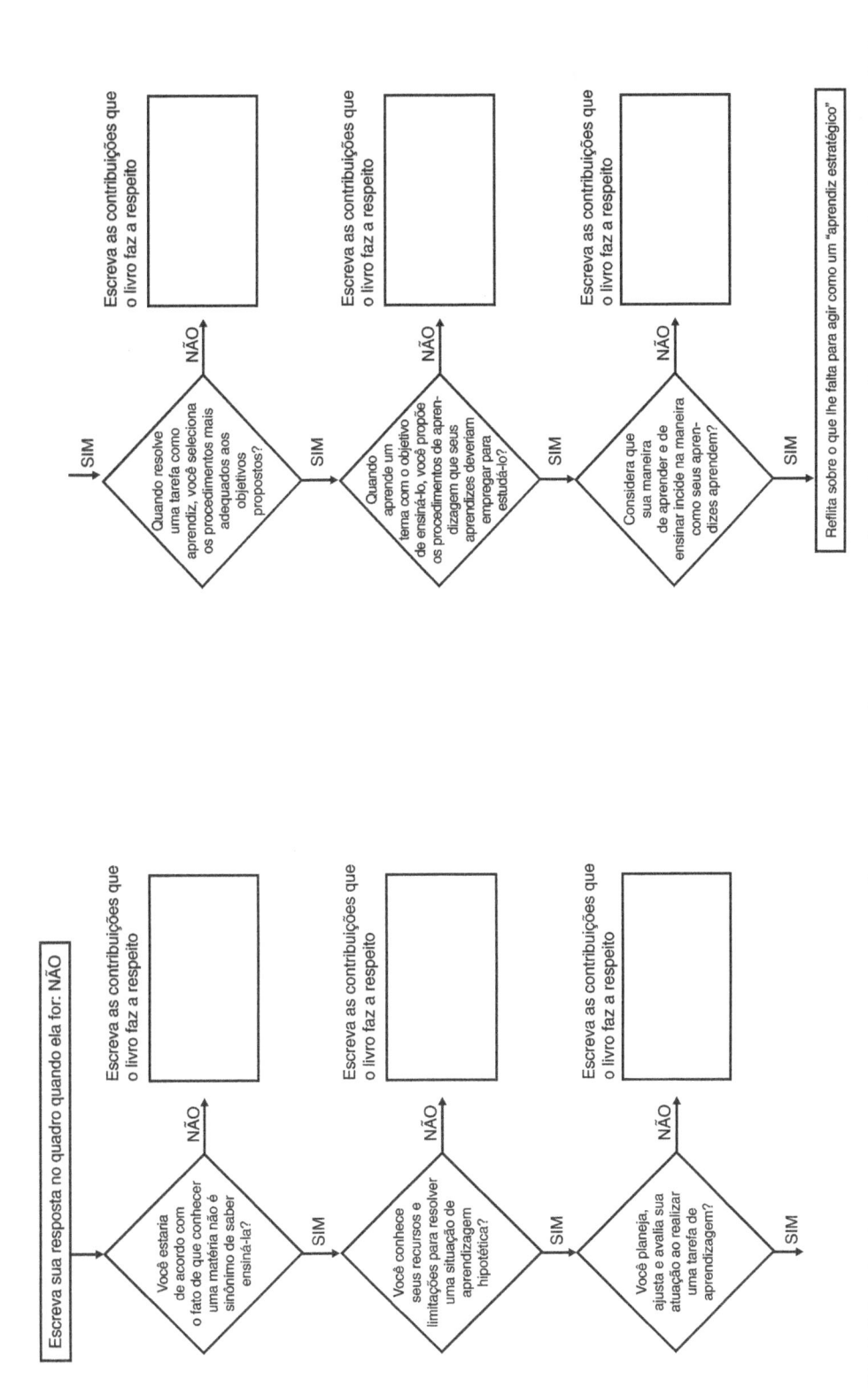

FIGURA 11.6 Roteiro de perguntas que um mestre pode se fazer como aprendiz para compreender melhor a tarefa com que se defrontam seus próprios aprendizes (*tomado de Monereo et al., 1994*).

Enfim, a mudança nas estratégias de aprendizagem não é só uma questão de treinamento procedimental. Nem mestres nem aprendizes se envolverão numa aprendizagem estratégica se seus modelos, implícitos ou explícitos, sobre a aprendizagem supõem que esta é uma tarefa linear, sempre igual a si mesma. No Capítulo 7 vimos alguns dos modelos implícitos, mas freqüentes sobre a aprendizagem. Em capítulos anteriores, vimos como esses modelos, enquanto representações sociais ou teorias implícitas, têm uma função simplificadora, cuja eficácia se restringe a contextos específicos, sempre iguais a si mesmos. À medida que em nossa cultura a aprendizagem se complica e diversifica, aprender a aprender, adquirir procedimentos de aprendizagem transferíveis a novos domínios e tarefas, requer também *complicar* as teorias implícitas da aprendizagem, ultrapassando essas características de causalidade linear simples, centrar nas mudanças, etc., próprios das teorias implícitas, até conceber a aprendizagem como um sistema de interação ou equilíbrio entre vários componentes, resultados, processos e condições. Esse foi o objetivo explícito deste livro: proporcionar um marco interpretativo da aprendizagem de acordo com as demandas da nova sociedade da aprendizagem. Para o intrépido e já um tanto cansado leitor — e para o mais cansado ainda autor — desses componentes restam analisar apenas, na quarta e, por fim, última Parte, as condições da aprendizagem.

QUARTA PARTE

As Condições da Aprendizagem

12

A Organização da Prática

Aprender na aula. A sala era escura, com as janelas altíssimas. Fora crescia a tormenta do outono. O doutor Orme estava sentado como em um nicho atrás de sua escrivaninha, onde havia um relógio de areia. Todos os grãos tinham que passar por aquela parte estreita e formar embaixo o mesmo monte que faziam antes em cima. O período transcorrido se chamava aula de latim.

STEN NADOLNY, *A descoberta da lentidão*

Mirando-nos no exemplo do senhor Sérgio quisemos emular a habilidade do giz colorido, do carvão e do pincel. A escola ia perdendo o soturno fervor das tabuadas de multiplicar e sobre as carteiras se perfilavam os cadernos infestados de borrões, as canetas quebradas, os estojo de penas, os tinteiros de louça branca onde a tinta sempre manchava a superfície com uma arandela azulada.

Os tamancos que deixávamos no alpendre para não sujar tinham subido aos parapeitos, destacadas suas linhas que pretendíamos desenhar como se, pela primeira vez, os estivéssemos contemplando.

Também o Vale vinha a nossas mãos, agrupados na parte alta do pátio, sujeitando os utensílios que um vento brincalhão queria levar, olhando a linha ondulante dos montes que subia no horizonte de nuvens móveis, até a corcova enorme de Matalachana e o Pico de Cueto Nidio.

LUIS MATEO DÍEZ, "A mão de giz", *Vales de lenda*

O ALUNO DIANTE DA TAREFA: EFEITOS DA PRÁTICA

Ao longo dos capítulos correspondentes às partes Segunda e Terceira foram se detalhando as condições que favorecem diferentes processos e resultados da aprendizagem. Já deveria estar claro, a essas alturas, que a aprendizagem é um problema complexo, um sistema de interações, a que não se adequam bem as categorias morais de bem e de mal, de forma que não podem se identificar "boas" e "más" práticas didáticas, mas sim condições eficazes ou não para se alcançar os fins estabelecidos. Por sorte, não existe uma única alternativa às formas tradicionais de ensinar em nossa cultura, mas sim várias alternativas distintas, que devem se combinar em função dos resultados buscados e dos processos que seja necessário ativar no aluno para alcançá-los. Muitas dessas condições que favorecem os diferentes processos e resultados foram desenvolvidas em capítulos anteriores, daí que não voltarei a detalhá-las. Aqui me dedicarei a resumir e ressaltar unicamente as características gerais, tanto quantitativas como qualitativas, da organização e distribuição da prática que afetam a aprendizagem, entre as quais se destaca a dimensão ou caráter social da aprendizagem como forma de relação cultural, em que ocorrem interações não só entre os aprendizes como entre estes e seus mestres.

Efeito da quantidade de prática e sua distribuição

Desde as investigações pioneiras de Ebbinghaus (1885), aquele paciente estudioso de sílabas sem sentido, se conhece o efeito da quantidade de prática sobre a aprendizagem. Tal como Ebbinghaus o enunciou, ele é tentadoramente simples: segundo a *hipótese do tempo total* por ele estabelecida, quanto mais se pratica, mais se aprende. Este princípio, aceito em geral como uma lei fundamental da aprendizagem, admite, no entanto, à luz de estudos mais recentes, numerosos matizes. Em primeiro lugar, diversos estudos mostram que a relação entre quantidade de prática e quantidade de aprendizagem (medida pelo grau de mudança produzida por essa prática) não é linear, mas, antes, logarítmica, quer dizer, a cada aumento no tempo de prática não segue um incremento proporcional na aprendizagem, senão que a eficácia da aprendizagem se desacelera à medida que aumenta a quantidade de prática (Annett, 1991; Baddeley, 1990). A Figura 12.1 ilustra a diferença entre a curva da aprendizagem linear (a) e a da aprendizagem desacelerada (b) como conseqüência de um incremento na quantidade de prática.

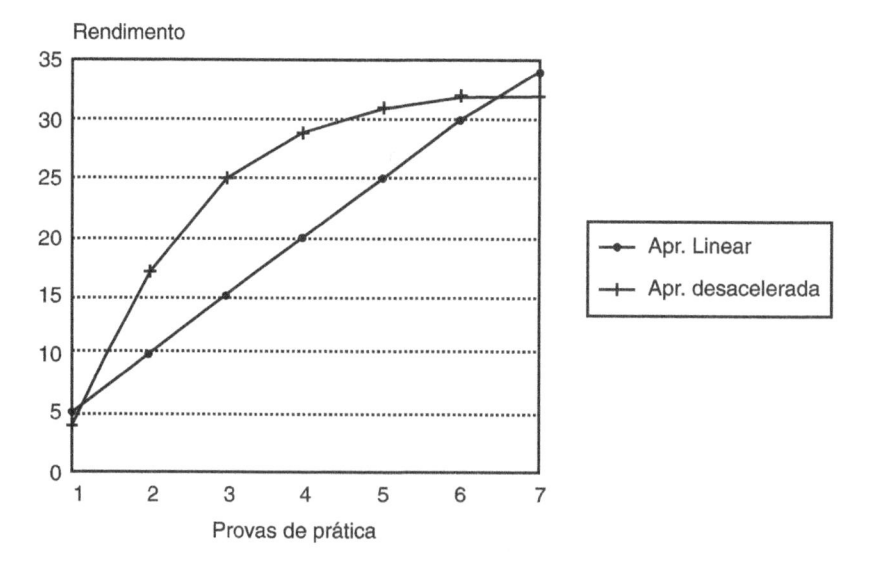

FIGURA 12.1 Curvas da aprendizagem linear (ou contínua) e da aprendizagem progressivamente desacelerada.

Estes efeitos da prática foram observados principalmente em estudos de aprendizagem de informação verbal ou de procedimentos técnicos. Embora, em geral, como notei no começo do Capítulo 11, a aquisição de técnicas é mais gradual e exigente do que a aprendizagem de informação verbal, em ambos os casos se trata de aprendizagens acumulativas, baseadas em processos associativos. Em outras formas mais simples de aprendizagem associativa, como os fenômenos de condicionamento em animais, observou-se também que a hipótese do tempo total (enunciada por Thorndike na forma da "lei do exercício") é muito mais complexa do que inicialmente se supunha ao depender não apenas da quantidade dessa prática, como também de sua distribuição e natureza (Tarpy, 1985).

Quanto à distribuição, os estudos em diversos âmbitos da aprendizagem mostram que, dada uma mesma quantidade total de prática, esta é mais efetiva quando se distribui no tempo do que quando se realiza de forma concentrada, quer dizer, os resultados melhoram quando se incrementa de modo racional o tempo entre provas, seja na aprendizagem de fatos e comportamentos mediante condicionamento (Tarpy, 1985), na aquisição de informação verbal, por exemplo, a aprendizagem dos novos códigos postais pelos carteiros (Baddeley 1990), ou na aquisição de diversas habilidades motoras (Morrison, 1991). Esse é um princípio conhecido intuitivamente por muitos aprendizes, o que não impede que concentrem suas horas de prática (ou de estudo) nos dias imediatamente anteriores às provas, em vez de distribuí-las amplamente ao longo de todo o período, talvez conscientes de que em muitas situações de instrução formal não se mede tanto a aprendizagem (entendida, a partir do que foi dito no Capítulo 3, como uma mudança duradoura e generalizável) como mostrar um determinado rendimento num certo momento (na próxima terça-feira, às cinco em ponto da tarde, se a autoridade permitir e o tempo não impedir, se celebrará uma grandiosa prova, em que seis perguntas, seis, serão respondidas...).

Portanto, dada uma mesma quantidade de prática, sua eficácia dependerá em parte de como for distribuída. Mas ainda dependerá, principalmente, do que consiste essa prática. O próprio Thorndike, poucos anos depois de enunciar sua lei de exercício, assinalou que a prática em si mesma não produz aprendizagem, que depende do que ocorre durante essa prática. A maior parte dos autores aceita hoje esta posição, segundo a qual a quantidade de prática é um fator facilitador, mas não determinante da aprendizagem (Annett, 1991; Baddeley, 1990; Schunk, 1991). Demonstrou-se que a acumulação de mais prática, em certas condições, não só não melhora o rendimento, como pode chegar inclusive a saturar o aprendiz, produzindo efeitos contrários aos desejados (Baddeley, 1990). Mesmo assim, em geral, não deve se menosprezar a importância da prática na aprendizagem. Segundo Norman (1982), são necessárias aproximadamente 5.000 horas de prática para obter um rendimento medianamente aceitável em tarefas como o tênis de mesa, o malabarismo ou a psicologia cognitiva; ou seja, "só" dois anos e meio de estudo na base de oito horas diárias durante cinco dias por semana e cinqüenta semanas por ano, o que nenhum acordo trabalhista aceitaria. Outros estudos mostram que para chegar a ser um especialista reconhecido num domínio são necessários normalmente pelo menos 10 anos contínuos de prática nesse domínio, seja o xadrez, a escultura minimalista ou a programação de computadores (Ericsson e Smith, 1991).

No entanto, esses mesmos estudos mostram que os efeitos dessa prática dependem não tanto de sua quantidade como da natureza do *que se faz durante tal prática*. Há diversos caminhos para tornar-se especialista. Nem todas as tarefas e atividades favorecem por igual a aprendizagem de todos os resultados anteriormente descritos. Nem todas as situações ativam com a mesma eficácia os processos necessários. Talvez durante as longas horas de aula e estudo do inglês, da matemática, do samba ou do macramé, os aprendizes estejam pensando em outras coisas mais agradáveis para eles e por isso, não ativem os processos adequados ou simplesmente careçam dos conhecimentos prévios adequados para se aproveitar dessa prática. Mais importante ainda que sua quantidade é o tipo de prática que os aprendizes realizam.

Tipo de prática: dos exercícios aos problemas

Ainda que a hipótese do tempo total enunciada por Ebbinghaus se cumpra, na maior parte das vezes, com todos os matizes expostos, há ocasiões em que a prática tem um efeito aparentemente oposto. Alguns estudos demonstraram que, dependendo dos resultados buscados por essa aprendizagem, um incremento da prática, em vez de aumentar o rendimento do aprendiz, pode produzir o efeito paradoxal e quase sempre conjuntural de diminuí-lo. A Figura 12.2 apresenta o que se conhece como uma curva de aprendizagem em forma de U, frente à clássica curva de aprendizagem acumulativa. Algumas situações foram observadas com certa freqüência pelos psicólogos do desenvolvimento (Karmiloff-Smith, 1992). São situações em que um incremento da prática leva o aprendiz a encontrar novas soluções que, nas palavras de Karmiloff-Smith (1992), embora suponham um progresso ou redescrição da representação da tarefa, a curto prazo ou de modo imediato reduzem a eficácia ou incrementam o número de erros. Um exemplo muito típico é o das crianças que aprendem as formas regulares dos verbos (comer, comido, comerei) e as generalizam inclusive para os verbos irregulares (fazer, fazido, fazerei; dizer, dizido, dizerei) cometendo mais erros que as crianças menores, que ainda ignoram essas regras e tratam cada verbo como um caso particular, ou que as maiores, que já conhecem as exceções, dando lugar a essa característica curva em U.

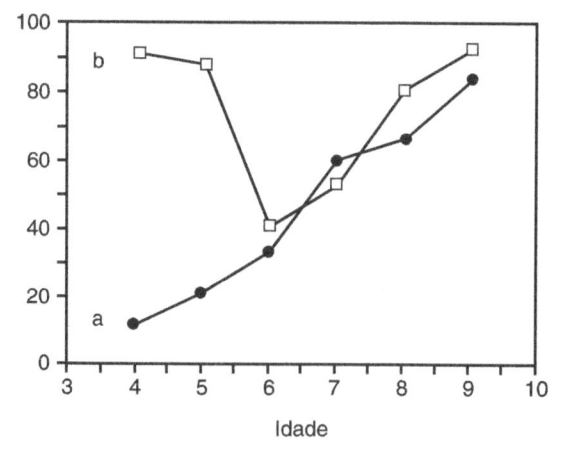

FIGURA 12.2 O progresso contínuo na compreensão de uma tarefa com a idade (a) pode dar lugar a baixas momentâneas no êxito da mesma, dando lugar a uma curva em forma de U (b). Tomado de Karmiloff-Smith (1992).

Essas "crises de crescimento" ocorrem provavelmente em muitos outros âmbitos da aprendizagem, quando a aprendizagem acumulativa abre a possibilidade e a necessidade de uma reestruturação do aprendido, guiada por processos construtivos e refleivos. Norman (1982) fala de *patamares* nas curvas de aprendizagem, momentos em que o aluno se preocupa em compreender mais do que em acumular novos saberes. Piaget (1974) diferenciava entre as atividades intelectuais dirigidas para *ter êxito*, orientadas mais para a tarefa (para fazer subir o mais alto e rápido possível a curva da aprendizagem), ou para *compreender* o que fazemos, orientando essa atividade intelectual principalmente para refletir sobre o que fazemos e sabemos. Compreender e reconstruir nossas representações costuma exigir maior tempo e mais quantidade de prática e ocasionalmente reduz a probabilidade de êxito imediato, conforme esse modelo de aprendizagem em U. No entanto, produz mudanças mais estáveis e duradouras, mais aprendizagem, conforme os critérios estabelecidos no Capítulo 3. Compreender requer propor as tarefas de aprendizagem como *problemas* para os quais é preciso encontrar resposta ou solução e não como *exercícios* nos quais se trata apenas de repetir respostas que tiveram êxito anteriormente ou que são recebidas já preparadas para o consumo cognitivo.

Em diversos momentos me referi à distinção entre tarefas de aprendizagem baseadas em exercícios e em problemas. Segundo Lester (1983), um problema é "uma situação que um indivíduo ou um grupo quer ou necessita resolver e para a qual não dispõe de um caminho rápido e direto que o leve à solução". Essa definição diz que uma situação que só pode ser concebida como um problema na medida em que existe um reconhecimento dela como problema por parte do aluno e na medida em que este não dispõe de procedimentos de tipo automático que lhe permitam solucioná-la de forma mais ou menos imediata. Esta última característica seria a que diferenciaria um verdadeiro problema de situações similares, como podem ser os exercícios. Dito com outras palavras, um problema se diferenciaria de um exercício em que, neste último caso, dispomos e utilizamos mecanismos que nos levam de forma imediata à solução. Virar a chave de ignição e dar partida no carro é um exercício; virar a chave e o carro não pegar é, em princípio, um bom problema. Defrontar-se com uma tarefa sabendo que é preciso aplicar a regra de três, como quem aplica uma chave de judô, é um exercício; defrontar-se com ela sem saber de antemão que chave ou regra aplicar, isso é um problema, que implica fixar objetivos, definir o estado inicial, identificar estratégias eficazes, etc. Os passos necessários para pôr em marcha as estratégias de solução de problemas são muito similares aos necessários para pôr em marcha uma estratégia de aprendizagem, tal como foram descritos no Capítulo 11.

Freqüentemente, uma mesma situação (trocar o pneu do carro, preparar a maionese, sambar, fazer um gráfico) constitui um problema para uma pessoa, enquanto que para outra esse problema não existe, ou porque ela carece de interesse pela situação, ou porque possui os mecanismos para resolver quase sem investimento de recursos cognitivos, quer dizer, porque pode transformar a situação num simples exercício. Costuma acontecer que os problemas dos mestres não sejam problemas para os aprendizes, e vice-versa. Às vezes, os problemas dos professores não são precisamente interessantes para os alunos. Segundo uma divertida anedota que Claxton (1984) repete, um professor num bairro periférico dos Estados Unidos perguntou a um menino negro quantas patas tem um gafanhoto; o menino olhou tristemente para o professor e lhe respondeu: "Quem dera que eu tivesse os *mesmos problemas* que você!". Talvez o despertar da civilização humana na Suméria, os estranhos costumes dos ácidos e o fugaz traço de vetores invisíveis não sejam problemas de interesse para os adolescentes. Perceber algo como um problema exige uma *motivação* do aprendiz para a tarefa, para além das recompensas que receba por fazê-la bem, que em seu caso haverá que fomentar (segundo as linhas estabelecidas no Capítulo 7).

Um segundo motivo pelo qual os problemas dos mestres não o são para os aprendizes é que estes podem carecer dos conhecimentos prévios para perceber a situação como um problema teórico ou prático relevante. Perguntar-se por que a Lua não cai sobre a Terra se esta tem uma massa gravitacional maior, ou se os efeitos paradoxais da prática sobre a aprendizagem, dando lugar a curvas em U, se produzirão também na aprendizagem de línguas estrangeiras, podem ser verdadeiros problemas para o teórico ou para o investigador, mas podem ser perguntas absurdas, sem significado, para muitos alunos. Recorrendo às idéias de Vygotsky (1978), os problemas devem ser planejados na *zona de desenvolvimento proximal* dos conhecimentos prévios dos aprendizes, nesses confins do conhecimento cobertos pela bruma em que começa a abrir-se o sol, onde o aluno ainda não tem respostas certas, mas já está em condições de se fazer boas e férteis perguntas. Planejar as tarefas de aprendizagem como verdadeiros problemas (Bereiter e Scardamalia, 1989) exige dos mestres uma vez mais — como não, dirá o leitor, que talvez já tenha automatizado e condensado a cantilena — *partir dos conhecimentos prévios* dos aprendizes, se quiser assegurar-se de que os aprendizes vejam essa tarefa como um problema não só próximo a seus interesses, como também com a mínima intriga ou suspense para se esforçar em resolvê-lo.

O contrário também ocorre com freqüência: os problemas dos aprendizes não o são para seus mestres, que por ter essas habilidades em boa parte automatizadas, às vezes nem sequer percebem qual é o problema do aprendiz para realizar tarefas que, ao ter alcançado o nível de especialistas na tarefa, para eles rotineiras, como expressar sua opinião por escrito, tirar a idéia principal de um texto ou realizar uma medição simples. Os mestres devem ter consciência de seus procedimentos automatizados para ajudar os aprendizes a utilizá-los. Em suma, a distinção exercício/problema mais do que uma dicotomia é um contínuo, que iria das tarefas meramente reprodutivas, nas quais se pede ao aluno exercitar quase sem controle por sua parte uma técnica ou habilidade já aprendida, àquelas tarefas mais abertas, nas quais o aluno se encontra diante de uma pergunta a que deve buscar resposta sem conhecer exatamente os meios para alcançá-la, ou dispondo de várias alternativas possíveis que necessita explorar (Pozo e Pérez Echeverría, 1995).

Considerar uma tarefa de aprendizagem mais como um problema (um motivo para a reflexão e a aprendizagem construtiva) ou como um exercício (uma situação repetitiva de aprendizagem associativa) depende, portanto, de diversos fatores, em especial de como é proposta a tarefa e de como é manejada pelo professor. Uma mesma tarefa pode ser percebida pelos alunos como um exercício ou como um problema, dependendo de como percebam sua *funcionalidade* na aprendizagem, a partir da forma como o professor a propõe, guia sua solução e a avalia. Ainda que não se possam estabelecer critérios infalíveis para criar cenários de problemas e evitar sua mecanização em exercícios por parte dos alunos, a Figura 12.3 resume, a partir de Pozo e Postigo (1994), doze critérios que podem reduzir a probabilidade de que os problemas do mestre sejam somente exercícios para os aprendizes. Esses critérios devem ser levados em conta não só ao formular o problema, como também durante o processo de solução por parte dos alunos e na avaliação que se realize do mesmo.

No Planejamento do Problema

1. Propor tarefas abertas, que admitam vários caminhos possíveis de solução e várias soluções possíveis, evitando as tarefas fechadas.
2. Modificar o formato ou a definição dos problemas, evitando que o aluno identifique uma forma de apresentação com um tipo de problema.
3. Diversificar os contextos em que se propõe a aplicação de uma mesma estratégia, fazendo com que o aluno trabalhe os mesmos tipos de problemas em distintos momentos do currículo e diante de conteúdos conceituais diferentes.
4. Propor as tarefas não só com um formato acadêmico, mas também em cenários cotidianos e significativos, fazendo com que o aluno estabeleça conexões entre ambos os tipos de situação.
5. Adequar a definição do problema, as perguntas e a informação proporcionada aos objetivos da tarefa, utilizando, em diferentes momentos, formatos mais ou menos abertos, em função desses mesmos objetivos.
6. Utilizar os problemas com fins diversos durante o desenvolvimento ou seqüência didática de um tema, evitando que as tarefas práticas apareçam como ilustração, demonstração ou exemplificação de alguns conteúdos previamente apresentados ao aluno.

Durante a Solução do Problema

7. Habituar o aprendiz a adotar suas próprias decisões sobre o processo de solução, assim como a refletir sobre esse processo, concedendo-lhe uma autonomia crescente no processo de tomada de decisões.
8. Promover a cooperação entre os aprendizes na realização das tarefas, mas também incentivar a discussão e os pontos de vista diversos, que obriguem a explorar o espaço do problema, para confrontar as soluções ou caminhos de solução alternativos.
9. Proporcionar aos alunos a informação de que necessitem durante o processo de solução, realizando um trabalho de apoio, dirigido principalmente a fazer perguntas ou a promover nos alunos o hábito de se perguntar em vez de simplesmente responder às perguntas.

Na Avaliação

10. Priorizar, na avaliação, os processos de solução seguidos pelo aprendiz, mais do que a correção final da resposta obtida. Ou seja, avaliar mais que corrigir. Ou, se se prefere, *corrigir o aprendiz*, não apenas a tarefa.
11. Avaliar especialmente o grau em que esse processo de solução implica um planejamento prévio, uma reflexão durante a realização da tarefa e uma auto-avaliação por parte do aprendiz do processo seguido.
12. Avaliar a reflexão e a profundidade das soluções alcançadas pelos aprendizes, e não a rapidez com que são obtidas.

FIGURA 12.3 Alguns critérios que ajudam a transformar as tarefas de aprendizagem de simples exercícios em verdadeiros problemas (a partir de Pozo e Postigo, 1994).

A idéia fundamental subjacente a esses critérios é que o aprendiz tenderá a perceber mais as tarefas como problemas na medida em que estas sejam novas e imprevisíveis. É a mudança, a ruptura da rotina o que dificulta o cômodo exercício do hábito adquirido. Se quisermos que os alunos aceitem as tarefas como verdadeiros problemas, é preciso evitar essa sensação tão comum para eles de que "se hoje é quinta-feira e estamos na aula de matemática, então o problema é de regra de três". A realização das atividades e tarefas em contextos muito definidos e fechados — por exemplo, como ilustração ou aplicação dos conceitos explicados num certo tema — faz com que se realizem de modo mecânico as atividades sem se perguntar demasiado por seu sentido. Os alunos — e às vezes o professor — não necessitam refletir sobre o que estão fazendo, porque fazem "o de sempre" esta semana e na aula de matemática: "problemas de regra de três". Para que haja verdadeiros problemas, que obriguem o aluno a tomar decisões, planejar e recorrer à sua bagagem de conceitos e procedimentos adquiridos, é preciso que as tarefas sejam abertas, diferentes umas das outras, ou seja, imprevisíveis. Como mostraram os autores da *Gestalt*, uma corrente da psicologia que estudou com especial afinco a solução de problemas (Mayer, 1992), os problemas contêm sempre elementos novos, imprevistos, que requerem uma reorganização dos elementos presentes.

Cada um dos critérios apresentados na Figura 12.3, e alguns outros que talvez o próprio leitor, aprendiz ou mestre, possa acrescentar de sua própria experiência, está direcionado para favorecer a assunção das tarefas de aprendizagem como problemas. No entanto, também é importante assinalar que nem todas as tarefas de aprendizagem têm necessariamente de propor um problema para o aprendiz. Os exercícios são necessários. Realmente, como se mostrou no capítulo anterior, o uso de estratégias se assenta no domínio de técnicas previamente exercitadas. Quando algumas dessas técnicas forem instrumentais — como, por exemplo, as habilidades de cálculo ou de leitura-escrita — pode ser necessário uma sobreaprendizagem das mesmas, baseada num exercício massivo e contínuo. Um bom equilíbrio entre exercícios e problemas pode ajudar os alunos não só a consolidar suas habilidades, como também a conhecer seus limites, diferenciando as situações conhecidas e já praticadas das novas e desconhecidas.

Além disso, o equilíbrio também pode ser muito importante em relação à motivação dos alunos. Sem dúvida, por mais necessária que seja, a aplicação rotineira de habilidades não é demasiado interessante, daí que seu abuso pode ter efeitos bastante desalentadores para os alunos, que não se deve supor que tenham a santa paciência de Ebbinghaus com suas sílabas sem sentido (supomos que mantida pelo problema teórico que estava tratando de resolver), mas exatamente o contrário. É preciso compensar o necessário exercício dessas habilidades instrumentais, às vezes não muito atrativo em si mesmo para os aprendizes, com seu uso em contextos significativos e, se possível, problemáticos. Outra forma de criar motivação e de conferir significado para a prática de aprendizagem é organizá-la socialmente, de forma que favoreça a cooperação e o intercâmbio, já que aprender não é apenas uma prática cultural, mas também uma forma de viver em sociedade.

A ORGANIZAÇÃO SOCIAL DA APRENDIZAGEM: APRENDER EM INTERAÇÃO

Nas sociedades, ou comunidades, de aprendizagem ocorrem interações entre aprendizes e entre estes e seus mestres, que constituem, sem dúvida, uma condição importante para que essas aprendizagens tenham êxito. Nos últimos anos, destacou-se a importância da interação social entre aprendizes e mestres como motor da aprendizagem (Brown e Campione, 1994; Brown e Palincsar, 1989; Coll, Palacios e Marchesi, 1990; Fernández Berrocal e Melero, 1995; Lacasa, 1994; Mercer e Coll, 1994; Wertsch, Del Río e Álvarez, 1995). Entretanto, segundo o ponto de vista mantido neste livro (no Capítulo 4, mas desenvolvido com mais argumentos por outros autores, como Delval, 1994b; Martí, 1994 ou Rodrigo, 1994b), esses processos de interação social devem ser considerados mais como condições, necessárias ou facilitadoras, da aprendizagem do que como motores da mesma, se entendemos por isso o mecanismo, os processos mediante os quais se adquire e transforma o conhecimento na mente do aluno, tal como foram desenvolvidos na Segunda Parte do livro. Seja como for, o certo é que a aprendizagem como prática ocorre em contextos de interação cujas características afetam seriamente a eficácia dos resultados obtidos. Ainda que essas interações sejam múltiplas e simultâneas, poliédricas, analisarei primeiro os efeitos das relações sociais entre os aprendizes, para depois me concentrar no papel do mestre — ou melhor, nos múltiplos e também poliédricos papéis do mestre — na organização e direção social das atividades de aprendizagem.

A cooperação entre os aprendizes

Frente aos tradicionais cenários nos quais a aprendizagem era uma atividade solitária, individual, em que cada aprendiz se achava sozinho diante da tarefa, sob o atento e inquisitivo olhar do implacável mestre, próprios também de uma cultura autoritária e sem solidariedade na apropriação do saber, a nova cultura da aprendizagem reclama também que a aprendizagem seja uma atividade social e não apenas um costume individual e particular. Fruto dessa tradição cultural ainda vigente, em muitas aulas e escolas continua predominando ainda a organização individual da aprendizagem, também chamada *competitiva*, já que nela o êxito de cada aluno é relativo ou depende do fracasso de seus colegas; se todos fazem mal, seus erros serão menos penalizados. No entanto, há dados que avalizam a vantagem de uma *organização cooperativa* das atividades de aprendizagem, entendendo por isso as situações em que "os objetivos que os participantes perseguem estão estreitamente vinculados entre si, de tal maneira que cada um deles pode alcançar seus objetivos se, e apenas se, os outros alcançarem os seus" (Coll e Colomina, 1990, p. 339).

Ainda que haja diversas formas de organizar e promover a cooperação entre os aprendizes (Melero e Fernández Berrocal, 1995, enumeram uma porção de técnicas), em geral costuma-se basear em organizar os aprendizes em vários grupos de trabalho, equipes de quatro a seis aprendizes, que devem alcançar conjuntamente as metas estabelecidas. Obviamente, esse tipo de atividades de aprendizagem mútua só tem sentido quando as tarefas constituem problemas e são inúteis para a realização de simples exercícios, que requerem prática e automatização individual de cada um dos aprendizes.

Numerosos estudos mostraram as vantagens das organizações cooperativas da aprendizagem frente às estruturas sociais mais competitivas. Os dados são mais claros em relação a alguns resultados da aprendizagem do que em relação a outros (como pode se comprovar em Alonso Tapia, 1995; Coll e Colomina, 1990; Echeita, 1995; Lacasa, 1994; Lacasa, Pardo e Herranz, 1994; Melero e Fernández Berrocal, 1995; Weinstein, 1991). Assim, sabe-se que a cooperação promove as aprendizagens sociais (habilidades sociais, atitudes, etc.), assim como torna mais provável o surgimento de uma motivação intrínseca pela aprendizagem ou desejo de aprender. Nas atividades competitivas, os alunos costumam se orientar mais para os resultados e suas conseqüências (recompensas e castigos), enquanto que em atividades de cooperação se ocupam mais com o próprio processo de aprendizagem ou construção do conhecimento em si. Esse é um fenômeno amplamente estabelecido. Os efeitos sobre o nível de aprendizagem ou, conforme o caso, rendimento acadêmico alcançado são um pouco mais confusos, mas em geral demonstram que a cooperação costuma produzir mais aprendizagem do que fazer as tarefas individualmente, embora haja exceções (os detalhes desses efeitos podem ser encontrados em revisões de Slavin, 1990; ou Weinstein, 1991; ou, em espanhol, em Coll e Colomina, 1990; Melero e Fernández Berrocal, 1995). A cooperação entre alunos com conhecimentos prévios heterogêneos beneficia naturalmente os de menor rendimento inicial, mas, ao contrário do que poderia se pensar, e do que muitos professores acham, não prejudica os mais dotados, muito pelo contrário. Por exemplo, as experiências de orientação entre colegas, uma forma particular de cooperação entre alunos com ampla tradição nos países anglo-saxões, em que os alunos de nível superior ou mais especializados numa tarefa atuam como orientadores de outros menos capacitados ou preparados, mostram que pode ser o orientador e não necessariamente o orientado o que aprende mais com essa experiência, dependendo das condições da mesma (Melero e Fernández Berrocal, 1995).

Em geral, a cooperação entre aprendizes promoverá melhores resultados de aprendizagem quando se trata de incentivar uma aprendizagem construtiva ou reflexiva entre os alunos, a partir de situações de aprendizagem concebidas como problemas (Bereiter e Scardamalia, 1989; Pozo e Pérez Echeverría, 1995). Realmente, a organização cooperativa não deve evitar, mas, pelo contrário, incentivar o trabalho individual de condensação e consolidação de informação e técnicas, que cada aprendiz deve praticar ou exercitar individualmente no contexto desse trabalho em equipe. Segundo apontam Brown e Palincsar (1989; também Brown e Campione, 1994), cooperar é principalmente um bom contexto para criar as formas mais complexas de aprendizagem (desenvolvimento de estratégias e controle sobre a própria aprendizagem, mudança conceitual, etc.), que, como vimos, constituem as demandas específicas da nova cultura da aprendizagem. Mas por que é assim? Em que se apóia a eficácia da aprendizagem cooperativa? Foram apontados por diversos autores dois processos fundamentais. Por um lado, a aprendizagem cooperativa favorece o surgimento de *conflitos cognitivos* entre os aprendizes (no caso, conflitos sociocognitivos). Já vimos em várias ocasiões (nos Capítulos 6 e 10 principalmente) que o conflito é uma condição necessária, mas insuficiente para promover a aprendizagem construtiva. A comparação de pontos de vista, a comparação dos mapas da tarefa elaborados pelos aprendizes, a explicação dos mesmos, que se faz mais necessária quando é preciso compartilhá-los com outros do que quando se pensa sozinho, são processos importantes para a aprendizagem construtiva que se produzirão de modo mais confiável quando os aprendizes interagem entre si do que quando estão sós frente à aprendizagem. No final das contas, costumamos ser bastante condescendentes com nós mesmos, não gostamos de pôr em dúvida o que pensamos, toleramos muitas contradições e muitas coisas implícitas. São os outros que costumam nos meter o dedo na ferida, buscando as contradições implícitas em nosso discurso, obrigando-nos a explicitá-lo, defendendo explicações alternativas ou apresentando dados contrários às nossas crenças. Na sociedade do conhecimento descentrado, que se descrevia no Capítulo 1, nada melhor para aprender do que a descentração que nos produzem os outros, como focos de conhecimento alternativo que farão perceber a relatividade dos próprios saberes de cada aprendiz.

Ainda que o conflito esteja longe de ser a panacéia, ou o bálsamo de Ferrabrás que cicatriza todas as feridas da aprendizagem, como alguns supunham há alguns anos, imbuídos do fervor *desequilibrante* piagetiano, é claro que supõe um mecanismo essencial para promover a reflexão e a tomada de consciência (Fernández Berrocal e Melero, 1995; Pozo, 1989). E todo conflito cognitivo é necessariamente também um conflito social, com outros, contra outros, por causa de outros, ou, como defendi aqui, *graças* a outros.

A cooperação não proporciona apenas conflitos, mas também *suporte* ou apoio para resolvê-los. Cooperando não apenas nos fazemos melhores perguntas como, às vezes, também vislumbramos melhores respostas. Os aprendizes se proporcionam ajudas, se corrigem mutuamente, constroem conjuntamente novos argumentos e idéias que de modo separado dificilmente teriam criado. Os aprendizes se apóiam mutuamente, cooperam, para alcançar metas comuns. A heterogeneidade dos grupos ou equipes de aprendizagem, recomendada por quase todos os autores, que não é inimiga da assunção de metas e responsabilidades comuns, serve para que alguns aprendizes atuem, ocasionalmente, como mestres de outros. Os efeitos da orientação entre alunos, mencionados antes, são um exemplo disso. Muitas vezes, os alunos podem se ajudar mais entre si, porque suas zonas de desenvolvimento proximal, esse território nebuloso, cheio de mistério, para o qual ainda faltam mapas, mas que se sabe que está aí, esperando para ser descoberto, interagem entre si. Às vezes os aprendizes podem elaborar melhores ajudas para seus colegas do que o mestre, porque conhecem esse território melhor, já que acabam de passar por ele, fazendo-se as mesmas perguntas e encontrando algumas soluções a compartilhar.

Junto a esses mecanismos de conflito e suporte, a cooperação fomenta também a aprendizagem por modelos e o planejamento estratégico da aprendizagem (quando somos vários a iniciar a viagem a esse território incógnito costuma se fazer mais necessário coordenar-nos e planejar a aventura, quem leva a água, quem a bússola, quando partimos e para onde; quando é uma excursão individual costuma ser mais impulsiva e desordenada, já que não tenho de me pôr de acordo, de compartilhar as metas e os meios com ninguém). Mas a eficácia desses processos, as vantagens da aprendizagem cooperativa, também são limitadas, dependem de como se leva a cabo essa cooperação. Como acontecia no caso da quantidade de prática, ou no planejamento de problemas de aprendizagem e, em geral, com todos os aspectos relacionados com as condições da aprendizagem, a cooperação não fomenta a aprendizagem em si mesma. É unicamente uma condição que torna mais fácil a ativação dos conhecimentos e processos de aprendizagem necessários para que tenha lugar a construção de conhecimentos novos. E, para isso, a cooperação deve por sua vez reunir determinadas condições. Estudaram-se numerosas variáveis que afetam os resultados da aprendizagem cooperativa, que a partir de Slavin (1990; também Echeita, 1995; Melero e Fernández Berrocal, 1995) podem se resumir em três pontos concisos, que os mestres podem levar em conta ao organizar socialmente suas atividades de aprendizagem:

a) A aprendizagem cooperativa será mais eficaz quando for proposta como uma tarefa comum do que como várias tarefas subdivididas entre os membros da equipe (você busca a informação, você a lê e a resume, você se encarrega de escrevê-la, que nisso você se dá bem, e você apresenta; e eu dirijo a orquestra).

b) Essa tarefa comum não deve fazer com que os aprendizes evitem ou dissolvam suas responsabilidades individuais na aprendizagem; pelo contrário, deve-se avaliar não só o rendimento grupal, como a contribuição individual de cada aprendiz (por exemplo, comparando o rendimento grupal com o que cada aprendiz faz em outras tarefas que resolve individualmente); além da divisão especializada de papéis, que impede a verdadeira cooperação, é preciso evitar que os aprendizes se escondam ou camuflem na estrutura do grupo.

c) As oportunidades para o êxito e para a obtenção de recompensas devem ser iguais para todos os aprendizes, independente de seus conhecimentos prévios ou perícia inicial. Trata-se de fugir da cultura competitiva da aprendizagem, em que os aprendizes são comparados entre si, e incentivar contextos em que o rendimento de cada aprendiz seja comparado com seu rendimento anterior e não com o de outros aprendizes mais ou menos capazes ou especializados.

A construção dessa cultura cooperativa e a manutenção da mesma através das decisões adequadas supõem uma demanda adicional de habilidades, conhecimentos e atitudes para os mestres que devem administrar e supervisionar o andamento desses ambientes cooperativos. É um papel a mais, um a mais entre os múltiplos personagens que um mestre deve representar se quiser conseguir que seus discípulos aprendam.

As múltiplas profissões do mestre: cinco personagens em busca de autor

A complexidade crescente dos ambientes de aprendizagem e das demandas culturais que os sustentam tem feito com que não só a tarefa de aprender como principalmente a de ensinar tenha se complicado generosamente de um tempo para cá. São muitos os professores que percebem, principalmente em certos contextos institucionais em que as demandas se fazem mais explícitas, por causa, por exemplo, das reformas educativas em marcha, que sua profissão lhes exige fazer cada vez mais coisas diferentes e ao mesmo tempo. Passados entre nós, ao menos na educação formal, os cinzentos anos do multiemprego, nos quais um professor tinha de ser muitas coisas distintas em lugares diferentes e quase ao mesmo tempo, mas fazendo sempre o mesmo em todos eles, muitos professores estão descobrindo que a nova cultura da aprendizagem requer outra forma mais sutil, mas não menos perversa, de multiemprego: agora têm de fazer muitas coisas diferentes, no mesmo lugar e ao mesmo tempo, mas de formas ou com papéis diferentes e às vezes contraditórios.

Se o leitor acompanhou com atenção, nas páginas anteriores, a diversidade caleidoscópica da aprendizagem, suas muitas facetas e cores, talvez esteja mais disposto a admitir que essa multiplicação de funções não se trata de uma demanda *de cima*, e menos ainda de uma exigência caprichosa. Trata-se de uma exigência de um ensino eficaz para conseguir melhores aprendizagens. Uma boa aprendizagem requer um bom mestre, que, como a própria aprendizagem, deve assumir diferentes funções para conseguir distintas tarefas, rompendo a monotonia didática, que não só corrói o desejo de aprender dos que se vêem submetidos a ela, como também o desejo de ensinar dos que vivem seu trabalho de modo rotineiro. Ensinar, na nova cultura da aprendizagem, requer a existência de diversos personagens não como máscaras sucessivas, mas integrados num planejamento estratégico do ensino. Sem entrar em detalhes das diversas formas e estilos de ensino que se identificaram (podem ser encontradas em Montero, 1990; Stevenson e Palmer, 1994) ou a influência das crenças e teorias implícitas dos professores sobre sua atividade profissional (Claxton, 1990; Lacasa, 1994; Marrero, 1993; Strauss e Shilony, 1994), podem se identificar, a partir de todas as tarefas que ao longo dos capítulos anteriores (principalmente na Segunda e Terceira partes) foram se encomendando aos mestres (recolhidas de novo na Figura 12.4), cinco personagens que perambulam pelas aulas e ambientes de aprendizagem em busca de um autor, um *roteirista*, que os encadeie numa estratégia comum.

Um primeiro personagem é o mestre *provedor*, cuja função seria oferecer ou proporcionar conhecimentos já elaborados para sua incorporação ou assimilação na memória dos aprendizes. É, sem dúvida, o papel tradicional na cultura transmissiva da aprendizagem que predominou, e ainda predomina, entre nós. O professor explica, expõe, dita o conhecimento e os alunos o copiam (talvez a pergunta mais freqüente dos alunos em nossas aulas ainda continue sendo: pode repetir?) e reproduzem a informação recebida. É um personagem ancorado na "teoria da cópia", na aprendizagem que se descreveu no Capítulo 2 e, portanto, é mais eficaz em formas de aprendizagem associativa do que quando se trata de fazer com que os aprendizes compreendam ou construam suas próprias aprendizagens. Assim, aparece com freqüência na parte esquerda da Figura 12.4, embora vejamos que só atua em um papel principal quando se trata de aprender informa-

	APRENDIZAGEM ASSOCIATIVA ←	→	APRENDIZAGEM CONSTRUTIVA
COMPORTAMENTAIS	FATOS (Mudança de) Provedor **Treinador**	COMPORTAMENTOS (Mudança de) Modelo Provedor **Treinador**	TEORIAS IMPLÍCITAS (Mudança de) Veja mudança conceitual
SOCIAIS	HABILIDADES SOCIAIS Provedor Treinador **Modelo**	ATITUDES (Mudança de) **Modelo** Treinador	REPRES. SOCIAIS (Mudança de) Veja mudança conceitual
VERBAIS	INFORMAÇÃO VERBAL **Provedor**	CONCEITOS Provedor **Orientador**	MUDANÇA CONCEITUAL Provedor Orientador **Assessor**
PROCEDIMENTAIS	TÉCNICAS Modelo Provedor **Treinador**	ESTRATÉGIAS Assessor **Orientador**	ESTRATÉGIAS DE APRENDIZAGEM Orientador **Assessor**

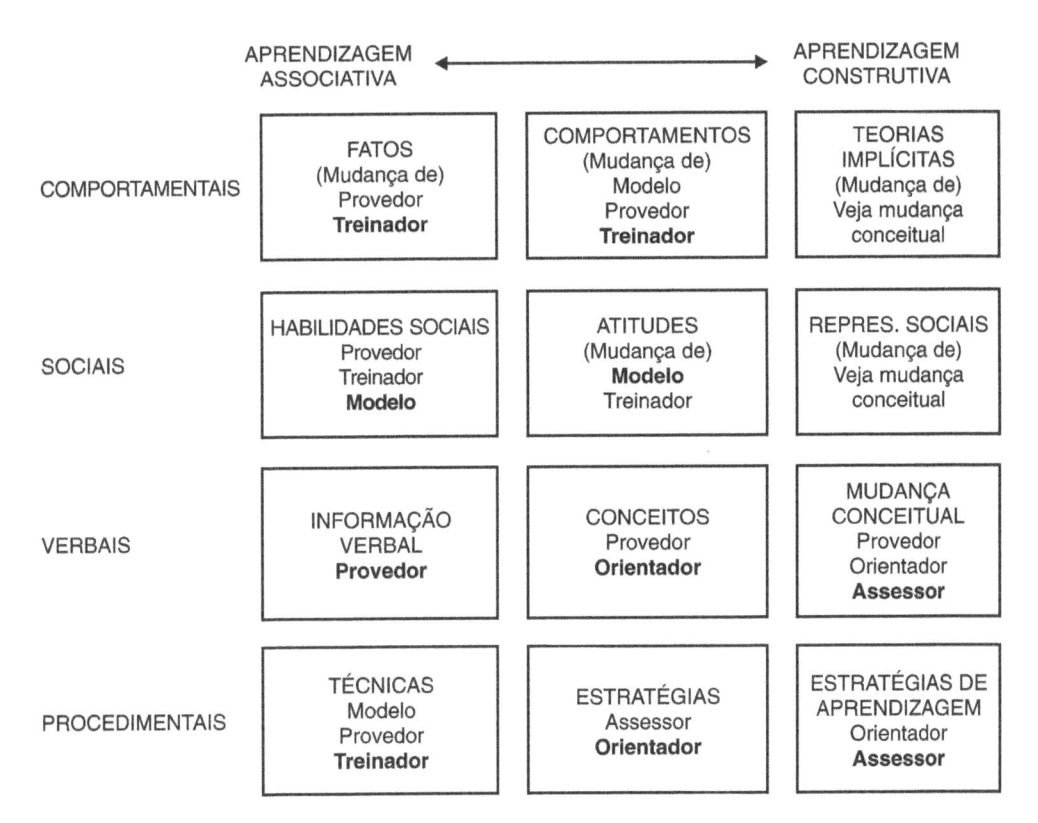

FIGURA 12.4 Cada resultado da aprendizagem requer que os mestres adotem vários papéis distintos. **Em negrito** figuram os Oscar ao ator principal em cada caso, enquanto que os papéis restantes correspondem a personagens secundários, mas nem por isso menos necessários.

ção verbal. Em todas as demais aprendizagens, se o que se quer é que sejam eficazes, seu papel é secundário, seja na fase declarativa ou informativa da aprendizagem de técnicas, que deve se completar com modelagem e treinamento, na mudança comportamental, que requer também supervisão e treinamento, ou na aprendizagem de conceitos, em que o essencial será guiar, como orientador, a assimilação dos modelos proporcionados, ou na mudança conceitual, que às vezes necessitará proporcionar modelos para seu contraste, mas em que a função do professor será a de atuar como orientador ou inclusive assessor do projeto de aprendizagem estabelecido pelo próprio aluno. O mestre provedor, como personagem principal, não leva em conta os conhecimentos nem as características prévias do aluno, que deve ser um espelho do que ele mesmo diz.

Um segundo personagem, complementar ao anterior, que atua como mestre, é o *modelo* a emular, a imagem, mais do que a palavra, a copiar, num sentido mais literal, o espelho em que o aprendiz deve se olhar. Todo mestre, queira ou não, é modelo de comportamento para seus aprendizes, não só explicitamente do que quer ensinar (executando as tarefas para que os aprendizes vejam *como* são realizadas), como também, de modo mais implícito, modelo social a imitar ou, conforme o caso, rejeitar. O mestre é modelo principalmente na aprendizagem social (habilidades, atitudes), na qual a modelagem desempenha o papel principal, mas também na aquisição de procedimentos, em que serve de complemento à informação verbal dada. Segundo a Figura 12.4, o modelo é requisito principal para certos resultados da aprendizagem associativa, mas seu papel na construção de conhecimentos é muito limitado. Já que os professores serão modelos reproduzidos com freqüência pelos alunos, conscientemente ou não, convém que nós, professores, tenhamos consciência dos modelos que propomos ou expomos aos alunos, pois às vezes incorremos em contradições (o professor que prega tolerância, mas que em seguida considera uma sabotagem e uma insubordinação qualquer atitude discrepante ou insubmissa de seus alunos). Visto que inevitavelmente todos nós, professores, somos modelos, é melhor que saibamos em que espelho os alunos estão se olhando, já que só assim poderemos mudá-lo, ou ao menos, poli-lo.

Outro personagem que os mestres adotam com freqüência é o de *treinador* de seus aprendizes, o que consiste em estabelecer um programa de atividades que o aprendiz deve seguir e depois supervisionar o cumprimento fiel do mesmo, corrigindo todo erro ou desvio. É como o médico que prescreve um tratamento a seu paciente. Tristemente os aprendizes não costumam ser tão pacientes e desviam-se com freqüência do programa estabelecido, daí que o trabalho essencial do mestre-treinador é precisamente a supervisão direta do trabalho encomendado. É, na verdade, uma figura complementar à do provedor ou à do modelo, já que requer como condição prévia a prescrição ou o fornecimento de um plano detalhado de treinamento. Por isso, predomina nas *zonas* de aprendizagem associativa, sendo o personagem principal da mudança comportamental ou do exercício técnico, que fazem do aprendiz um mero executor, o braço armado, do programa estabelecido pelo mestre. Quando as tarefas de aprendizagem requerem um maior envolvimento do aluno, a compreensão ou o controle do que está fazendo, a reflexão sobre seu próprio conhecimento, o papel do treinador se dissolve e então necessita-se de uma supervisão mais distante por parte do professor, em forma de guia ou orientação.

O mestre *orientador* se diferencia do treinador porque fixa os objetivos gerais da aprendizagem, mas deixa que o próprio aprendiz estabeleça as metas concretas e os meios para alcançá-las. O orientador cede parte da responsabilidade e do controle da aprendizagem ao próprio aprendiz, enquanto que o treinador não. No entanto, o orientador continua fazendo um trabalho essencial de supervisão, de apoio, mas no contexto de tarefas abertas, sugerindo vias de aproximação, antecipando problemas, às vezes fornecendo possíveis respostas alternativas, mas sem fechar as tarefas até o ponto em que o aluno possa se deixar levar comodamente. É um papel mais difícil e incômodo que os anteriores, tanto para o professor, como para o aluno, já que supõe uma certa ambigüidade e nem sempre está claro quando e como intervir. Mas, nas entrelinhas, sob as técnicas concretas de intervenção, está a melodia da aprendizagem, essa sim clara e harmônica. O nebuloso papel do orientador ou guia da aprendizagem situa-se nessa zona úmida e neblinosa que se chama zona do desenvolvimento proximal do aprendiz; nem aqui, no firme terreno do já sabido, nem ali, no continente do ignorado. Esse personagem protagoniza algumas das aprendizagens fundamentais da nova cultura da aprendizagem (Figura 12.4), já que é central na transmissão da aprendizagem técnica à estratégica ou incentiva a compreensão e assimilação de novos conceitos aos conhecimentos prévios dos alunos. Realmente, partir do que o aluno já sabe, assim como viajar em grupo, costumam ser, como já vimos, duas das obsessões do mestre-orientador em sua tentativa de guiar o aprendiz até essa zona de desenvolvimento proximal com o fim de colonizá-la e transformá-la em território conhecido, a partir do qual se traçam novos mapas que abrem para o conhecimento novos territórios cobertos pela bruma.

Um último personagem, não muito freqüente nas aulas, mas também necessário, principalmente em contextos de instrução que envolvem alunos adultos e maduros, é o de *assessor* de aprendizagens, ou, se se prefere, diretor dos projetos de aprendizagem e/ou investigação dos alunos. Trata-se de uma variante infreqüente do personagem anterior, em que a entrega do controle das tarefas ao aprendiz é ainda maior, ou, se se prefere, o controle é ainda mais remoto. Aqui, o professor nem sequer fixa os objetivos da aprendizagem. É o próprio aluno que estabelece suas metas e o professor supervisiona, fazendo perguntas mais do que oferecendo respostas. Às vezes, o suposto mestre nada mais é do que um co-aprendiz, alguém que vai descobrindo esse território ignoto ao mesmo tempo em que o aluno, talvez um ou dois passos à frente, mas que não tem necessariamente um plano preestabelecido de intervenção em relação a esse aluno concreto. Nisso se diferencia também da orientação, em que o professor, embora não deixe explícito no começo, dispõe de um plano de atividade para ir introduzindo, de forma progressiva, no caminho dos alunos. O assessor ou diretor de aprendizagens ajudará em algumas formas complexas de aprendizagem construtiva, como a mudança conceitual de forma complementar a esse trabalho de orientação.

Estes são os cinco possíveis personagens em busca de um autor que os integre. Talvez o leitor, se é professor, à medida que lesse, tentasse provar cada um desses trajes (ou se é aluno, prová-los em alguns de seus professores). Dependendo de suas teorias implícitas sobre a aprendizagem, e seu âmbito de intervenção profissional, alguns lhe cairão melhor do que outros. Mas, possivelmente, sente que nenhum lhe serve bem. Quando não é a manga que puxa, é a perna que está curta ou os ombros que ficaram caídos. Não deve se preocupar, o problema é do traje, não seu. Na realidade, não se trata disso, de perceber que o trabalho do professor na nova cultura da aprendizagem, como o do aluno, é múltiplo e variado, que não nos basta ter um traje apenas, mas sim que devemos compor nosso personagem sob medida, nosso próprio roteiro, a partir dos moldes oferecidos por esses personagens fantasmais que perambulam não só pelas páginas deste livro, como por nossas salas de aula e, mais ainda, dentro de nós mesmos. Trata-se de elaborar um papel *complexo* que responda às exigências do roteiro dessa nova cultura da aprendizagem, um papel que responda às demandas sociais de aprendizagem, mas também às necessidades dos alunos, de forma que a tarefa de aprendizes e mestres se ajuste e se construa mutuamente. Não existe um bom papel sem uma boa réplica.

A construção mútua de aprendizes e mestres

O tango é uma coisa para dois. Se os mestres se movem para um lado e os aprendizes para outro, será difícil que a aprendizagem seja eficaz. No Capítulo 3, víamos que, por infelicidade, aprender e ensinar são verbos que nem sempre se conjugam juntos. E, ao longo do livro, em especial no Capítulo 11, ao tratar da formação estratégica dos aprendizes, insisti que são os mestres que devem marcar o ritmo da dança. Os professores fixam as regras do jogo da aprendizagem, às vezes, quem dera, de modo explícito, mas outras de formas mais implícitas e misteriosas. O professor deve ser quem primeiro pensa e se conscientiza das dificuldades da aprendizagem (o leitor se lembra, a essas alturas da "deterioração" da aprendizagem mencionada na já distante Introdução?), quem constrói os andaimes a partir dos quais se edificarão os conhecimentos dos alunos, é o mediador do processo da aprendizagem.

Se queremos que os alunos se ajustem às novas demandas de aprendizagem, devemos começar mudando a forma como lhes ensinamos e definimos suas tarefas de aprendizagem. Devemos modificar de forma progressiva o ambiente, a cultura da aprendizagem em que se movem, não só a longo prazo, mas principalmente nos cenários de aprendizagem que vivem cotidianamente. A Figura 12.5 ilustra, a partir de Coll e Solé (1990), o tipo de mudança ou transação que se deve produzir nos papéis mútuos de alunos e professores com o fim de promover novas formas de aprendizagem construtiva, além ou apesar das tradicionais aprendizagens associativas, ainda necessárias. Como nos bons filmes, uma boa instrução é aquela em que não só há boas réplicas, um diálogo eficaz, mas uma mudança sutil e progressiva nos personagens, que vão se enchendo de nuances à medida que se desenvolve a trama, de forma que no final o durão do começo nos sai um romântico incorrigível, o bondoso fazendeiro um personagem inquietante com um passado turvo, e o espião na realidade é um espião duplo, que acaba sendo dos bons, ou seja, dos nossos. Também a aprendizagem e a instrução requerem uma transição, uma *mudança* de papéis, não menos importante por ser menos emocionante. A entrega progressiva da responsabilidade da aprendizagem para os aprendizes simboliza, de alguma forma, a transição para essa nova cultura da aprendizagem. Agora só nos resta, à guisa de conclusão, fechar estas páginas com um decálogo que resume as recomendações ou considerações para a construção dessa nova cultura da aprendizagem que foram se apresentando, com tediosa insistência, ao longo deste livro.

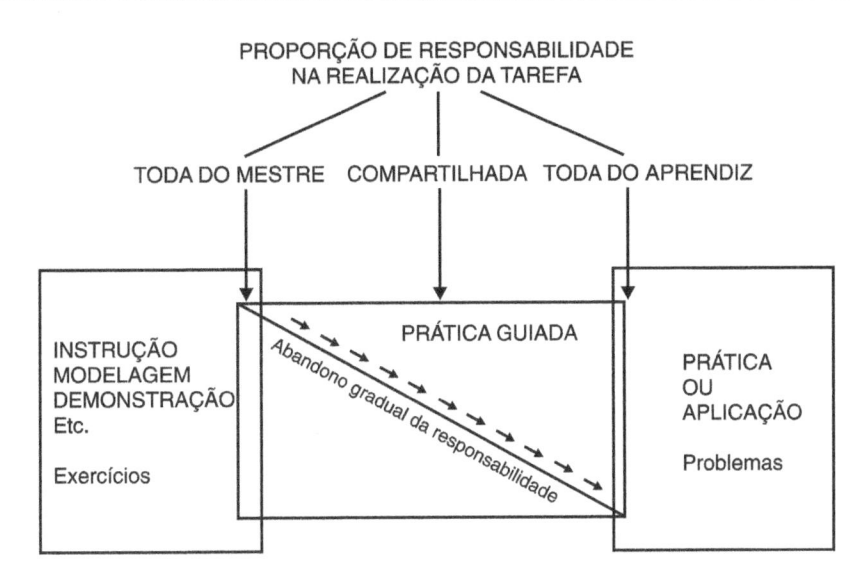

```
                    PROPORÇÃO DE RESPONSABILIDADE
                        NA REALIZAÇÃO DA TAREFA

        TODA DO MESTRE    COMPARTILHADA    TODA DO APRENDIZ

    ┌──────────────────┬──────────────────────┬──────────────────┐
    │                  │                      │                  │
    │ INSTRUÇÃO        │   PRÁTICA GUIADA     │  PRÁTICA         │
    │ MODELAGEM        │                      │  OU              │
    │ DEMONSTRAÇÃO     │  Abandono gradual    │  APLICAÇÃO       │
    │ Etc.             │  da responsabilidade │                  │
    │                  │                      │  Problemas       │
    │ Exercícios       │                      │                  │
    └──────────────────┴──────────────────────┴──────────────────┘
```

FIGURA 12.5 Representação esquemática do processo de transferência do controle ou responsabilidade da aprendizagem dos mestres para os aprendizes, que envolve uma mudança no tipo de tarefas, desde os exercícios aos problemas (adaptado de Coll e Solé, 1990).

13

Os Dez Mandamentos da Aprendizagem

> O dia em que entrei na aula de física foi mortal. Um homem escuro e baixo, de voz aguda e ciciante, conhecido como Sr. Manzi, estava frente à turma com um apertado terno azul segurando uma pequena bola de madeira. Colocou a bola numa canaleta inclinada e a deixou rolar até embaixo. A seguir, começou a dizer: suponhamos que a é igual a aceleração e que t é igual a tempo. E de repente se pôs a rabiscar letras e números e signos sem distinção por todo o quadro-negro, e minha mente deixou de funcionar.
>
> SYLVIA PLATH

O FRACASSO DA APRENDIZAGEM: UM PECADO MUITO POUCO ORIGINAL

Na Introdução se fez uma pergunta, a que espero que o leitor tenha respondido, de múltiplas formas, à medida que avançava na leitura. Há tantas razões pelas quais a aprendizagem e o ensino às vezes podem ser tão difíceis, que o mais razoável parece, a essas alturas, fazer-se a pergunta ao contrário: como é possível que a aprendizagem funcione tão bem com tanta freqüência? Ángel Rivière (1983) fez com bastante ironia essa pergunta há alguns anos, num artigo muito sugestivo sobre a aprendizagem escolar, cujo provocador título era "Por que as crianças fracassam tão pouco?" e cuja resposta estava, como não, nessa excelente e poderosa máquina de aprendizagem de que estamos dotados, de forma única, os humanos, seres nascidos para aprender, que nos torna capazes de enfrentar com relativo sucesso exigências desmedidas ou feitas em condições bastante adversas, como costuma ser o contexto escolar para as crianças. Naquele artigo, Rivière analisava o poderoso sistema de aprendizagem das crianças através dos dez mandamentos que, segundo ele, a escola impõe de modo implícito ao sistema cognitivo infantil. Aqueles dez mandamentos, como é prescrito, se resumiam em dois:

"desvincularás grande parte de teu pensamento dos propósitos e intenções humanas... e, para culminar, deverás parecer uma criança interessada e competente" (Rivière, 1983, p. 7). Dessas dez exigências cognitivas impostas de modo implícito pela escola se derivam, conforme Rivière, outras dez prescrições ideais que o professor deveria levar em conta para reduzir ou aliviar o fracasso em seus alunos. Essas dez prescrições seriam a imagem no espelho dos dez mandamentos anteriores e, portanto, poderiam ser resumidos também em dois: *"vincularás, dentro do possível, os conteúdos escolares a propósitos e intenções humanos e situações interativas... e, para culminar, avaliarás também as crianças que não se mostrem interessadas e/ou competentes"* (Rivière, 1983, p. 12).

Por seu lado, Claxton (1984), em outro trabalho não menos irônico e sugestivo, estabelece também certos princípios, sob a epígrafe "o que todos os professores deveriam saber" para evitar, segundo ele, que a aprendizagem seja ainda mais difícil. Nesse caso, os "mandamentos" são só nove e incluem sugestões do tipo "pode-se levar um cavalo à fonte do conhecimento, mas não se pode obrigá-lo a beber", ou "até a água demora para ser digerida". A idéia básica, comum com o trabalho anteriormente citado e com os propósitos deste livro, é que a psicologia da aprendizagem pode proporcionar um guia para orientar a intervenção dos mestres, de forma que ajudem os aprendizes a superar as múltiplas armadilhas ocultas em cada atividade de aprendizagem, ou, se se prefere, os múltiplos e pouco originais pecados que todos cometemos quando tentamos aprender algo. Ou, como diz Claxton (1984, p. 214 da trad. esp.) em seu estilo provocador, mas transparente, *"se os professores não sabem em que consiste a aprendizagem e como ocorre, têm as mesmas possibilidades de favorecê-la que de atrapalhá-la"*. Se o leitor, aprendiz ou mestre, chegou até aqui, espero que sua concepção da aprendizagem tenha ao menos se enriquecido e complicado, como era um dos objetivos do livro. Não é demais, no entanto, fechar esta exposição resumindo os princípios fundamentais da aprendizagem cognitiva que possam guiar a intervenção dos mestres (e dos aprendizes que, por sorte, atuem como mestres de si mesmos). Já que os detalhes dos pecados e penitências, das formas e técnicas para resistir à tentação ou superá-la, foram expostos nos capítulos correspondentes, apresentarei aqui, de modo sintético, os dez mandamentos da aprendizagem que se derivam de tudo o que foi exposto neste livro, os quais os mestres deveriam levar explicitamente em consideração se quiserem ajudar seus aprendizes a aprender.

ESTES DEZ MANDAMENTOS...

Os dez mandamentos da aprendizagem em que os mestres deveriam basear sua intervenção estão inscritos nas Tábuas da Lei da Figura 13.1. São os seguintes.

I. Partirás dos interesses e motivos. II. Partirás dos conhecimentos prévios. III. Dosarás a quantidade de informação nova. IV. Farás com que condensem e automatizem os conhecimentos básicos. V. Diversificarás as tarefas e aprendizagens.	VI. Planejarás situações de aprendizagem para a sua recuperação. VII. Organizarás e ligarás as aprendizagens umas às outras. VIII. Promoverás a reflexão sobre os conhecimentos. IX. Proporás tarefas abertas e incentivarás a cooperação. X. Instruirás no planejamento e organização da própria aprendizagem de cada um.

FIGURA 13.1 As Tábuas da Lei da aprendizagem.

I. Partirás dos interesses e motivos dos aprendizes com a intenção de mudá-los

A aprendizagem deve estar ligada ao ponto de partida do aluno. Não deverás supor, como parece fazer o ínclito professor Manzi, que todos os alunos estão *on line*, predispostos a aprender o que você acha conveniente, mas sim, promoverás ativamente neles o interesse pelo que aprendem. Não se deve pressupor a motivação do aprendiz como a coragem do soldado, principalmente se um e outro vão obrigados para o matadouro. Assumirás que a motivação não só é causa da aprendizagem ou de seu fracasso, mas também conseqüência da própria aprendizagem (Capítulo 7). Assim, incentivarás o interesse intrínseco pelo que se aprende, adequando os conteúdos aos conhecimentos e capacidades prévias dos alunos, mas também lhes proporcionando informação precisa e útil dos erros que cometem em sua aprendizagem, fazendo-os se sentir eficazes e competentes (Capítulo 7). Organizarás as atividades de aprendizagem de forma cooperativa e procurarás orientar seus alunos mais para compreenderem o que fazem do que para terem êxito (Capítulo 12).

II. Partirás dos conhecimentos prévios dos aprendizes com a intenção de mudá-los

Assumirás que aprender é, antes de mais nada, mudar o que já se sabe. Todo aprendiz tem uma bagagem de conhecimentos prévios, em boa parte implícitos (Capítulos 8 e 9), com a qual é preciso estabelecer conexão para que o adquirido tenha sentido. Em vez de obrigar os alunos desde o começo a se deslocar para o seu mundo mental — o do professor —, que pode estar povoado, como no caso de Mr. Manzi, de estranhas letras que não são o que parecem e de outros confusos garranchos, vincularás, dentro do possível as tarefas de aprendizagem a domínios relevantes para os alunos, fomentando a transferência e conexão mútua entre os contextos e conhecimentos cotidianos e os saberes formais que você ensina, e ativarás de maneira deliberada, os conhecimentos prévios dos alunos (Capítulo

6), fazendo com que reflitam e discutam sobre eles em contextos de aprendizagem cooperativa (Capítulo 12). Como esses conhecimentos prévios não mudam de modo imediato, mas, antes, se modificam por um processo de complicação ou mudança conceitual progressiva (Capítulo 10), procurarás estabelecer seqüências de progressão ou complicação desses conhecimentos prévios (ou, se preferes, zonas de desenvolvimento proximal em que planejar as tarefas de aprendizagem). Avaliarás o que foi aprendido em função nem tanto de sua proximidade a um conhecimento supostamente correto como pelo grau em que esses conhecimentos prévios tenham mudado e hajam se integrado com os novos saberes ensinados, reconstituindo-se ou reestruturando-se.

III. Dosarás a quantidade de informação nova apresentada em cada tarefa

Evitarás que a informação nova apresentada em cada tarefa exceda os recursos cognitivos disponíveis no aprendiz (Capítulo 5). Para isso, selecionarás e seqüenciarás a apresentação de conteúdos novos, ao mesmo tempo em que atrairás a atenção dos alunos para essa nova informação, destacando o novo e relevante e consolidando o já sabido (Capítulo 7). Procurarás manter a atenção dos alunos e os ajudarás a distribuí-la e empregá-la de modo mais eficaz, evitando que suas mentes deixem de funcionar.

IV. Farás com que condensem e automatizem os conhecimentos básicos que forem necessários para futuras aprendizagens

Com o fim de incrementar os recursos cognitivos disponíveis, farás com que os aprendizes condensem e automatizem aqueles "pacotes de informação", verbal (Capítulo 10) ou procedimental (Capítulo 11), que sejam funcionais em novas situações de aprendizagem ou na aplicação do aprendido a novos contextos (Capítulo 6). Para isso, deverás analisar os materiais de aprendizagem e selecionar aquela informação que seja necessária para o futuro, concebendo esse processo como um recurso e nunca como um fim em si mesmo da aprendizagem. Levarás em conta que aqueles conhecimentos automatizados, que, por serem pouco funcionais, não são recuperados com freqüência, tenderão a ser esquecidos (Capítulo 7).

V. Diversificarás as tarefas e os cenários de aprendizagem para um mesmo conteúdo

Desde que não se trate de um conhecimento condensado que deva ser recuperado sempre da mesma maneira, farás com que um mesmo conteúdo seja adquirido através de várias rotas e tarefas diferentes, já que com isso contribuirás para facilitar sua conexão com outras aprendizagens e, portanto, sua recuperação e sua transferência para novos contextos e situações (Capítulo 7). Igualmente, ao diversificar as tarefas e cenários de aprendizagem, os recursos didáticos, promoverás a atenção e a motivação dos alunos (Capítulo 7).

VI. Planejarás as situações de aprendizagem em função dos contextos e tarefas em que os aprendizes devam recuperar o que foi aprendido

Quando planejes a instrução de um resultado da aprendizagem, pensarás nas situações futuras em que os aprendizes deverão recuperar esse resultado, os contextos instrucionais ou cotidianos nos quais é funcional e pelos quais se justifica sua aprendizagem, e planejarás a instrução buscando ligá-la com esses contextos, de forma que existam semelhanças entre ambas, já que isso favorece a recuperação e a transferência do aprendido (Capítulo 7). Multiplicarás e diversificarás os contextos de aprendizagem para multiplicar suas vias de recuperação e instruirás os alunos em estratégias eficazes para recuperar o que foi aprendido (Capítulo 7).

VII. Organizarás e ligarás as aprendizagens umas às outras, o mais possível, de forma que o aprendiz perceba as relações explícitas entre elas

Para fomentar o significado do aprendido, estabelecerás quantas relações forem possíveis entre as aprendizagens, incentivando explicitamente a reflexão e tomada de consciência das mesmas por parte do aprendiz, já que a compreensão em particular e a aprendizagem construtiva em geral dependem do grau em que o aprendiz seja capaz de relacionar os conhecimentos entre si (Capítulos 6 e 10). Farás com que o aluno teça uma rede de significados o mais organizada possível, já que assim se facilita também a transferência do aprendido e, portanto, se alcança uma aprendizagem mais eficaz e duradoura (Capítulo 3). Para isso, promoverás nos alunos o uso de estratégias de organização de seus conhecimentos (Capítulo 6).

VIII. Promoverás entre os aprendizes a reflexão sobre seus conhecimentos, ajudando-os a criar e a resolver os conflitos cognitivos que forem propostos a eles

Farás com que a aprendizagem seja uma tarefa reflexiva e não apenas repetitiva. Proporás aos aprendizes as tarefas de forma que sejam induzidos a buscar suas próprias respostas em vez de receber todos os conhecimentos elaborados fora, *fast food* pronto para o consumo cognitivo. Recordarás que o conhecimento é sempre a resposta a uma pergunta previamente formulada e que, portanto, não tem sentido para o aluno se previamente não se fez essa pergunta. Promoverás a reflexão consciente sobre as próprias aprendizagens (Capítulo 7), assim como a comparação entre os conhecimentos dos alunos com o fim de gerar conflitos cognitivos, melhor em contextos de cooperação (Capítulo 12), proporcionando-lhes instrumentos conceituais (modelos, teorias, etc.) cuja comparação pode ajudar a resolver o conflito. Promoverás a comparação e a diferenciação entre alternativas conceituais e teóricas (Capítulo 10) em vez de favorecer um saber cósmico, em que tudo se relaciona com tudo, porque tudo dá na mesma.

IX. Proporás problemas de aprendizagem ou tarefas abertas e promoverás a cooperação dos aprendizes para sua resolução

Planejarás as tarefas de aprendizagem de forma que exijam que os aprendizes se defrontem com problemas cada vez mais abertos em vez de com exercícios repetitivos, cedendo-lhes, de forma progressiva, o controle das tarefas (Capítulos 7 e 12), mediante trabalhos que requeiram que eles, de modo progressivo, tomem decisões sobre os objetivos da tarefa, a estratégia mais eficaz e o grau de realização dos objetivos propostos (Capítulo 11). Não suporás, como o citado professor Manzi, que obviamente *seus* problemas são também problemas para seus alunos. Apoiarás o uso de estratégias no treinamento em técnicas componentes necessárias, que serão adquiridas por processos de automatização (Capítulo 11). Proporás, sempre que for possível, problemas ou tarefas abertos como situações de aprendizagem cooperativa, já que isso promove o surgimento de alternativas conflitantes assim como a ajuda mútua entre os alunos com o fim de alcançar os objetivos comuns propostos (Capítulo 12), além de melhorar suas aprendizagens sociais (Capítulo 8) e promover a motivação pela própria aprendizagem (Capítulo 7).

X. Instruirás os aprendizes no planejamento e organização de sua própria aprendizagem utilizando as estratégias adequadas

Farás com que os aprendizes passem, também de modo gradual, de jogadores a treinadores de si mesmos (Capítulo 11). Transformando as tarefas de aprendizagem em problemas diante dos quais devem tomar decisões, planejando, fixando metas, selecionando estratégias e avaliando resultados, irão assumindo o controle estratégico de seus próprios processos de aprendizagem (Capítulos 7 e 11). Treinarás especialmente as técnicas e estratégias dirigidas à aprendizagem construtiva, de elaboração e organização, já que costumam ser as mais deficitárias nos alunos (Capítulo 11). Variarás e diversificarás as tarefas de forma que tornem necessário um planejamento estratégico em vez de um confronto rotineiro das mesmas. Uma vez mais, promoverás a reflexão sobre a própria aprendizagem mediante o trabalho cooperativo e a comparação das distintas técnicas e enfoques utilizados pelos aprendizes (Capítulo 12).

... SE ENCERRAM EM DOIS

E estes dez mandamentos se encerram (ou aqui teríamos de dizer mais criteriosamente, condensam-se) em dois:

I. Refletirás sobre as dificuldades que teus aprendizes enfrentam e buscarás meios de ajudá-los a superá-las

Realmente, esse foi o objetivo deste livro, fazer com que mestres, e também aprendizes, reflitam sobre a aprendizagem não só a partir de seus conhecimentos prévios e experiência pessoal, mas comparando-os com as contribuições da psicologia cognitiva da aprendizagem. Espero que isso sirva para que, como professor, o leitor possa conhecer melhor não só as dificuldades que sofrem seus alunos como também suas possibilidades, já que estas últimas definem a zona de desenvolvimento proximal em que se deve fazer o projeto instrucional, que consiste em estratégias de ajuda ou apoio para a aprendizagem, baseadas nos dez mandamentos da aprendizagem.

II. Transferirás progressivamente para os alunos o controle de sua aprendizagem, sabendo que a meta última de todo mestre é se tornar desnecessário

Essas reflexões sobre a aprendizagem devem ser transferidas para os aprendizes através de sua própria atividade de aprendizagem. No final do Capítulo 12, resume-se este objetivo último de uma boa instrução, que consiste em que o mestre se torne desnecessário, fazendo com que o aprendiz chegue a ser autônomo e exerça o controle pleno de sua aprendizagem, quer dizer, que seja mestre de si mesmo. Dessa forma, fazendo com que o aluno seja, como deve ser, o protagonista principal de sua aprendizagem, o professor ficará relegado a esse estranho papel de ator secundário que só nos grandes filmes se pode apreciar, em fugazes, mas decisivas aparições, que imperceptivelmente, marcam com sua sombra o curso de todo o filme e, a seguir, permanecem vigorosas em nossa memória.

Tornando-se desnecessário, o mestre conseguirá, além disso, que seus aprendizes lhe devolvam a consciência que a alguns capítulos atrás (no Capítulo 7, concretamente) lhes emprestou, que já era hora. Consciência que, como todos sabemos, é o fruto amargo arrancado por nossos antepassados, os primeiros hominídeos, da frondosa árvore do conhecimento. Como lembra Humphrey (1983), tudo começou no paraíso (que, pelo visto, ficava pela Mesopotâmia, próximo, e não por casualidade, de onde se fundou aquela primeira escola de tabuinhas que deu origem, na Suméria, à nossa mais ancestral cultura da aprendizagem...) num fatídico dia em que, já se sabe, Adão e Eva se puseram a remexer nos ramos da Árvore da Ciência do Bem e do Mal, provaram o fruto proibido do conhecimento, tomaram consciência de sua nudez e foram expulsos do paraíso inconsciente por um Deus mentiroso (pois os havia ameaçado com a morte, mas vá se saber por que, não cumpriu sua ameaça). Desde então, andamos todos vagando por esses territórios do saber, cada vez mais descentrados, mais esmagados pela quantidade de informação, pelos frutos que caem das árvores e cada vez mais pressionados a comê-los todos. Vamos em busca do mapa perdido que nos ajude a reconstruir essas zonas de desenvolvimento proximal que vamos tecendo e destecendo, como conseqüência daquele distante pecado. E já se sabe, quanto mais buscamos, nos ramos da árvore do conhecimento, o fruto proibido do saber, mais conscientes nos tornamos de nossa nudez conceitual, dos pecados de nossa aprendizagem. Nem por isso, todavia, somos mais pecadores nem devemos nos sentir mais contritos. Se a leitura deste livro produziu algum desassossego no leitor, como aprendiz ou como mestre, não se angustie nem vacile por isso. Tome a coisa como um desequilíbrio cognitivo, o que fará com que você progrida em seu conhecimento, e não só como um fruto amargo do pecado. Além disso, não é por ignorar nossos pecados que somos menos pecadores. Não sei se este livro fará com que alguns alunos e professores arrependam-se de seus pecados e sintam-se inclinados a se emendarem, mas espero que sirva ao menos para aliviar sua penitência e transformar o pecado da aprendizagem, esse hábito funesto e incontrolável de agitar os ramos da árvore do conhecimento, numa atividade prazerosa em vez da dolorosa seqüela daquele pecado original que todos carregamos, como descendentes que somos daquele *homo discens* que um dia cruzou sem saber a nebulosa fronteira da consciência.

Referências Bibliográficas

AGUADO, L. (1989): "Condicionamiento clásico". Em: R. Bayés e J. L. Pinillos (Eds.), *Aprendizaje y condicionamiento*. Madrid: Alhambra.
AGUADO, L. (Ed.) (1990): *Cognición comparada. Estudios experimentales sobre la mente animal*. Madrid: Alianza Editorial.
ALLOY, L. B. e ABRAMSON, L. (1979): "Judgment of contingency in depressed and non-depressed subjects: sadder but wiser?" *Journal of Experimental Psychology: General*, 108, 441-485.
ALONSO-QUECUTY, M. L. (1993): "Interrogando a testigos, víctimas y sospechosos: la obtención de información exacta". Em: M. Diges e M. L. Alonso-Quecuty (Eds.): *Psicología forense experimental*. Valencia: Promolibro.
ALONSO TAPIA, J. (1991): *Motivación y aprendizaje en el aula: cómo enseñar a pensar*. Madrid: Santillana.
―――― (Ed.) (1992): *Motivar en la adolescencia. Teoría, evaluación e intervención*. Madrid: Servicio de Publicaciones de la Universidad Autónoma.
―――― (1995): *Orientación educativa. Teoría, evaluación e intervención*. Madrid: Síntesis.
ÁLVAREZ, A. RÍO e DEL, P. (1990a): "Educación y desarrollo: la teoría de Vygotsky y la zona de desarrollo próximo". Em C. Coll, J. Palacios e A. Marchesi (Eds.), Psicología de la Educación II. *Desarrollo psicológico y educación*. Madrid: Alianza Editorial.
―――― (1990b): "Escenarios educativos y actividad". Em C. Coll, J. Palacios e A. Marchesi (Eds.), *Psicología de la Educación II. Desarrollo psicológico y educación*. Madrid: Alianza Editorial.
ANDERSON, J. R. (1983): *The architecture of cognition*, Cambridge, Mass. Harvard University Press.
ANNETT, J. (1991): "Skill acquisition". Em: J. Morrison (Ed.): *Training for performance*. New York: Wiley.
APARICIO, J. J. (1995): "Enseñar a aprender: el adiestramiento de tácticas y estrategias de aprendizaje". Em: M. Rodríguez Moneo (Ed.), *El papel de la psicología del aprendizaje en la formación inicial del profesorado*. Madrid: Ediciones de la Universidad Autónoma de Madrid.
ARMSTRONG, S.; GLEITMAN, L. R. e GLEITMAN, S. (1983): "What some concepts might not be". *Cognition*, 13, 263-308.
ATKINSON, J. W. e RAYNOR, J. O. (1978): *Personality, motivation and achievement*. Washington, D.C.: Hemisphere.
ATKINSON, R. C. e SHIFFRIN, R. D. (1968): "Human memory: a proposed system and its control processes". Em: K. W. Spence e J. T. Spence (Eds.), *The Psychology of Learning and Motivation*. Vol 2. New York: Academic Press. Trad. esp. em: M. V. Sebastián, *Lecturas de psicología de la memoria*. Madrid: Alianza Editorial, 1983.

ATLAN, H. (1979): *Entre le cristal et te fumée*. Paris: Editions du Seuil. Trad. esp.: *Entre el cristal y el humo. Ensayos sobre la organización de lo vivo*. Madrid: Debate, 1990.

AUSUBEL, D. P.; NOVAK, J. D. e HANESIAN, H. (1978): *Educational psychology*. 2ª ed. New York: Holt, Rinehart e Winston. Trad. esp. de M. Sandoval: *Psicología educativa*. México: Trillas, 1983.

BADDELEY, A. (1976): *The psychology of memory*. New York: Basic Books. Trad. esp. de M. V. Sebastián e outros: *Psicología de la memoria*. Madrid: Debate,1983.

——— (1982): *Your memory*. London: Sidgewick and Jackson. Trad. esp. de M. V. Sebastián e T. del Amo: *Su memoria. Cómo conocerla y dominarla*. Madrid: Debate, 1984.

——— (1990): *Human memory. Theory and practice*. Hillsdale, N. J.: Erlbaum.

BÁEZ, B. e JIMÉNEZ, J. E. (1994): "Contexto escolar y comportamiento social". Em: M. J. Rodrigo (Ed.), *Contexto y Desarrollo Social*. Madrid: Síntesis.

BAJO, M. T. e CAÑAS, J. J. (1991): *Ciencia cognitiva*. Madrid: Debate.

BANDURA, A. (1976): *Social learning theory*. Englewood-Cliffs, N. J.: Prentice Hall. Trad. esp. de A. Rivière: *Teoría del aprendizaje social*. Madrid: Espasa-Calpe, 1984.

——— (1986): *Social foundations of thought and action*. Englewood-Cliffs, N. J.: Prentice Hall. Trad. esp. de M. Zaplana: *Pensamiento y acción. Fundamentos sociales*. Barcelona: Martínez Roca.

BAYÓN, I. (1985): *La vieja Rusia de Gorbachov*. Madrid: Ediciones El País.

BEREITER, C. e SCARDAMALIA, M. (1989): "Intentional learning as a goal of instruction". Em L. Resnick (Ed.), *Knowing, learning and instruction*. Hillsdale, N. J.: Erlbaum.

BLACK, P. e LUCAS, A. M. (Eds.) (1993): *Children's informal ideas in science*. London: Routledge & Kegan Paul.

BLISS, J. e OGBORN, J. (1993): "A common-sense theory of motion". Em: P. Black e A. M. Lucas (Eds.), *Children's informal ideas in science*. London: Routledge & Kegan Paul.

BOAKES, R. A. (1984): *From Darwin to behaviorism*. Cambridge, Massachusetts: Cambridge University Press. Trad. esp. de V. García-Hoz e J. Linaza: *Historia de la psicología animal. De Darwin al conductismo*. Madrid: Alianza Editorial, 1989.

BODEN, M. A. (1991): "Horses of a different color?" Em: W. Ramsey; S. P. Stich e D. E. Rumelhart (Eds.), *Philosophy and connectionist theory*. Hillsdale, N.J.: Erlbaum.

BOLLES, R. C. (1975): "Learning, motivation and cognition". Em W. K. Estes (Ed.), *Handbook of learning and cognitive processes*. Vol 1. Hillsdale, N.J.: Erlbaum. Trad. esp. de A. Fernández em: A. Pérez e J. Gimeno (Eds.), *Lecturas de aprendizaje y enseñanza*. Madrid: Zero, 1981.

BOORSTIN, D. J. (1983): *The discoverers*. New York: Random House. Trad. esp. de S. Lijtmaer: *Los descubridores*. Barcelona: Crítica, 1986.

BRANDSFORD, J. D.; VYE, N. J.; ADAMS, L. T. e PERFETTO, G. A. (1989): "Learning skills and the acquisition of knowledge". Em: A. Lesgold e R. Glaser (Eds.), *Foundations for a psychology of education*. Hillsdale, N.J.: Erlbaum.

BRELAND, K. e BRELAND, M. (1961): "The misbehavior of organisms". *American Psychologist*, 16, 681-684. Trad. esp. de A. M. Meneses em W. S. Sahakian (Ed.), *Aprendizaje: sistemas, modelos y teorías*. Madrid: Anaya, 1980.

BROWN, A. L.; BRANDSFORD, J. D.; FERRARA, R. A. e CAMPIONE, J. C. (1983): "Learning, remembering and understanding". Em J. H. Flavell e E. M. Markman (Eds.). *Handbook of child psychology: cognitive development*. Vol. 3. New York: Wiley.

BROWN, A. L. e CAMPIONE, J. C. (1994): "Guided discovery in a community of learners". Em: K. McGilly (Ed.), *Classroom lessons. Integrating cognitive theory and practice*. Cambridge, Massachusetts: Cambridge University Press.

BROWN, A. L. e PALINCSAR, A. S. (1989): "Guided, cooperative learning and individual knowledge acquisition". Em L. Resnick (Ed.), *Knowing, learning and instruction*. Hillsdale, N.J.: Erlbaum.

BRUNER, J. S. (1972): "Nature and uses of inmadurity". *American Psychologist*, 27, 8, 1-22. Trad. esp. de I. Enesco em: J. S. Bruner: *Acción, pensamiento y lenguaje* (compilacção de J. Linaza). Madrid: Alianza Editorial, 1984.

——— (1983): *In search of mind*. New York: Harper & Row. Trad. esp. de J. J. Utrilla: *En busca de la mente*. México, D.F.: F.C.E., 1985.
BUCKLEY, R. e CAPLE, J. (1990): *The theory and practice of training*. London: Kogan Page. Trad. esp. de Asel S. A.: *La formación: teoría y práctica*. Madrid: Díaz de Santos, 1991.
CABALLO, V. (Ed.) (1991): *Manual de técnicas de terapia y modificación de conducta*. Madrid: Siglo XXI.
——— (1993): *Manual de evaluación y entrenamiento en habilidades sociales*. Madrid: Siglo XXI.
CAPARRÓS, A. (1980): *Los paradigmas en psicología*. Bacelona: Horsori.
CAREY, S. (1985): *Conceptual change in childhood*. Cambridge, Massachusetts: M-I-T- Press.
——— (1991): "Knowledge acquisition: enrichment or conceptual change?" Em: S. Carey y R. Gelman (Eds.): *The epigenesis of mind: essays on biology and cognition*. Hillsdale, N.J.: Erlbaum.
CAREY, S. e GELMAN, R. (Eds.) (1991): *The epigenesis of mind: essays on biology and cognition*. Hillsdale, N.J.: Erlbaum.
CAREY, S. e SPELKE, E. (1994): "Domain specific knowledge and conceptual change". Em: L. Hirschfeld e S. Gelman (Eds.). *Mapping the mind*. Cambridge, Massachusetts: Cambridge University Press.
CARRETERO, M. (1985): "Aprendizaje y desarrollo: un ejemplo del tratado del inútil combate". Em J. Mayor (Ed.), *Actividad humana y procesos cognitivos*. Madrid: Alhambra.
——— (1993): *Constructivismo y educación*. Madrid: Edelvives. (Em português: *Construtivismo e educação*. Porto Alegre: Artmed, 1997.)
CARRETERO, M. e GARCÍA MADRUGA, J. A. (Eds.) (1984): *Lecturas de psicología del pensamiento*. Madrid: Alianza Editorial.
CARRETERO, M.; JACOTT, L. e LÓPEZ MANJÓN, A. (1993): "Perspectivas actuales en la comprensión y enseñanza de la causalidad histórica. El caso del descubrimiento de América". Em: J. A. Beltrán, V. Bermejo, M. D. Prieto e D. Vence (Eds.). *Intervención psicopedagógica*. Madrid: Pirámide.
CARRETERO, M.; POPE, M.; SIMONS, R. J. e POZO, J., I. (Eds.) (1991): *Learning and Instruction*. Oxford: Pergamon Press.
CARRETERO, M.; POZO J. I., e ASENSIO, M. (Eds.) (1989): *La enseñanza de las ciencias sociales*. Madrid: Visor.
CARRETERO, M. e VOSS, J. F. (Eds.) (1994): *Cognitive and instructional processes in History and Social Sciences*. Hillsdale, N.J.: Erlbaum.
CASE, R. (1985): *Intellectual development. Birth to adulthood*. Orlando: Academic Press. Trad. esp. de I. Menéndez. *El desarrollo intelectual. Del nacimiento a la edad madura*. Barcelona: Paidós, 1989.
CERUTI, M. (1991): "El mito de la omnisciencia y el ojo del observador". Em: P. Watzlawick e P. Krieg (Eds.), *El ojo del observador. Contribuciones al constructivismo*. Barcelona: Gedisa, 1994.
CHARNESS, N. (1991): "Expertise in chess: the balance between knowledge and search". Em: K. A. Ericsson e J. Smith (Eds.), *Toward a general theory of expertise. Prospects and limits*. Cambridge Mass., Cambridge: University Press.
CHASE, W. G. e SIMON, H. A. (1973): "Perception in chess", *Cognitive Psychology*, 4, 55-81.
CHI, M. T. H. (1992): "Conceptual change within and across ontological categories: examples from learning and discovery in science". Em: R. Giere (Ed.), *Cognitive models of science. Minnesota Studies in the Philosophy of Science*. Minneapolis: University of Minnesota Press.
CHI, M. T. H.; GLASER, R. e FARR, M. (Eds.) (1988): *The nature of expertise*. Hillsdale, N.J.: Erlbaum.
CHI, M. T. H.; GLASER, R. e REES, E. (1982): "Expertise in problem solving". Em: R. Sternberg (Ed.), *Advances in the psychology of human intelligence*. Vol. 2. Hillsdale, N. J.: Erlbaum.
CHI, M. T. H.; SLOTTA, J. e DE LEEUW, W. (1994): "From things to processes: a theory of conceptual change for learning science concepts". *Learning and Instruction*, 4 (1), 27-43.
CHOMSKY (1980): *Rules and representations*. New York: Columbia University Press. Trad. esp.: *Reglas y representaciones*. México, D.F.: F.C.E., 1983.
CLAXTON, G. (1984): *Live and learn*. London: Harper & Row. Trad. esp. de C. González, *Vivir y aprender*. Madrid: Alianza Editorial, 1987.
——— (1990): *Teaching to learn. A direction for education*. London: Cassell.
——— (1991): *Educating the inquiring mind. The challenge for school science*. London: Harvester. Trad. esp.: *Educando mentes curiosas*. Madrid: Visor, 1994.

COHEN, G. (1989): *Memory in the real world*. Hillsdale, N.J.: Erlbaum.
COLE, M. (1991): "Cognitive development and formal schooling: the evidence from cross-cultural research". Em L. Moll (Ed.), *Vygotsky and Education. Instructional implications and applications of sociocultural research*. Cambridge, Mass: Cambridge University Press.
COLL, C. (1986): *Marc curricular per a l'ensenyatnent obligatori*. Barcelona: Departament d'Ensenyament, Generalitat de Catalunya.
―――― (1990): "Un marco de referencia psicológico para la educación escolar: la concepción constructivista del aprendizaje y la enseñanza". Em C. Coll; J. Palacios e A. Marchesi (Eds.): *Psicología de la Educación II. Desarrollo psicológico y educación*. Madrid: Alianza Editorial.
―――― (1993): "Constructivismo e intervención educativa: ¿cómo enseñar lo que se ha de construir?" Em: J. A. Beltrán; V. Bermejo, M. D. Prieto e D. Vence (Eds.), *Intervención psicopedagógica*. Madrid: Pirámide.
COLL, C.; COLOMINA, R. (1990): "Interacción entre alumnos y aprendizaje escolar". Em C. Coll; J. Palacios e A. Marchesi (Eds.), *Psicología de la Educación II. Desarrollo psicológico y educación*. Madrid: Alianza Editorial.
COLL, C.; COLOMINA, R.; ONRUBIA, J. e ROCHERA, M. J. (1995): "Actividad conjunta y habla: una aproximación al estudio de los mecanismos de influencia". Em: P. Fernández Berrocal e M. A. Melero (Eds.), *La interacción social en contextos educativos*. Madrid: Siglo XXI.
COLL, C.; PALACIOS, J. e MARCHESI, A. (Eds.) (1990): *Desarrollo psicológico y educación. II. Psicología de la Educación*. Madrid: Alianza/Psicología. (Em português: *Desenvolvimento psicológico e educação*. Porto Alegre: Artmed, 2000. v.2.)
COLL, C.; POZO, J. I.; SARABIA, B.; VALLS, E. (1992): *Los contenidos en la Reforma. Enseñanza y aprendizaje de conceptos, procedimientos y actitudes*. Madrid: Santillana/Aula XXI. (Em português: *Os conteúdos na reforma: ensino e aprendizagem de conceitos, procedimentos e atitudes*. Porto Alegre: Artmed, 2000.)
COLL, C. e ROCHERA, M. J. (1990): "Estructuración y organización de los contenidos en la enseñanza: las secuencias de aprendizaje". Em C. Coll, J. Palacios e A. Marchesi (Eds.), *Psicología de la Educación II. Desarrollo psicológico y educación*. Madrid: Alianza Editorial.
COLL, C. e SOLÉ, I. (1990): "La interacción profesor/alumno en el proceso de enseñanza y aprendizaje". Em: C. Coll, J. Palacios e A. Marchesi (Eds.), *Desarrollo psicológico y educación, II. Psicología y Educación*. Madrid: Alianza Editorial.
COLL, C. e VALLS, E. (1992): "El aprendizaje y enseñanza de los procedimientos". Em: C. Coll, J. I. Pozo, B. Sarabia e E. Valls: *Los contenidos en la reforma. Enseñanza y aprendizaje de conceptos, procedimientos y actitudes*. Madrid: Santillana.
COLLINS, A. M. e QUILLIAN, N. R. (1969): "Retrieval time from semantic memory". *Journal of verbal Learning and Verbal Behavior*, 8, 240-247.
CRAIK, F. I. M. e TULVING, E. (1975): "Depth of processing and the retention of words in episodic memory". *Journal of Experimental Psychology: General*, 104, 268-294. Trad. esp. Em *Estudios de Psicología*, 1980, 2, 110-146.
CRUZ, J. (1986): *Teorías del aprendizaje y tecnologías de la enseñanza*. México, D.F. Trillas.
DANSEREAU, D. F. (1985): "Leaming strategy research". Em: J. Segal, S. Chipman e R. Glaser (Eds.): *Thinking and learning skills*. Vol-1. Hillsdale, N. J.: Erlbaum.
DAVYDOV, V. V. (1972): *Vidy obobsheniya le obyrenii*. Moscou. Trad. esp.: *Tipos de generalización en la enseñanza*. La Habana: Pueblo y Educación, 1978.
DE VEGA, M. (1984): *Introducción a la psicología cognitiva*. Madrid: Alianza Editorial.
―――― (1985): "Procesamiento de información y cultura: hacia una integración teórica". Em J. Mayor (Ed.), *Actividad humana y procesos cognitivos*. Madrid: Alhambra.
DELVAL., J. (1994a): *El desarrollo humano*. Madrid: Siglo XXI.
―――― (1994b): "Tesis sobre el constructivismo". *II Seminario sobre Constructivistno y Educación*. Puerto de la Cruz: Universidad de La Laguna.
DÍAZ-AGUADO, M. J. (1990): "El desarrollo moral". Em J. A. García-Madruga e P. Lacasa (Eds.), *Psicología evolutiva*. Vol. I. Madrid: UNED.
DICKINSON, A. (1980): *Contemporary animal learning theory*. Cambridge, Massachusetts: Cambridge University Press. Trad. esp. de L. Aguado: *Teorías del aprendizaje animal*. Madrid: Debate, 1984.

DIGES, M. e ALONSO-QUECUTY, M. L. (Eds.) (1993): *Psicología forense experimental*. Valencia: Promolibro.
DiSESSA, A. (1993): "Towards an epistemology of physics". *Cognition and Instruction*, lo (2-3), 105-225.
DiSESSA, A. (1994): "Speculations on the foundations of knowledge and intelligence". Em D. Tirosh (Ed.) *Implicit and explicit knowledge: an educational approach*. Norwood. N.J.: Abblex.
DOMÍNGUEZ, J. (1994): "La solución de problemas en las Ciencias Sociales". Em J. I. Pozo (Ed.), *Solución de problemas*. Madrid: Santillana.
DOMJAN, M. e BURCKHARD, B. (1986): *The principles of learning and behavior*. California: Brooks-Cole. Trad. esp. de C. Belmonte: *Princípios de aprendizaje y conducta*. Madrid: Debate, 1990.
DRIVER, R.; GUESNE, E. e TIBERGHIEN, A. (Eds.) (1985): *Children's ideas in science*. Milton Keynes: Open University Press. Trad. esp. P. Manzano *Ideas científicas en la infancia y la adolescencia*. Madrid: Morata/MEC, 1989.
DRIVER, R.; SQUIRES, A.; RUSHWORTH, P. e WOOD-ROBINSON, V. (1994): *Making sense of secondary school science*. London: Routledge.
EBBINGHAUS, H. (1885): *Uber das gedächtnis*. Leipzig: Dunker.
ECHEBARRÍA, A. (Ed.) (1991): *Psicología social cognitiva*. Bilbao: Desclée de Brower.
ECHEITA, G. (1995): "El aprendizaje cooperativo. Un análisis psicosocial de sus ventajas con respecto a otras estructuras de aprendizaje". Em: P. Fernández Berrocal e M. A. Melero (Eds.), *La interacción social en contextos educativos*. Madrid: Siglo XXI.
EISER, J. R. (1986): *Social Psychology: Attitudes, cognition and social behavior*. Cambridge, Ma.: Cambridge University Press. Trad. esp.: *Psicología social*. Madrid: Pirámide, 1989.
— (1994): *Attitudes, Chaos and the connectinist mind*. Oxford: Blackwell.
EISNER, E. (1985): "Aesthetic models of knowing". Em: E. Eisner (Ed.), *Learning and teaching the ways of knowing*. Chicago: Chicago University Press.
ELLIS, A. (1962): "Rational psychoterapy". Em: H. J. Eysenck (Ed.), *Experiments in behavior therapy*. New York: Pergamon Press. Trad. esp. de S. Morante: *Experimentos en terapia de conducta*. Madrid: Fundamentos, 1979.
ELLIS, A. (1964): *Reason and emotion in psychotherapy*. Trad. esp.: *Razón y emoción en psicoterapia*. Bilbao: Desclée de Brower, 1980.
ENTWISTLE, N. (1987): *Understanding classroom learning*. London: Hodder and Stoughton. Trad. esp. de I. Menéndez: *La comprensión del aprendizaje en el aula*. Barcelona: Paidós/MEC, 1988.
ERICSSON, K. A. e SMITH, J. (Eds.) (1991): *Toward a general theory of expertise. Prospects and limits*. Cambridge, Mass.: Cambridge University Press.
ESTANY, A. (1990): *Modelos de cambio científico*. Barcelona: Ed. Crítica.
ESTEVE, J. M.; FRANCO, S. e VERA, J. (1995): *Los profesores ante el cambio social*. Barcelona: Anthropos.
FARR, F. e MOSCOVICI, S. (Eds.) (1984): *Social representations*. Cambridge, Mass.: Cambridge University Press.
FERNÁNDEZ BERROCAL, P. e MELERO, M. A. (Eds.) (1995): *La interacción social en contextos educativos*. Madrid: Siglo XXI.
FERRY, G. (Ed.) (1986): *The understanding of animais*. London: Basil Blackwell. Trad. esp. A. M. Márquez: *El conocimiento de los animales*. Madrid: Pirámide, 1986.
FESTINGER, L. (1957): *A theory of cognitive dissonance*. New York: Harper.
FLACELIÈRE, R. (1959): *La vie quotidienne en Grèce au siécle du Périclès*. Paris: Hachette. Trad. esp. de C. Crespo: *La vida cotidiana en Grecia en el siglo de Pericles*. Madrid: Ediciones Temas de Hoy, 1989.
FLAVELL, J. H. (1985): *Cognitive development*. 2. ed. Englewood, N.J.: Prentice-Hall. Trad. esp. de J. I. Pozo e M. J. Pozo: *Desarrollo cognitivo*. Madrid: Visor, 1993.
——— (1987): "Speculations about the nature and development of metacognition". Em: F. E. Weinert e R. H. Kluwe (Eds.), *Metacognition, motivation and understanding*. Hillsdale, N.J. Erlbaum.

FODOR, J. (1979): "Fixation des croyances et acquisition de concepts". Em: M. Piatelli-Palmarini (Ed.), *Theories du langage. Theories de l'apprentissage*. Paris: Ed. du Seuil. Trad. esp. de S. Furió: *Teorías del lenguaje. Teorías del aprendizaje*. Barcelona: Crítica, 1983.
—— J. (1983): *The modularity of mind*. Cambridge, Mass.: The MIT Press. Trad. esp. de J. M. Igoa: *La modularidad de la mente*. Madrid: Morata, 1986.
GAGNÉ, E. D. (1985): *The cognitive psychology of school learning*. Trad. esp. de P. Linares: *La psicología del aprendizaje escolar*. Madrid: Visor, 1991.
GAGNÉ, R. M. (1985): *The conditions of learning and instruction*. Fourth Edition. New York: Holt. Trad. esp. de R. Elizondo: *Las condiciones del aprendizaje*. México, D-F-: Trillas, 1987.
GAGNÉ, R. M. e GLASER, R. (1987): "Foundations in learning research". Em R. M. GAGNÉ (Ed.), *Instructional technology: foundations*. Hillsdale, N.J. Erlbaum.
GARCÍA, J. E. (1995): *Epistemología de la complejidad y enseñanza de la ecología*. Tese de doutorado inédita. Facultad de Ciencias de la Educación, Universidad de Sevilla.
GARCÍA MADRUGA, J. A. (1990): "Aprendizaje por descubrimiento frente a aprendizaje por recepción: la teoría del aprendizaje verbal significativo". Em: C. Coll, J. Palacios e A. Marchesi (Eds.), *Desarrollo psicológico y educación, II. Psicología y Educación*. Madrid: Alianza.
—— (1991): *Desarrollo y conocimiento*. Madrid: Siglo XXI.
—— (1995): "Comprensión y aprendizaje a partir de textos". Em: M. Rodríguez Moneo (Ed.), *El papel de la psicología del aprendizaje en la formación inicial del profesorado*. Madrid: Ediciones de la Universidad Autónoma de Madrid.
GARDNER, H. (1982): *Art, mind and brain*. New York: Basic Books. Trad. esp. de G. G. M. de Vitale: *Arte, mente y cerebro*. Buenos Aires: Paidós, 1987. (Em português: *Arte, mente e cérebro: uma abordagem cognitiva da criatividade*. Porto Alegre: Artmed, 1999)
—— (1985): *The mind's new science*. New York: Basic Books. Trad. esp.: *La nueva ciencia de la mente*. Barcelona: Paidós.
GAZZANIGA, M. S. (1985): *The social brain*. New York: Basic Books. Trad. esp. de C. Frade: *El cerebro social*. Madrid: Alianza, 1993.
GENTNER, D. R. (1988): "Expertise in typewriting". Em: M. T. H. Chi, R. Glaser e M. Farr (Eds.), *The nature of expertise*. Hillsdale, N.J.: Erlbaum.
GIERE, R. N. (Ed.) (1992): *Cognitive models of science. Minnesota Studies in the Philosophy of science*. Minneapolis: University of Minnesota Press.
GIL, F. (1988): "Entrenamientos en habilidades sociales". Em J. Mayor e F. J. Labrador (Eds.), *Manual de modificación de conducta*. Madrid: Alhambra, 3. ed.
GLASER, R. (1992): "Expert knowledge and processes of thinking". Em: D. F. Halpern (Ed.), *Enhancing thinking skills in the sciences and mathematics*. Hillsdale, N.J.: Erlbaum.
GLASER, R. e BASSOK, M. (1989): "Learning theory and the study of instruction". *Annual Review of Psychology*, 40, 631-666.
GOLDSTEIN, I. L. (1993): *Training in organizations*. Third Edition. Pacific Grove, Ca.: Brooks/Cole.
GÓMEZ CRESPO, M. A. (1996): "Ideas y dificultades en el aprendizaje de la química". Alambique, 7, 37-44.
GÓMEZ CRESPO, M. A.; POZO, J. I., e SANZ, A. (1995): "Students' ideas on conservation of matter: effects of expertise and context variables". Science Education, 79 (1), 77-93.
GÓMEZ GRANELL, C. e FRAILE, J. (1993): "Psicología y didáctica de las matemáticas". *Infancia y Aprendizaje*, 62-63, 101-113.
GONZALO, I. (1993): *Observación de la interacción en el aula. Enseñanza y aprendizaje de procedimientos en matemáticas y ciencias de la naturaleza*, Tese de doutorado inédita, Universidad Autónoma de Madrid.
GOPNIK, A. e WELLMAN, H. M. (1994): "The theory theory". Em: L. Hirschfeld e S. Gelman (Eds.), *Mapping the mind*. Cambridge, Mass.: Cambridge University Press.
HAWKING, S. (1988): *A brief history of time. From the Big Bang to black holes*. New York: Bantam Books. Trad. esp. de M. Ortuño: *Historia del tiempo*. Barcelona: Crítica, 1988.
HERRMANN, D. J. e CHAFFIN, R. (Eds.) (1988): *Memory in historical perspective. The literature before Ebbinghaus*. Berlin: Springer.
HOLDING, D. H. (1985): *The psychology of chess skill*. Hillsdale, N.J.: Erlbaum.

HOLDING, D. H. (1991): "Transfer of training". Em: J. Morrison (Ed.), *Training for performance*. New York: Wiley.
HOLYOAK, K. J. e SPELLMAN, C. (1993): "Thinking". *Annual Review of Psychology*, 44, 265-315.
HUEBNER, D. E. (1985): "Spirituality and knowing". Em: E. Eisner (Ed.), *Learning and teaching the ways of knowing*. Chicago: Chicago University Press.
HUERTAS, E. (1992): *El aprendizaje no verbal en humanos*. Madrid: Pirámide.
HULME, C. e MACKENZIE, S. (1992): *Working memory and severe learning difficulties*. Hillsdale, N.J.: Erlbaum. Trad. esp. de J. Soler: *Dificultades graves de aprendizaje*. Barcelona: Ariel, 1994.
HUMPHREY, N. (1983): *Consciousness regained*. Oxford: Oxford University Press. Trad. esp. de J. J. Utrilla: *La reconquista de la conciencia*. México, D.F.: F.C.E., 1987.
IBÁÑEZ, T. (Ed.) (1988): *Ideologías de la vida cotidiana*. Barcelona: Sendai.
— (Ed.) (1989): *El conocimiento de la realidad social*. Barcelona: Sendai.
I.E.A. (International Association for the Evaluation of Educational Achievement) (1991): *Science Achievement in twenty three countries from 1984 to 1990*. London: Pergamon Press.
I.E.A. (International Association for the Evaluation of Educational Achievement) (1992): *Science Achievement in twenty three countries*. London: Pergamon Press.
INHELDER, B. e PIAGET, J. (1955): *De la logique de l'enfant a la logique de l'adolescent*. Paris: P.U.F. Trad. esp. de M. C. Cevasco: *De la lógica del niño a la lógica del adolescente*. Buenos Aires: Paidós, 1972.
JACOTT, L. (1995): *La comprensión de la causalidad histórica*. Tese de doutorado inédita. Facultad de Psicología, Universidad Autónoma de Madrid.
JEAN, G. (1989): *L'écriture, mémoire des hommes*. Paris: Gallimard. Trad. esp. De B. Morta: *La escritura, archivo de la humanidad*. Madrid: Aguilar, 1989.
KARMILOFF-SMITH, A. (1992): *Beyond modularity*. Cambridge, Mass.: Cambridge University Press. Trad. esp. de J. C. Gómez e María Nufiez: *Más allá de la modularidad*. Madrid: Alianza Editorial, 1994.
KELMAN, H. C. (1978): *A social interational theory of emotions*. New York: Wiley.
KLUWE, R. H. (1987): "Executive decisions and regulation of problem solving behavior". Em: F. E. Weinert e R. H. Kluwe (Eds.), *Metacognition, motivation and understanding*. Hillsdale, N.J.: Erlbaum.
KRAMER, S. N. (1956): *From the tablets of Sumer*. Colorado: The Falcons' Wings Press. Trad. esp. de J. Elías: *La historia empieza en Sumer*. Barcelona: Orbis, 1985.
KUHN, D.; AMSEL, E. e O'LOUGHLIN, M. (1988): *The development of scientific thinking*. London: Academic Press.
KYLLONEN, P. C. e SHUTE, V. J. (1989): "A taxonómy of learning skills". In: P. L. Ackerman; R. J. Stemberg y R. Glaser (Eds.), *Learning and individual differences. Advances in theory and research*. New York: W.H. Freeman and Company.
LABRADOR, F. J.; CRUZADO, J. A.; MUÑOZ, M. (1993): *Manual de técnicas de modificación de conducta*. Madrid: Pirámide.
LACASA, P. (1994): *Aprender en la escuela, aprender en la calle*. Madrid: Visor.
LACASA, P.; PARDO, P. e HERRANZ, M. P. (1994): "Escenarios interactivos y relaciones entre iguales". Em: M. J. Rodrigo (Ed.), *Contexto y Desarrollo Social*. Madrid: Síntesis.
LAKATOS, I. (1978): *The methodology of scientific research programmes-philosophical papers*, Vol. I. Ed. de J. Worall e G. Currie: Cambridge University Press. Trad. esp. de J. C. Zapatero: *La metodología de los programas de investigación científica*. Madrid: Alianza Editorial, 1983.
LAKOFF, G. e JOHNSON, M. (1980): *Metaphors we live by*. Chicago: University of Chicago Press. Trad. esp. de C. González: *Metáforas de la vida cotidiana*. Madrid: Cátedra, 1986.
LANGER, E. J. (1975): "The illusion of central". *Journal of Personality and Social Psychology*, 32, 311-328.
LARKIN, J. H. (1985): "Understanding, problem representation ans skill in physics". Em: S. F. Chipman, J. W. Segal e R. Glaser (Eds.), *Thinking and learning skills*. Vol. 2. Hillsdale, N.J.: Erlbaum.

LAVE, J. e WENGER, E. (1991): *Situated learning*. Cambridge, Mass.: Cambridge University Press.
LEAHY, T. H. e HARRIS, R. J. (1985): *Human learning*. Englewood-Cliffs, N.J.: Prentice-Hall.
LEÓN, J. A. (1991): "La comprensión y recuerdo de textos expositivos a través del análisis de algunas características del texto y del lector". *Infancia y Aprendizaje*, 56, 51-76.
LESGOLD, A.; RUBINSON, H.; FELTOVICH, P.; GLASER, R.; KLOPFER, D. e WANG, Y. (1988): "Expertise in a complex skill: diagnosting X-ray pictures". Em: M. T. H. Chi, R. Glaser e M. Farr (Eds.), *The nature of expertise*. Hillsdale, N.J.: Erlbaum.
LESLIE. A. (1987): "Pretense and representation: the origins of 'theory of mind'". *Psychological Review*, 94, 412-426.
LESTER, F. K. (1983): "Trends and issues in mathematical problem solving research". Em: R. Lesh e M. Landau (Eds.), *Acquisition of mathematical concepts and processes*. New York: Academic Press.
LEWICKI, P. (1986): *Nonconscious social information processing*. Orlando: Academic Press.
LIEURY, A. (1981): *Les procédés mnémotechniques*. Bruselas: P. Mardaga. Trad. esp. de Diorki: *Los métodos mnemotécnicos*. Barcelona: Herder, 1985.
LORENZ, E. N. (1993): *The essence of chaos*, Washington: University of Washington Press. Trad. esp. F. Páez: *La esencia del caos*. Madrid: Debate, 1995.
MACKINTOSH, N. J. (1990): "Psicología comparada de la inteligencia". Em L. Aguado (Ed.), *Cognición comparada. Estudios experimentales sobre la mente animal*. Madrid: Alianza Editorial.
MAHONEY, M. J. e FREEMAN, A. (Eds.) (1985): *Cognition and psychotherapy*. New York: Plenum Press. Trad. esp., de I. Caro: *Cognición y psicoterapia*. Barcelona: Paidós.
MARCEL, A. J. e BISIACH, E. (Eds.) (1992): *Consciousness in contemporary science*. Oxford: Clarendon Press.
MARRERO, J. (1993): "Las teorías implícitas del profesorado: vínculo entre la cultura y la práctica de la enseñanza". Em M. J. Rodrigo, A. Rodríguez e J. Marrero (Eds.), *Las teorías implícitas: una aproximación al conocimiento cotidiano*. Madrid: Visor.
MARTÍ, E. (1991): *Psicología evolutiva. Teorías y ámbitos de investigación*. Barcelona: Anthropos.
MARTÍ, E. (1994): "Constructivismo y pensamiento matemático". *II Seminario sobre Constructivismo y Educación*. Puerto de la Cruz: Universidad de La Laguna.
MARTÍ, E. (1995): "Metacognición: entre la fascinación y el desencanto". *Infancia y Aprendizaje*, 72, 9-32.
MARTÍN SERRANO, M. (1994): *Historia de los cambios de mentalidades de los jóvenes entre 1960 y 1990*. Madrid: Ministerio de Asuntos Sociales, Instituto de la Juventud.
MARTON, F. e SALJÖ, R. (1984): "Approaches to learning". Em: F. Marton, D. Hounsell e N. Entwistle (Eds.), *The experience of learning*. Edimburgo: Scottish Academic Press.
MATEOS, M. M. (1991): "Un programa de instrucción en estrategias de supervisión de la comprensión lectora". *Infancia y Aprendizaje*, 56 61-76.
MATEOS, M. M. (1995): *Mente y computación*. Madrid: Ediciones de la Universidad Autónoma de Madrid.
MAYER, R. E. (1992): *Thinking, problem solving and cognition*. Second edition. San Francisco: Freeman.
McCLELLAND, D. C. (1985): *Human motivation*. London: Scott and Foreman. Trad. esp.: *Motivación humana*. Madrid: Narcea.
McCLOSKEY, M. (1983): "Naive theories of motion". Em: D. Gentner e L. A. Stevens (Eds.), *Mental models*. Hillsdale, N.J.: Erlbaum.
McGILLY, K. (Ed.) (1994): *Classroom lessons. Integrating cognitive theory and practice*. Cambridge, Mass.: Cambridge University Press.
MEC (Ministerio de Educación y Ciencia) (1989): *Diseño Curricular Base. Educación Secundaria Obligatoria*.
MEHLER, J. e DUPOUX, E. (1990): *Naître humain*. Paris: Odile Jacob. Trad. esp. de N. Sebastián: *Nacer sabiendo*. Madrid: Alianza Editorial, 1992.

MELERO, M. A. e FERNÁNDEZ BERROCAL, P. (1995): "El aprendizaje entre iguales: el estado de la cuestión en Estados Unidos". Em: P. Fernández Berrocal e M. A. Metera (Eds.), *La interacción social en contextos educativos*. Madrid: Siglo XXI.

MELOT, A. M. (1991): "El conocimiento de los fenómenos psicológicos". Em: C. Monereo (Ed.), *Enseñar a pensar a traves del currículo escolar*. Barcelona: Casals/ COMAP.

MERCER, N. e COLL, C. (Eds.) (1994): *Teaching, learning and interaction (Explorations in Sociocultural studies. Vol. 3)*. Madrid: Fundación Infancia y Aprendizaje.

MERRILL, M. D. (1995): "Constructivismo y diseño instruccional". *Substratum*, 6, 13-33.

MILLER, G. A. (1956): "The magic number seven, plus or minus two: some limits on our capacity for processing information". *Psychological Review*, 63, 81-97. Trad. esp. em M. V. Sebastián (1983), *Lecturas de psicología de la memoria*. Madrid: Alianza Editorial, 1983.

MONEREO, C. (1990): "Las estrategias de aprendizaje en la educación formal: enseñar a pensar y sobre el pensar". *Infancia y Aprendizaje*, 50, 3-25.

——— (Ed.) (1993): *Estrategias de aprendizaje: procesos contenidos e interacción*. Barcelona: Domenech.

——— (1995): "Ser o no ser constructivista, ésa no es la cuestión". *Substratum*, 6, 35-53.

MONEREO, C.; CASTELLÓ, M.; CLARIANA, M.; PALMA, M. e PÉREZ CABANÍ, M. L. (1994): *Estrategias de enseñanza y aprendizaje. Formación del profesorado y aplicación en el aula*. Barcelona: Grao.

MONEREO, C. e CLARIANA, M. (1993): *Profesores estratégicos y alumnos estratégicos*. Madrid: Pascal.

MONTERO, M. L. (1990): "Comportamiento del profesor y resultados del aprendizaje: análisis de algunas relaciones". Em: Coll, C.; Palacios, J., e Marchesi, A. (Eds.), *Desarrollo psicológico y educación. Vol. II: Psicología de la educación*. Madrid: Alianza Editorial.

MORENO, A. (1988): *Perspectivas psicológicas sobre la conciencia*. Madrid: Ediciones de la Universidad Autónoma de Madrid.

MORIN, E. (1980): *La méthode II: La vie de la vie*. Paris: Editions du Seuil. Trad. esp.: *El método II. La vida de la vida*. Barcelona: Cátedra.

——— (1990): *Introduction a la pensée complexe*. Paris: ESF Editeur. Trad. esp. de M. Packman: *Introducción al pensamiento complejo*. Barcelona: Gedisa, 1995.

MORRISON, J. (Ed.) (1991): *Training for performance*. New York: Wiley.

MOSCOVICI, S. (1976): *Le psychanalyse, son image et son public*. Paris: P.U.F. Trad. esp: *El psicoanálisis, su imagen y su público*. B. Aires: Huemul, 1979.

MOSCOVICI, S.; MUGNY, G. e PÉREZ, J. A. (Eds.) (1991): *La influencia social inconsciente*. Barcelona: Anthropos.

NEWELL, A.; ROSENBLOOM, P. S. e LAIRD, J. E. (1989): "Symbolic architectures of cognition". Em: M. I. Posner (Ed.), *Foundations of cognitive science*. Cambridge, Mass.: Cambridge University Press.

NISBET, J. (1991) "Investigación reciente sobre estrategias de aprendizaje y pensamiento en la enseñanza". Em: C. Monereo (Ed.), *Enseñar a pensar a través del curriculum escolar*. Barcelona: Casais.

NISBET, J. e SHUCKSMITH, J. (1986): *Learning strategies*. London: Routledge and Kegan Paul. Trad. esp. de A. Bermejo: *Estrategias de aprendizaje*. Madrid: Santillana, 1987.

NISBETT, R. E. (Ed.) (1993): *Rules for reasoning*. Hillsdale, N.J. Erlbaum.

NORMAN, D. A. (1982): *Learning and memory*. San Francisco: Freeman. Trad. esp. de M. V. Sebastián e T. del Amo: *Aprendizaje y memoria*. Madrid: Alianza Editorial, 1985.

——— (1988): *The psychology of everyday things*. New York: Basic Books. Trad. esp. De S. Santos: *La psicología de los objetos cotidianos*. Madrid: Nerea, 1990.

NOVAK, J. D. e GOWIN, B. D. (1984): *Learning to learn*. Cambridge University Press. Trad. esp. de J. M. Campanario e E. Campanario: *Aprendiendo a aprender*. Barcelona: Martínez Roca, 1988.

ONG, W. J. (1989): *Orality and literacy. The technologizing of the world*. London: Routledge.

OÑA, A. (Ed.) (1994): *Comportamiento motor*. Granada: Universidad de Granada.

PÁEZ, D., et al. (1987): *Pensamiento, individuo y sociedad. Cognición y representación social*. Madrid: Fundamentos.
PALACIOS, J. e MORENO, A. (1994): "Contexto familiar y desarrollo social". Em: M. J. Rodrigo (Ed.), *Contexto y Desarrollo Social*. Madrid: Síntesis.
PARDO, A. e ALONSO TAPIA, J. (1990): *Motivar en el aula*. Madrid: Ediciones de la Universidad Autónoma de Madrid.
PASCUAL-LEONE, J. (1980): "Constructive problems for constructive theories". Em R. Kluwe e H. Spada (Eds.), *Developmental models of thinking*. New York: Academic Press. Trad. esp. de J. I. Pozo em M. Carretero e J. A. García Madruga (Eds.), *Lecturas de psicología del pensamiento*. Madrid: Alianza Editorial, 1984.
PAVLOV, I. P. (1927): *Conditioned reflexes*. London: Oxford University Press. Trad. esp. do francês de R. Gil: *Reflejos condicionados e inhibiciones*. Barcelona: Península, 1975.
PÉREZ ECHEVERRÍA, M. P. (1990): *Psicología del razonamiento probabilístico*. Madrid: Ediciones de la Universidad Autónoma de Madrid.
——— (1994): "La solución de problemas en matemáticas". Em: J. I. Pozo (Ed.), *Solución de problemas*. Madrid: Santillana/Aula XXI.
PÉREZ ECHEVERRÍA, M. P. CARRETERO, M. e POZO, J. I. (1986): "Los adolescentes ante las matemáticas: proporción y probabilidad". *Cuadernos de pedagogía*, 133 (9-33).
PÉREZ ECHEVERRÍA, M. P. e POZO, J. I. (1994): "Aprender a resolver problemas y resolver problemas para aprender". Em: J. I. Pozo (Ed.), *Solución de problemas*. Madrid: Santillana/Aula XXI.
PERKINS, D. N. e SALOMON, G. (1989): "Are cognitive skills context-bound?" Educational Researcher, 18, (16-25).
PERNER, J. (1991): *Understanding the representational mind*. Cambridge, Mass.: The MIT Press. Trad. esp. de M. E. Galmarini: *Comprender la mente representacional*. Barcelona: Paidós, 1994.
PIAGET, J. (1970): *L'épistemologie génétique*. Paris: P-U-F- Trad. esp.: *La epistemología genética*. Barcelona: A. Redondo, 1970.
——— (1974): *La prise de conscience*. París: P.U.F. Trad. esp. de L. Hernández: *La toma de conciencia*. Madrid: Morata, 1976.
——— (1975): L'equilibration des structures cognitives. Paris: P-U-F- Trad. esp. de E. Bustos: *La equilibración de las estructuras cognitivas*. Madrid: Siglo XXI, 1978.
——— (1979): "Réplica a Fodor". Em: M. Piatelli-Palmarini (ed.), *Theories du langage. Theories de l'apprentissage*. Paris: Ed. du Seuil. Trad. esp. de S. Furto: *Teorías del lenguaje. Teorías del aprendizaje*. Barcelona: Crítica, 1983.
PINILLOS, J. L. (1975): *Principios de psicología*. Madrid: Alianza Editorial.
POPE, M. (1988): "Anteojos constructivistas: implicaciones para los procesos de enseñanza-aprendizaje". Em L. M. Villar (Ed.), *Conocimiento, creencias y teorías de los profesores*. Alcoy: Marfil.
POSNER, M. I. (Ed.) (1989): *Foundations of cognitive science*. Cambridge, Mass.: Cambridge University Press.
POZO, J. I. (1987): *Aprendizaje de la ciencia y pensamiento causal*. Madrid: Visor.
——— (1989): *Teorías cognitivas del aprendizaje*. Madrid: Morata. (Em português: *Teorias cognitivas da aprendizagem*. Porto Alegre: Artmed, 1998)
——— (1990a): "Estrategias de aprendizaje". Em: C. Coll, J. Palacios e A. Marchesi (Eds.), *Desarrollo psicológico y educación. Vol. II: Psicología de la educación*. Madrid: Alianza Editorial.
——— (1990b): "Lo que muchos profesores están deseando saber sobre el aprendizaje y nunca saben a quién preguntar". Em: I. Brincones (Ed.), *Lecciones para la formación del profesorado*. Madrid: Ediciones de la Universidad Autónoma.
——— (1992): "El aprendizaje y la enseñanza de hechos y conceptos". Em: C. Coll, J. I. Pozo, B. Sarabia e E. Valls: *Los contenidos en la reforma. Enseñanza y aprendizaje de conceptos, procedimientos y actitudes*. Madrid: Santillana Aula XXI.
POZO, J. I. (1994): "El cambio conceptual en el conocimiento físico y social: del desarrollo a la instrucción". Em: M. J. Rodrigo (Ed.), *Contexto y Desarrollo Social*. Madrid: Síntesis.

POZO, J. I., e CARRETERO, M. (1992): "Causal theories and reasoning strategies by experts and novices in Mechanics". Em: A. Demetriou, M. Shayer e A. Efklides (Eds.), *Neopiagetian theories of cognitive development: implications and applications*, London: Routledge & Kegan Paul.

POZO, J. I., e GÓMEZ CRESPO, M. A. (1994): "La solución de problemas en Ciencias de la Naturaleza". Em: J. I. Pozo (Ed.), *Solución de problemas*. Madrid: Santillana/Aula XXI. (Em português: *A solução de problemas*. Porto Alegre: Artmed, 1998)

POZO, J. I.; GÓMEZ CRESPO, M. A.; LIMÓN, M. e SANZ, A. (1991): *Procesos cognitivos en la comprensión de la ciencia: ideas de los alumnos sobre la química*. Madrid: Servicio de Publicaciones del M.E.C.

POZO, J. I.; GÓMEZ CRESPO, M. A. e SANZ, A. (1993): *La comprensión de la química en la adolescencia*. Memória de pesquisa não publicada. Facultad de Psicología, Universidad Autónoma de Madrid.

POZO, J. I.; GONZALO, I. e POSTIGO, Y. (1993): *Las estrategias de aprendizaje como contenidos procedimentales*. Memoria de pesquisa não publicada. Facultad de Psicología, Universidad Autónoma de Madrid.

POZO, J. I. e PÉREZ ECHEVERRÍA, M. P. (1995): "La solución de problemas en la enseñanza: aportaciones de los estudios sobre expertos y novatos". Em: M. Rodríguez Moneo (Ed.), *El papel de la psicología del aprendizaje en la formación inicial del profesorado*. Madrid: Ediciones de la Universidad Autónoma de Madrid.

POZO, J. I.; PÉREZ ECHEVERRÍA, M. P.; SANZ, A. e LIMÓN, M. (1992): "Las ideas de los alumnos sobre la ciencia como teorías implícitas". *Infancia y Aprendizaje*, 57, (3-22).

POZO, J. I. e POSTIGO, Y. (1993): "Las estrategias de aprendizaje como contenido del currículo". Em: C. Monereo (Ed.) *Estrategias de aprendizaje: procesos contenidos e interacción*. Barcelona: Domenech.

POZO, J. I. e POSTIGO, Y. (1994): "La solución de problemas como contenido procedimental em la Educación Obligatoria". Em: J. I. Pozo (Ed.), *Solución de problemas*. Madrid: Santillana/Aula XXI.

POZO, J. I.; SANZ, A. e GÓMEZ CRESPO, M. A. (1995): "Cambio conceptual: del conocimiento personal al conocimiento científico". Em *Aspectos Didácticos de Física y Química 6*. Zaragoza: I.C.E. de la Universidad de Zaragoza.

PRAMLING, I. (1989): *Learning to learn. A study of sweddiss preschool children*. New York: Springer-Verlag.

PRAMLING, I. (1993): "Metacognición y estrategias de aprendizaje". Em C. Monereo (Ed.), *Estrategias de aprendizaje: procesos conferidos e interacción*. Barcelona: Domenech.

PRIETO, J. L. (1989): *La utopía skinneriana*. Barcelona: Mondadori.

PYLYSHYN, Z. (1984): *Computation and cognition*. Cambridge, Mass.: Bradford Books. Trad. esp. *Computación y cognición*. Madrid: Debate, 1988.

REASON, J. (1990): *Human error*. Cambridge, Mass: Cambridge University Press.

REBER, A. S. (1993): *Implicit learning and tacit knowledge*. New York: Oxford University Press.

REIF, F. e LARKIN, J. (1991): "Cognition in scientific and everyday domains: comparisons and learning implications". *Journal of Research in Science Teaching*, 28 (9), 733-760. Trad. esp. em *Comunicación, Lenguaje y Educación*, 1994, 21, 3-30.

RESCORLA, R. A. (1980): *Pavlovian second-order conditioning: studies in associative learning*. Hillsdale, N. J.: Erlbaum.

REIGELUTH, C. M. (1983): "Meaningfulness and instruction: relating what is being learned to what a student knows". *Instructional Science*, 12, 192-218.

RESNICK, L. (Ed.) (1989a): *Knowing, learning and instruction*. Hillsdale, N.J.: Erlbaum.

———— (1989b): "Introduction". Em L. Resnick (Ed.), *Knowing, learning and instruction*. Hillsdale, N. J.: Erlbaum.

RESNICK, L. e FORD, W. (1981): *The psychology of mathematics for instruction*. Hillsdale, N. J.: Erlbaum. Trad. esp: *La enseñanza de las matemáticas*. Barcelona: Paidós, 1991.

RIBA, C. (1993): "La perspectiva etológica sobre el aprendizaje". *Substratum*, 3, 39-62.

RICHARDSON, K. (1988): *Understanding psychology*. M. Keynes: Open University Press. Trad. esp. de M. P. Pérez Echeverría e J. I. Pozo: *Para comprender la psicología*. Madrid: Alianza Editorial, 1991.

RIERA, J. (1989): *Fundamentos de la técnica y la táctica deportivas*. Barcelona: INDE.
RIVIÈRE, A. (1983): "¿Por qué fracasan tan peco los niños? Algunas reflexiones sobre los diez mandamientos de la escuela desde la psicología cognitiva". *Cuadernos de Pedagogía*, 103, 7-12.
—— (1987): *El sujeto de la psicología cognitiva*. Madrid: Alianza Editorial.
—— (1990): "La teoría cognitiva social del aprendizaje: implicaciones educativas". Em: C. Coll, J. Palacios e A. Marchesi (Eds.), *Desarrollo psicológico y educación, ll. Psicología y Educación*. Madrid: Alianza.
—— (1991): *Objetos con mente*. Madrid: Alianza Editorial.
RIVIÈRE, A. SARRIÁ, E. e NÚÑEZ, M. (1994): "El desarrollo de las capacidades interpersonales y la teoría de la mente". Em: M. J. Rodrigo (Ed.), *Contexto y Desarrollo Social*. Madrid: Síntesis.
RODRIGO, M. J. (1985): "Las teorías implícitas en el conocimiento social". *Infancia y Aprendizaje*, 31-32, 145-156.
—— (1990): "El desarrollo emocional". Em J. A. García-Madruga e P. Lacasa (Eds.), *Psicología evolutiva*. Vol. I. Madrid: UNED.
—— (1993): "Representaciones y procesos en las teorías implícitas". Em M. J. Rodrigo, A. Rodríguez e J. Marrero (Eds.), *Las teorías implícitas: una aproximación al conocimiento cotidiano*. Madrid: Visor.
—— (Ed.) (1994a): *Contexto y Desarrollo Social*. Madrid: Síntesis.
—— (1994b): "Del escenario sociocultural al constructivismo episódico: un viaje al conocimiento escolar de la mano de las teorías implícitas". II Seminário sobre *Constructivismo y Educación*. Puerto de la Cruz: Universidad de La Laguna.
RODRIGO, M. J.; RODRÍGUEZ, A. e MARRERO, J. (Eds.) (1993): *Las teorías implícitas: una aproximación al conocimiento cotidiano*. Madrid: Visor.
ROGERS, C. (1982): *A social psychology of schooling*. London: Routledge. Trad. esp. de M. P. Pérez Echeverría e J. I. Pozo: *Psicología social de la educación*. Madrid: Visor, 1992.
ROITBLAT, H. L. (1987): *Introduction lo comparative cognition*. New York: Freeman.
ROMERO, A. (1995): *Aprendizaje mediante condicionamiento*. Murcia: DM.
ROSCH, E. (1978): "Principles of categorization". Em: E. Rosch e B. Lloyd (Eds.), *Cognition and categorization*. Hillsdale, N.J.: Erlbaum.
—— (1983): "Prototype and logical classification: the two systems". Em E. K. Scholnick (Ed.), *New trend in conceptual representation: challenges to Piaget's theory?* Hillsdale, N.J.: Erlbaum.
ROSCH; E. e LLOYD, B. (Eds.) (1978): *Cognition and categorization*. Hillsdale, N.J.: Erlbaum.
RUIZ, L. M. (1994): *Deporte y aprendizaje. Procesos de adquisición y desarrollo de habilidades*. Madrid: Visor.
RUIZ VARGAS, J. M. (1994): *Memoria humana: función y estructura*. Madrid: Alianza Editorial.
RUMELHART, D. (1989): "The architecture of mind: a connectionist approach". Em: M. I. Posner (Ed.), *Foundations of cognitive science*. Cambridge, Mass.: Cambridge University Press.
RUMELHART, D.; McCLELLAND, J. L. e grupo P. D. P. (1986): *Parallel distributed processing. Explorations in the microstructure of cognition*. Cambridge, Mass.: Bradford Books.
RUSSELL, T. (1993): "An alternative conception: representing representations". Em: P. J. Black y A. M. Lucas (Eds.), *Children's informal ideas in science*. London: Routledge and Kegan Paul.
RYLE, G. (1949): *The concept of mind*. New York: Penguin Books.
SALOMON, G. (1992): "Las diversas influencias de la tecnología en el desarrollo de la mente". *Infancia y Aprendizaje*, 58, 143-159.
SÁNCHEZ, E. (1993): *Los textos expositivos*. Madrid: Santillana/Aula XXI.
SARABIA, B. (1992): "El aprendizaje y la enseñanza de actitudes". Em: C. Coll, J, I. Pozo, B. Sarabia e E. Valls: *Los contenidos en la reforma. Enseñanza y aprendizaje de conceptos, procedimientos y actitudes*. Madrid: Santillana.
SCHACTER, D. L. (1989): Memory. Em: M. I. Posner (Ed.), *Foundations of cognitive science*. Cambridge, Mass.: Cambridge University Press.
SCHMECK, R. R. (Ed.) (1988): *Learning strategies and learning styles*. New York: Plenum Press.

SCHRAW, G. e MOSHMAN, D. (1995): "Metacognitive theories". Educational Psychology Review, 7 (4), 351-371.
SCHUNK, D. H. (1991): *Learning theories. An educational perspective*. New York: Macmillan.
SEARLE, J. (1984): *Minds, brains and science*. Trad. esp. de L. Valdés: *Mentes, cerebros y ciencia*. Madrid: Cátedra, 1985.
SEBASTIÁN, M. V. (1994): *Aprendizaje y memoria a lo largo de la historia*. Madrid: Visor.
SEJNOWSKI, T. J., e CHURCHLAND, P. S. (1989): "Brain and cognition". Em: M. l. Posner (Ed.), *Foundations of cognitive science*. Cambridge, Mass.: Cambridge University Press.
SELIGMAN, M. (1975): *Helplesness*. San Francisco: Freeman. Trad. esp. de L. Aguado: *Indefensión*. Madrid: Debate, 1981.
SELMES, I. (1987): *Improving study skills*. London: Hodder and Stoughton. Trad. esp. de C. Ginard: *La mejora de las habilidades para el estudio*. Barcelona: Paidós/M.E.C., 1988.
SHIFFRIN, R. M. e SCHNEIDER, W. (1977): "Controlled and automatic human information processing II: perceptual learning, automatic attending and a general theory". *Psychological Review*, 84, 2, 127-189.
SHURE, M. B. (1985): "Interpersonal problem solving: a cognitive approach to behavior". Em: R. A. Hinde, A. N. Perret-Clermont e J. Stevenson-Hinde (Eds.), *Social relationships and cognitive development*. Oxford: Clarendon Press.
SIMON, H. A. (1972): "On the development of processor". Em S. Farnham-Diggory (Ed.), *Information processing in children*. New York: Academic Press.
SIMON, H. A. e KAPLAN, C. A. (1989): "Foundations of cognitive science". Em: M. I. Posner (Ed.), *Foundations of cognitive science*. Cambridge, Mass.: Cambridge University Press.
SKINNER, B. F. (1948): *Walden Two*. New York: Macmillan. Trad. esp.: *Walden Dos*. Barcelona: Fontanella, 1976.
―――― (1950): "Are theories of learning necessary?". *Psychological Review*, 57, 193-216.
―――― (1953): *Science and human behavior*. New York: Macmillan. Trad. esp. de M. J. Gallofre: *Ciencia y conducta humana*. Barcelona: Fontanella, 1969.
―――― (1968): *Technology of teaching*. New York: Appleton.
―――― (1971): *Beyond freedom and dignity*. New York: Knopf.
―――― (1974): *About behaviorism*. New York: Knopf. Trad. esp. de F. Barrera: *Sobre el conductismo*. Barcelona: Fontanella, 1975.
SLAVIN, R. (1990): *Cooperative learning. Theory, research and practice*. Boston: Allyn and Bacon.
STEINER, G. (1988): *Lermen. Zwanzig szenarien aus dem alltag*. Berna: Verlag Hans Hber. Trad. esp. de C. Gancho: *Aprender. Veinte escenarios de la vida diaria*. Barcelona: Herder, 1990.
STEVENSON, R. J. e PALMER, J. A. (1994): *Learning: principles, processes and practices*. London: Cassell.
STRAUSS, S. e SHILONY, T. (1994): "Teachers' models of children's minds and learning". Em: L. Hirschfeld e S. Gelman (Eds.), *Mapping the mind*. Cambridge, Mass.: Cambridge University Press.
TARPY, R. M. (1985): *Principles of animal learning and motivation*. Scott, Foreman an co. Trad. esp. de L. Aguado: *Aprendizaje y motivación animal*. Madrid: Debate, 1986.
TEBEROSKY, A. (1994): "Acerca de las similitudes y diferencias entre conocimientos cotidiano, científico y escolar en el dominio del lenguaje escrito". *II Seminario sobre Constructivismo y Educación*. Puerto de la Cruz: Universidad de La Laguna.
THAGARD, P. R. (1992): *Conceptual revolutions*. Princeton, N.J.: Princeton University Press.
THORNDIKE, E. L. (1898): "Animal intelligence. An experimental study of the associative processes in animals". *Psychological Monographs*, 2, n. 8.
TIROSH, D. (Ed.) (1994): *Implicit and explicit knowledge: an educational approach*. Norwood. N.J.: Abblex.
TOLCHINSKY, L. (1994): "Constructivismo en educación". *II Seminário sobre Constructivismo y Educación*. Puerto de la Cruz: Universidad de La Laguna.
TORRES, E. e CONDE, M. E. (1994): "Medios audiovisuales y desarrollo social". Em: M. J. Rodrigo (Ed.), *Contexto y Desarrollo Social*. Madrid: Síntesis.

TOULMIN, S. (1972): *Human understanding. Vol. I: The collective use and evolution of concepts*. Princeton: Princeton University Press. Trad. esp. de N. Míguez: *La comprensión humana*. Madrid: Alianza Editorial, 1977.

TRIANA, B. (1993): "Las teorías implícitas de los padres sobre la infancia y el desarrollo". Em M. J. Rodrigo, A. Rodríguez e J. Marrero (Eds.), *Las teorías implícitas una aproximación al conocimiento cotidiano*. Madrid: Visor.

TRIANA, B. e RODRIGO, M. J. (1985): "El concepto de infancia en nuestra sociedad: una investigación sobre teorías implícitas de los padres". *Infancia y Aprendizaje*, 31/32, 157-171.

TULVING, E. (1972): "Episodic and semantic memory". Em E. Tulving e W. Donaldson (Eds.), *Organization of memory*. New York: Academic Press.

— E. (1983): *Elements of episodic memory*. London: Oxford University Press.

TURIEL, E. (1983): *The development of social knowledge*. Cambridge, Mass.: Cambridge University Press. Trad. esp. de T. del Amo: *El desarrollo del conocimiento social: moralidad y convención*. Madrid: Debate, 1983.

VALLS, E. (1993): *Los procedimientos: aprendizaje, enseñanza y evaluación*. Barcelona: ICE (Universidad de Barcelona). Horsori.

VARELA, F. J. (1988): *Cognitive science. A cartograhy of current ideas*. Trad. esp. de C. Gardini: *Conocer*. Barcelona: Gedisa, 1990.

VÁZQUEZ, C. (1985): "Limitaciones y sesgos en el procesamiento de la información: más allá de la teoría del hombre como científico". *Estudios de Psicología*, 23/24, 111-133.

VON GLASERSFELD (1991): "Despedida de la objetividad". Em: P. Watzlawick e P. Krieg, (Eds.), *El ojo del observador. Contribuciones al constructivismo*. Barcelona: Gedisa, 1994.

VOSNIADOU, S. (1994): "Capturing and modelling the process of conceptual change". *Learning and Instruction*, 4 (1), 45-69.

VOSNIADOU, S. e BREWER, W. F. (1987): "Theories of knowledge restructuring in development". *Review of Educational research*, 57 (1), 51-67.

——— (1992): "Mental models of earth: a study of conceptual change in childhood". *Cognitive Psychology*, 24, 535-585.

VOSS, J. (1984): "On learning and learning from text". Em: H. Mandl, N. L. Stein e T. Trabasso (Eds.), *Learning and comprehension of text*. Hillsdale, N.J.: Erlbaum.

VOSS, J. F.; WILEY, J. e CARRETERO. M. (1995): "Acquiring intellectual skills". *Annual Review of Psychology*, 46, 155-181.

VYGOTSKY, L. S. (1934): *Myshlenie I rech*. Trad. esp. de la ed. inglesa de M. M. Rotger: *Pensamiento y lenguaje*. Buenos Aires: La Pléyade, 1977.

VYGOTSKY, L. S. (1978): *Mind and society. The development of higher psychological processes*. Cambridge, Mass.: Harvard University Press. Troa. cast. de S. Furió: *El desarrollo de los procesos psicológicos superiores*. Barcelona: Crítica, 1979.

WATZLAWICK, P. e KRIEG, P. (Eds.) (1991): *Das auge des betrachters. Beiträge zum Konstructivismus*. Munich: Piper GmbH and co. Trad. esp. de C. Piechocki: *El ojo del observador. Contribuciones al constructivismo*. Barcelona: Gedisa, 1994.

WEINER, B. (1986): *An attributional theory of motivation and emotion*. New York: Springer-Verlag.

WEINSTEIN, C. E. (1991): "The classroom as a social context for learning". *Annual Review of Psychology*, 42, 493-525.

WEINSTEIN, C. E.; MAYER, R. E. (1985): "The teaching of learning strategies". Em: M. C. Wittrock (Ed.), *Handbook of research on teaching*. New York: Macmillan.

WELLMAN, H. M. (1990): *The child's theory of mind*. Cambridge, Mass.: The MIT Press.

WERTHEIMER, M. (1945): *Productive thinking*. Chicago: Chicago University Press.

WERTSCH, J.; DEL RÍO, P. e ÁLVAREZ, A. (Eds.) (1995): *Sociocultural models of mind*. Cambridge, Mass.: Cambridge University Press. (Em português: *Estudos socioculturais da mente*. Porto Alegre: Artmed, 1998)

WOOD, D. J. (1986): "Aspects of teaching and learning". Em M. Richards e P. Light (Eds.), *Children of social worlds*. Cambridge: Polity Press.

Índice Onomástico

Abramson, L., 180
Aguado, L., 44, 115, 130, 147, 158, 171, 172
Alberti, R., 67
Alloy, L., 180
Alonso-Quecuty, M. L., 106, 153, 154
Alonso Tapia, J., 128, 134, 139, 141, 142, 143, 144, 175, 181, 194, 216, 257
Alpuente., M., 137
Álvarez, A., 31, 34, 84, 86, 165, 240, 256,
Amsel, E., 188, 201
Anderson, J., 51, 70, 119, 229, 230, 233
Annett, J., 229-251
Aparicio, J. J., 228, 241
Arguiñano, K., 232
Aristóteles, 44
Armstrong, S., 59
Asensio, M., 130, 203, 204
Atkinson, R. C., 77
Atlan, H., 52
Ausubel, D., 90, 114, 125, 126, 127, 212

Baddeley, A., 24, 27, 34, 91, 100, 101, 103, 104, 107, 146, 148, 152, 153, 155, 158, 207, 242, 250, 251
Báez, B., 197
Bajo, M. T., 83, 120, 161
Bandura, A., 161, 175, 181, 192-194
Bassok, M., 179
Bayón, 36
Bécquer, G. A., 124
Bereiter, C., 254, 258
Bisiach, E., 157, 162
Black, P., 130
Bliss, J., 185

Boakes, R., A., 170
Boden, M., 85
Bolles, R., 45
Boorstin, D., 27-29, 35, 242
Borges, J. L., 41, 49, 71, 97, 107, 113, 149, 152, 200
Brandsford, J., 240
Brel, J., 205
Breland, K., 46
Breland, M., 46
Brewer, W., 114
Brown, A., 165, 256, 258
Bruner, J. S., 82
Buñuel, L., 23, 55, 97, 98, 106
Burckhard, B., 149, 170, 172, 174

Caballo, V., 175, 194
Campione, J. C., 28, 84, 165, 256, 258
Cañas, J., 83, 120, 161
Caparrós, A., 82
Caple, J., 240
Carey, S., 43, 213, 224
Carretero, M., 125, 129-134, 184, 203, 204, 220, 221
Case, R., 102
Cela, C. J., 74
Ceruti, M., 29
Cervantes, M., 23
Chaffin, R., 42
Charlot, 33
Chase, W., 119
Chi, M., 213, 214, 219, 224, 230
Chomsky, N., 76
Churchland, P., 84, 99

Clariana, M., 244
Claxton, G., 39, 40, 49, 71, 138, 139, 142, 202, 253, 268
Clinton, W., 206
Coll, C., 40, 84, 86, 92, 126, 134, 165, 240, 256, 257, 258, 264, 265
Collins, A., 108
Colomina, R., 42, 257, 258
Conde, M. E., 197
Copérnico, 29
Cortázar, J., 37, 137, 152, 227, 229
Cruz, J., 178
Cruzado, J. A., 175

Dalton, J., 70
Danserau, D., 237
Darwin, C., 29
De Leeuw, 133, 187, 221
De Vega, 82, 83, 87, 100, 116, 124, 146, 152, 153, 208
Del Río, P., 31, 34, 84, 86, 165, 240, 256
Delval, J., 48, 130, 200, 203, 256
Descartes, 28
Dickinson, A., 115, 171, 172
Díez, L. M., 41, 249
Di Sessa, A., 219
Domínguez, J., 204
Domjan, M., 149, 170, 172, 174
Donoso, J., 141
Driver, R., 130, 131, 184
Dupoux, E., 25, 43, 56
Durkheim, E., 200

Ebbinghaus, H., 207, 250, 252, 256
Echebarría, A., 197
Echeita, G., 257, 259
Eco, U., 39, 169
Einstein, A., 29
Eiser, J. R., 195, 196, 198
Eisner, E., 130
Entwistle, N., 163, 164
Ericsson, K., 121, 230
Estany, A., 279
Esteve, J. M., 180

Farr, F., 108, 118, 121, 200, 230
Farr, M., 108, 118, 121, 200, 230
Fassbinder, R., 173
Fernández Berrocal, P., 86, 92, 256, 257, 258, 259
Flacelière, R., 27
Flavell, J. H., 25, 162, 242
Fodor, J., 43, 46, 53, 122
Ford, G., 122, 130

Ford, W., 122, 130
Fraile, J., 130
Franco, S., 180
Freeman, A., 61, 219

Gagné, E., 84, 101
Gagné, R., 67, 70, 90, 179
García, J. E., 48, 53, 83, 116, 216
García Madruga, J. A., 48, 53, 61, 82, 83, 116, 155, 183, 212, 216, 222
Gardner, H., 42, 82
Gelman, R., 43
Gil, F., 194
Glaser, R., 65, 66, 108, 114, 118, 121, 155, 179, 213, 214, 230
Gleitman, R., 59
Gleitman, S., 59
Goldstein, 194, 240
Gómez Crespo, M. A., 183, 187, 219, 225
Góngora, L., 68
Gonzalo, I. 240, 243
Gopnik, A., 203
Gowin, B., 128, 141, 217, 218, 243
Grupo PDP, 44, 51, 83, 85, 107, 109, 185
Guesne, E., 130, 131, 184, 220

Hanesian, H., 90, 114, 125, 126, 127, 212, 216
Harris, R., 44
Hawking, S., 129
Herranz, P., 257
Herrmann, D., 42
Holding, D., 103,
Huertas, E., 158
Hulme, C., 104
Hume, D., 44
Humphrey, N., 157, 162, 273

Ibáñez, T., 200

Jacott, L., 203
Jiménez, J. E., 197
Johnson, M., 202
Jordan, M., 193, 232
Joyce, J., 39

Kant, 48, 55
Kaplan, C., 84, 86, 100, 117
Karmiloff-Smith, 122, 188, 189, 252
Kelman, H., 198
Koffka, K., 38, 106, 133
Kramer, S., 26
Krieg, P., 40
Kumaratunga, C., 206

Labrador, F. J., 175
Lacasa, P., 28, 30, 84, 92, 134, 165, 240, 256, 257, 261
Laird, J., 99
Lakatos, I., 131, 132, 223
Lakoff, G., 202
Larkin, J., 219
Lave, J., 28, 96
Lavoisier, 70
León, J. A., 155, 243
Lester, F. K., 253
Lieury, A., 27, 242, 282
Llamazares, J., 98, 106
Lloyd, B., 59
Locke, J., 44, 97
Lope de Vega, 124, 208
López Manjón, A., 203
Lorenz, E., 109, 126
Lucas, A., 130

Mackenzie, S., 87, 103, 104
Mackintosh, N., 170, 208
Mahoney, M., 61
Marcel, A., 157
Marchesi, A., 134, 256
Marías, Javier, 39, 74
Marrero, J., 56, 117, 182, 200, 210, 261
Martí, E., 48, 86, 157, 256
Martín Serrano, M., 196
Marton, F., 163
Mateos, M., 84, 243
Mayer, R., 155, 228, 256
McClelland, D., 44
Mcclelland, J., 44, 51, 83, 85, 107, 109, 142, 185
McGilly, K., 137
Melero, M. A., 86, 92, 199, 256, 257, 258, 259
Melot, A. M., 183
Mercer, N., 86
Merezhkovski, D., 23
Merrill, M. D., 40
Miller, G. A., 102
Monereo, C., 40, 49, 61, 228, 235, 237, 244, 245
Montero, M. L., 261
Moreno, A., 157, 162, 197
Moreno, M., 197
Morin, E., 40, 53, 61
Morrison, J., 240
Moscovici, S., 193, 197, 199, 200, 201
Mozart, W. A., 69, 173
Mugny, G., 196, 197, 199
Muñoz, M., 175
Muñoz Molina, A., 98

Nabokov, V., 37, 39, 70, 96, 173
Nadolny, S., 113, 249
Neruda, P., 28, 73, 137, 169, 191
Newell, A., 99
Newton, 47, 49, 60, 61, 64, 73, 76, 77, 103, 124, 132, 138, 151, 186, 189, 213, 219, 220, 225
Nisbet, J., 235, 237, 238
Nisbett, R., 116, 183, 222
Norman, D. A., 32, 111, 121, 131, 159, 206
Novak., J. D., 90, 114, 125, 126, 127, 128, 212, 216, 217

Ogborn, J., 184
Ong, W., 27

Páez, D., 200, 201
Palacios, J., 134, 257
Palincsar, A., 92, 165, 256, 258
Palmer, J., 40, 57, 130, 133, 141, 163, 133, 261
Pardo, A., 142
Pardo, P., 257
Pavlov, I., 115, 170, 171
Pérez, J., 196-199
Pérez Cabaní, M. L., 196-199
Pérez Echeverría, M. P., 116, 124, 130, 179, 183, 222, 254, 258
Perner, J., 162, 163
Piaget, J., 43, 48, 49, 51, 52, 130, 131, 133, 220, 221, 253
Picasso, P., 48
Pinillos, J. L., 114, 207
Plath, S., 267
Pope, M., 200
Posner, M., 83
Postigo, Y., 33, 160, 235, 239, 241, 253, 254, 255
Pozo, J. I., 28, 33, 34, 36, 40, 43, 50-56, 60, 64, 67, 71, 83, 84, 91, 98, 100, 114, 116, 126, 127, 130, 131-133, 155, 159, 160, 183, 184, 187, 189, 203, 204, 210-212, 216, 29, 220, 221, 235-237, 239, 241, 242, 243, 254, 255, 258, 259
Pramling, I., 163
Proust, M., 39, 72, 93, 174
Pylyshyn, Z., 35

Rafael, 38
Raynor, J. O., 142
Reason, J., 159
Reber, A., 56, 147
Rees, E., 83, 132, 155, 213, 214

Reif, F., 219
Reigeluth, C., 67, 90
Rescorla, R., 67, 147, 171
Resnick, L., 28, 30, 179
Richardson, K., 81
Riera, J., 240
Rivière, A., 53, 82, 83, 100, 125, 157, 162, 193, 203, 267, 208
Rochera, M. J., 62
Rodrigo, M. J., 56, 109, 117, 130, 164, 182, 186, 188, 197, 200 ,202, 219, 256
Rodríguez, A., 56, 117, 182, 200, 201
Rogers, C., 141, 142, 181
Romero, A., 60, 67
Rosch, E., 116, 182
Rosenbloom, P., 99
Ruiz, L. M., 230, 232, 233 ,240
Ruiz Vargas, J. M., 100
Rumelhart, D. E., 44, 83, 85, 109, 185
Russell, T., 130
Ryle, G., 229

Sainz, C., 122
Saljö, R., 163
Salomon, G., 29, 156, 202
Sánchez, E., 217, 243
Sanz, A., 187, 219, 220, 225
Sarabia, B., 71, 196, 198
Sarriá, E., 162, 203
Scardamalia, M., 254, 258
Schacter, D., 70, 84
Schraw, G., 84
Schenckel, 29
Schmeck, R., 228
Schneider, W., 120
Schunk, D., 143
Scorsese, M., 103
Searle, J., 124, 125, 159
Sebastián, M. V., 27, 42, 207
Sejnowski, T., 84
Seligman, M., 140, 179, 180
Selmes, I., 244
Sharpe, T., 73, 192
Shiffrin, R. M., 101, 120
Shilony, T., 261
Shucksmith, J., 235, 237
Shure, M., 195
Shute, V., 70, 241

Simon, H. A., 81, 84, 86, 100, 117, 118, 119
Skinner, B. F., 38, 45, 46, 50, 51, 52, 82, 96, 176-179
Slavin, R., 258, 259
Slotta, J., 133, 187, 221
Smith, J., 59, 91, 116, 121, 230, 239, 251
Sócrates, 42
Solé, 264
Spelke, E., 224
Spellman, C., 56
Steiner, G., 143, 144, 175, 180, 181
Stevenson, R., 40, 57, 130, 133, 141, 163, 233, 261
Strauss, S., 261
Swift, J., 55

Tarpy, R., 44, 140, 147, 149, 156, 158, 170, 171, 175-177, 251
Teberosky, A., 29
Thagard, P., 40, 132, 212, 217, 218
Tiberghien, A., 130, 131, 184, 220
Tirosh, D., 56
Tolchinsky, L., 30, 48, 49
Tomás de Aquino, São, 28, 35
Torres, E., 197
Toulmin, S., 48
Triana, B., 164, 197
Tudela, P., 100
Tulving, E., 70, 109, 153, 210
Turiel, E., 130

Valls, E., 71, 228
Varela, F., 84, 85
Vázquez, C., 179
Velázquez, D., 38
Vera, J., 180
Von Glasersfeld, H., 38
Vosniadou, S., 114, 133, 212, 218, 219
Voss, J., 114, 129, 130, 203, 204
Vygotsky, 25, 34, 51, 114, 213, 240, 254

Watzlawick, P., 40
Weiner, B., 142
Weinstein, C., 155, 228, 257, 258
Wellman, H., 162, 203
Wenger, E., 28, 86
Wertheimer, M., 64
Wertsch, J., 84, 86, 256

Índice Temático

Acomodação, 50, 52, 131
Assimilação, 49-50, 52, 76, 131
Associação, leis da
    contigüidade, 44-45, 183-184
    co-variação, 44-45, 183-185
    repetição, 44-45
    semelhança, 44-45
Associacionismo, 50-51, 76
    cognitivo (também em processamento de informação), 45, 82
    condutual (também em condutismo), 44-45
    e reducionismo, 51-53, 77
    integração com construtivismo, 51, 53-54, 110-112
Atenção, 82, 86, 88, 145, 146-151, 197, 231-232, 270
    contínua, 150
    e automatização, 111, 119-120, 238
    e memória de trabalho, 87, 101-104, 146-148, 157-158
    seletiva, 148-150, 153-154, 172, 192-194, 230-232
Atitudes, 74-75, 195, 199-200
    aquisição de, 74, 197
    consistência, , 196, 198-199
    mudança de, 75, 197, 199-200
        por conflito, 198-200
        por persuasão, 197
Automatização, 77-78, 88, 111-112, 119-120, 122-123, 146, 159-160, 182-183, 188, 206, 232-233, 270
    limites da, 122-124, 188
    vantagens da, 120-122, 185-186, 188

Categorias naturais (também em contingências), 60-59, 117, 181-182
Chunks (*ver* condensação)
Comportamentalismo, 33, 44-47, 51-52, 81-82, 97-98, 138-139, 170-176, 178-180
Comportamentos, 72, 174-175, 178-179
    modificação de, 72, 173-175, 179-181
    tipos de, 175-176, 178
Compreensão, 34, 40, 64, 75-76, 119, 124, 133, 208, 217-218, 221, 224-225, 243-244, 253, 263
    e conhecimentos prévios, 128-130, 187, 203, 212-213, 215-218, 254-255, 269-270
    e informação verbal, 209, 215
    e motivação, 128, 140-142, 216-217, 251-253
    e relações de significado, 124-126, 155, 211-213, 216, 243-244, 344
    processos de
        diferenciação, 213, 216
        integração hierárquica, 213-215
Conceitos (*ver* compreensão)
Condensação da informação, 111, 114-115, 117-119, 160-161, 185-186, 188, 201-202, 206, 232, 270
    e conhecimento especializado, 118-119, 147, 239-240
    limites da, 122-123
Condicionamento clássico (*ver* Fatos)
Condicionamento operante (*ver* condutas)
Condições da aprendizagem, 67-68, 89-90, 93
    externas, 90-93
    internas, 89-90
Conexionismo, 83, 85-86, 107-108, 185

Conflito cognitivo
   e aprendizagem construtiva, 131, 221, 223-224, 258-259, 272
   e mudança de atitudes, 198-200
   respostas diante do
      ajuste, 132, 212
      crescimento, 131, 212
      reestruturação, 132-133, 212
   tipos
      conceitual, 223-224, 272
      empírico, 221-222
Conhecimentos prévios (*ver* compreensão)
Consciência, 43, 51, 56, 89, 130-131, 156-166, 195, 244-243
   e atenção, 158
   e controle, 134, 157, 160-161, 165, 232-233, 244-243
      avaliação, 160-161, 237-237
      planejamento, 160, 235-236
      regulagem, 160-161, 237
      transferência da, 165, 239-240, 243-244, 264-265, 272-273
      reflexiva, 50, 77-80, 83-84, 92, 131, 142, 149-150, 161-166, 188, 202-203, 220-222, 225, 232, 237, 344
   tipos de, 157-159
Construção de conhecimentos, 50, 76-62, 154-133
   dinâmica, 49-50, 15, 200
   estática, 50, 131, 200
Construtivismo
   como teoria do conhecimento, 48-51
   e nova cultura da aprendizagem, 38-40
   e reducionismo, 52
   integração com o associacionismo, 52-54, 178-179
Contingências, aprendizagem de, 49-50, 115-116, 172-173, 175-176, 181-182, 184-185
Controlado, processamento (também em consciência, controle), 119-120, 122-123, 147, 151, 152, 233, 399
Cooperativa, aprendizagem, 91-92, 145-146, 256-257, 260-261, 272
   condições do êxito da, 259-260
   e conflitos sociocognitivo, 198-200, 259
   e suporte mútuo, 259
   frente à aprendizagem competitiva, 259
Correspondência, princípio de, 45, 97-98
Cultura da aprendizagem
   e alfabetização, 29-30
   e aprendizagem da cultura, 23-24, 26
   impressa, 28-30
   na história, 26-27-30
   nova
      e aprendizagem contínua, 30, 33-34
      e conhecimento descentralizado, 37-40

      e tecnologia da informação, 34-37
   oral, 27
   reprodutiva, 26-27-30

Desamparo adquirido, 144, 179-181
   e ilusão de controle, 178-179
Dissonância cognitiva, 198-199

Emoções, aprendizagem de, 71-72, 172-175
Empirismo, 43-44, 47
Equilibração, 131, 132-133
Equipotencialidade, princípio de, 46, 97-98
Estratégias de aprendizagem, aprendizagem de, 78, 240-241, 259, 344, 272-273
   para a nova cultura, 33-34, 36-37, 78-79
   tipos, 241-244
      elaboração, 155, 208, 242-244, 272-273
      organização, 110, 125, 155-156, 206-208, 211, 216-217, 243-244, 272-273
      repetição, 103, 118-120, 174, 202, 206-207, 215, 218, 229, 230, 242-244
Estratégias, aprendizagem de, 78
   aplicação, 235-236, 239
   aquisição, 238, 240-241
   componentes, 237-238
Exercícios
   como prática repetitiva, 34, 64-66, 91, 145, 207, 253, 255-256, 272-273
   diferenças com problemas, 132-133, 244, 253, 255-256
   e aprendizagem de informação verbal, 207
   e aprendizagem de técnicas, 77-78, 230-231, 233, 241
Explícita, aprendizagem, 56-57, 113-114, 118, 129-130, 172, 174, 187-188, 206-207
Explicitação, processo de (também em mudança conceitual, consciência reflexiva), 188, 242, 216-218

Fatos, aprendizagem de (*ver* informação verbal)
Fatos, aprendizagem de, 71-72
   primazia do, 170-171
   tipos, 171-172
Fracasso da aprendizagem, 16-18, 24-26, 60, 63-64, 267-268
   como motor da aprendizagem (*ver* conflito cognitivo, problemas)
   e motivação, 142-144

Generalização (*ver* transferência)

Habilidades (*ver* técnicas)
Habilidades sociais, 73-74, 271
   treinamento em, 194-195

Habilidades, hábitos (ver técnicas)
Habituação, 149-150, 171
Implícita, aprendizagem (também em Implícitas, teorias), 55-57, 65, 71-72, 113-114, 115-117, 130, 147, 174-175, 181-182, 189-190, 196-197
Implícitas, teorias, 56, 72-73, 117, 162-163, 183-184, 242, 219-221
   aprendizagem, 181-182, 184-185
   ativação, 185-186
   em ciências sociais, 203
   em física, 46-47, 56, 117, 184-186, 188-190
   em psicologia, 56-57, 72-73, 163, 202-203
   mudança de (ver mudança conceitual)
   sobre a aprendizagem, 56-57, 162-163, 243
Informação verbal, 75-76, 118-119, 194, 205-207, 229-231, 237, 261-262
   efeitos da prática, 122-123, 207-206
   estratégias para aprender, 206-208, 241-244
Interação social (também em cooperativa), 81, 91-92, 256-257

Mapas conceituais, 216-217, 243
Memória (também em recuperação)
   de trabalho, 86-87
      ampliada pela aprendizagem, 111-112
      limites de capacidade, 101-102, 104
      limites de duração, 104-105
   permanente, 87
      construtiva, 87, 98, 105
      esquecimento, 105, 106-108
      organização, 107-110
Metaconhecimento (ver consciência reflexiva)
Mnemotécnicas (também em estratégias de aprendizagem)
   como cultura da aprendizagem, 27-29, 118-119, 127
Modelagem, aprendizagem por, 74, 192-194, 196-197, 230-231, 259
Motivação, 49-50, 83-84, 86, 89-90, 123, 145-146, 160-161, 196, 238, 269-270, 344
   atribuição de êxitos e fracassos, 142-144, 180-181
   e atenção, 148-149, 151
   extrínseca, 138-140, 145, 239
      como castigos e recompensas, 174, 175-177
      e o desamparo adquirido, 179-180
   intrínseca, 128-129, 141-142, 145, 179, 254-270
Mudança conceitual (também em reestruturação), 76, 76-77, 132, 187, 189-190, 201, 202-203-204, 212, 217-218-225, 262, 269-270
   mediante conflito, 221-224
   mediante contraste, 223-224, 233
   nos esquemas de
      conservação, 220-221
      interação, 219-220
      quantificação, 220-221
Mudança, como critério de aprendizagem, 59, 76
   avaliação da, 62-63
   duração da, 63

Prática
   condição da aprendizagem, 65-66, 86-87, 249-250
   efeitos da
      distribuição, 207, 250-251
      quantidade, 65-66, 90-91, 207, 249-251
   tipos
      reflexiva (ver problemas)
      repetitiva (ver exercícios)
Problemas
   como prática reflexiva, 33-34, 64-65, 91, 134, 145-146, 165, 216, 222, 235-236, 253-256
   diferenças com exercícios, 132-133, 243-244, 254-256
   e aprendizagem de estratégias, 78, 156, 206-207, 238-241, 243-244, 273
Processamento de Informação, 45, 52, 77, 80, 82-84, 86-87, 100
Processamento Distribuído Paralelamente (ver conexionismo)
Processos de aprendizagem, 46-47, 67-68, 78, 80, 81, 89-90
   níveis de análise, 82, 86-87, 98-99
Professor, 104
   como assessor, 92, 223-224, 244-243, 261-264
   modelo, 92, 145-146, 271, 197, 230-233, 261-263
   orientador, 92, 145, 149, 151, 165, 198-199, 221-224, 238-241, 261-263
   provedor, 92, 123, 197, 206-208, 216, 223-224, 230-231, 260-262
   reflexão sobre suas teorias implícitas, 56-57, 79, 156, 163-166, 244-243
   treinador, 92, 149, 173-175, 180, 194-195, 208, 216, 233, 261-262
Programação genética, 23-24

Racionalismo, 43-44
Recuperação (também em transferência), 88-89, 151-156, 270, 344
   como reconstrução, 87, 105
   como requisito da aprendizagem, 100-101, 114-116, 129, 186
   estratégias

de elaboração, 27, 155, 208, 243
de organização, 80, 107-108, 110, 127-128, 155-156, 211
influência do contexto, 63-64, 123, 153, 173, 344
por evocação, 152-153
por reconhecimento, 107-108, 111, 152-153, 173
segundo o tipo de aprendizagem, 118-124, 127-129, 156, 206
Redescrição representacional (*ver* explicitação), de processos
Reforço (*ver* motivação)
Regularidades, aprendizagem de (*ver* contingências)
Representação
como nível de análise, 83-84, 97-98
mediante esquemas, 107-108, 131, 181-182, 185-186, 201-202
mediante modelos mentais (também em teorias implícitas), 185
Representações sociais, 75, 199-200, 204
como teorias implícitas, 201
mudança de (*ver* mudança conceitual)
processos de aquisição
ancoragem, 201-202
objetivação, 201-202
Resultados da aprendizagem, 67-69, 81
interação de, 79-81
taxionomias, 70-71
tipos
condutual, 71-72
procedimental, 77-79
social, 73-75
verbal, 75-77

Sensibilização, 149-150, 170
Significado, aprendizagem (*ver* compreensão)
Sistema de aprendizagem
como esquema de análise, 69
como esquema de intervenção, 69
como integração hierárquica, 53-54
competentes (*ver* condições, processos, resultados)
Sociocultural, enfoque da aprendizagem, 34, 83-84, 86-87, 100

Técnicas, 77-78, 227-229, 235, 250
automatização, 230-240, 254-255
como conhecimento implícito, 232
condensação, 232
e conhecimento condicional, 234, 239
relação com estratégias, 235-238, 240-244
treinamento mediante exercícios, 230-234, 254-256
Transferência
como conhecimento desempacotado, 188
como critério de aprendizagem, 63-65, 125, 196, 197, 244-243, 344
em função do tipo de aprendizagem, 63-64, 89, 128, 156, 178, 254-256
por organização/compreensão, 154-156, 195, 234-235, 239, 269-270, 344
por semelhança, 153-154, 230-234, 270

Zona do desenvolvimento proximal, 165, 239-240, 254, 263, 264, 269-270, 272-273